用Stata学
计量经济学

克里斯托弗·F.鲍姆
(Christopher F. Baum)
——著——

王忠玉
——译——

AN INTRODUCTION TO
MODERN ECONOMETRICS
USING STATA

中国人民大学出版社
·北京·

译者序

自 20 世纪 90 年代以来，我国引进和编写了大量的计量经济学教科书。这些教科书在普及和推广计量经济理论及应用方面起到了十分重要的作用。随着计算机技术飞速发展以及各种计算软件的开发和利用，计量经济理论取得了很大的进步，出现了广义线性模型、广义矩方法、非参数估计技术、离散选择模型等，以前的一些教科书尚未包括这些新颖的估计方法。此外，以往绝大多数教科书存在一种缺陷（当然，确实有某些教科书不断更新版本、增加新的理论及方法），即只注重理论方面的阐述，却极少给出实施一项经济研究一般程序的应用指南。另外，虽然已经有许多计算软件提供有关计量经济分析的详细内容，但缺少建模解析内容。经济研究人员和大学生在进行经济实证研究时，需要搜集并分析原始资料，经常浪费宝贵的时间和精力，甚至重复其他人做过的工作。

近年来，计量经济分析方法发展迅速，不论是应用广度还是理论深度都得益于高性能计算机的飞速发展和计量经济软件的开发及使用。在方法背后，实证研究需要大量的经济理论作为根基与灵魂。在这种背景下，对经济研究人员和大学生来说，如何有效地进行高质量的实证研究分析，就成为一个需要认真思考和严肃对待的问题。

我们通过多年来的研究生计量经济学教学发现，虽然各高校研究生院要求经济类研究生学习所谓中高级计量经济学，但学生们在做经济实证分析时往往感到束手无策。即便经过思考设定了模型，也苦于寻找合适的软件或编程求解。实际上，经济研究人员和大学生在开始学习和研究中高级计量经济学时，就应该采取学习理论和实践应用二者并重的方式进行实证分析。他们对计量经济建模全过程要有一个清晰的认识和理解，做到知晓计量经济方法、明晰实证分析过程，在探究经济问题时做到有章可循。这样要求的终极目标是用规范的实证研究方法诠释新的观点，或者阐述对经济现象规律的发现。具体执行学习理论和实践应用二者并重的过程，无疑要经过反复探索甚至遭遇挫折和失败，如图 1 所示。

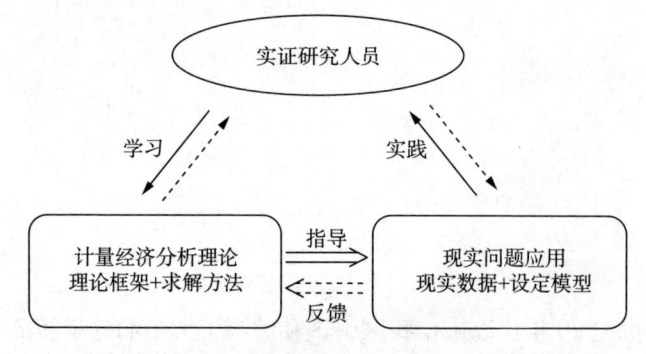

图 1　学习理论和实践应用二者并重

不论是学习计量经济理论及方法，还是探索实践应用，都要提升自己对经济问题的计量建模水平认知层次，除增加特定的前沿专业知识之外，应围绕计量经济建模方法论框架展开。在高级计量经济学理论中，经常出现高等数理统计方法、数据生成过程（DGP）、计量经济方法和模型分析等几个紧密联系的术语，实际上，可利用计量经济建模方法论框架来阐明这些术语之间的关联性。高等数理统计方法是计量经济学理论研究的数理推演工具；计量经济方法是经济理论与统计观测交互作用融合而形成的一种重要的实证研究方法；模型分析构成了理论与数据相互联系的技术桥梁；而数据生成过程则是对数据表象的一种深层次的认识，这些数据揭示了经济规律的某种客观属性。

通常，经济模型有两大类：一种是理论模型，另一种是实证模型。理论模型是从经济理论中直接导出的；实证模型则是从理论模型衍生出来的，需要实际数据来估计。一般地，大多数实证模型是回归模型形式，对模型所涉及的变量均要给予明确定义，并对自变量和因变量之间的关系作出详细说明，此外，也要对模型的主要系数或由这些系数所导出的弹性可能数值的大小及符号给予一定的预期。

建立实证模型时，如何利用经济理论？一般来说，不同研究者有着不尽相同的观点，可能会产生一些争论，甚至出现截然不同的观点。就这个问题而言，目前存在两种极端立场。一种观点认为，理论包含着唯一纯粹真理，因而应成为模型基础。持有该观点的研究者声称，所有残差都应该得到理论的解释，而不给随机性、不确定性或系统的外生冲击留有一席之地。这种建模方法也被称为结构方法，认为数据不可能完全显示自己是怎样产生的。结构方法源于考尔斯委员会方法。

实际上，考尔斯委员会方法是不同流派计量经济方法论中最经典、影响最深远的一种方法论。1989年诺贝尔经济学奖获得者、计量经济学家哈维尔莫（Haavelmo）证明了要使方程组可识别的充分必要条件是什么。识别方程组指确定可以生成数据的因果（及概率）结构。识别问题源自下面的事实：数据统计性质通常不足以揭示结构。这是归纳问题的一种形式（相关关系不一定是因果关系）。由考尔斯委员会提出的解决方法是：运用经济理论，首先设定具有因果关系的先验结构，然后将统计方法用于测度因果关系的大小，如果可能，还需要运用统计方法检验源自理论的约束。

支持结构方法的研究者认为，如果说经济研究的目标是数据生成过程，那么只有在研究者模型的协助下才能了解数据产生结构，尽管研究者模型可能是错误的。从科学研究方法看，结构方法非常接近于物理学研究方法。

支持结构方法的经济研究人员注重模型，强调估计模型的原始参数。所谓原始参数指的是那些在偏好和技术方程中的参数。这些参数不会因为政策干涉而变化。相反，应用简化方法所估计的参数多数不是原始参数，因而无法用来进行预测，尤其无法预测从来没有实施过的政策会有什么影响。

另一种观点认为，只依据经济现象所呈现出的规律性和关联性，建立基于数据观测的"非理论"的模型。这种建模方法被称为简化方法。简化方法认为，实证研究应该让"数据自己说话"，认为经济理论模型是由研究人员的意志决定的，将研究人员的认识和看法施加到数据上而得到的结论，只有在模型正确的情况下才会正确。由于研究人员不可能知道什么模型是正确的，他们的主要研究方法很简单，即使用各种各样的回归分析。

实际上，实证研究不仅仅是收集数据和分析数据，更重要的一部分工作则是实证研究方法的研究，因为任何一篇以数据为主的论文研究结果的有效性都取决于所用的研究方法。

结构方法和简化方法的区别在于，它们对经济理论在实证研究中所起的作用有不同的理解。前者首先依据先验的经济理论设立结构模型，然后由数据估计模型所含的参数值。不难发现，对结构参数估计值的信赖程度完全取决于对理论模型的信赖程度，一旦理论模型不正确，便会导致估计的结构参数偏差很大。因此，这种方法对先验理论模型具有极强的依赖性。后者将描述数据的固有特性作为建模的主要准则，揭示隐藏于数据背后的经济规律，因而该方法对经济理论的依赖较少。

对计量经济学方法论的认识，可用一个"经济理论—经济数据—建模方法—实证（经验）模型"的全程建模框架来刻画，如图 2 所示。

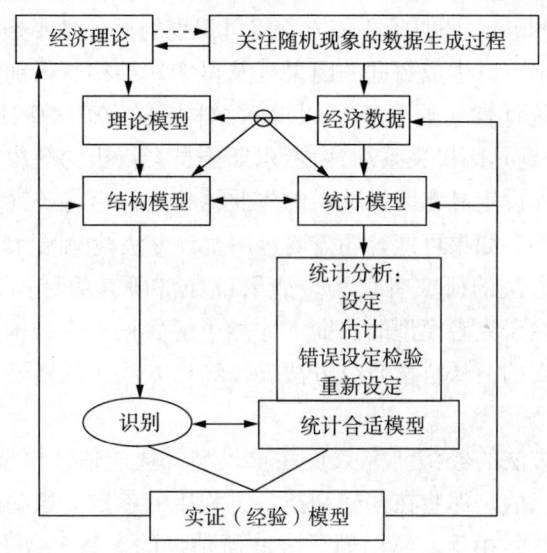

图 2　计量经济建模方法论框架

现代计量经济学从其研究和探索的内容来看，可分为微观计量经济学和宏观计量经济学两大分支，这方面存在一些高阶教科书和参考书。在国外非常受欢迎的关于微观计量经济学的书有：科林·卡梅伦（Colin Cameron）和普拉温·特里维迪（Pravin Trivedi）的《微观计量经济学：方法与应用》（*Microeconometrics: Method and Application*，2005）及杰弗里·伍德里奇（Jeffrey Wooldridge）的《横截面与面板数据的计量经济分析》（*Econ-*

译者序

ometric Analysis of Cross Section and Panel Data》，2002年第1版，2010年第2版）等；关于宏观计量经济学的书包括：舍唐·戴夫（Chetan Dave）和戴维·德容（David N. DeJong）的《结构宏观计量经济学》（Structural Macroeconometrics，2007）及法比奥·卡纳瓦（Fabio Canova）的《应用宏观经济研究方法》（Methods for Applied Macroeconomic Research，2007）等。目前这四本书都有中译本。而更一般的高阶计量经济学教科书，还包括格林（Greene）的《计量经济分析》（Econometric Analysis，2007年第6版），该书也有中译本，另外该书在2011年出版了英文第7版。此外，林文夫（Fumio Hayashi）的《计量经济学》（Econometrics，2000）也是一本不可多得的高阶计量经济学教科书，该书同样有中译本。

由美国波士顿学院鲍姆（Christopher F. Baum）教授编写的这本《用Stata学计量经济学》，凝聚了他多年应用Stata研究经济问题的科研及教学成果。该书不仅在理论内容的选取上充分体现了以应用为导向的特点，而且精心选取了大量例子与Stata编程完美结合，既突出计量经济理论的知识性，又强调易于应用的可操作性。作者提供了一种全新的融合数据分析、建模设定与应用Stata做计量经济分析的尝试，为学习者提供了大量来自现实经济问题的应用实例及Stata编程。或许用一个副标题——"如何用Stata有效实施高质量的实证研究"更能恰如其分地揭示本书的特点。全书按照完成一项实证分析和研究的顺序，首先从数据管理以及研究人员每天不得不处理的工作质量管理问题开始，然后逐一阐述大多数经济研究使用的一系列计量经济工具。经济研究人员和大学生通过钻研本书可以掌握做实证研究的真知灼见和技巧，否则单凭自己摸索探究可能要积累多年才会达到如此程度。另外，作者还指出在具体应用Stata时常犯的一些错误，比如数据多对多合并易出现的问题等。

本书的宗旨是，为想要做高质量实证研究的学习者提供一种如何用Stata完成高效和稳健的编程的样本。因此本书是面向应用的、不可多得的、极具指南特性的本科生和研究生计量经济学教科书和参考书。

译者在哈尔滨工业大学经济与管理学院的"Stata软件及在经济实证研究中的应用"讲座中曾运用鲍姆这本书的部分内容，取得了良好的效果。为此，感谢哈尔滨工业大学经济与管理学院前院长于渤教授对译者从事数量经济学教学及科研的支持。

在翻译本书时，译者曾得到自己的博士后导师吉林大学商学院赵振全教授的帮助和支持，还有其他老师，比如哈尔滨工业大学外国语学院的王雪松副教授的帮助。另有一些同学和朋友给予了支持，例如孙薇博士对第 2 章和附录 A、附录 B 提供了翻译初稿，哈尔滨医科大学附属第二医院泌尿外科赵柏医生对第 3 章内容提供了翻译初稿，其余章由王忠玉翻译并做最后统稿校译工作。徐凤艳、王天元在翻译整理时也做了大量工作，比如翻译校译和文字录入。衷心感谢这些提供大力帮助的人。

这里要特别感谢计量经济学家、美国波特兰州立大学林光平教授在本书稿翻译前和翻译期间对译者给予的大力支持及有益指导，使得译文更加严谨、专业。林教授多年来在促进和提升中国高校计量经济学教学、科研水平方面做了大量的基础性工作，许多人受益匪浅。

最后，原书中的一些印刷错误发布在 Stata 出版社网页上，译者据此逐一作了改正。另外，译者也发现了个别印刷错误，并和鲍姆教授联系，得到了他的确认。鲍姆教授对译者翻译时遇到的问题给予了热情的解答和指导，而且为本书撰写了序言，译者对此深表感谢！

最近一些年，关于因果推断的研究取得了非常可喜的成果，在经济学领域，计量经济学家提出了许多富有创新性的科研成果，例如在时间序列领域，格兰杰（Granger）[1] 提出了因果关系的定义，如果利用 X 能更好地预测 Y，那么 X 就是 Y 的原因。虽然这个定义不能描述真正的因果关系，但在某种程度上还是推动了探索相关关系。从研究文献来看，当前因果推断中存在两类重要模型，一类是潜在结果模型（Neyman，1923；Rubin，1974）[2]，另一类是因果网络模型（Pearl，1988，2009）[3]。

最近几年出版了多本介绍和阐述因果推断模型的书籍，比如珀尔（Judea Pearl）和麦肯齐（Dana Mackenzie）用通俗语言写作的《为什么：关于因果关系的新科学》（*The Book of Why: The New Science of Cause and Effect*），因本斯（Guido W. Imbens）和鲁宾（Donald Rubin）写作

---

[1] Granger, C. W. J. 1969. Investigating causal relations by econometric models and cross-spectral methods. *Econometrica* 37, 424-438.

[2] Neyman, J. 1923. On the application of probability theory to agricultural experiments: essay on principles, section 9. (translated in 1990). *Statistical Science* 5, 465-480; Rubin, D. B. 1974. Estimating causal effects of treatments in randomized and nonrandomized studies. *Journal of Educational Psychology* 66, 688-701.

[3] Pearl, J. 1988. *Probabilistic Reasoning in Intelligent Systems: Networks of Plausible Inference*. San Mateo, CA: Morgan Kaufmann Publishers; Pearl, J. 2009. *Causality: Models, Reasoning, and Inference*. 2nd ed. New York, NY: Cambridge University Press.

的被誉为因果推断领域最经典的教科书——《统计学、社会科学及生物医学领域中的因果推断导论》(*Causal Inference for Statistics, Social, and Biomedical Sciences: An Introduction*)，还有专门聚焦经验研究中的因果模型而被称为入门宝典和进阶之选的《因果推断》(*Causal Inference: The Mixtape*)，这本书是由斯科特·坎宁安（Scott Cunningham）教授写作的。对于想要学习和掌握经验研究中因果推断模型的人来说，特别是实证研究人员，采用鲍姆的《用Stata学计量经济学》加上坎宁安的《因果推断》的组合是一种非常容易入门的途径。

译者虽竭尽全力深入研究和认真翻译，但仍可能存在不足和纰漏之处，恳请专家和读者指正。联系方式为：h20061111@126.com。

王忠玉
广东科技学院

中文版序

这本书是为应用研究者设计的，旨在强化他们应用 Stata 管理数据的能力以及进行实证分析所需的坚实基础。这里既没有将其设计成计量经济学教科书，也没有将其制作成软件手册，而是将此书写作成研究者探索完成实证研究的可靠且可重复使用的指南。

这本书一直深受世界各地使用 Stata 的研究者的青睐。我希望随着中国优秀高校的数量日益增多，更多渴望成为应用经济学者或金融专家的大学生群体因为本书的实用性而受益。我在波士顿学院多年来讲授博士生计量经济学课程，结识了许多来自中国的优秀学生。无一例外，他们的数学和统计学一直都很出色。然而，应用计量经济学的研究实践不仅要求掌握做分析应具有的扎实基础知识，而且要求一边做实证一边学习。我希望对那些想要在学术界、研究机构或私人企业领域中成为有效实证研究者的大学生来说，本书能教给他们更多的技能。

我想特别提及我和中国博士生刘博研所进行的卓有成效的互动研究。他来自北京航空航天大学，得到了中国国家自然科学基金和教育部博士点基金项目的慷慨资助。作为访问学者，刘博研对波士顿学院进行了为期1个学年的访问，我们开展了合作研究。在此期间，我们完成了3篇学术论文，其中2篇已发表。中国对一些"最优秀和最聪明"的博士研究生提供高级培训支持计划，这是一项具有前瞻性的中国人力资本投资。我希望本书在某种角度上也有助于促进同样的目标。

感谢王忠玉教授承担了具有挑战性的中译本的翻译工作。

克里斯托弗·F. 鲍姆

序 言

本书是为经济和金融应用研究者撰写的一个简明指南，目的在于学习基本的计量经济方法并利用 Stata 对经济学中典型的数据集进行分析。读者应具备应用统计学知识，即熟悉线性回归模型（普通最小二乘法或 OLS），并用代数形式表述它们，也就是应具备相当于本科统计学或计量经济学课程的水准。① 此书还会用到某些多元微积分（偏导数）和线性代数的知识。

作者假定读者了解 Stata 的窗口界面，同时掌握数据输入、数据转换以及描述统计学的基本知识。如果需要回顾这些知识，建议读者查阅《Stata 入门手册》(*Getting Started with Stata*)。与此同时，建议那些较熟悉 Stata 的读者略去第 4 章以前的内容，直接从第 4 章开始学习。

对于任何研究项目来说，都要投入大量精力去准备作为计量经济模型一个部分的特定数据。尽管本书的主要关注点在于应用计量经济实践，但

---

① 在本科阶段，两本优秀的教科书是 Wooldridge（2006）与 Stock 和 Watson（2006）。

是我们必须考虑许多研究者所面临的下列重要挑战：将他们的原始数据资料转换成计量经济模型所要求的形式，甚至为项目提供所需的适当表格及图形。因此，第2章关注数据管理，以及 Stata 中为确保准确又有效地完成合适转换所用到的几种工具。如果你精通 Stata 这些方面的用法，可以略读这一章的内容，或者也可以再次学习第2章，以便重新理解 Stata 的用法。第3章致力于讨论对经济与金融数据的组织，以及重组几种数据结构形式（横截面、时间序列、混合形式、面板或纵向数据等）所需要的 Stata 命令。倘若你渴望从线性回归计量经济学开始，则可略读这一章，不过要注意，将来会涉及这方面的内容。

第4章开始讨论本书的计量经济内容，并阐述计量经济分析中运用最为广泛的工具：用于连续变量的多元线性回归模型。这一章还讨论如何解释并阐明回归估计，以及假设检验的逻辑、线性与非线性约束。该章最后两节则考虑残差、预测值以及边际效应。

回归模型依赖于某些假设，而这些假设经常与现实数据集合相违背。第5章讨论在存在设定误差的条件下，关键的误差零条件均值假设会怎样被违背的问题。这一章还探讨了检查设定误差的统计方法及图形法。第6章探讨可能被独立同分布（i.i.d.）误差假设等违背的其他假设，并且阐述广义线性回归模型。另外，本章还解释了如何判断并修正两种背离独立同分布误差假设的最重要的情况，即异方差性与序列相关。

第7章利用指示变量或虚拟变量探讨既包括数量因素又包括定性因素的线性回归模型、带有交互效应的模型以及结构变化的模型。

在应用经济学中，许多回归模型都违背了误差零条件均值假设，原因在于此类模型联立决定响应变量与一个或多个回归元，或回归元出现测量误差。无论怎样，这类原因将使 OLS 方法不再得出无偏且一致的估计值，因而你将要使用工具变量（IV）方法。第8章阐述 IV 估计量及其广义矩方法，以及决定是否运用工具变量法的检验方法。

第9章讨论将模型用于面板数据或纵向数据，这些数据既有横截面维度，又有时间序列维度。回归模型的扩展形式使得利用面板数据的丰富信息成为可能，以此说明既有面板单元，又有时间维度方面的异方差性。

绝大多数计量经济应用都要对分类变量与受限因变量进行建模。如对购买决定的二值结果，或者诸如消费额度的约束响应进行建模，这里将是否购买与在购买的条件下消费多少的决策结合起来。一般地讲，线性回归方法不适合此类结果的建模，因此，第10章阐述 Stata 中几种受限因变量的估计量。

附录讨论了将外部数据转换成 Stata 数据的方法，同时解释了 Stata 的基本编程方法。虽然你可以不需要进行任何编程就运用 Stata，但是学习如何用 Stata 编程有助于节省大量的时间及精力。而且，你还应学习利用 do 文件生成可复制的结果。你应学会编辑、备份以及再次运行 do 文件。按照 Stata 指南的要求去做会使你编写的 do 文件更短小且更易维护和修改。

记号与印刷体说明

作者将这本书设计成适合以"干中学"的方式来学习，因此希望读者学习本书时坐在计算机前面，以便尝试利用书中给出的命令来复制作者的结果。然后，读者可以对命令加以推广，以适应自己所要解决的问题。

一般地说，本书用打字机字体 command 意指 Stata 命令、语法以及变量。命令后面的提示"点"（.）表示为展示本书结果而需要键入的内容。

为了讲解清楚本书所述内容，在数学记号上要遵循一些习惯：

- 矩阵用黑体、大写字母表示，比如 **X**。
- 向量用黑体、小写字母表示，例如 **x**。
- 标量*用标准字体小写字母表示，比如 x。
- 数据向量（$\mathbf{x}_i$）表示 $1 \times k$ 行向量，表示来自数据矩阵的行。
- 系数向量（**β**）表示 $k \times 1$ 列向量。

用 N 而不是 n 表示样本量，这样做使得本书要做一个例外处理，即用

---

* 标量又称为纯量。——译者注

N 刻画样本量。类似地，用 T 表示时间序列观测值个数，M 表示聚类（clusters）个数，L 表示最大滞后长度。我同样遵循普遍习惯，即杨-博克斯统计量用 Q 表示，类似地，萨金之差检验（difference-in-Sargan test）用 C 表示。

为了使记号简单，我不使用不同字体来区分随机变量及其实现值。当人们对因变量 y 进行建模时，y 就是随机变量。y 的观测值是该随机变量的实现值，同时将 y 的第 i 个观测值表示为 y_i，而所有观测值表示为 **y**。同样地，回归元 **x** 表示总体的随机变量，并将此随机变量向量第 i 个观测值记为 $\mathbf{x}_i$，$\mathbf{x}_i$ 是数据矩阵 **X** 的第 i 行。

这本书不能代替 Stata 手册的内容，只是起补充作用，因而作者经常用［R］、［P］等意指 Stata 手册。例如，［R］ **xi** 指《Stata 基础参考手册》(*Stata Base Reference Manual*) 中关于 xi 的词条，而［P］ **syntax** 指《Stata 编程参考手册》(*Stata Programming Reference Manual*) 中关于 syntax 的词条。

目 录

第1章 引 论 …………………………………………………………………… 1
  1.1 Stata 特色概述 ……………………………………………………… 2
  1.2 安装必要的软件 …………………………………………………… 5
  1.3 安装支持素材 ……………………………………………………… 6
第2章 Stata 基础 ……………………………………………………………… 7
  2.1 基础知识 …………………………………………………………… 7
  2.2 常见数据转换方法 ………………………………………………… 23
  习 题 …………………………………………………………………… 45
第3章 经济数据的组织和整理 ……………………………………………… 46
  3.1 横截面数据与标识符变量 ………………………………………… 46
  3.2 时间序列数据 ……………………………………………………… 47
  3.3 混合横截面时间序列数据 ………………………………………… 49
  3.4 面板数据 …………………………………………………………… 50
  3.5 处理面板数据的工具 ……………………………………………… 54

3.6 横截面与时间序列数据集组合 …………………………………… 60
3.7 用 append 创建长格式数据集 ……………………………………… 61
3.8 reshape 命令 ……………………………………………………… 64
3.9 用 Stata 执行可重复研究 ………………………………………… 68
习　题 ……………………………………………………………………… 74

第 4 章　线性回归 …………………………………………………………… 75
4.1 引　论 ……………………………………………………………… 75
4.2 线性回归的估计 …………………………………………………… 76
4.3 回归估计值的解释 ………………………………………………… 82
4.4 回归估计 …………………………………………………………… 94
4.5 假设检验、线性限制与约束最小二乘法 ………………………… 99
4.6 计算残差与预测值 ………………………………………………… 109
4.7 计算边际效应 ……………………………………………………… 115
习　题 …………………………………………………………………… 119
4.A 附录：最小二乘法估计量 ……………………………………… 120
4.B 附录：线性回归大样本 VCE …………………………………… 120

第 5 章　函数形式设定 …………………………………………………… 122
5.1 引　论 ……………………………………………………………… 122
5.2 设定错误 …………………………………………………………… 123
5.3 内生性与测量误差 ………………………………………………… 139
习　题 …………………………………………………………………… 139

第 6 章　带非独立同分布误差的回归 …………………………………… 141
6.1 广义线性回归模型 ………………………………………………… 142
6.2 误差分布的异方差性 ……………………………………………… 152
6.3 误差分布的序列相关 ……………………………………………… 164
习　题 …………………………………………………………………… 170

第 7 章　带指示变量的回归 ……………………………………………… 171
7.1 对定性因素显著性的检验 ………………………………………… 172
7.2 带定性因素与定量因素的回归 …………………………………… 179
7.3 带指示变量的季节性调整 ………………………………………… 185
7.4 结构稳定性与结构变化的检验 …………………………………… 189
习　题 …………………………………………………………………… 195

第 8 章　工具变量估计量 ················ 197

- 8.1　引　论 ································ 197
- 8.2　经济关系的内生性 ················ 198
- 8.3　两阶段最小二乘法 ················ 200
- 8.4　ivreg 命令 ···························· 202
- 8.5　识别与过度约束检验 ············ 203
- 8.6　计算 IV 估计 ························ 204
- 8.7　ivreg2 命令与 GMM 估计 ····· 207
- 8.8　GMM 中过度约束的检验 ······ 213
- 8.9　IV 背景下的异方差性检验 ···· 218
- 8.10　检验工具相关性 ·················· 220
- 8.11　IV 估计中德宾-吴-豪斯曼检验的内生性 ······ 224
- 习　题 ·· 228
- 8.A　附录：省略变量偏倚 ············ 228
- 8.B　附录：测量误差 ··················· 229

第 9 章　面板数据模型 ················ 232

- 9.1　FE 模型与 RE 模型 ··············· 233
- 9.2　面板数据的 IV 模型 ·············· 245
- 9.3　动态面板数据模型 ················ 245
- 9.4　似不相关回归模型 ················ 249
- 9.5　移动窗口回归估计 ················ 255
- 习　题 ·· 258

第 10 章　离散变量和受限因变量模型 ················ 260

- 10.1　二项 logit 与二项 probit 模型 ············ 261
- 10.2　有序 logit 模型与有序 probit 模型 ······ 270
- 10.3　截尾回归与 tobit 模型 ········· 273
- 10.4　偶然截尾与样本选择模型 ···· 281
- 10.5　二变量 probit 与带选择的 probit 模型 ·· 285
- 习　题 ·· 289

附录 A　Stata 数据导入 ················ 291

- A.1　从 ASCII 文本和电子表格文件导入数据 ········ 291
- A.2　从其他软件文件导入数据 ···· 301

附录 B　Stata 编程基础 ·················· 303
　B.1　局部宏和全局宏 ·················· 305
　B.2　标　量 ·················· 310
　B.3　循环结构 ·················· 311
　B.4　矩　阵 ·················· 315
　B.5　return 与 ereturn ·················· 317
　B.6　程序与语法语句 ·················· 323
　B.7　用 Mata 函数编写 Stata 程序 ·················· 329

参考文献 ·················· 336
致　谢 ·················· 345

第 1 章
引 论

　　本书针对经济学和金融学领域中如何探究应用计量经济的问题，提供了所需的工具。具体内容既包括计量经济学的理论基础，又包括如何将计量经济工具用于对研究项目的扎实理解。本书要阐明的观点是：通过将理论与实践完美结合，利用 Stata 软件研究数据集，解释如何对数据进行组织、转换以及实施经验估计。在为大学生与博士研究生讲授计量经济学时，我的教学经验是，针对现实数据集利用计量经济工具来研究经济问题，才能学会使用计量经济学。许多计量经济学导论性的教科书[①]均采用这类方法，并关注可能在经验研究（empirical work）*中遇到的理论问题。本书旨在作为对那些教科书的一种补充，提供利用 Stata 工具广泛研究计量经济学的第一手经验。

---

① 例如 Wooldridge（2006）及 Stock 和 Watson（2006）。
* 又称实证研究。——译者注

本章其余部分将要阐述 Stata 与众不同的 11 个特征，包括做计量经济应用研究时，运用 Stata 进行设计的方方面面内容和它卓越的能力。1.2 节和 1.3 节为想要执行本书正文所用例子的人员提供基本信息。这些例子大多数采用用户编写的 Stata 命令，而这类 Stata 命令必须安装到你的 Stata 程序中。1.2 节所描述的 Stata 程序 itmeus，则会使操作变得简单轻松。

1.1　Stata 特色概述

　　Stata 是应用经济学研究者的一个有力工具。不论处理的数据是时间序列数据、面板数据还是横截面数据，Stata 都能帮助人们更容易且更有效地进行分析研究。Stata 提供组织与管理数据所需的工具，进而获得与分析统计结果。

　　对于许多用户来说，Stata 是一种菜单式的统计软件包，允许用户阅读数据、生成新变量、进行统计分析和绘制图形。而对另一些用户来说，Stata 是一种命令行驱动软件包，一般执行来自储备命令的 do 文件，该文件将在没有干预的条件下完成所有步骤。还有一些人则将 Stata 当作编程语言，通过添加数据管理、统计学或图形能力来发展定义程序或新 Stata 命令的 ado 文件来扩展 Stata。

　　认识 Stata 与众不同的某些特征有助于更有效地运用 Stata。你可以避免键入（或复制与粘贴）重复命令，以及重复别人已经做过的事情。学习编写高效计算机 do 文件（比如，运行 10 秒而不是 2 分钟）特别有益，但更为重要的是，能够编写很容易理解且易修改的 do 文件。这本书将教你建立综合与可扩展的 do 文件，此类 do 文件能用一个命令重新运行，从而节省时间。

　　考察下面几个 Stata 与众不同的特征，稍后将更详细地讨论它们。
　　● **即使你不懂语法，也很容易学习 Stata 命令**
　　对于几乎每一个官方命令，Stata 都有一个对话框，当用对话框执行命令时，命令记录窗口就显示该命令语法，就好像已经输入该命令。就算没有关闭对话框，也能提交命令，但你通常想要连续不断地执行几个命令（例如，生成一个新变量，然后对此变量值做统计概述）。即使利用 Stata 对话框，也能通过命令记录与命令窗口来重新发布、修改与重新提交命令。可以将命令记录窗口的目录保留成一个文件或将它们复制到 do 文件编辑窗口，从而对其进行修改并重新提交。要进行操作，就要控制鼠标单击或右键点击命令窗口。

- **利用 Stata 的 do 文件编辑器节省时间，以专注于分析**

当人们熟悉普通命令后，会发现很容易把普通命令放入 do 文件，从而执行文件而不是人机交互地输入命令（利用对话框或命令窗口）。利用鼠标，可以选择在 do 文件编辑器中出现的任意命令子集，然后只执行那些命令。这一能力使得人们很容易检验是否完成了所期望的分析。如果用 do 文件执行整个分析，它可以为你的研究策略提供简单的、可重复的以及翔实的记录（尤其是，给 do 文件添加注释来描述它是做什么的，由谁完成的，在何时完成的等等）。

- **用简单命令执行所有观测值的全部计算**

Stata 具有不同于其他几种统计软件包的处理变量的方法。当读入 Stata 数据集时，Stata 就会以矩阵形式记住它，其中行对应于观测值，而列代表变量。可以通过点击 Stata 工具栏上的数据浏览器或数据编辑器来查看矩阵。大部分 Stata 命令并不要求明确地设定观测值。和其他统计软件语言不同，Stata 仅有少数几种情况需要你指出特定观测值，若不需指出特定观测值，Stata 将运行得更快。当一定要明确引用先验观测值时，比如要生成时间序列数据的滞后值，总可以用 Stata 时间序列算子，比如 x 的滞后值 L.x 或一阶差分 D.x。

- **方便对变量进行重复操作，节省时间和精力**

Stata 最有价值的特征之一是，具有对几个变量实施重复步骤（数据变换、估计或画图）的能力。有关命令是 [P] **forvalues**，[P] **foreach** 以及 [P] **macro**，更详细的内容参见在线帮助（比如 help forvalues）以及附录 B。使用这些命令有助于生成一个 do 文件，此 do 文件将对变量加以循环，而不是对每一个变量都发布各自的命令；如果需要不同的变量列表，也可以很容易地修改文件；参见第 2 章。

- **Stata 的 by-分组* 可减少所需编程**

Stata 允许通过一种或多种分类（整数值）变量来定义 by-分组，从而能用简明、短小的命令做复杂的数据变换；参见第 2 章。

- **Stata 具有许多无可匹敌的、强有力的统计特性**

对几乎所有的估计命令，Stata 都能计算估计量方差协方差矩阵的稳健

---

* by-是 Stata 的功能，不能直接翻译。正文中遇到 by-group，直接保留 by-。——译者注

与聚集稳健估计值。[①] mfx 命令可对估计后的边际效应进行估计。对于估计参数的线性与非线性函数来说，test，testnl，lincom 以及 nlcom 提供了线性与非线性约束的沃尔德检验（Wald tests）以及估计参数的线性与非线性函数的置信区间。

● **通过 Stata 的不断更新，可避免问题**

如果可连接网络，Stata 的 [R] **update** 会定期、免费更新 Stata 可执行文件与 ado 文件。绝大部分更新包括错误修正，并增强业已存在的命令（有时还包括全新的命令）。为了找到可利用的更新，要用到命令 update query，并遵从该命令的推荐。许多由 Stata 用户识别出来的问题就是借助于更新而得到解决的，因而在报告程序出现任何问题之前，应该先更新你的 Stata 可执行文件与 ado 文件。当在一台新计算机或硬盘上重新安装程序时，一定要更新 Stata；这是因为安装 CD 只包含最初编码（例如，没有更新的 9.0 版本和已更新的 9.2 版本）。

● **Stata 具有无限扩展特性**

你能创建自己的命令，这有别于官方 Stata 命令。可以给 Stata 添加新命令，不论是你自己还是其他人都可通过编写 ado 文件和帮助文件来发展新命令。通过 adopath 创建合适的 ado 文件将会定义新的命令，而新命令的名字亦体现在所建立的文件上。因此，Stata 的功能是无限制的（参看 [P] **sysdir**）。由于绝大部分 Stata 命令都是用 do 文件语言编写的，所以 Stata 命令便于考察和修改，展现出良好的编程实用性。

● **Stata 用户社区为 Stata 提供大量有用的附加程序**

StataCorp 的发展策略是，向用户提供与公司自己的专业程序员所使用的相同的开发工具。这种实践做法鼓励了充满活力的 Stata 开发者用户社区，这些开发者可自由地分享其成果。尽管任何 Stata 开发者都会建立自己的 net from 网站，但绝大多数编程用户都可以利用来自统计软件荟萃 (Statistical Software Components, SSC) 的文档，这是我在波士顿学院维护的文档，你可以利用 Stata 的 ssc 命令进入；参看 [R] **ssc**。人们可用网页浏览器找到 SSC 文档，不过最好应用 ssc 命令下载其内容，以确保其文件都是可操作的，并在适当目录下加以安装。键入 ssc whatsnew 就会出现最新的增加程序，并将其更新到 SSC 文档。当键入 adoupdate 时，就会从 SSC 文档、《Stata 期刊》（*Stata Journal*）或者如果需要的话也可以从个人

---

① 请不要担心，下面会详细地阐述这些内容。

用户网站更新你安装的程序包。

● **Stata 具有跨平台兼容性**

与其他许多统计程序包不同，Stata 的兼容性强，不会因为跨越不同平台（Windows，Macintosh，Linux 以及 Unix）而无法使用，在不同平台上都可运行。Stata 文档不是针对平台特别设计的（除《Stata 入门手册》之外）。在一个平台上运行的 do 文件，在另一个平台（只要每一个系统拥有足够的内存空间）也能运行。此种兼容性允许你在不同平台之间很容易地移动二值数据文件，也就是，所有 Stata 的 .dta 文件都拥有相同的二值数据格式，因而运行同一版本 Stata 的任何计算机亦能对那些文件加以读写。Stata 还能用命令"use http://…"读取网络服务器上存储的数据文件，而不论使用何种平台。

● **Stata 用起来非常有趣**

尽管经验研究是一件严肃的事情，但你只需跟随 Statalist[①] 讨论中的少数几条信息，便可了解到众多用户非常喜欢运用 Stata，并加入 Stata 用户社区。尽管学习有效使用 Stata 像学习说一门外语一样，需要付出努力，学习解决数据管理和统计分析问题是有意义的。谁会知道呢？或许某天你的同事可能求助于你，询问如何使用 Stata。

1.2 安装必要的软件

本书阐述了如何利用 Stata 进行许多应用计量经济专题的研究。正如前面提及的，Stata 的功能并没有局限于官方 Stata 手册文件和在线帮助方面的编辑命令，还包括大量的《Stata 期刊》、《Stata 技术公告》(*Stata Technical Bulletin*) 以及 SSC 文档中的编辑命令。[②] 这些命令需要安装才能在你的 Stata 副本中使用。由于本书运用了数个由用户编写的命令来阐明对 Stata 用户来说可利用的全部工具集合，所以我提供了一个有用的命令 itmeus，该命令将安装本书例子所用的全部非官方命令。为了安装该命令，你必须接入网络，并键入

    ssc install itmeus

[①] 参看 http://www.stata.com/statalist/。
[②] 键入 help ssc，显示 SSC 文档信息。

这将检索来自 SSC 文档的命令。当 ssc 命令成功后，你可以键入

> help itmeus

像你运行任何 Stata 命令一样，或者仅仅用

> itmeus

开始下载程序。所有必需命令都要安装在你的 Stata 副本中，之后即可执行本书的任何例子（参看下一节获得用于生成例子的 do 文件与数据集）。

现在，你可以安装较新版本用户编写的命令。你可在任何时间发出官方 Stata 命令 adoupdate，以查看这些用户编写命令的较新版本是否可用。正如命令 update query 将确定你的 Stata 可执行文件与官方 ado 文件是否与最新版本一致，adoupdate 将对你的 Stata 所安装的用户编写命令执行同样的检查任务。

1.3 安装支持素材

除某些小的解释性数据集以外，本书中所用全部数据均可自由利用，可以从 Stata 出版社网站 http://www.stata-press.com 下载。实际上，当我引入新数据集时，只将它们载入 Stata，你也可以以同样方式执行。例如，尝试输入

> . use http://www.stata-press.com/data/imeus/tablef7-1.dta, clear

为下载本书的数据集与 do 文件，键入

> . net from http://www.stata-press.com/data/imeus/
> . net describe imeus
> . net get imeus-dta
> . net get imeus-do

此素材将下载到你当前的工作目录上。我建议你创建一个新目录，然后将它们复制到新目录中。

第 2 章
Stata 基础

经济研究总会遇到许多数据管理任务，例如数据输入、核查和转换，这对于从数据的统计分析中得到正确结论是至关重要的。这些任务经常会比统计分析本身占用更多时间，因此学会有效利用 Stata 将帮助你完成这些任务，并且产生一个含有充足信息的 Stata 数据集支持你的研究项目。

本章 2.1 节讨论利用 Stata 进行数据分析的基础知识。2.2 节讨论常见的数据转换。

2.1 基础知识

为了利用 Stata 有效管理数据，需要理解 Stata 的一些基本特征。下面运用一个小的 Stata 数据集进行阐述。

2.1.1 use 命令

用 use 命令打开一个已存的 Stata 数据（.dta）文件。你可以设定数据集的名称，比如 use census2c，也可给出数据集的完整路径，诸如

```
. use "/Users/baum/doc/SFAME/stbook.5725/dof/census2c.dta"
```

这取决于你的操作系统。利用 use 命令，也可以打开网络服务器上的文件，例如

```
. use http://www.stata-press.com/data/r9/census2
```

在上述任意一种格式中，如果目录或文件名中有空格，都需用引号标注。如果要使用 Stata 的菜单，可通过选择 File▷Open... 来指定一个文件名，也可以从 Review 窗口获得完整文件路径，并将其存储到一个 do 文件中。

下面，用 use 调用 Stata 的一个数据文件，并用 list 命令列出其内容：

```
. use http://www.stata-press.com/data/imeus/census2c, clear
(1980 Census data for NE and NC states)
. list, sep(0)
```

	state	region	pop	popurb	medage	marr	divr
1.	Connecticut	NE	3107.6	2449.8	32.00	26.0	13.5
2.	Illinois	N Cntrl	11426.5	9518.0	29.90	109.8	51.0
3.	Indiana	N Cntrl	5490.2	3525.3	29.20	57.9	40.0
4.	Iowa	N Cntrl	2913.8	1708.2	30.00	27.5	11.9
5.	Kansas	N Cntrl	2363.7	1575.9	30.10	24.8	13.4
6.	Maine	NE	1124.7	534.1	30.40	12.0	6.2
7.	Massachusetts	NE	5737.0	4808.3	31.20	46.3	17.9
8.	Michigan	N Cntrl	9262.1	6551.6	28.80	86.9	45.0
9.	Minnesota	N Cntrl	4076.0	2725.2	29.20	37.6	15.4
10.	Missouri	N Cntrl	4916.7	3349.6	30.90	54.6	27.6
11.	Nebraska	N Cntrl	1569.8	987.9	29.70	14.2	6.4
12.	New Hampshire	NE	920.6	480.3	30.10	9.3	5.3
13.	New Jersey	NE	7364.8	6557.4	32.20	55.8	27.8
14.	New York	NE	17558.1	14858.1	31.90	144.5	62.0
15.	N. Dakota	N Cntrl	652.7	318.3	28.30	6.1	2.1
16.	Ohio	N Cntrl	10797.6	7918.3	29.90	99.8	58.8
17.	Pennsylvania	NE	11863.9	8220.9	32.10	93.7	34.9
18.	Rhode Island	NE	947.2	824.0	31.80	7.5	3.6
19.	S. Dakota	N Cntrl	690.8	320.8	28.90	8.8	2.8
20.	Vermont	NE	511.5	172.7	29.40	5.2	2.6
21.	Wisconsin	N Cntrl	4705.8	3020.7	29.40	41.1	17.5

数据集 census2c 的内容列在表格中，类似于一个电子表格。表格的行是**观测值**（observation）或称为对象，列是**变量**（variable）。此表格有 21 行，每一行对应美国东北部或北方中心地区的一个州；表格有 7 列，即变量：state, region, pop, popurb, medage, marr 与 divr。变量名必须是唯一的，并且服从一定的语法规则。例如，文件名称不能包含空格、连字符 (-)、既不是字母也不是数值的字符，并且必须以字母开头。[①] Stata 很敏感，因此在 Stata 中 STATE、State 及 state 是三个不同的对象。在此提醒读者，在 Stata 中所有变量名都要**小写**。

2.1.2 变量类型

与一些统计程序包不同的是，Stata 支持所有**变量类型**（variable type）。计量经济学家使用的许多数据是**整数**（integer）类型，而且，经常是非常小的整数，诸如用于指示（虚拟）变量的 {0,1} 或只限于单字节的整数。为了节省内存和硬盘空间，Stata 允许用户依据需要将变量定义为整数、实数或字符串类型。整数数据有三种形式：byte 表示一个或两个字节有符号的整数，int 表示介于 ±32 740 之间的整数，long 表示介于 ±21.4 亿之间的整数。十进制数字可以有两种实数形式：float 与 double。以 float 存储的变量的精确度是 7 位；以 double 存储的变量的精确度是 15 位。数字类型的变量以 float 的形式被存储，除非你指定变量为其他形式。关于更多详细内容，参看 data types。

可以选择将字符串变量公布为具有特定长度，其长度范围为 str1 至 str244 字符。如果存储的字符串比指定长度要长，Stata 会自动增加变量的存储容量来适应该字符串，直到达到最大的 244 个字符。

键入 describe 命令，显示数据集的内容，包括每个变量的数据类型。例如，

[①] 变量名可能以一个下划线（_）开头，但这样并不合适，因为 Stata 的许多程序都是以一个下划线作为开头来创建临时变量的。

```
. describe
Contains data from census2c.dta
  obs:            21                          1980 Census data for NE and NC
                                              states
 vars:             7                          9 Jun 2006 14:50
 size:         1,134 (99.9% of memory free)

              storage  display    value
variable name type     format     label     variable label
state         str13    %-13s                State
region        byte     %-8.0g     cenreg    Census region
pop           double   %8.1f                1980 Population, '000
popurb        double   %8.1f                1980 Urban population, '000
medage        float    %9.2f                Median age, years
marr          double   %8.1f                Marriages, '000
divr          double   %8.1f                Divorces, '000

Sorted by:
```

Stata 结果显示，此数据集包含 21 个观测值（obs）和 7 个变量（vars）。变量 state 是一个 str13，因此，此数据的任何州名称都不会超过 13 个字符。pop，popurb，marr 与 divr 的存储类型是 double，而不是整数，这是因为它们表示成千上万的居民，因此当这些变量取值不是 1 000 的倍数时，就会有小数部分。medage 是以 float 的形式被存储的，而 region 的存储形式是 byte，尽管它的取值中有 NE 与 N Cntrl；然而，如上所示，除 region 的**取值标签**（value label）之外，这并没有提供其他真实内容。

2.1.3   _n 与 _N

在上面列表中数据集的观测值的序号依次是 1，2，…，21，因此人们可以用这些数字来表示观测值。或者，可用 _N 来表示最大的观测数目——观测值的总数——并且用 _n 表示当前的观测值序号，当然，这些记号可以因数据组合的不同而不同；参看 2.2.8 小节。如果用一个 sort 命令（参看 2.1.5 小节）改变内存中数据集的次序，观测值的序号也会发生变化。

2.1.4   generate 与 replace

在 Stata 中，用于数据转换的基本命令是 generate 与 replace，这两个命令用法相似，但也有重要差异。generate 会产生一个**新的**变量，其变量名称需是在当前文件中未被使用过的。replace 会改变**现有的**一个变量，与 Stata 的其他命令不同的是，replace 不能被缩写。

为了阐明 generate 的用法，在数据集中建立一个新变量来测量 1980 年每个州生活在城市地区的人口比例。我们只需要设定合适的公式，Stata 就会自动将这个公式运用到按照代数规则由 generate 命令所设定的每个观测值上。例如，如果此公式导致某个州产生以零为被除数的结果，此州结果将被标记为缺失。创建一个小数 urbanized，并用 summarize 命令显示其描述统计量：

```
. generate urbanized = popurb/pop
. summarize urbanized
```

Variable	Obs	Mean	Std. Dev.	Min	Max
urbanized	21	.6667691	.1500842	.3377319	.8903645

美国此地区的平均城市化率达到 66.7%，数值介于 34% 和 89% 之间。

如果州人口变量 urbanized 已经存在，但是我们希望将其表示为百分数而非小数形式，可使用 replace 命令：

```
. replace urbanized = 100*urbanized
(21 real changes made)
. summarize urbanized
```

Variable	Obs	Mean	Std. Dev.	Min	Max
urbanized	21	66.67691	15.00843	33.77319	89.03645

replace 报告数据变动的个数，即 21 个观测值。

依据需要，人们应写出一些容易修改、简单、简洁的命令来进行数据转换。用 generate 与 replace 建立相同变量的方法很多，但要选择最简单、最清楚的形式。

2.1.5 sort 与 gsort

sort 命令将数据集的观测值按一定次序进行排序；参看 [D] **sort**。如果 sort 命令中只包含一个变量名，无论变量类型是数值还是字符串，Stata 都会以此变量对数据进行升序排序。如果命令包含有两个或更多变量名的 varlist，数据将以如下方式排序：键入 sort 命令，按第一个变量对观测值进行排序，然后，对于在第一个变量有相同取值的观测值，Stata 按第二个变量对这些观测值进行排序，等等。在使用 sort 命令后，数据集将被标记为是按那些变量排序的，但如果希望保存这一新排序次序，需要将此新的数据集保存到硬盘里。

可以使用 gsort 命令（参看 [D] **gsort**）对数据按降序或升序排序，例如可对测试分数或患者的血压结果进行排序。减号（-）后加上变量表示对此变量按降序排序，而加号（+）表示按升序排序。例如，以地区对这些州进行排序，并且对在地区上有相同取值的观测值，按人口从多到少排序，就可以键入：

```
. gsort region -pop
. list region state pop, sepby(region)
```

	region	state	pop
1.	NE	New York	17558.1
2.	NE	Pennsylvania	11863.9
3.	NE	New Jersey	7364.8
4.	NE	Massachusetts	5737.0
5.	NE	Connecticut	3107.6
6.	NE	Maine	1124.7
7.	NE	Rhode Island	947.2
8.	NE	New Hampshire	920.6
9.	NE	Vermont	511.5
10.	N Cntrl	Illinois	11426.5
11.	N Cntrl	Ohio	10797.6
12.	N Cntrl	Michigan	9262.1
13.	N Cntrl	Indiana	5490.2
14.	N Cntrl	Missouri	4916.7
15.	N Cntrl	Wisconsin	4705.8
16.	N Cntrl	Minnesota	4076.0
17.	N Cntrl	Iowa	2913.8
18.	N Cntrl	Kansas	2363.7
19.	N Cntrl	Nebraska	1569.8
20.	N Cntrl	S. Dakota	690.8
21.	N Cntrl	N. Dakota	652.7

2.1.6 if *exp* 与 in *range*

Stata 命令在默认情况下会对内存的所有观测值进行操作。几乎所有 Stata 命令都接受 if *exp* 与 in *range* 子句，这两个子句都将命令限制在仅对部分观测值有效。

为列出美国人口最少的五个州，键入 sort 命令之后，用带有 in *range*

限定词的 list 命令列出符合要求的第一个到最后一个观测值。范围 1/5 表示前 5 个观测值，范围 -5/1 表示最后 5 个观测值（倒数第五个，倒数第四个，……，最后一个）。具体说明如下：

```
. sort pop
. list state region pop in 1/5
```

	state	region	pop
1.	Vermont	NE	511.5
2.	N. Dakota	N Cntrl	652.7
3.	S. Dakota	N Cntrl	690.8
4.	New Hampshire	NE	920.6
5.	Rhode Island	NE	947.2

```
. list state region pop in -5/1
```

	state	region	pop
17.	Michigan	N Cntrl	9262.1
18.	Ohio	N Cntrl	10797.6
19.	Illinois	N Cntrl	11426.5
20.	Pennsylvania	NE	11863.9
21.	New York	NE	17558.1

这两个列表给出了人口最少的 5 个州与人口最多的 5 个州，但后一个表格是以升序而非降序排序的。由于 sort 命令只能进行升序排序，为了以降序列出人口最多的州，可键入：

```
. gsort -pop
. list state region pop in 1/5
```

	state	region	pop
1.	New York	NE	17558.1
2.	Pennsylvania	NE	11863.9
3.	Illinois	N Cntrl	11426.5
4.	Ohio	N Cntrl	10797.6
5.	Michigan	N Cntrl	9262.1

为了仅对满足某个逻辑条件的一组观测值进行操作，可使用 if *exp* 限定词。例如，为创建一个新的 medage 变量，变量名设为 medage1，并将其定义为只包含人口多于 500 万的州，我们可设定如下：

```
. generate medagel = medage if pop > 5000
(13 missing values generated)
. sort state
. list state region pop medagel, sep(0)
```

	state	region	pop	medagel
1.	Connecticut	NE	3107.6	.
2.	Illinois	N Cntrl	11426.5	29.9
3.	Indiana	N Cntrl	5490.2	29.2
4.	Iowa	N Cntrl	2913.8	.
5.	Kansas	N Cntrl	2363.7	.
6.	Maine	NE	1124.7	.
7.	Massachusetts	NE	5737.0	31.2
8.	Michigan	N Cntrl	9262.1	28.8
9.	Minnesota	N Cntrl	4076.0	.
10.	Missouri	N Cntrl	4916.7	.
11.	N. Dakota	N Cntrl	652.7	.
12.	Nebraska	N Cntrl	1569.8	.
13.	New Hampshire	NE	920.6	.
14.	New Jersey	NE	7364.8	32.2
15.	New York	NE	17558.1	31.9
16.	Ohio	N Cntrl	10797.6	29.9
17.	Pennsylvania	NE	11863.9	32.1
18.	Rhode Island	NE	947.2	.
19.	S. Dakota	N Cntrl	690.8	.
20.	Vermont	NE	511.5	.
21.	Wisconsin	N Cntrl	4705.8	.

变量 medagel 被定义为仅对满足条件的州进行取值，并将其他州的对应值设置为缺失值（"."是 Stata 表示缺失值的显示符）。当将 generate 与一个 if exp 子句一起使用时，不满足逻辑条件的观测值取值将被设置为缺失值。

为了对人口较多的州计算 medage 的描述统计量，要么对新变量 medagel 使用命令 summarize，要么对原始变量应用 if exp：

```
. summarize medagel
```

Variable	Obs	Mean	Std. Dev.	Min	Max
medagel	8	30.65	1.363818	28.8	32.2

```
. summarize medage if pop > 5000
```

Variable	Obs	Mean	Std. Dev.	Min	Max
medage	8	30.65	1.363818	28.8	32.2

任何一种方法都会对满足此逻辑条件的 8 个州得出相同的统计结果。

2.1.7 利用带指示变量的 if exp

在经济学领域，许多实证研究项目都需要用到**指示变量**（indicator variable），指示变量的取值范围是 $\{0,1\}$，以此表明是否满足特定条件。这些变量通常被称为**虚拟变量**（dummy variable）或**布尔变量**（Boolean variable）。为建立指示（虚拟）变量，可用**布尔条件**（Boolean condition）来完成，此条件对每一个观测值的正误进行判断。这同样需要使用 if exp 限定词。利用我们的数据集，可对人口少的州和人口多的州生成指示变量，具体操作如下：

```
. generate smallpop = 0
. replace smallpop = 1 if pop <= 5000
(13 real changes made)
. generate largepop = 0
. replace largepop = 1 if pop > 5000
(8 real changes made)
. list state pop smallpop largepop, sep(0)
```

	state	pop	smallpop	largepop
1.	Connecticut	3107.6	1	0
2.	Illinois	11426.5	0	1
3.	Indiana	5490.2	0	1
4.	Iowa	2913.8	1	0
5.	Kansas	2363.7	1	0
6.	Maine	1124.7	1	0
7.	Massachusetts	5737.0	0	1
8.	Michigan	9262.1	0	1
9.	Minnesota	4076.0	1	0
10.	Missouri	4916.7	1	0
11.	N. Dakota	652.7	1	0
12.	Nebraska	1569.8	1	0
13.	New Hampshire	920.6	1	0
14.	New Jersey	7364.8	0	1
15.	New York	17558.1	0	1
16.	Ohio	10797.6	0	1
17.	Pennsylvania	11863.9	0	1
18.	Rhode Island	947.2	1	0
19.	S. Dakota	690.8	1	0
20.	Vermont	511.5	1	0
21.	Wisconsin	4705.8	1	0

需要用 generate 与 replace 定义取值 0 与 1。键入命令 generate smallpop = 1 if pop <= 5000，从而将变量 smallpop 中不满足 if exp 观测值的取值设置为缺失值，而不是 0。若利用布尔条件，则更为简单：

```
. generate smallpop = (pop <= 5000)
. generate largepop = (pop > 5000)
```

不过，如果运用这种方法，pop 中任何缺失值（[U] **12.2.1 Missing values**）都将在变量 largepop 中被编码为数值 1，在变量 smallpop 中被编码为数值 0，这是因为 Stata 中所有缺失值编码都被表示为最大的正数。为了解决此问题，可以在 generate 语句之后加上一个 if exp 语句：if pop <.，从而使可测量值少于缺失值：

```
. generate smallpop = (pop <= 5000) if pop < .
. generate largepop = (pop > 5000) if pop < .
```

即使你认为数据没有缺失值，也应利用 if exp 限定词对缺失值进行考察。

要确定你在例子中使用的 if exp 并不包含于布尔表达式中：将 if exp 置于布尔表达式内 [例如，(pop>5000 & pop<.)]，这会将 largepop 变量对 pop 的缺失值指定为数值 0。若使用得恰到好处，if exp 限定词会使 pop 的缺失值被正确地反映在变量 largepop 中。①

2.1.8 在统计命令中使用 if exp 与 by $varlist$

人们也可以用 if exp 限定词对数据子集进行统计分析。利用 if exp 对每个 region 的数据使用 summarize，其中 NE 被编码为 region 1，而 N Cntrl 被编码为 region 2：

```
. summarize medage marr divr if region==1

    Variable |     Obs        Mean    Std. Dev.       Min        Max
    medage   |       9     31.23333    1.023724      29.4       32.2
    marr     |       9     44.47922    47.56717      5.226    144.518
    divr     |       9     19.30433    19.57721      2.623     61.972

. summarize medage marr divr if region==2

    Variable |     Obs        Mean    Std. Dev.       Min        Max
    medage   |      12      29.525    .7008113       28.3       30.9
    marr     |      12     47.43642    35.29558      6.094    109.823
    divr     |      12     24.33583    19.684        2.142     58.809
```

如果数据是离散类型，则可使用 Stata 的 by $varlist$: 前缀代替 if exp 限定词。

---

① 一种更为简单的方法是键入 generate largepop = 1 – smallpop。如果你正确地定义 smallpop 来处理缺失值，那么 generate 语句的代数运算将会确保这些缺失值是在 largepop 中被处理的，这是因为缺失数据的任何函数仍会产生缺失数据。

当使用 by *varlist*：包含一个或多个类型的变量时，计算机会自动对 by *varlist*：中每个取值都进行重复，无论 by *varlist*：所显示的结果中有多少子集。不过，by *varlist*：只能执行一个命令。

为了说明如何使用 by *varlist*：，对 census 中的两个地区创建同样的描述统计量：

```
. by region, sort: summarize medage marr divr

-> region = NE
    Variable |     Obs        Mean    Std. Dev.       Min        Max
      medage |       9     31.23333    1.023474       29.4       32.2
        marr |       9     44.47922    47.56717      5.226    144.518
        divr |       9     19.30433    19.57721      2.623     61.972

-> region = N Cntrl
    Variable |     Obs        Mean    Std. Dev.       Min        Max
      medage |      12       29.525    .7008113       28.3       30.9
        marr |      12     47.43642    35.29558      6.094    109.823
        divr |      12     24.33583      19.684      2.142     58.809
```

这里，需要对有 by *varlist*：前缀的 by region 使用 sort 命令。统计结果显示，东北地区各州的均值略大于北部中心地区各州的均值，尽管均值在统计上并没有显著差异。

不要把 by *varlist*：前缀与 Stata 命令中的 by（ ）选项混淆。例如，可以用 tabstat 命令对变量 medage 创建描述统计量，此命令也会对整个样本生成统计量：

```
. tabstat medage, by(region) statistics(N mean sd min max)
Summary for variables: medage
    by categories of: region (Census region)

  region |      N        mean          sd         min        max
      NE |      9    31.23333    1.023474        29.4       32.2
  N Cntrl|     12      29.525    .7008113        28.3       30.9
   Total |     21    30.25714    1.199821        28.3       32.2
```

将 by（ ）作为选项可修改命令，利用 Stata 对每个 region 的描述统计量建立表格。此外，如上所述，by *varlist*：前缀命令对 by-分组的每一个值也可以重复完整命令。

by *varlist*：前缀命令可能包含不止一个变量，因此变量的所有组合都可以估计出来，而且每个组合都会执行命令。比如，把 smallpop 和 largepop 组成一个分类变量 popsize，其中 popsize = 1 表示人口少的州，popsize = 2 表示人口多的州。然后，可以在每个 region 中计算人口少和人口多的州的描述统计量：

```
. generate popsize = smallpop + 2*largepop
. by region popsize, sort: summarize medage marr divr
```

-> region = NE, popsize = 1

Variable	Obs	Mean	Std. Dev.	Min	Max
medage	5	30.74	1.121606	29.4	32
marr	5	12.011	8.233035	5.226	26.048
divr	5	6.2352	4.287408	2.623	13.488

-> region = NE, popsize = 2

Variable	Obs	Mean	Std. Dev.	Min	Max
medage	4	31.85	.4509245	31.2	32.2
marr	4	85.0645	44.61079	46.273	144.518
divr	4	35.64075	18.89519	17.873	61.972

-> region = N Cntrl, popsize = 1

Variable	Obs	Mean	Std. Dev.	Min	Max
medage	8	29.5625	.7998885	28.3	30.9
marr	8	26.85387	16.95087	6.094	54.625
divr	8	12.14637	8.448779	2.142	27.595

-> region = N Cntrl, popsize = 2

Variable	Obs	Mean	Std. Dev.	Min	Max
medage	4	29.45	.5446711	28.8	29.9
marr	4	88.6015	22.54513	57.853	109.823
divr	4	48.71475	8.091091	40.006	58.809

可以发现，人口最年轻的州在北部中心地区。记住，人口多的州有 popsize = 2。下面将阐明如何更好地表示这些结果。

2.1.9 Labels 与 notes

Stata 很容易对数据集、每个变量以及分类变量的每一个取值进行标记，这有助于读者认识数据。用 label 命令标记数据集：

```
. label data "1980 US Census data with population size indicators"
```

新的标记将覆盖数据集原有的标记。

比如说，想要对变量 urbanized, smallpop, largepop 和 popsize 定

义标记，可操作如下：

```
. label variable urbanized "Population in urban areas, %"
. label variable smallpop "States with <= 5 million pop, 1980"
. label variable largepop "States with > 5 million pop, 1980"
. label variable popsize "Population size code"
. describe pop smallpop largepop popsize urbanized

              storage  display   value
variable name   type   format    label      variable label
pop           double   %8.1f                1980 Population, '000
smallpop      float    %9.0g                States with <= 5 million pop,
                                               1980
largepop      float    %9.0g                States with > 5 million pop,
                                               1980
popsize       float    %9.0g                Population size code
urbanized     float    %9.0g                Population in urban areas, %
```

现在，如果将这个数据集交给另一个研究者，他会知道我们是如何定义变量 smallpop 与 largepop 的。

最后，考察取值标签，比如一个与 region 变量有关的取值标签：

```
. describe region

              storage  display   value
variable name   type   format    label      variable label

region        byte     %-8.0g    cenreg     Census region
```

region 是一个 byte（整数）变量，其**变量标签**是 Census region，而**取值标签**是 cenreg。和其他统计程序包不同的是，Stata 的取值标签不是特定变量独有的。当你定义一个标签时，你可以将它指派到具有相同编码方案的任意数量的变量上。我们查看一下 cenreg 的取值标签：

```
. label list cenreg
cenreg:
           1 NE
           2 N Cntrl
           3 South
           4 West
```

cenreg 包含四个地区 Census 的编码，而数据集中只显示其中的两个。由于 popsize 也是整数编码，我们应该用一个取值标签记录其类别：

```
. label define popsize 1 "< = 5 million" 2 "> 5 million"
. label values popsize popsize
```

可以确定的是，用如下方式对 popsize 附加取值标签：

```
. describe popsize

              storage   display     value
variable name   type    format      label       variable label

popsize        float    %12.0g      popsize     Population size code
```

为了观察两种情况下 popsize 的均值，键入：

```
. by popsize, sort: summarize medage

-> popsize = <= 5 million
    Variable |     Obs        Mean    Std. Dev.       Min        Max

      medage |      13     30.01538    1.071483      28.3         32

-> popsize = > 5 million
    Variable |     Obs        Mean    Std. Dev.       Min        Max

      medage |       8        30.65    1.363818      28.8       32.2
```

人口越少的州，其人口就越年轻。

可用 notes 命令对一个数据集或个体变量添加注释（这让我们想起了纸质或电子的粘贴便签）：

```
. notes: Subset of Census data, prepared on TS for Chapter 2
. notes medagel: median age for large states only
. notes popsize: variable separating states by population size
. notes popsize: value label popsize defined for this variable
. describe

Contains data from census2c.dta
  obs:            21                           1980 US Census data with
                                                 population size indicators
  vars:           12                           9 Jun 2006 14:50
  size:        1,554 (99.9% of memory free)   (_dta has notes)

              storage   display     value
variable name   type    format      label       variable label

state          str13    %-13s                   State
region         byte     %-8.0g      cenreg      Census region
pop            double   %8.1f                   1980 Population, '000
popurb         double   %8.1f                   1980 Urban population, '000
medage         float    %9.2f                   Median age, years
marr           double   %8.1f                   Marriages, '000
divr           double   %8.1f                   Divorces, '000
urbanized      float    %9.0g                   Population in urban areas, %
medagel        float    %9.0g                 * 
smallpop       float    %9.0g                   States with <= 5 million pop,
                                                  1980
largepop       float    %9.0g                   States with > 5 million pop,
                                                  1980
popsize        float    %12.0g      popsize   * Population size code
                                              * indicated variables have notes

Sorted by:  popsize
     Note:  dataset has changed since last saved
```

```
. notes
_dta:
  1.  Subset of Census data, prepared on 9 Jun 2006 14:50 for Chapter 2
medagel:
  1.  median age for large states only
popsize:
  1.  variable separating states by population size
  2.  value label popsize defined for this variable
```

第一个注释中的字符串 TS 会被时间戳自动替换。

2.1.10 varlist

Stata 中的许多命令都接受 *varlist*，它表示所使用的一个或多个变量。*varlist* 可能包含变量名称或是一个通配符（*），例如 *varlist* 中的 *pop 就表示以"pop"结尾的所有变量名。在 census2c 数据集中，*pop 指代 pop、smallpop 与 largepop。

varlist 也可能包含用连字符连接的一组变量，例如 cat1 – cat4，它表示在数据集 cat1 与 cat4 之间的所有变量，并且变量保持在原数据集中的排序。变量的排序可用 describe 来显示，也可以在变量窗口中显示出来。用户可用 order 命令改变排序情况。

2.1.11 drop 与 keep

若你想删去曾经建立的变量，可以使用带有 *varlist* 的 drop 命令。如果有许多变量但只想保留其中的一部分，那么就用带有 *varlist* 的 keep 命令，并指定你想要保留的变量。drop 和 keep 的使用语法如下：

drop *varlist*

keep *varlist*

为了清除或保留观测值，可以用如下语法进行操作：

drop if *exp*

drop in *range*

keep if *exp*

keep in *range*

在我们的 Census 数据集中，可以用 drop if largepop 或 keep if smallpop 除去其他信息，只保留人口较少各州的观测值。

2.1.12 rename 与 renvars

若要对一个变量重新命名，可以生成一个与旧变量内容相同的新变量，并且删掉旧变量，但另一种较简洁的方法是用 rename 命令。语法如下：

rename *old_varname new_varname*

可以使用 renpfix 命令来改变多个变量的前缀（例如，把 income80 与 income81 变为 inc80 与 inc81）：

. renpfix income inc

其中 income 是原始变量的共同前缀。对于更一般的变量重新命名的内容，参看 Cox 和 Weesie（2005）的 renvars 命令。

2.1.13 save 命令

为了保存数据集以备后用，可使用 save *filename* 命令。我们用 save census2d 命令就可将数据集 census2c 另存为文件 census2d。若要以原始文件名保存文件，可以用 replace 选项，这类似于 replace 命令但须详细说明。但是，如果用 save 与 replace 命令，就不能保留原始数据集的内容。一般来说，将数据集另存到一个新文件名下是一种较好的方法。

利用 outsheet 命令，可将 Stata 数据保存到一个文本文件中。无论其名称是什么，此命令都不会将数据写入一个电子数据表文件中，而是会写入一个 ASCII 文本文件中，此文件能被电子数据表或可以识别其他制表符分隔文件或者逗号分隔文件的程序读取。除非你想把数据转移到其他统计程序包中，只需用 save 保存数据即可。如果所保存文件的格式不是 Stata 的二进制格式（.dta 文件），那么会损失数据集中的一些信息，包括标记、注释、取值标签以及格式等。如果需要把数据转移到其他程序包中，可考虑用第三方应用程序 Stat/Transfer（参看附录 A），此程序可从 StataCorp 获得。

use 命令将数据读入 Stata 的速度要比 Stata 中其他输入命令（如 insheet、infile，以及 infix）快得多，这是因为它不需将文件转换成二进制格式。一旦在 Stata 中导入了数据文件，该文件就被 save 为 .dta 文件，这样就可以用上述方法在 Stata 中使用它。

2.1.14　insheet 与 infile

上述例子用到的是一个已有的 Stata 数据文件 census2c.dta。不过，研究者经常需要从外部资源（比如电子数据表、网页、以文本文件保存的数据集或从其他统计程序包中获得的数据集）向 Stata 中导入数据。对此，Stata 提供许多可选的方法导入外部数据。人们可以用 input 命令或用数据编辑器（Data Editor）输入数据，而对于大样本的数据集，Stata 有特定的命令。

如何选择输入数据的命令呢？如果数据是分隔格式的——逗号分隔或制表符分隔——insheet 命令通常是最好的选择。如果数据没有限定格式，应使用 infile 或更特定的 infix 命令。如果数据混合在一起，这些命令就更加适用，这在许多研究中都得到了验证；也就是，对于连续变量值位于相邻列的情况，必须利用编码本中提到的方法将其分隔。最后，如果数据具有其他统计软件包的格式，需用 Stat/Transfer 把数据转变为 Stata 的 .dta 格式。关于数据输入的更多内容，参看附录 A。

2.2　常见数据转换方法

本节讨论数据转换方法，特别是 cond( ) 与 recode( ) 函数、缺失数据处理、字符串与数值形式的转换以及日期处理。本节强调有关 generate 的一些实用函数，讨论 Stata 中扩展的生成命令 egen，还讨论了用 forvalues 和 foreach 命令来描述变量分组以及对变量建立循环。

2.2.1　cond( ) 函数

若使用 cond(C, x_T, x_F) 函数，当逻辑表达式 C 为真时，就将其结果编码为 x_T，当 C 为假时，将其结果编码为 x_F。

为了区分各州结婚对离婚的比率（净结婚率）大于 2 与小于 2 这两种

情况，可把 netmarr2x 的取值相应地定义为 1 与 2，并进行标记。可以对此变量使用命令 tabstat：

```
. generate netmarr2x = cond(marr/divr > 2, 1, 2)
. label define netmarr2xc 1 "marr > 2 divr" 2 "marr <= 2 divr"
. label values netmarr2x netmarr2xc
. tabstat pop medage, by(netmarr2x)
Summary statistics: mean
  by categories of: netmarr2x

    netmarr2x |      pop     medage
--------------+---------------------
marr > 2 divr | 5792.196   30.38333
marr <= 2 divr| 4277.178   30.08889
--------------+---------------------
        Total | 5142.903   30.25714
```

具有较高净结婚率的州的人口比较多，且人口的年龄也比较大。

可以嵌入函数 cond( )：也就是，可使用其他 cond( ) 函数作为第二个或第三个变量。但此语法用起来并不方便，因此也许你希望使用多重命令。

2.2.2 对离散型与连续型变量重新编码

在 Stata 中，可利用一个已存在的离散变量的编码建立一个新变量，也可以写出许多类似转换语句的形式，比如

```
. replace newcode = 5 if oldcode == 2
. replace newcode = 8 if oldcode == 3
. replace newcode = 12 if oldcode == 5 | oldcode == 6 | oldcode == 7
```

其中，Stata 中竖线（|）是表示"或者"（or）的算子。不过，用此方法进行转换的效率不高，并且通过复制和粘贴来建立这些语句可能会出现输入错误。

通常，利用 Stata 的 recode 命令会产生更有效、更易读的编码。[①] 例如，利用以下形式执行上述转换

```
. recode oldcode (2 = 5) (3 = 8) (5/7 = 12), generate(newcode)
```

等号是一个分配算子（旧值→新值）。和 replace 命令中逐行操作方式不同

[①] 有时，代数表达式可以利用 generate 提供一个在线解决方案。

的是，recode 可以用于整个 *varlist* 上。在一个以问卷调查为基础的数据集中，许多类似问题都具有相同的编码，那么此时用上述方法是非常方便的；用 prefix( ) 选项可定义变量名存根（name stub）。可以解释缺失数据编码，将所有不明确的值映射到一个结果上，并设定一个新变量的取值标签。事实上，可用 recode 修改现有变量而不是建立一个新变量，但是，你必须尽量避免这样做，以防对映射的进一步修改。

可用 generate 以及 Stata 的 recode( ) 函数（不要与前面讨论过的 recode 命令相混淆）将一个连续型变量映射为一个新的分类变量。

针对全部年份[1]生成一个描述各州年龄中位数的直方图，可用 recode( ) 将 medage 的分类定义如下：

```
. generate medagebrack = recode(medage,28,29,30,31,32,33)
. tabulate medagebrack
```

medagebrack	Freq.	Percent	Cum.
29	3	14.29	14.29
30	8	38.10	52.38
31	4	19.05	71.43
32	4	19.05	90.48
33	2	9.52	100.00
Total	21	100.00	

利用数值（可以是小数值）可以标记分类情况：例如，medage 最大为 28 岁的州被编码为 28，medage 大于 28 岁且小于或等于 29 岁的州被编码为 29，等等。如果我们对 medagebrack 画一个直方图（参看图 2-1），可将变量设定为 discrete，其直方图对应 recode( ) 函数的特定断点[2]：

```
. histogram medagebrack, discrete frequency
> lcolor(black) fcolor(gs15) addlabels
> addlabopts(mlabposition(6)) xtitle(Upper limits of median age)
> title(Northeast and North Central States: Median Age)
(start=29, width=1)
```

如果不需要明确的（或是被不等间距分隔的）分类端点，那么可以用 autocode(*n*)，此命令会在变量的最小和最大取值之间生成 *n* 个相同长度的间隔区间；参看 help programming functions。

---

[1] 本书给出 Stata 图形的各种各样的例子，但没有对 Stata 图形语言的完整语法进行解释。介绍 Stata 图形的内容，参看 help graph intro 以及 [G] graph intro。至于深入了解 Stata 图形功能，参看《Stata 图形视觉指南》(*A Visual Guide to Stata Graphics*, Mitchell, 2004)。

[2] 关于 Stata 中各种各样图形更精美的表现形式，参看 Mitchell（2004）。

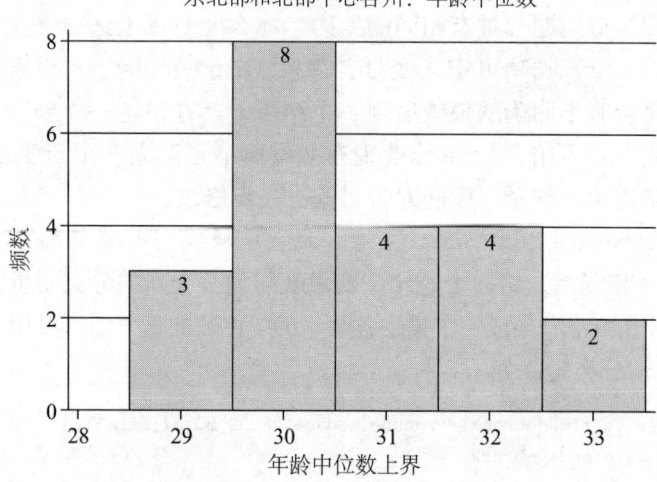

东北部和北部中心各州：年龄中位数

图 2-1 用 recode( ) 函数得到的直方图

2.2.3 处理缺失数据

Stata 有 27 个数值编码用于表示缺失值：., .a, .b, …, .z。Stata 将缺失值当作很大的正数处理，并以此次序对其进行排序，因此 . （这是系统默认缺失值的编码；参看 [U] **12. 2. 1 Missing values**）是最小缺失值。如 if $x <.$ 这类限定词就可以将所有缺失值都排除在外。①

在默认的情况下，Stata 对缺失观测值不进行任何计算。对于 generate 或者 replace，缺失值是可以被延续的。绝大多 Stata 的缺失数据函数均可计算缺失数据。例外情况包括 sum( )，min( ) 以及 max( )，具体细节参看 [D] **functions**。单变量的统计计算（例如用 summarize 计算均值或标准差）只会考虑非缺失的观测值。对于多变量统计命令，Stata 通常通过执行**个案删除**（casewise deletion）将缺失变量从样本中删除。

Stata 的许多命令在处理缺失数据时的方法都是非标准的。例如，尽管 correlate *varlist* 在计算相关矩阵时执行个案删除将 *varlist* 中含缺失值的

---

① 早于 Stata 8 版本的用户编码经常使用比如 if $x \ne .$ 限定词将缺失值排除在外。在 Stata 8 及以后版本中使用这样的限定词只会捕捉到 . 这种缺失数据编码。如果数据中还有其他的缺失编码（例如，如果用 Stat/Transfer 将 SPSS 或是 SAS 数据集转换为 Stata 的格式），那么必须用 if $x < .$ 进行适当处理。

观测值排除在外，但另一个命令 pwcorr 则利用每一对变量的所有数据量计算成对相关。只要有缺失值，函数 missing($x1, x2, \cdots, xn$)（参看［D］**functions**）的返回值就是 1，否则返回值就是 0；也就是说，它为用户使用个案删除提供了指示。egen 的行函数[rowmax( )，rowmean( )，rowmin( )，rowsd( )，rowtotal( )]中的每一个都**忽略**缺失值（参看 2.2.7 小节）。例如，函数 rowmean(x1, x2, x3) 可以计算三个、两个或一个变量的均值，并且只有当所观测的三个变量的取值都是缺失值时，函数的返回值才是缺失的。egen 中的函数 rownonmiss( ) 和 rowmiss( ) 的返回值分别是其 *varlist* 中非缺失元素的数量和缺失元素的数量。

mvdecode 与 mvencode

其他的统计程序包、电子数据表或数据库在处理缺失数据时的方式可能与 Stata 有所不同。不过，相似的是，如果在那些不用"."来记录缺失数据的程序中使用数据，可能需要用到 mvdecode 和 mvencode 命令（参看［D］**mvencode**）将 Stata 中的缺失数据转换为另一种形式。mvdecode 允许你将数值重新编码为缺失，例如当缺失数据被表示为−99、−999 与 0.001 等等时。可以用 Stata 中全部的 27 种数值缺失数据编码，从而将−9 与 .a 对应，将−99 与 .b 对应，等等。mvencode 命令提供了逆函数，可将 Stata 中的缺失值变为数值形式。和 mvdecode 一样，mvencode 也可以用一些数值分别对应 27 种数值缺失数据编码中的每一个编码，并且这些数值是互不相同的。

为了将缺失数据的值在不同程序包之间进行转移，可能需要用到 Stat/Transfer（参看附录 A）。由于这个第三方应用软件（由 StataCorp 发布）也可以将变量和取值标签在主要的统计程序包之间进行转移，并且可以对文件内容建立起子集，即抽取文件中的一部分内容形成新的文件（例如，只将所选择的变量导入目标格式），因此，对于经常导入或导出数据集的研究者来说，应用 Stat/Transfer 软件是一种物有所值的方法。

2.2.4 字符串与数值间的相互转换

Stata 有两种变量类型：字符串型和数值型。从外部资源中导入的变量经常被错误地归为字符串变量，而非数值变量。例如，如果被 insheet 读入的第一个取值是 NA，那么此变量会被归为字符串变量。Stata 提供许多方法将字符串变量转换为数值变量。如果变量已被错误地认为是字符串变量，就可使用real( )函数，例如，generate hhid=real (household)，从而将所有不能被解释为数值的观测值设定为缺失值。命令destring可对变量进行恰当转换（带有replace选项）——尽管建立一个新变量会更安全——也可以在一个*varlist*中使用，以此用一个命令对一组变量执行相同的转换。若变量中确实有字符串内容，并且又需要得到与该变量等价的数值形式，此时可用encode命令。

如果一个字符串变量中只有数值内容（比如，该变量被错误地认为是字符串变量），请不要对这样的变量执行encode命令，因为encode命令会试图对变量中的每个不同值建立取值标签。

为何要对变量执行encode命令呢？考察美国人口普查的另一个数据集census2a中的region标识符：

```
. use http://www.stata-press.com/data/imeus/census2a
(Extracted from http://www.stata-press.com/data/r9/census2.dta)
. describe region

              storage  display     value
variable name  type    format      label       variable label
───────────────────────────────────────────────────────────────
region         str7    %9s

. tabulate region

     region │      Freq.    Percent       Cum.
────────────┼───────────────────────────────────
    N Cntrl │         12      24.00      24.00
         NE │          9      18.00      42.00
      South │         16      32.00      74.00
       West │         13      26.00     100.00
────────────┼───────────────────────────────────
      Total │         50     100.00
```

键入describe可以发现，region是字符串变量，其最大长度为7个字符。在tabulate命令中，用此变量计算在每个地区美国各州的频数，或是［利用tabulate的generate( )选项］对每个地区都建立一组指示变量，但不能在统计命令中用此变量。比如说，想要保留region中用于显示的可读值，但又想在统计命令中使用此变量。依据region的取值，可以用encode命令：encode region, generate (cenreg) 来建立一个新变量cenreg（人口普查地区）和一个取值标签（在默认情况下，其名称也为cenreg）。新变量是整数类型（long），其取值范围从1至region中不同值的个数：

```
. encode region, generate(cenreg)
. describe cenreg

              storage   display      value
variable name type      format       label       variable label
-----------------------------------------------------------------
cenreg        long      %8.0g        cenreg
. summarize cenreg
    Variable |    Obs      Mean    Std. Dev.      Min        Max
-------------+---------------------------------------------------
      cenreg |     50       2.6    1.124858         1          4
```

新变量的取值是 1、2、3 或 4。命令 tabulate cenreg 所生成的显示结果与命令 tabulate region 的相同。不过，现在可用 cenreg 进行统计分析，例如在命令 summarize 中使用或针对命令 tsset 定义一个分组变量（参看 3.2 节）。

一些字符串变量可以包含数值内容，但应被存储为字符串型变量。例如，美国的邮政编码（ZIP）或邮政区号都是五位整数，并且其首位数字可能是零。如果要将家庭数据与人口普查数据相匹配，那么就应保留首位的零，并对 ZIP 编码变量执行 encode 命令（假定没有足够多的零来创建取值标签；参看 help limits）。

你可能也需要依据一个数值变量生成一个与其内容相同的字符串类型的变量。有时，很容易对字符串变量的内容进行语法分析，并提取有效的子字符串。通过整数除法和余数，人们可以对整数型数值变量进行这类转换，但这些方法通常很复杂且容易出错。也可以将数值转换成字符串，从而避开（诸如有许多位数的整数）数值在确切表示形式方面的限制；参看 Cox (2002b)。

我们已经讨论了将字符串变量转换为数值变量的三种方法。对于每一种方法，都可利用其逆函数。string() 允许使用数值显示格式（参看 [D] **format**），例如，在一些身份证号码体系中使用的首位是零的变量。用 tostring 转换变量可以避免损失信息，并且可在特定显示格式中使用。和 destring 一样，tostring 可对 *varlist* 中指定的变量进行修改。

2.2.5 设置日期

Stata 对日期变量没有设定明确的日期类型。其默认日期格式是：自

1960年1月1日以来已经流逝的天数。① 在1960年1月1日之前的日期被认为是负数。由于我们很难将2005年7月27日转换为数字16 644，Stata提供许多处理日期的函数。

如果具有以不同数字变量mon，day，year保存的月、日、年的值，那么可在Stata中使用包含这三个参数的mdy( )函数。若年份是两位数，则应在使用mdy( )之前将年份转换为四位数。

如果日期被记为一个字符串，比如7/27/2005，27jul2005，2005-07-27，或27.7.2005，你可以用Stata中的date( )函数来创建一个整数型日期变量。函数date( )中有两个参数：一个是包含日期的字符串变量的名称，另一个是诸如"mdy" "ymd"或"dmy"的文字，用此文字指定参数的次序。这类文字可以让Stata说明欧洲风格日期02/03/1996表示的是2月3日还是3月2日。用户也可以用可选择的第三种语法来处理年份是两位数的问题。在准备Stata使用的数据时，最好还是创建四位数年份。若要从Excel中导出数据，那么在将数据保存到.csv或制表符分隔的文本格式中之前，要采用四位数的年份格式。

如果已经用mdy( )或是date( )定义了一个整数型日期变量，那么可用format命令对其创建一个用于显示的日期格式。format *varname* %td会以Stata中默认的日期格式来显示变量，例如，27jul2005（参看［U］**12.5.3 Data formats**来了解其他日期格式）；也可以只显示日期的一部分，例如，27 July或是July 2005。将Stata中变量的显示形式格式化不会改变变量的内容，因此，不能用此方法来将观测数据按月份或是年份进行分组。观测值保持默认的整数形式（自1960年1月1日以来已经流逝的天数）。

为了将观测数据分组——例如，依据月份分组——Stata中有许多**日期函数**可供使用。首先是日变量transdate，可以用generate mmyy＝mofd(transdate)来创建一个新变量mmyy，它以整数形式表示自1960年1月1日以来经过的月份。为将此日期设为可读形式，应用格式：format mmyy %tm，其中%tm是Stata中的月度格式。对此日期创建的默认格式是2005m7。

---

① 此系统与Excel处理数据的系统相似，因操作系统不同，以1900年1月1日或1904年1月1日为基础日期。

Stata 支持年度%ty，半年度%th，季度%tq，月度%tm，和日度%td 的日期类型。Stata 不支持商用日度数据。你可以用多个函数从一个描述逝去的日期的变量中提取年度、季度、月度、周、日、一周中的某天，或是一年中的某天。另一组函数，例如 mofd( )，允许你将逝去的日期转换为以其他计数单位表示的逝去时间。

为了定义**混合日期**，例如 20050727，可以提取想要的成分或是使用考克斯（Cox）的 todate 命令（可以从 ssc 得到）。此命令也可以处理混合日期的其他排序，如 yyyyww，其中 ww 是年份 yyyy 中的周。

由于 Stata 中的日期（无论以逝去的日期，还是逝去的月数、季度、年数等形式储存）都是整数变量，所以可以使用标准算法来创建逝去的时间，并以你喜欢的时间单位来度量。Stata 并不支持在一天之内的时间度量，例如某个病人在几点服药。然而，2.2.7 小节描述的许多 egen 函数都是因此被开发出来的。

2.2.6 一些实用的 generate 与 replace 函数

Stata 中有一些有用的"程序"函数（参看 [D] **functions** 或键入 help programming functions），其中许多不需要编程。例如，不想用 recode( ) 和 autocode( ) 定义的突变点将观测值进行分割，而是希望将数据分成一些大小相等的群组：四分位数、五分位数或十分位数。group(n) 函数可以完成此项任务，它会创建 n 个大小相当的群组，并且其结果变量以 1，2，…，n 进行标注。这些群组之间的关系是由数据集当期的排列次序定义的（也可通过执行 sort 命令来改变排序）。

可用 inlist( ) 或是 inrange( ) 函数来代替许多 replace 语句。利用 inlist( ) 函数可以指定一个变量和一组取值；当变量与这组取值的任意一个元素相匹配时，其返回值是 1，否则是 0。可以对数值变量或是字符串变量应用此函数。对于字符串变量，其在列表中的取值可以多达 10 个。inrange( ) 函数可以指定一个变量和实数轴上的一个区间，其返回值是 1 或 0，以此来显示该变量的取值是否落入此区间（该区间可以是开区间；例如，区间极限可以是 $\pm\infty$）。

在一些数据转换中涉及整数除法，更确切地说，是截去余数。例如，四位数的标准工业分类（SIC）编码 3211 至 3299 被 100 整除后得到的都是

32。可用int( )函数进行此种转换（在 help math functions 中有定义）。通常的工作会涉及从一个整数编码中提取一个或多个数字的问题；例如，上述编码中的十位数和个位数可以定义如下：

. gen digit34 = SIC - int(SIC/100)*100

或

. gen mod34 = mod(SIC,100)

其中，第二个命令使用了模函数 mod( )。你可以用如下方法提取十位数：

. gen digit3 = int((SIC - int(SIC/100)*100)/10)

或

. gen mod3 = (mod(SIC,100) - mod(SIC,10))/10

这种方法对于较长的整数是无效的，例如9位数的美国社会保障号码或10位数或12位数的身份证号码。对此，可以用函数 maxbyte( )，maxint( ) 以及 maxlong( )。由于缺失值编码可以被保存为 27 种值，在 byte 变量中被存储的最大值是 100，而不是 127。一个 int 变量的取值可以达到 32 740 个，但这并不足以保存五位数的美国邮政区号。具有 long 类型的数据可以包含多达 21.47 亿（十位数的数字）个整数。① 因此，所有的九位数都可以在 Stata 中被唯一地表示出来，但只有一部分十位数的表示是唯一的。多于十位的整数不能被精确地表示出来，而且当你需要得到精确值时，由于字节表示原理和有限精度算法的存在，将这些值表示为 floats（浮点数）会很麻烦。因此当需要用精确值时（例如与就医编号相匹配的数值），应将较大的整数保存为字符串变量。在其他情况下，所公布的统计数据多为很大的整数（例如，世界银行的世界发展指数数据集中的国内生产总值是以当地货币单位度量，而不是用百万、十亿、万亿来度量），这些数据应该被保存为 double 数据类型，这是因为 float 数据类型［借助 epsfloat( )］只能保存精确值中的大约 7 位数字；参看 Cox (2002b)。

命令 generate 中一个非常实用的函数是 sum( )，它会对所指定的观测

---

① 对于每一种数据类型，相似量级的负数可以被保存。对于浮点数，参看函数 maxfloat( ) 和 maxdouble( )。

数据执行求和运算。此函数也可以结合时间序列将一个流量变量转换为存量变量。如果你有初始资本存量值和一个净投资序列，投资的 sum() 结果加上初始资本存量就可以确定每一时间点的资本存量。

2.2.7 egen 命令

不过，generate 或 replace 中提供的函数仅限于 [D] **functions**（也可参看 hclp functions）中列出的部分，Stata 中的 egen 命令还提供一个开放式的功能列表。正如你可以通过在 adopath 文件中设置其他的 .ado 和 .hlp 文件来扩充 Stata 的命令一样，你可以调用 egen 函数，这些函数是由 ado 文件定义，其文件名称以 _g 开头，并且被保存在 adopath 中。其中许多函数是官方 Stata（参看 [D] **egen** 与 help egen）中的一部分，但所用的 Stata 中也可能有其他的 egen 函数，其中包括曾经编写的，或是从 SSC 文档或其他的 Stata 用户网站中下载的。本小节讨论官方 Stata 的许多函数，以及由 Stata 用户团体开发的一些有用的函数。

尽管 egen 的语法与 generate 的语法相似，二者之间仍有许多不同。并不是所有的 egen 函数都支持 by *varlist*：（参看确定一个函数是否为 byable 的文件）。类似地，你也不能将 _n 和 _N 与 egen 放在一起使用。由于你不能确定由一个 nonbyable 的 egen 函数创建的变量是否应使用 replace 的逻辑，此时可能需要用一个临时变量作为 egen 的结果，再使用 replace 将各群组的那些值结合在一起。

官方的 egen 函数

为了得到有关 Stata 数据转换函数的列表形式，你需要理解 egen 的行函数，该函数能对 Stata 的多个变量计算和、平均值、标准差、极值和计数。你也可以使用通配符。对于一组描述美国各州人口普查结果的变量 pop1890、pop1900、…、pop2000，可以用 egen nrCensus = rowmean(pop*) 来针对各州计算这些每隔十年进行一次的人口普查的平均人口。正如 2.2.3 小节讨论的，行函数可以对有缺失值的变量进行计算。你可以对 50 个州分别求平均人口，尽管在 1890 年有一些州并不归属于美国。可用 rownonmiss() 函数对成行表示的列表计算非缺失元素的个数，而 rowmiss() 计算的是缺失元素的个数。其他官方的行函数还有 rowmax()、rowmin()、rowtotal() 与 rowsd()（行的标准差）。

官方的 egen 也提供统计函数来计算变量中具体观测值的统计量，并将一个新变量的所有观测值都设置为常数。由于这些函数通常允许使用 by *varlist*：，所以可以用其对数据的每个 by-分组计算统计量，这一情况将在 2.2.8 小节中讨论。利用 by *varlist*：，无论是对每个家庭个体数据计算统计量，还是对每个行业就企业层次数据计算统计量，都是很容易的。函数 count( )、mean( )、min( )、max ( ) 与 total( ) 都非常有用。[①]

在统计范畴中的其他函数还有 iqr( )（四分位差）、kurt( )（峰度）、mad( )（绝对中位差）、mdev( )（平均绝对离差）、median( )、mode( )、pc( )（占总体的百分比或比例）、pctile( )、p(n)（第 n 个百分位数）、rank( )、sd( )（标准差）、skew( )（偏度）以及 std( )（z 值）。

用户团体提供的 egen 函数

对非官方的 egen 函数收集得最详尽的是考克斯的 egenmore 程序包，这些可以由 ssc 命令调用。[②] egenmore 程序包中包含了由考克斯和其他人（包括我）编写的程序。其中的一些程序将官方 egen 程序的功能进行了扩展，而其他程序提供的功能在官方 Stata 中是没有的。许多程序需在 Stata 8 或更新的版本中运行。

例如，有程序对 Stata 处理日期的方法进行了改进。Stata 中的日期变量的取值都被保存为浮点值。对于一个度量天数（而不是周数、月数、季度数、半年数或是年数）的日期变量，其整数部分记录了自 1960 年 1 月 1 日以来逝去的天数。尽管可以用日期的小数部分来表示经历的不足一天的部分（例如，用 0.25 表示上午 6:00），Stata 却不能对处于一天之内的取值或时间进行运算。但 egenmore 程序包中的函数可以解决这一问题。dhms( )函数创建的日期变量中的小数部分可以用于表示小时、分钟以及秒，而 hms( ) 函数只能计算超过目标日期午夜的秒数（例如，股市分笔数据就是以秒为间隔时间记录的）。另一个函数 elap2( ) 会显示出两个小数日期变量间相差的天、小时、分钟与秒数，elap( )则只会显示这两个日期变量间相差的秒数。函数 hmm( ) 与 hmmss( ) 能以小时与分钟，或者小时、

[①] 在 Stata 9 之前，egen total( ) 被称为 egen sum( )，因为经常与 generate 中的 sum( ) 函数相混淆，所以在 Stata 9 中改变了命名方式。

[②] 此程序包被记为 egenmore，这是因为它是对 egenodd 的进一步扩展，后者出现在《Stata 技术公告》(Cox, 1999, 2000) 中。目前，egenodd 中的多数函数都出现在官方 Stata 中，在此不对其进行讨论。

分钟与秒的形式显示小数形式的天数。

egenmore 中的许多函数都支持标准的 Stata 日期，即整数日期。函数 bom( ) 和 eom( ) 可以对指定月份的第一天或最后一天创建日期变量。这两个函数可以用于对任意月份数创建偏离值（例如，从现在开始的第三个月的最后一天）。如果使用 work 选项，可以指定一个月中非周末的第一天（或最后一天）（尽管此函数并不支持节假日）。也可以用函数 bomd( ) 与 eomd( ) 找出其日期变量的参数所在月份中的第一天（或最后一天），假如你想要对日期月份进行汇总，该方法是非常有用的。

egenmore 中的许多函数将 egen 中函数的功能进行了扩展。函数 corr( ) 计算了两个变量的相关性（也可选择协方差）；函数 gmean( ) 与 hmean( ) 分别计算了几何平均值与调和平均值；函数 rndint( ) 可从一个具体的正态分布产生随机整数；函数 semean( ) 计算均值的标准误差；函数 var( ) 计算方差。函数 filter( ) 对 egen 中的 ma( ) 函数进行了推广，ma( ) 函数只能进行奇数项的双边移动平均。与之不同的是，filter( ) 函数可以对数据进行任意的线性过滤，但此时的数据需要先用 tsset 来确定其是时间序列数据，当然此处也包括面板数据，只是过滤过程是对每个面板分别进行的（参看 3.4.1 小节）。可以用另一个函数 ewma( ) 对时间序列数据完成指数加权的移动平均。

有用的数据管理函数包括 rall( )、rany( ) 以及 rcount( )。这些行函数对 *varlist* 的一组变量进行操作，评估一个具体条件，并指出全部（或部分）变量是否满足此条件或是有多少变量满足此条件。例如，输入以下命令

```
. egen allpos = rall(var1 var2 var3), cond(@ > 0 & @ < .)
. egen anyneg = rany(var1 var2 var3), cond(@ < 0 )
. egen countpos = rcount(dum*), cond(@ > 0 & @ < .)
```

创建 allpos 变量，如果全部三个变量都是非缺失的正数，则其值是 1，否则值是 0；创建 anyneg 变量，当三个变量中存在负数时，其值是 1，否则值是 0；创建 countpos 变量，其结果显示了非缺失虚拟变量中正数的个数。你可以用变量 countpos 来确定一组虚拟变量是否为互斥的和完备的，它对于每个观测的返回值都应是 1（countpos 还有其他的用途）。符号@是一个占位符，表示观测中变量的取值。这些函数也适用于字符串变量。

另一个有用的数据管理函数是 record( ) 函数（其名称表示"创纪

录")。你可以用此函数来记录取值，例如每个雇工一天工资的最大值或是一天中股票的最低价格。如果数据包含多个雇工在多年中得到的年度工资，输入命令

```
. egen hiwage = record(wage), by(empid) order(year)
```

就能计算出每个雇工［用 by（empid）指定］一天工资的最大值，这将有助于你评估因工作变动等造成的工资下降。[1] 还有一些 egen 函数出现在 egenmore 软件包中，可以从 SSC 文档得到。

总之，egen 函数可以处理许多常见的数据管理任务。此命令开放式的本质意味着通常情况下还会出现新函数，这可以通过 ado 文件在官方 Stata 下载或是从用户社区得到。后者通常会在 Statalist 上发布（过去的信息可以在 Statalist 文档中找到），而近期的主要贡献会在 ssc whatsnew 突出显示。

2.2.8 用 by-分组计算

Stata 最有用的特征之一就是可以采用 by-分组转换变量或是计算统计量的能力，这些变量或统计量由在 2.1.8 小节介绍的 by *varlist*：前缀界定。在那一节，我们讨论了在统计命令中怎样使用 by-分组。现在，我们讨论在数据转换中如何用 generate，replace 与 egen 进行操作。

如果你使用 by-分组，_n 与 _N 还会有其他的含义（通常它们分别表示当前观测值和数据集中所定义的最后一个观测值）。在 by-分组中，_n 表示此分组中当前的观测值，_N 表示此分组中的最后一个观测值。这里我们用 gsort 命令对州一级的数据按区域和人口数量的降序进行排列。而后用 generate 中的 sum( ) 函数，by region：语句显示每个地区中生活在最大州、第二大州、第三大州等的人口数量：

```
. use http://www.stata-press.com/data/imeus/census2d, clear
(1980 US Census data with population size indicators)
. gsort region -pop
. by region: generate totpop = sum(pop)
```

---

[1] 我非常感谢考克斯对 help egenmore 进行了完整记录。

```
. list region state pop totpop, sepby(region)
```

	region	state	pop	totpop
1.	NE	New York	17558.1	17558.07
2.	NE	Pennsylvania	11863.9	29421.97
3.	NE	New Jersey	7364.8	36786.79
4.	NE	Massachusetts	5737.0	42523.83
5.	NE	Connecticut	3107.6	45631.4
6.	NE	Maine	1124.7	46756.06
7.	NE	Rhode Island	947.2	47703.22
8.	NE	New Hampshire	920.6	48623.03
9.	NE	Vermont	511.5	49135.28
10.	N Cntrl	Illinois	11426.5	11426.52
11.	N Cntrl	Ohio	10797.6	22224.15
12.	N Cntrl	Michigan	9262.1	31486.23
13.	N Cntrl	Indiana	5490.2	36976.45
14.	N Cntrl	Missouri	4916.7	41893.14
15.	N Cntrl	Wisconsin	4705.8	46598.9
16.	N Cntrl	Minnesota	4076.0	50674.87
17.	N Cntrl	Iowa	2913.8	53588.68
18.	N Cntrl	Kansas	2363.7	55952.36
19.	N Cntrl	Nebraska	1569.8	57522.18
20.	N Cntrl	S. Dakota	690.8	58212.95
21.	N Cntrl	N. Dakota	652.7	58865.67

我们可以使用 _n 与 _N。对于每个 by-分组的最后一个观测值，_n 与 _N 的结果是相等的：

```
. by region: list region totpop if _n == _N
```

-> region = NE

	region	totpop
9.	NE	49135.28

-> region = N Cntrl

	region	totpop
12.	N Cntrl	58865.67

我们可以利用 egen 中的 total( ) 函数按 region 计算总人口，并将结果保存为一个新的变量。此外，我们也可以按 region 计算各州的**平均**人口：

```
. by region: egen meanpop = mean(pop)
. list region state pop meanpop, sepby(region)
```

	region	state	pop	meanpop
1.	NE	New York	17558.1	5459.476
2.	NE	Pennsylvania	11863.9	5459.476
3.	NE	New Jersey	7364.8	5459.476
4.	NE	Massachusetts	5737.0	5459.476
5.	NE	Connecticut	3107.6	5459.476
6.	NE	Maine	1124.7	5459.476
7.	NE	Rhode Island	947.2	5459.476
8.	NE	New Hampshire	920.6	5459.476
9.	NE	Vermont	511.5	5459.476
10.	N Cntrl	Illinois	11426.5	4905.473
11.	N Cntrl	Ohio	10797.6	4905.473
12.	N Cntrl	Michigan	9262.1	4905.473
13.	N Cntrl	Indiana	5490.2	4905.473
14.	N Cntrl	Missouri	4916.7	4905.473
15.	N Cntrl	Wisconsin	4705.8	4905.473
16.	N Cntrl	Minnesota	4076.0	4905.473
17.	N Cntrl	Iowa	2913.8	4905.473
18.	N Cntrl	Kansas	2363.7	4905.473
19.	N Cntrl	Nebraska	1569.8	4905.473
20.	N Cntrl	S. Dakota	690.8	4905.473
21.	N Cntrl	N. Dakota	652.7	4905.473

我们也可以对多个变量用 by *varlist*：进行上述计算：

```
. by region popsize, sort: egen meanpop2 = mean(pop)
. list region popsize state pop meanpop2, sepby(region)
```

	region	popsize	state	pop	meanpop2
1.	NE	<= 5 million	Rhode Island	947.2	1322.291
2.	NE	<= 5 million	New Hampshire	920.6	1322.291
3.	NE	<= 5 million	Vermont	511.5	1322.291
4.	NE	<= 5 million	Connecticut	3107.6	1322.291
5.	NE	<= 5 million	Maine	1124.7	1322.291
6.	NE	> 5 million	New York	17558.1	10630.96
7.	NE	> 5 million	New Jersey	7364.8	10630.96
8.	NE	> 5 million	Massachusetts	5737.0	10630.96
9.	NE	> 5 million	Pennsylvania	11863.9	10630.96
10.	N Cntrl	<= 5 million	N. Dakota	652.7	2736.153
11.	N Cntrl	<= 5 million	Kansas	2363.7	2736.153
12.	N Cntrl	<= 5 million	Missouri	4916.7	2736.153
13.	N Cntrl	<= 5 million	Minnesota	4076.0	2736.153
14.	N Cntrl	<= 5 million	Iowa	2913.8	2736.153
15.	N Cntrl	<= 5 million	S. Dakota	690.8	2736.153
16.	N Cntrl	<= 5 million	Wisconsin	4705.8	2736.153
17.	N Cntrl	<= 5 million	Nebraska	1569.8	2736.153
18.	N Cntrl	> 5 million	Illinois	11426.5	9244.112
19.	N Cntrl	> 5 million	Indiana	5490.2	9244.112
20.	N Cntrl	> 5 million	Michigan	9262.1	9244.112
21.	N Cntrl	> 5 million	Ohio	10797.6	9244.112

现在可将每一个州的人口与该州所属地区（大的或小的）的平均人口进行比较。

尽管 egen 中的统计函数非常方便，但是创建具有常数值的变量或是在一个较大数据集中各 by-分组均是常数的变量都将占用 Stata 的大量可用内存。如果你仅是因为要进行子序列转换而需要常数，例如计算每个州的人口与平均人口之间的偏离值，并且不会在之后的分析中再次用到这些常数，那么就尽量早地清除它们。或是考虑用 Stata 的其他命令，例如 center，此命令可以将变量从均值形式转换为离差形式，并且能对 by-分组进行操作。

与内建函数或有具体目的的命令相比，egen 的执行速度较慢。可以用 egen 函数来对一个 by-分组——例如家庭总收入或工业平均产出——中的每个元素创建常数值，但 egen 是一个很低效的工具。Stata 的 collapse 命令是专门执行此项功能的函数，并且会对每个 by-分组创建一个描述统计量。

2.2.9 局部宏

利用 Stata 中的**局部宏**（local macro）可以帮助你更有效地完成任务。在 Stata 中，一个局部宏就是一个容器，它可以包含一个对象——例如一个数字或是一个变量的名称——也可以包含一组对象。一个局部宏也可能包含字母、数字、字符的任意组合，并且在所有版本 Stata 中都可以容纳超过 8 000 个字符。Stata 的宏实际上是**别名**，它既有名称也有取值。你随时都可以**解引用**（dereference）宏的名称，并得到其取值：

```
. local country US UK DE FR
. local ctycode 111 112 136 134
. display "`country'"
US UK DE FR
. display "`ctycode'"
111 112 136 134
```

Stata 定义宏的命令是 local（参看 [P] **macro**）。在 do 文件或 ado 文件内可创建局部宏，当 do 文件结束时，局部宏也不再存在。

上述第一个 local 命令**命名**宏的名称为 country，而后用四组两字节的国家编码序列定义了其**取值**。随后 local 命令用同样的方法定义了宏 ctycode。为访问宏的值，我们必须解引用它。macroname 指局部宏名称，为了得到宏的取值，宏的名称前后必须分别有**左撇号**('）与**右撇号**(')。为了避免错误，要谨慎使用修正标点。在 display 语句中，必须用双引号将被引用宏括起来，这是因为 display 要求被双引号括起来的是字符串参数或是数量表达式的取值，例如 display log(14)。

在使用 Stata 的循环结构之前，有必要理解局部宏，我们将在下面讨论。关于宏的更多细节，参看 B.1 节。

2.2.10 变量循环 forvalues 与 foreach

在 2.2.2 小节中，讨论 recode 命令时强调使用一个命令而不是许多相似命令来改变变量存储值的重要性。类似地，如果数据集包含许多变量并且其内容相似，就可以对变量建立循环，而不用对其中的每一个都分别进行操作。在 Stata 中，最强大的循环结构是 forvalues 和 foreach；参看 B.3 节。

假设已经有一组变量 gdp1、gdp2、gdp3 与 gdp4，分别代表四个国家的 GDP。使用 [P] **forvalues**，我们可以利用它们名称的相似性来执行 [D] **generate** 与 [R] **summarize** 语句：

```
. forvalues i = 1/4 {
  2.         generate double lngdp`i' = log(gdp`i')
  3.         summarize lngdp`i'
  4. }
```

Variable	Obs	Mean	Std. Dev.	Min	Max
lngdp1	400	7.931661	.59451	5.794211	8.768936
Variable	Obs	Mean	Std. Dev.	Min	Max
lngdp2	400	7.942132	.5828793	4.892062	8.760156
Variable	Obs	Mean	Std. Dev.	Min	Max
lngdp3	400	7.987095	.537941	6.327221	8.736859
Variable	Obs	Mean	Std. Dev.	Min	Max
lngdp4	400	7.886774	.5983831	5.665983	8.729272

在 forvalues 命令中，将局部宏 i 定义为循环指数。在等号之后是 i 的**取值范围** (numlist)，例如此处为 1/4，或是 10(5)50（表示从 10 到 50，步长为 5）。循环的主体包括对列表中每一个取值要执行的一个或多个语句。每次执行循环，局部宏都包含列表中子序列的值。

这个例子显示了 forvalues 的一个重要用途：如果你对变量进行循环

且变量名称包含整数成分,那么并不需要对每个变量分别进行操作。其整数部分并不是必须为后缀,可以很容易地对名称为 ctyNgdp 的变量建立循环,其中 N 是整数。

但是,变量名称中不能含有相同的整数部分或是包含不连续的整数;例如,不用 gdp1、gdp2、gdp3 与 gdp4,而是用 UKgdp、USgdp、DEgdp 与 FRgdp。此时,我们用 foreach 来处理此类与前面不同的变量列表。通过列出变量并进行如下操作,可以完成与上面相同的 generate 与 summarize 的步骤:

```
. foreach c in US UK DE FR {
  2.          generate double lngdp`c' = log(`c'gdp)
  3.          summarize lngdp`c'
  4. }
```

Variable	Obs	Mean	Std. Dev.	Min	Max
lngdpUS	400	7.931661	.59451	5.794211	8.768936
Variable	Obs	Mean	Std. Dev.	Min	Max
lngdpUK	400	7.942132	.5828793	4.892062	8.760156
Variable	Obs	Mean	Std. Dev.	Min	Max
lngdpDE	400	7.987095	.537941	6.327221	8.736859
Variable	Obs	Mean	Std. Dev.	Min	Max
lngdpFR	400	7.886774	.5983831	5.665983	8.729272

与 forvalues 相似,此例中的编码块重复出现,并且局部宏会依次取到列表中的每一个值。我们也可以在局部宏中放置一些值,在 foreach 命令中加入此局部宏的名称。在此语法中,不会在 foreach 命令中解引用这个宏。

```
. local country US UK DE FR
. foreach c of local country {
    ...
```

foreach 命令中可以有 *varlist* 和新建变量的 *newvarlist*,即元素的清晰列表,或 *numlist*。由于 *varlist* 中可能包含通配符,所以在上述例子中可使用 foreach c of varlist *gdp。

这些例子已经使用 forvalues 和 foreach 命令对一组变量建立了循环。有时,我们希望对一组变量建立循环,并且将结果保存到一个变量中。为此,在循环中只能用 replace 命令来计算某个序列的结果,这是因为对该序列执行两次 generate 命令会失败。如果不是在首次进行循环时执行 replace 命令,就必须先用 generate 创建变量:

```
. generate double gdptot = 0
. foreach c of varlist *gdp {
  2.          quietly replace gdptot = gdptot + `c'
  3. }
. summarize *gdp gdptot
```

Variable	Obs	Mean	Std. Dev.	Min	Max
USgdp	400	3226.703	1532.497	328.393	6431.328
UKgdp	400	3242.162	1525.788	133.2281	6375.105
DEgdp	400	3328.577	1457.716	559.5993	6228.302
FRgdp	400	3093.778	1490.646	288.8719	6181.229
gdptot	400	12891.22	3291.412	4294.267	21133.94

这里也可以用 egen 中的函数 rowtotal( ) 来创建变量 gdptot；我们用一个循环阐明这一概念。被加数必须在循环之外被初始化为 0。

2.2.11 标量与矩阵

在 Stata 中，人们同样可在分析命令中使用**标量**（scalar）与**矩阵**（matrix）。类似于局部宏，标量既可以是数值，也可以是字符串的取值，但一个数值标量只能容纳一个数值。[①]大多数分析命令会得到一个或多个结果，并将这些结果处理为数值标量。例如，describe 的返回结果是标量 r(N) 与 r(k)，它们分别对应数据集中的观测值个数与变量个数。将一个数值结果——例如变量的均值——保存到标量中要比将其保存到 Stata 的变量中更容易，因为后者包含了同样数量的 maxobs 副本。可以在任何后续 Stata 命令中用名称来调用标量：

```
. scalar root2 = sqrt(2.0)
. generate double rootGDP = gdp*root2
```

和宏不同的是，标量名称给出了它的取值，因此它并不需要被解引用；关于标量的更多信息，参看 B.2 节。

Stata 的估计命令既可创建标量又可创建 Stata 矩阵：特别地，矩阵 e(b) 包含了所估计的参数，而矩阵 e(V) 包含估计的方差协方差矩阵（VCE）。用户可以使用 Stata 的 matrix 命令来修改矩阵，并在后面的命令中使用其中的内容；关于 Stata 矩阵的更多信息，参看 B.4 节。

[①] 字符串标量的长度受字符串变量长度（244 个字节）的限制。

2.2.12 命令语法与返回值

Stata 的分析命令遵循如下常规语法：

cmdname *varlist* [*if*] [*in*] [, *options*]

正如 2.1.6 小节所讨论的，大多数 Stata 分析命令允许用户规定 if *exp* 以及 in *range* 子句。许多分析命令都有相应的选项来修改其行为。

Stata 的分析命令要么是 e 类命令（估计命令），要么是 r 类命令（其他所有的分析命令）。命令类别决定了其保存的结果是被归到 r( ) 中还是 e( ) 中。r 类命令将元素归到 r( ) 中，用户通过键入 return list 来查看。利用人口普查数据，我们对 pop 变量执行 summarize 命令：

```
. use http://www.stata-press.com/data/imeus/census2c, clear
(1980 Census data for NE and NC states)
. summarize pop

    Variable |       Obs        Mean    Std. Dev.       Min        Max
-------------+--------------------------------------------------------
         pop |        21    5142.903    4675.152    511.456   17558.07

. return list
scalars:
                  r(N) =  21
              r(sum_w) =  21
               r(mean) =  5142.902523809524
                r(Var) =  21857049.56321066
                 r(sd) =  4675.152357219031
                r(min) =  511.456
                r(max) =  17558.072
                r(sum) =  108000.953
```

键入 return list，显示执行 summarize 后所保存的结果，其中包括许多标量，其中一些没有在输出结果中显示，比如 r(sum_w)，r(Var) 与 r(sum)。我们可以得到这些值，然后在后面的计算中使用它们，例如[①]：

```
. display "The standardized mean is `r(mean)'/`r(sd)'"
The standardized mean is 5142.902523809524/4675.152357219031
```

与之相比，如果使用一个估计命令，例如 mean，可用 ereturn list 显示所保存的结果：

---

① 我们可以对任意数量的变量执行 summarize 命令，但 return list 结果只显示 *varlist* 中最后变量的统计量。

```
. mean pop popurb
Mean estimation                          Number of obs   =        21

             |    Mean     Std. Err.    [95% Conf. Interval]
-------------+--------------------------------------------------
         pop |  5142.903   1020.202      3014.799    7271.006
      popurb |  3829.776    840.457      2076.613    5582.938

. ereturn list
scalars:
              e(df_r) =  20
           e(N_over) =  1
                e(N) =  21
             e(k_eq) =  1
          e(k_eform) =  0
macros:
              e(cmd) : "mean"
            e(title) : "Mean estimation"
        e(estat_cmd) : "estat_vce_only"
          e(varlist) : "pop popurb"
          e(predict) : "_no_predict"
       e(properties) : "b V"
matrices:
                e(b) :  1 x 2
                e(V) :  2 x 2
               e(_N) :  1 x 2
            e(error) :  1 x 2
functions:
            e(sample)

. matrix list e(b)
e(b)[1,2]
          pop      popurb
y1   5142.9025   3829.7758
. matrix list e(V)
symmetric e(V)[2,2]
              pop      popurb
   pop   1040811.9
popurb    849907.5   706367.96
```

命令 mean 保存了 e( ) 中的几项，包括矩阵 e(b) 与 e(V)。矩阵 e(b) 既含有 pop 均值，又含有 popurb 均值，而 e(V) 含有估计的方差协方差矩阵。命令 ereturn list 也可显示许多标量［例如 e(N)，它表示观测值个数］、宏［比如命令中的 e(varlist)］、矩阵以及函数 e(sample)。4.3.6 小节将更具体地讨论如何使用估计结果。

习 题

1. 利用数据集 cigconsump，生成对应的遥远西部各州的一个列表 stateids，其中包括 Washington, Oregon, California, Nevada, Utah, Idaho 以及 Arizona。运用此列表，用 keep 保留仅来自这些州的观测值。删去变量 state，然后建立一个新的字符串变量 state，这个新的变量包含州的完整名称。将得到的数据集用 save 命令保存为 cigconsumpW。

2. 利用数据集 cigconsumpW，生成 stateid 与 state（以及 levelsof）的唯一值的列表作为局部宏。用 reshape 命令得到关于变量 packpc, avgprs 与 incpc 的一个宽格式数据集。用 foreach 创建依据 year 列出这三个变量的每个州的表格（以州的全称来命名）。计算各州 packpc 变量间的相关性。

第 3 章
经济数据的组织和整理

这一章讨论经济数据的四种组织方式：横截面、时间序列、混合横截面时间序列，以及面板数据。3.5 节将阐述面板数据的操作与概述统计的某些工具。3.6 节至 3.8 节阐述对数据集进行合并及转换的几种 Stata 命令：append, merge, joinby, reshape。最后一节讨论利用 do 文件生成可重复的研究，并自动检查数据有效性。

3.1　横截面数据与标识符变量

在应用经济学和金融学中，人们遇到的普遍数据形式统称为横截面数据，它是指在给定时点上对各种不同个体的测量。那些观测值（在数据编辑器上表现为行）会随着不同单元诸如个体、家庭、公司、城市、州或国家而变化。通常在给定的时期测量变量（在数据编辑器上表现为列），比如2003年家庭收入、公司2004年第1季度报告的利润，或者城市在2000年人口普查时的人口。不过，变量可能包含源于其他时期的测量。例如，城市横截面数据集可以包括名称为pop1970, pop1980, pop1990以及pop2000的变量，这些数据是该城市每十年一次人口普查的人口数据。但是，和时间序列数据有所不同，横截面数据集用下标i表示，而不用时间t表示。

在横截面数据集里，观测值的次序是任意的。我们可利用sort对数据集变量在不改变统计分析结果的条件下，显示或分析任意变量的极端值，这意味着利用Stata的by *varlist*：前缀。正如2.1.8小节所讨论的，使用by *varlist*：前缀要求数据以by-分组方法加以存储，而这很容易做到，利用by *varlist*：前缀的sort选项，也就是键入by *varlist*, sort：。另外，时间序列数据必须按时间发生顺序排列，做出的分析才有意义。

一般地讲，横截面数据集都有一个标识符变量，诸如将调查ID指派给每一个个体或家庭、公司层面标识符（比如CUSIP编码）、行业层面标识符（比如两个数字的标准行业分类［SIC］编码）、州或国家标识符（比如MA, CT, US, UK, FRA, GER）。一种经常出现的情况是，每一个观测值有不止一个标识符。例如，调查可能既包含家庭ID变量，又包含州标识符。由于Stata变量可以是数值或字符串数据类型，实际上，外部数据文件的任何标识符变量都可能用于定义Stata的标识符变量。

3.2 时间序列数据

在应用微观经济分析中，最经常建立的是横截面数据集。例如，包括在给定交易日闭市时标准普尔500公司股票价格的数据集是纯横截面数据。不过，我们也可以拥有这样一个数据集：该数据集跟踪某特定厂商的股价，或2000—2003年的每日股价与标准普尔指数。后者就是一个时间序列数据集，每个观测值都用t而不是i作为下标。时间序列是按一定时间区间就某个已知特征观测所得到的一系列观测值，比如x_t，x_{t+1}和$x_{t+\tau}$，其中每个时期的长度均是相等的（尽管不一定是像钟点那样的等区间）。每个月最后一个交易日（可能是26日和31日之间的某一天）的股价的发布时间要晚于前一个交易日（比如因为有假期）。对于股价等每日商业数据来说，星期五的股价之后通常是星期一的股价。不过，假如你拥有一个日期与工人工资率的列表，它记录了当工人得到加薪或从事新工作时，在任意时间区间连续担任的工作以及工资这类数据可能按照时间序列来排序，但它们却不是时间序列数据。

时间序列数据的周期可通过 Stata 日期变量来识别，日期变量被定义成年度、半年度、季度、月份、周、日或者一般（无日期的）时间区间。[①] 人们可利用tsset说明这种给数据集定义时间序列日历的日期变量。非通用日期变量应该采用如下日期格式，比如采用%tq 表示季度数据或用%td 表示每日数据，以便将日期报告成日历单位而不是整数。

少数几个 Stata 时间序列命令不能处理一系列日期方面的间隔或缺失值。尽管年度、季度、月份或周序列可能不包含间隔，但每日与工作日序列时常具有周末和假日间隔。用户必须对此类工作日序列加以定义，比如可定义一个等于观测值个数的变量（_n）作为日期变量。

在使用 Stata 时间序列命令（或某些函数）之前，必须用 tsset 定义一个时间序列日历。不过，即使不需要时间序列日历，转换数据时也应定义此种日历，以便在做统计分析时可参考日期，例如，你可以运用带有限定词 if tin (*firstdate*, *lastdate*) 的 generate, summarize 或 regress 命令。这个函数应该写成 "*t* in" 的形式，它允许人们定义一系列日期，而不是利用更为烦琐的 in *range* 的观测值个数。从开始到特定日期的区间或从特定日期到其样本结束的区间可以分别由 if tin (, *lastdate*) 或 if tin (*firstdate*,) 给出。

3.2.1 时间序列算符

Stata 提供一些时间序列算子（operator，又称为算符）：L. , F. , D. 以及 S. , 这些算子允许人们分别设定滞后、前置（前置值）、差分以及季节差分。当运用滞后、差分或前置时，时间序列算子不一定要生成一个新变量。若与 *numlist* 组合运用，则可以在一个表达式中对一组变量设定如此结构。考察滞后算子 L. ，把它放置在变量名称之前，指该变量的（一阶）滞后值：L.x。数字也可以放置在算子之后，如 L4.x 指 x 的四阶滞后，不过更一般地讲，可以使用 *numlist*，L(1/4).x 指四分之一滞后，而 L(1/4).

[①] 将观测值个数（_n）定义为日期变量是最常用的一般时间区间。

(x y z) 则定义变量 x, y, z 的第一个到第四个滞后值的列表。这些表达式可用于任何 *varlist* 所需要的地方。

类似于滞后算子，前置算子 F. 可使人们设定一个或多个变量的未来值。由于前置是负的滞后，所以前置算子是非必要的，如 L(-4/4).x 表达式也是可行的，原因在于标记为负的滞后算子即前置算子。差分算子表示成 D.，它可生成任何阶数的差分。一阶差分 D.x 表示 Δx 或 $x_t - x_{t-1}$。二阶差分 D2.x 并不表示 $x_t - x_{t-2}$，而是 $\Delta(\Delta x_t)$：也就是 $\Delta(x_t - x_{t-1})$ 或 $x_t - 2x_{t-1} + x_{t-2}$。人们也可对时间序列算子加以组合，所以 LD.x 表示 x 的一阶差分的滞后算子（即 $x_{t-1} - x_{t-2}$），参考同样的表达式，亦可以有 DL.x。季节差分 S. 计算当前时期值与前一年同期值之差。对于季度数据来说，S4.x 表示 $x_t - x_{t-4}$，而 S8.x 表示 $x_t - x_{t-8}$。

时间序列算子除容易使用之外，它还永远不会对观测值进行错误分类。人们可以将滞后值记为 x[_n-1] 或将一阶差分记为 x[_n]-x[_n-1]，不过其结构不仅烦琐而且容易出错。考察年度时间序列数据集，其中 1981 年与 1982 年的数据之后跟着的是 1984 年、1985 年，……的数据，而 1983 年的数据没有出现在该数据集中（即不是记为缺失数据，而是完全不存在）。上述观测值的结构会错误地将 1984 年的滞后值解释成 1982 年的数据，并且 1984 年的一阶差分将错误地跨越 2 个年度。时间序列算子不会出现此类错误。由于 tsset 通常用于将 year 定义成时间序列日历变量，所以 1984 年的滞后值或一阶差分将正确地编码成缺失的，而不管数据集中 1983 年数据是否缺失。① 因而，当涉及时间序列数据集中的过去值或未来值，或者计算差分时，应该使用时间序列算子。

3.3 混合横截面时间序列数据

微观经济数据也可以被组织成**混合横截面时间序列**（pooled cross-section time series），其中每一个观测值都既有下标 i，又有下标 t。② 例如，在为期三周的总统民意调查的响应数据中，每个民意调查都包含 400 个随机选取的调查对象。但是，在一周内对民意调查作出回应的随机抽样的个

---

① 正如下面所讨论的，时间序列算子为面板数据提供了类似的好处。
② 计量经济学家经常将带有这个结构的数据称为**伪面板数据**；参看 Baltagi (2001)。

体可能并不会出现在下一次民意调查或选举之前从国家样本中抽取的任何其他民意调查中。这些数据将不同时间的横截面数据加以混合，所以时间 1 的第 j 个观测值与时间 2 或时间 3 的第 j 个观测值没有什么关系。可用 collapse 计算不同时间的每个横截面数据的描述统计量。例如，假如有 1998—2004 年美国城市的几个随机样本，就能使用

. collapse (mean) income (median) medinc=income (sum) population, by(year)

创建每年仅有一个观测值的新数据集，包括年份、平均收入、中位数收入以及当年抽样城市的总人口数。[①]

尽管混合横截面和时间序列允许人们既考察个体行为，又考察经济行为的时间维度，但这种数据不能用于跟踪不同时间的个体。在此意义上，这种数据远不如**面板数据**或**纵向数据**有用，下面将阐述这一点。

3.4 面板数据

在微观经济学、宏观经济学以及金融学领域，一种普遍的数据组织形式是被称为面板数据或纵向数据的横截面时间序列数据的混合形式。面板数据包含一些相同个体跨越几个时期的测量值。[②] 最著名的住户纵向研究是密歇根大学的收入动态学面板研究（panel study of income dynamics，PSID），自 1968 年开始，起初每年完成 5 000 个住户调查。在金融方面，公司层面特征的标准普尔 COMPUSTAT 数据集是金融研究领域面板数据的最重要来源之一。

在这种数据组织形式中，每一个个体的观测值都是可识别的，它允许人们生成微观水平测量值，这样的值在最初数据里并没有表现出来。例如，如果拥有来自随机抽样个体的重复年度调查的混合横截面时间序列数据集，要测度抽样个体的金融财富与人口统计数据，就只需计算平均净储蓄率（财富增加或减少的速度）或者该数据的某些子样本的平均值（比如美籍非裔回应者或 35 岁以下女性的储蓄率）。虽然不能监测到个体行为，

---

① collapse 的完整语法在 3.4 节描述。

② 面板是一个称谓，这方面数据的第一个例子是一组专家响应的时间序列，比如一些经济预测者对下一年的 GDP 增长或通货膨胀率进行预测。面板数据也被称为纵向数据，因为它们允许人们纵向地分析一组住户、工人、公司、股票或国家数据。

但假如有一组在同样时间跨度内的年度调查回应者的个体面板数据，就能计算该子样本的个体储蓄率与队列指标。

面板数据可能是**平衡的**（balanced），也可能是**非平衡的**（unbalanced）。就平衡面板而言，每个单元记为 $i=1,\cdots,G$，在每一个时期 $t=1,\cdots,T$ 内都是可观测的，结果数据集就有 $G\times T$ 个观测值。人们很容易对这种面板数据进行研究，因为第一组 T 个观测值对应单元 1，第二组 T 个观测值对应单元 2，依此类推。然而，经济和金融数据时常不是以平衡形式出现的，原因在于某些个体会退出多年调查。

此外，如果我们将分析局限于平衡面板数据，就会产生**幸存者偏差**（survivorship bias）。例如，美国公司的标准普尔 COMPUSTAT 数据集包括 20 年的年度财务报表数据——但只包含那些在整个时期一直持续运营的公司的数据。对新成立的公司（甚至那些具有 19 年历史的公司）以及在那个时期被接管的公司来说，此公司集合不具有代表性。尽管面板数据变换与估计量的代数运算在处理平衡面板时非常简单，但我一般更愿意用非平衡面板加以研究，避免此类偏差并减少坚持平衡面板数据而可能引起的样本量缺失。

利用 Stata 的面板数据工具很容易对平衡面板和非平衡面板的任何观测值集合进行研究，这里观测值都唯一地用 i 与 t 识别。和 Stata 不同，许多统计软件包与矩阵语言均要求一种平衡结构，即 G 个单元的每一个都有 T 个观测值，即使某些单元全部缺失。① 用户可以通过 tsset 来确认数据是面板数据。就时间序列而言，定义时间序列日历的同样命令亦可以设定面板数据变量：

tsset *panelvar timevar*

timevar 必须是一个日期变量，而 *panelvar* 可能是任何一个整数变量，该数值变量唯一地识别属于某个给定单元的观测值。整数值不一定是时序的；也就是，可以利用三位 SIC 编码 321，326，331 以及 342 作为 *panelvar*。不过，如果数据的单元由字符变量来识别，比如用两个字母表述缩写，那么必须用 encode 这种变量生成一个 *panelvar* 标识符变量。tsset 会报告 *panelvar* 与 *timevar* 的范围。

---

① 用户可以用 Stata 的 tsfill 命令从非平衡面板数据中生成此类结构。

3.4.1 面板数据运算

Stata 包括变换面板数据以及估计考虑数据性质的计量经济模型参数的一系列工具。通过利用 panelvar 作为 *by-variable*（辅助变量），由 by-*varlist*：所支撑的任何 generate 或 egen 函数都可用于面板数据。对面板数据进行描述性数据分析经常涉及生成描述统计量，而这类描述统计量会删掉数据的一个维数。人们可能想要计算每个年度不同州的平均税率或每个州的不同年度平均税率。通过利用 collapse 命令，就能计算这些描述统计量的集合，该命令在其 by(*varlist*) 选项的元素上生成描述统计量数据集合。该命令语法是：

collapse *clist* [*if*] [*in*] [*weight*] [, *options*]

其中 *clist* 表示 [(stat)] *varlist* 清单对，或 [(stat)] *target_var* = *varname* 清单对。在第一种格式中，*stat* 可以是带有 summarize（参看 [R] **summarize**）以及某些附属的任何描述统计量：比如，可以计算所有 100 个百分位数。如果不加以设定，那么默认 *stat* 表示 mean。为了计算给定变量的不止一个描述统计量，要使用第二种命令格式，其中 *target_var* 命名一个想要生成的新变量。by(*varlist*) 选项设定 collapse 生成关于 by(*varlist*) 每个唯一值的一个结果。有关 collapse 语法的更多信息，参看 [D] **collapse**。

grunfeld 数据集包括 20 年间美国 10 家公司的公司层面年度数据，其输出由 tsset 显示。我们首先对全部面板数据的三个变量进行 summarize，具体操作如下：

```
. use http://www.stata-press.com/data/imeus/grunfeld, clear
. tsset
       panel variable:   company, 1 to 10
        time variable:   year, 1935 to 1954
. summarize mvalue invest kstock

    Variable |       Obs        Mean    Std. Dev.       Min        Max
-------------+--------------------------------------------------------
      mvalue |       200    1081.681     1314.47      58.12     6241.7
      invest |       200    145.9583    216.8753        .93     1486.7
      kstock |       200    276.0172    301.1039         .8     2226.3
```

在利用 preserve 保留原始数据之后，再使用 collapse by year 生成每个年度的平均市场值、投资支出之和以及公司股票资本平均值。

```
. preserve
. collapse (mean) mvalue (sum) totinvYr=invest (mean) kstock, by(year)
. graph twoway tsline mvalue totinvYr kstock
```

为了说明横截面描述统计量在这两个 10 年期间的变动趋势，图 3-1 画出了这些时间序列数据。①

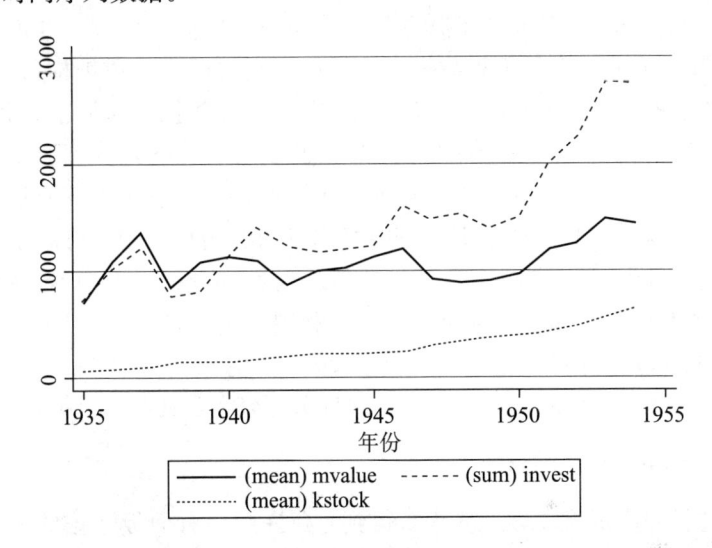

图 3-1　面板数据合并成时间序列的图形

当对面板数据进行数据变换时，应利用时间序列算子的内部处理工具。考察上面的数据集。倘若 mvalue 的滞后值由 mvalue[_n-1] 生成，则一定要明确地从计算中排除每个公司的第 1 个观测值。否则，其滞后值可能涉及前面公司对第 2 个，……，第 10 个公司的最后观测值。相反，可以使用

```
. generate lagmvalue = L.mvalue
```

而不用考虑数据的面板性质。每个公司的 lagmvalue 的第 1 个观测值将被定义成缺失。

关于面板数据的 Stata 命令用 [XT] **xt** 与 [XT] **intro** 来描述。每个命

---

① 这里阐述了 Stata 图形，但正文没有解释 Stata 图形语言的语法。对于 Stata 图形的介绍，参看 help graph intro 与 [G] **graph intro**。至于对 Stata 图形功能的深入阐述，参看《Stata 图形的视觉指南》(Mitchell, 2004)。

令的名字都是以 xt 开始。第 9 章将介绍面板数据在计量经济分析方面的一些估计方法。

3.5 处理面板数据的工具

3.4 节已经介绍了平衡面板与非平衡面板（纵向）数据，并展示了如何利用 collapse 命令从面板数据中生成一个纯时间序列或纯横截面数据。正如 3.4 节所述，用户应该使用 tsset 建立面板数据，从而能运用 Stata 时间序列算子与 xt 命令。有时，要将外面的日期格式转换成 Stata 日期变量，这样做十分烦琐。比如说，输入一个时间序列，它也许含有表格形式的日期变量，并建立这些数据的时间序列日历。用户必须从存在的日期开始，借助于 data( ) 或 mdy( ) 函数，使之成为 Stata 日期，指定变量格式（比如每年为 %ty，每月为 %tm），然后利用 tsset 定义一种含有上述格式日期变量的时间序列日历。可使用 tsmktim 完成这些步骤（Baum and Wiggins, 2000）。只需设定新时间序列日历的名字及其开始日期：

. tsmktim *datevar*, start(1970)

一种新程序形式（可以从 SSC 得到）允许用户对面板数据的每个单元均生成一个日期变量：

. tsmktim *datevar*, start(1970q3) i(company)

每个单元序列必须从相同时期开始（但不必在相同时期结束）。

3.5.1 非平衡面板与数据筛选

研究者在组织面板数据的时候经常用特殊条件来筛选数据。例如，针对样本中的特定公司而不是已被确认有 20 年的可用观测值的公司，非平衡的公司层面面板数据可能仅仅有一个或两个年观测值可利用。这里讨论几种命令，你可以在估计之前利用它们对以长格式（参看 3.6 节）形式组织的面板数据加以处理。

利用 xtdes 命令来描述面板数据形式，尤其是确定面板数据是平衡的还是非平衡的。[1] 该命令保留以 r( ) 表示的纯量：r(N) 给出面板单元的个数，r(min) 与 r(max) 给出每个单元可用观测值的最小值与最大值。当这两个值相等时，该面板就是平衡的。如同前面讨论的一样，可利用 tsfill "矩形化"非平衡面板，用缺失值填满缺失观测值。不过，假如想要去掉那些观测值数目小于观测值最大数目的面板单元，该怎样做呢？人们可以创建一个新的变量，通过 by -分组计数每个单元内的观测值，并使用该变量标示出含有缺失观测值的单元：

```
. xtdes
. local maxobs = r(max)
. by company: generate obs = _N
. drop if obs <'maxobs'
```

通常，人们更愿意采用非平衡面板数据，但我们想要筛选出那些小于 m 个观测值的单元；例如，当 $m=10$ 时，drop if obs <10 会删去未通过筛选的单元。

这种逻辑将确保每个公司都具有最小的观测值数目，但不能保证观测值没有间隔。某些 Stata 时间序列估计及检验程序不允许时间序列存在间隔，尽管 tsset 命令保留宏 r(tmins) 与 r(tmaxs) 来显示任何面板单元的第一个与最后一个时期。

考克斯的程序 tsspell（可以从 SSC 得到）可识别时间序列或时间序列面板中的数据完整长度或者"时期"。间隔终止于某个时期，并开始于随后的一个新时期，因而 obs == 'maxobs' 对应于带有 'maxobs' 时期的单元。这种程序是一般的，并可能用于依据合乎情理的条件识别时期（比如，表示 GDP 增长变化的变量符号从正变为负，或者识别权力变化中政党的变化）。这里将使用此类程序较为简单的内容来识别时间序列的间隔，正如日历变量所显示的那样。

考察《Stata 纵向或面板数据参考手册》（*Stata Longitudinal/Panel Data Reference Manual*）中 grunfeld 数据集的一种修改形式的缺失数据。最初数据集包括 10 家公司 20 个年份数据的平衡面板数据。在修改形式里，10 家公司当中的 5 家公司缺少 1 个或多个观测值：一家公司成立时间较晚而另一家公司则提前结束经营，其他三家公司的序列含有间隔：

---

[1] 我们很容易认为这个命令被命名为 xtdesc，但并不是。

```
. use http://www.stata-press.com/data/imeus/grunfeldGaps, clear
. xtdes

 company:  1, 2, ..., 10                                        n =         10
    year:  1935, 1936, ..., 1954                                T =         20
           Delta(year) = 1;  (1954-1935)+1 = 20
           (company*year uniquely identifies each observation)

Distribution of T_i:   min      5%     25%      50%     75%     95%     max
                        17      17      18       20      20      20      20

     Freq.  Percent    Cum. |  Pattern
         5    50.00   50.00 |  11111111111111111111
         1    10.00   60.00 |  ..111111111111111111
         1    10.00   70.00 |  111111111.1111.11111
         1    10.00   80.00 |  111111111111...11111
         1    10.00   90.00 |  111111111111.111111
         1    10.00  100.00 |  111111111111111111..
        10   100.00         |  XXXXXXXXXXXXXXXXXXXX
```

我们通过利用带有条件 D.year == 1 的 tsspell 来识别这些条件。[①] 对于有间隔的序列来说，该条件将失效。tsspell 程序创建了三个新变量，即 _spell、_seq 以及 _end，这里关注 _spell，它计算出每家公司时间序列的时期数。含有连续不间断时期（不管开始与结束日期）的公司将有 _spell = 1。含有一个间隔的公司具有由 _spell = 2 所识别的后来的观测值，等等。为了去掉所有含有间隔的公司，我们可应用类似上面的逻辑，删去含有多个报告时期的那些公司：

```
. tsspell year, cond(D.year == 1)
. egen nspell = max(_spell), by(company)
. drop if nspell > 1
(54 observations deleted)
. xtdes

 company:  2, 3, ..., 10                                        n =          7
    year:  1935, 1936, ..., 1954                                T =         20
           Delta(year) = 1;  (1954-1935)+1 = 20
           (company*year uniquely identifies each observation)

Distribution of T_i:   min      5%     25%      50%     75%     95%     max
                        18      18      18       20      20      20      20

     Freq.  Percent    Cum. |  Pattern
         5    71.43   71.43 |  11111111111111111111
         1    14.29   85.71 |  ..111111111111111111
         1    14.29  100.00 |  111111111111111111..
         7   100.00         |  XXXXXXXXXXXXXXXXXXXX
```

[①] 对于 Stata 的任何其他数据频数来说，该条件都会发挥作用，因为半年、季度、月份、周以及天也可以被存储为连续整数。

第 3 章 经济数据的组织和整理

57

或者,如果我们希望保留含有间隔的公司,但又不想要那些变量时期小于某种长度(比如说 5 年)的公司,那么就使用 _seq 变量,该变量计算每个时期的长度,同时在 egen 命令中包括 _spell,以此计算出每家公司时期的最大值以及公司观测值的时期,具体操作如下:

```
. use http://www.stata-press.com/data/imeus/grunfeldGaps, clear
. tsspell year, cond(D.year == 1)
. replace _spell = F._spell if _spell == 0
(14 real changes made)
. egen maxspell = max(_seq+1), by(company _spell)
. drop if maxspell < 5
(4 observations deleted)
. xtdes
 company:  1, 2, ..., 10                                 n =        10
    year:  1935, 1936, ..., 1954                         T =        20
           Delta(year) = 1; (1954-1935)+1 = 20
           (company*year uniquely identifies each observation)
 Distribution of T_i:       min    5%     25%     50%     75%     95%     max
                             14    14      18      20      20      20      20

     Freq.  Percent    Cum. |  Pattern
     -----------------------+----------------------
         5    50.00   50.00 |  11111111111111111111
         1    10.00   60.00 |  ..111111111111111111
         1    10.00   70.00 |  11111111......11111
         1    10.00   80.00 |  111111111111...11111
         1    10.00   90.00 |  1111111111111.111111
         1    10.00  100.00 |  111111111111111111..
     -----------------------+----------------------
        10   100.00         |  XXXXXXXXXXXXXXXXXXXX
```

所得到的数据集包括公司 5 年或更长时期。_spell 变量被从 0 到其随后值重新编码。在默认情况下,tsspell 把每个时期的第 1 个观测值设置为零,但我们希望那个值是当前时期数。同样,由于 _seq 变量从零开始计数,这里考察(_seq+1)的最大值,以便计算时期长度。用 tsspell 做实验,将揭示它在对数据执行这种类型的约束方面的实用性。

3.5.2 面板数据的其他变换

某些分析需要对每个面板中的数据进行平滑处理;tssmooth(参看 [TS] **tssmooth**)提供了应用最广泛的平滑器,所有平滑器均能用于每个面板中的数据。例如,我们想用算术权数 0.4(0.1)0.1 对四个先前值进行加权移动平均,可将这种构造看成是用于时域序列的过滤器,并用 tssmooth ma 计算：

. tssmooth ma wtavg = invest, weights (0.1(0.1)0.4 ⟨0⟩)

权数分别应用于 invest 的四阶、三阶、二阶与一阶滞后项，从而生成变量 wtavg。⟨0⟩ 作为一种占位符号，表明 Stata 零阶滞后项应该被赋予零权数。该命令也可对两侧过滤器施加变化权数：

. tssmooth ma wtavg = invest, weights(1 4 ⟨6⟩ 4 1)

这种命令可用权数 1/16、4/16、6/16、4/16 与 1/16 对两侧中心化移动平均值计算加以设定。可将命令 tssmooth ma 应用到面板数据上，因为该过滤器会自动独立应用于面板内每个时间序列。

其他分析运用每个序列的极端值函数。比如考克斯的 egenmore 软件包（可以从 SSC 得到）中的 record( ) egen 部分就提供了一种解决方法。例如，

. egen maxtodate = record(wage), by(id) order(year)
. egen hiprice = record(share_price), by(firm) order(quote_date)

第 1 个例子识别出工人职业生涯迄今为止的最高工资，而第 2 个例子则识别出公司股票迄今为止的最高价格。

3.5.3　移动窗口描述统计量及相关性

当运用面板数据进行研究时，人们经常想要计算由面板日历所定义的时间范围的子时期描述统计量。例如，若我们拥有 100 个公司 20 年的数据，要计算公司财务比率的 5 年平均值，可以利用 tabstat 命令（参看 [R] **tabstat**）。只需将 5 年时期定义成 by-分组元素，然后设定选择项变量为 tabstat 的 by( ) 选项参数，用 by firmid: 作为前缀命令。不过，为了重新识别计算统计量，需要用到 save 选项，此选项会把它们存储在几种矩阵中。或者，可运用几个 egen 语句来将这些统计量生成新的变量，采用相同的 by-分组策略。

为了计算源于**交叠**（overlapping）子样本的描述统计量，我们定义一种 by-分组，但这里 Stata 的 by 功能不能计算源于 by-分组序列的统计

量，此处 by-分组是由"移动窗口"，比如 11 个月份交叠而形成的。鲍姆和考克斯的 mvsumm 程序（参看 [R] ssc）可以计算从 summarize 和 detail 得到的任何单变量统计量，同时生成一种时间序列，该序列包括已定义时间序列样本的统计量。用户可以设定窗口宽度（统计量计算时所包括的时期数）作为选项，以及结果统计与原始序列的对齐方式。尤其是，这个程序对于金融研究非常方便，其中，需要对近期的表现进行衡量，即将过去 12 个月的股票平均价格或该时期股价的标准差（波动性）作为回归元。只要用 tsset 定义面板日历，mvsumm 程序就会运行面板数据中的每一个时间序列。

另一种生成移动窗口结果的方式是使用 Stata 的 rolling 前缀，它可以运行任意设计的移动窗口上的任意统计命令。不过，和 mvsumm 相比，rolling 更为麻烦，因为它生成了一个包含结果的新数据集，需要之后被合并到初始数据集中。

为了计算面板每一个单元的两个时间序列之间的移动相关性，可以使用鲍姆和考克斯的 mvcorr 程序（可以从 SSC 得到）。这种计算在金融领域极为有用，计算最优套期保值比率需要计算这样的相关性，如特定商品的现货与期货价格之间的相关性。由于 mvcorr 程序支持时间序列算子，所以用它可算出移动自相关。例如，

```
. mvcorr invest L.invest, win(5) gen(acf) end
```

设定由 5 个时期窗口算出的投资序列的第 1 个样本自相关，并与该窗口的最后一个时期（经由选项 end）排列在一起，然后放置在新变量 acf 中。和 mvsumm 一样，mvcorr 命令会自动地运行面板中的每一个时间序列[①]：

```
. use http://www.stata-press.com/data/imeus/grunfeld, clear
. drop if company>4
(120 observations deleted)
. mvcorr invest mvalue, window(5) generate(rho)
. xtline rho, yline(0) yscale(range(-1 1))
> byopts(title(Investment vs. Market Value: Moving Correlations by Firm))
```

图 3-2 给出了 4 家公司投资-市场价值相关性的结果图。

---

① 对于全面阐述由 Stata 支持的众多图形式样，参看 Mitchell（2004）。

投资与市场价值：公司的移动相关性

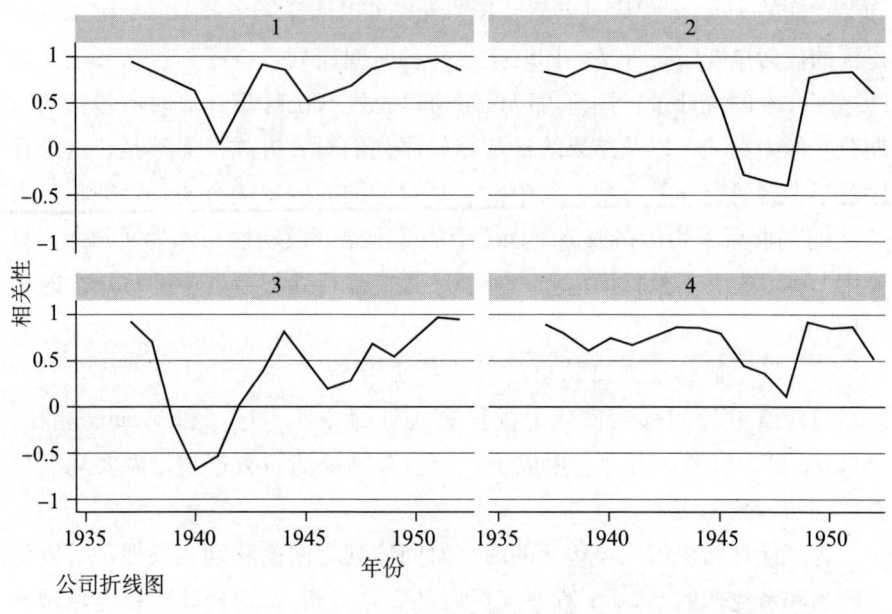

图 3-2 移动窗口相关性

3.6 横截面与时间序列数据集组合

应用经济分析经常涉及对数据集进行组合。人们可能想要合并各个不同横截面单元上的数据，或建立既有横截面又有时间序列特性的数据集。在前一种情况下，你可能拥有 200 个反映了费城的选民对电话调查的回答的观测值，300 个来自芝加哥的同样调查的观测值，还有 250 个来自堪萨斯城的选民的观测值。在后一种情况下，你可能拥有新英格兰地区 6 个州的数据集，包括 1981—2000 年的年度州个人可支配收入与人口数。我们想要将这 6 个数据集合并成 1 个数据集，该如何进行呢？即应该在横截面维度上处理，还是在横截面与时间序列维度同时处理，这取决于想要进行的分析的类型。我们可以用 Stata 中所谓的**宽格式**来研究，宽格式涉及在不同时点上相同变量的测量值，类似独立变量。比如，我们有新英格兰每一个州人口的时间序列，各个变量命名为 CTpop, MApop, MEpop, …… 与之相比，可能用**长格式**数据开展研究更为容易，此时将相同数据**叠放**，从而拥有一个变量 pop，它是由和每个州有关的观测值构成的集合。然后，人们必须要定义可识别其单元（此处为州）的另一个变量。对于每一种形式的合并来说，Stata 都有相应的命令，而 reshape 命令用于宽格式和长格式之间的转换。下面，我们首先讨论合并横截面数据集，以长格式生成一种混合数据集。

3.7 用 append 创建长格式数据集

如果有前面提及的费城、芝加哥与堪萨斯城三地的选民调查数据集，并想要把它们合并成一个混合数据集，那么首先要确保每一个数据集变量的名称均是可识别的。此时，我们可使用 append 命令，不过对 Stata 来说，因为 prefBush 与 prefBUSH 是不同的变量，所以不能合并包含它们的文件，且要求其恰当匹配。我们可使用 rename 确保变量名称是匹配的。我们同样希望从已合并数据集中恢复城市识别符，即使它没有出现在单个数据集里。记住前面 200 个观测值源于费城，随后 300 个来自芝加哥，等等，但是如果数据集以不同顺序分类，那么就会失去这种识别符。因而，应将一个新变量 city 插入每个数据集，它要么是含有城市名称值标签的数值变量，要么是字符串变量，可以被编码成数值形式，用于 by *varlist*。可以用 append 命令将它们合并：

```
. use philadelphia, clear
. append using chicago
. append using kcity
. save vote3cities, replace
```

假如我们有字符串变量 city，它包括城市名称，用以下命令来创建一个数值城市标识符

```
. encode city, gen(citycode)
```

之后，在 Stata 命令中可以运用 citycode 变量，或者用 tabulate 命令的 generate( ) 选项来创建一个特定城市虚拟变量的集合；参看 [R] **tabulate oneway**。尽管这里的例子只阐明了如何合并三个数据集，但运用同样的方式可对任意数量的数据集加以合并。

这个数据集以 Stata 长格式存在，对于每个变量，面板内每个单元的

测量均存储在独立的观测值中。由于已对三个纯横截面加以合并，每个数据集任意排序，故在费城1号、芝加哥1号、堪萨斯城1号之间不存在任何关系。不过，此种长格式容易做多种计算，倘若数据以另外一种方式合并，要做多种计算就会很烦琐。例如，很容易计算费城的prefBush均值是否等于芝加哥的prefBush均值，或者prefBush的全部三个均值在统计上是否可区分。假如三个数据集的变量以水平形式而不是垂直形式重新组合，那就不是这种情况了。

3.7.1 利用merge添加汇总特征

假如我们想要将加总信息添加到个体记录中，那么上述建立的长格式非常有用。例如，假设选民调查数据包括每位个体的五位数字ZIP编码（zipcode），以及对总统候选人的偏好，我们希望评估在选民ZIP编码中以平均收入代表的选民收入水平能否反映其投票偏好。如何将收入信息附加到每个记录上呢？我们可以使用一系列replace语句，或者复杂嵌入的cond( )函数。不过，很容易创建一个包括ZIP编码（相同的五位数字形式）与平均收入水平的新数据集。倘若这些数据源自美国人口普查，就应该有费城（或芝加哥、堪萨斯城）所有ZIP编码的记录或每个城市所在州的记录。可是，该文件仅仅被用作查询，然后，通过ZIP编码对数据集分类，它被存储成incbyzip.dta。运用下述命令，我们就能将此种信息和最初文件合并：

```
. use vote3cities, clear
. sort zipcode
. merge zipcode using incbyzip, nokeep
```

依据上述方式使用merge，这被称为**一对多**匹配合并，其中每个ZIP编码的收入都被添加到处于该ZIP编码中的每位选民记录里面。zipcode变量是**合并关键变量**。不论是**主文件**（vote3cities.dta）还是**辅用文件**（incbyzip.dta）都必须通过合并关键变量加以分类。在默认情况下，merge创建一个新的_merge变量，当那个观测值仅处于主数据集时，取整数值1，当那个观测值仅处于辅用数据集时，则取整数值2，而当观测值在两个数据集中都存在时，则取整数值3。这里，我们希望tab _merge显示全部值等于3。每位选民的ZIP编码应该被映射到辅用文件的已知值上。尽管辅用文件的许多ZIP编码可能并不与样本中的任何选民有关，这就得出一个取值为 2 的 _merge，但可设定 nokeep 选项从已合并文件中去掉辅用文件中不需要的元素。于是，我们就用

    . assert _merge == 3
    . drop _merge

证实此种匹配是成功的。和使用 replace 长而复杂的 do 文件相比，运用 merge 更容易。只修改辅用文件，就能改正一对多合并中的任何问题。假如要将几种特定 ZIP 编码的变量添加到记录中，诸如平均家庭规模、平均少数派比例、平均房屋所有权比例，只使用一个 merge 命令就能处理这些变量。当我们想要将微观数据与个体层面的汇总 ZIP 编码、城市或州合并；在工厂或公司层面上考察行业或部门；在州或地区层面上研究区域或宏观经济；在国家层面上研究全球区域或世界平均情况时，这种方法对于处理个人、家庭、工厂、公司、州、地区或国家的个体数据非常有用。

3.7.2 多对多的 merge 命令的危险

用户可运用一对一匹配合并数据集，同样可使用 merge 命令来合并数据集。比如，拥有两个或更多数据集，其观测值从属于一个相同单元：如美国各州人口数据源自 1990 年与 2000 年人口普查。

对于合并关键变量的某个值，当两个数据集存在多重观测值时，多对多合并会有潜在问题。匹配合并具有不止一个合并关键变量值的两个数据集，可能导致重复执行相同的 do 文件，在不指示错误的情况下，得到的结果数据集有不同的对象数。文件之一出现编码错误通常会引起这样的问题。用户可以运用 duplicates 命令追查此类错误。为防止出现此类问题，在匹配合并时，要么设定 uniqmaster 选项，要么设定 uniqusing 选项。例如，ZIP 编码数据应该满足 uniqusing，因为每个 ZIP 编码在文件中只能表示一次。在一对一匹配合并中，如州收入与人口数据，用户能够使用 unique 选项，因为它意味着不仅有 uniqmaster 而且有 uniqusing，并且声称合并键在两个数据集中都是唯一的。[①]

除 append 与 merge 外，Stata 有不止一个命令用于合并数据集：joinby 就是一个不经常使用的命令，因为它的任务更为专业化。该命令在已

---

① 熟悉关系数据库管理系统（如 SQL）的人会认识到，**唯一**性意味着合并键对于数据集来说是有效且唯一的主键。

知合并关键变量的条件下,通过对两个数据集形成所有可能的两两配对组合来建立一个新数据集。通常,人们希望使用 merge,而不是 joinby。①

3.8 reshape 命令

如果要用长格式或宽格式组织数据集,那么为了更容易获得数据变换、统计量或者图形,就可能要重新组织数据集。为了解决这个问题,可使用 reshape 命令(参看 [D] **reshape**),该命令在不更改数据文件的条件下在内存中重新组织数据集。一些统计软件并没有重塑特征,因而可能需要将数据写成一个或多个外部文本文件,然后重新读入。对于 reshape,这种额外步骤不是 Stata 必须的,不过一定要适当标识此数据。为了创建合适的命令语句,可能需要多次尝试,这是使用 do 文件的原因,因为某一天你可能遇到 reshape 的类似应用。

考察下面的宽格式数据集,其变量记为 pop1970,pop1980,pop1990,pop2000 以及 area,观测值由新英格兰地区 6 个州的编码标识。

```
. use http://www.stata-press.com/data/imeus/reshapeState, clear
. list
```

	state	pop1970	pop1980	pop1990	pop2000	area
1.	CT	.1369841	.6184582	.4241557	.2648021	.871691
2.	MA	.6432207	.0610638	.8983462	.9477426	.4611429
3.	ME	.5578017	.5552388	.5219247	.2769154	.4216726
4.	NH	.6047949	.8714491	.8414094	.1180158	.8944746
5.	RI	.684176	.2551499	.2110077	.4079702	.0580662
6.	VT	.1086679	.0445188	.5644092	.7219492	.6759487

我们想要将该数据集重新整理为长格式,以使各州人口与每年人口数值被记录成一个变量。对 reshape long pop 进行设定,使置于长格式的变量都可以从那些数据集里名称以 pop 开头的变量得出。命令将对 $x_{i,j}$ 数据起作用;在 Stata 中,i 定义面板,而 j 定义每个面板内变化的标识符。这里,州就定义面板,所以设定 state 为 i( ) 变量;此处 j( ) 选项则设定将

---

① 熟悉关系数据库管理系统的人认为 joinby 是 SQL 的**外联结**,而这在绝大多数数据库任务中是要避免的。

pop 变量后缀保留成一个新的变量 year：

```
. reshape long pop, i(state) j(year)
(note: j = 1970 1980 1990 2000)

Data                               wide   ->   long
-----------------------------------------------------------------
Number of obs.                        6   ->     24
Number of variables                   6   ->      4
j variable (4 values)                      ->   year
xij variables:
             pop1970 pop1980 ... pop2000   ->   pop
-----------------------------------------------------------------
```

初始宽数据集的 6 个观测值被扩展成 24 个，这是因为初始形式的每个州都有 4 个人口数据。

```
. list
```

	state	year	pop	area
1.	CT	1970	.1369841	.871691
2.	CT	1980	.6184582	.871691
3.	CT	1990	.4241557	.871691
4.	CT	2000	.2648021	.871691
5.	MA	1970	.6432207	.4611429
6.	MA	1980	.0610638	.4611429
7.	MA	1990	.8983462	.4611429
8.	MA	2000	.9477426	.4611429
9.	ME	1970	.5578017	.4216726
10.	ME	1980	.5552388	.4216726
11.	ME	1990	.5219247	.4216726
12.	ME	2000	.2769154	.4216726
13.	NH	1970	.6047949	.8944746
14.	NH	1980	.8714591	.8944746
15.	NH	1990	.8414094	.8944746
16.	NH	2000	.1180158	.8944746
17.	RI	1970	.684176	.0580662
18.	RI	1980	.2551499	.0580662
19.	RI	1990	.2110077	.0580662
20.	RI	2000	.4079702	.0580662
21.	VT	1970	.1086679	.6759487
22.	VT	1980	.0445188	.6759487
23.	VT	1990	.5644092	.6759487
24.	VT	2000	.7219492	.6759487

在宽格式中，观测值都被标记为 $i=1,\cdots,\_N$，并且每个测量值均被变换成长格式，由被标识为 $j=1,\cdots,J$ 的变量组成。reshape long 格式

的 *varlist* 列出了所有 $x_{i,j}$ 格式的变量的**基本名称**或**存根***，这些变量应该被 reshaped 变为长格式。此处，唯有 pop 带有 $J=4$，因为存在 4 个每十年一次的人口普查年份数据；这种相同的 $x_{i,j}$ 格式可能包括几个变量。例如，数据集可能包含州人口性别的分类变量 popM1970, popF1970, ···, popM2000, popF2000。reshape long 语句的 *varlist* 会读取 pop popM popF, 因为这些变量已被类似地处理过。

用户必须设定 j( )，因为长格式需要 j 标识符。此处，j 维度表示年份，但它也可以表现任何特征。除不同年份的州人口测量之外，还有 popWhite, popBlack, popHispanic 以及 popAsian。接下来，使用选项 j(race) string，以设定 j 标识符为字符串变量 race（然后，就能运用 encode 语句）。不随 j（year 或 race）变化的变量在 reshape 语句中没有设定。在前面的例子里，州的 area 是恒定的，因而每一个 year 变量都被自动复制。

我们继续讨论由上面例子得到的长格式数据集，不过现在希望数据表现为宽格式。于是，我们使用 reshape wide 设定 pop 变量在 j(year) 值上延伸。所得结果的宽格式数据集的行被 i(state) 选项定义：

```
. reshape wide pop, i(state) j(year)
(note: j = 1970 1980 1990 2000)

Data                                long    ->   wide

Number of obs.                        24    ->   6
Number of variables                    4    ->   6
j variable (4 values)               year    ->   (dropped)
xij variables:
                                     pop    ->   pop1970 pop1980 ... pop2000
```

这个命令与前面例子中的 reshape long 一样，只是 long 由 wide 代替。我们需要同样的信息：必须设定需要变宽的变量（此处命名明确，并不需要存根）、面板的 *i* 变量，以及面板内标识符（*j* 变量）。在创建宽格式数据时，省略 *j* 变量，因为 *j* 值在列 pop1970, pop1980, pop1990 以及

---

* 在 Stata 中存在许多命令可以指定变量名的"存根（stub）"，Stata 会根据这个"存根"生成一组变量。例如，如果某所大学有四个本科生班级，存根可能是 ugclass，而 Stata 命令生成的四个变量，例如 tab (gradyear), gen (ugclass) 将被命名为 ugclass1, ugclass2, ugclass3, ugclass4。——译者注

pop2000 上展开。举例来说：

```
. list
```

	state	pop1970	pop1980	pop1990	pop2000	area
1.	CT	.1369841	.6184582	.4241557	.2648021	.871691
2.	MA	.6432207	.0610638	.8983462	.9477426	.4611429
3.	ME	.5578017	.5552388	.5219247	.2769154	.4216726
4.	NH	.6047949	.8714491	.8414094	.1180158	.8944746
5.	RI	.684176	.2551499	.2110077	.4079702	.0580662
6.	VT	.1086679	.0445188	.5644092	.7219492	.6759487

用户必须为 reshape 选择合适的变量名称。如果宽数据集包括 pop1970，pop1980，pop1990 以及 pop2000 人口普查数据，那么就无法规定标记选项的公共存根。然而，比如说，我们有每个州的测量值 pop1970，pop1970M 以及 pop1970F。命令

```
. reshape long pop pop@M pop@F, i(state) j(year)
```

用@作为变量名称第 j 个元素位置的占位符号。类似地，在 race 例子里，若变量被命名为 Whitepop，Blackpop，Hispanicpop 以及 Asianpop，则命令

```
. reshape long@pop, i(state) j(race) string
```

会处理好变量名称。在更困难的情况下，反复使用 rename 可能显得烦琐，而renvars可能有用（Cox and Weesie，2001）。

这里的讨论只触及 reshape 的表面内容。更多信息及带有该命令的实验，参看 [D] **reshape**。

3.8.1 xpose 命令

用户可以使用 xpose 命令对数据组织作出彻底改变。这个命令可将观测值变成变量，或者作相反的变动。这样的功能在电子表格与矩阵语言中普遍存在，可是在 Stata 中却极少运用，原因在于应用 xpose 常常破坏字符串变量的内容。如果数据集所有变量都是数值型的，那么该命令就能派上用场。与其用 xpose，不如考虑用带有 byvariable( ) 选项的 infile 读入原始数据 [参看 [D] **infile (free format)**]。若用户需要转置数据，数据可能一开始就没有被合理地创建。

3.9 用 Stata 执行可重复研究

3.9.1 使用 do 文件

Stata 的命令行语法便于记录数据变换、统计分析以及画图。对于某些用户，命令行很烦琐，因而他们称赞 Stata 第 8 版出现了 Stata 对话框。然而，即使在 Review 窗口里 Stata 的对话框也会产生完整命令。

Stata 并没有要求用户记住所编写命令的条目，但绝大多数研究都需要能再现结果。除非仔细地记录每一步过程，否则用户稍后不可能再现研究结果，这会很糟糕。Stata 可以用 do 文件记录研究程序。

do 文件包含一系列 Stata 命令，它可以通过从菜单中选取 File▷Do…，或双击其图标或在命令行中发出 do 命令来调用。一般地讲，当 do 文件出现错误时，就会停止运行。用户可以在 Stata 的 do 文件编辑器或任何文本编辑器中创建一个 do 文件。do 文件只是文本文件。只要遵循 Stata 习惯，在 do 文件里面可添加一些评注。此类评注有助于记住在该项研究中做了什么。一种好的做法是设置一个创建或修订日期。

一个完整的研究项目从开头到结束包括成百上千条 Stata 命令，因此要在大规模的 do 文件中包含全部这些命令会很烦琐。相反，考虑编写一个主 do 文件，它调用一系列 do 文件去执行程序的每一步：数据输入、数据核查与清除、数据转换、统计分析、生成图形以及输出表格。每一步可能同样由几个 do 文件完成。倘若遵循这种策略，那么在出现错误时重做分析的某些步骤或在无意中修改了文件时重新创建一个 .dta 文件，都会变得很简单。

当用户需要对另一个数据集实施平行分析时，这种运用模块化的 do 文件来执行研究项目的每一个步骤的策略确实能起到良好作用。许多调查数据集都表现出年度波动性。对调查数据最新的波动的处理可能会遵循许多与去年相同的步骤。对于组织良好且记录完整的 do 文件集，只需要复制那些文件，然后将它们应用于新的数据集合。

没有哪一种软件能迫使用户成为负责的研究人员，可是 Stata 很容易让人养成好的研究习惯，因而你能返回研究项目，然后准确查看生成最终结果的步骤。

3.9.2 数据核查：assert 与 duplicates

在有效处置数据之前，需要确保原始数据的所有值都有意义。数据值会存在明显的编码错误吗？正如上面讨论的，数值变量的任何值都应被适当编码成某种缺失数据吗？像前面提及的一样，为了对数据管理进行寻迹检查，要创建一个读取原始数据的 do 文件，然后应用几种检查方法以保证数据值是合适的，并编写最初 Stata 的二值数据文件。此数据文件在稍后的程序与交互分析中是不应被修改的。使用这个文件并创建附加变量、子集或者执行合并的每个程序都应以新名称保存修改后的文件。数据核查及变换过程的每一个步骤都被记录下来，然后在需要的情况下重复执行。即使是以 Stata 二值格式给出的源自官方的原始数据，也应该假设会存在编码错误。

从数据管理过程开始就应遵循这种方法。在 Statalist 上，用户时常说："我已经在 Excel 中对原始数据做了变换（或合并），现在需要做……"。即使与复制语法所需的 Stata 语法相比，你更熟悉电子表格语法，也应使用 Stata，以便能记录与再现对数据的各种操作。考察以同一组 12 个电子表格开始工作的两名研究助理。他们被通知要创建一个电子表格，通过复制和粘贴执行某种复杂的拼接或合并过程。这两名人员产生相同结果的可能性为多少呢？其可能性小于 1。

下面提出一种解决方法：将 12 个电子表格输出成文本格式，然后用一个 do 文件将其读入 Stata，这里 do 文件用到 .txt 或 .csv 文件循环，并对每一个表格都应用同样的变换，执行适当的 append 或 merge 操作。倘若恰当地建立了 do 文件，则会生成可重复的结果。很容易对其进行修改来执行类似任务，诸如处理 12 个电子表格中的成本因素而不是收益。用户能（而且应该）对 do 文件记录添加一些评注，比如该 do 文件的目的、创建或修改日期以及创建者或修改者。人们要么把星号（*）置于每一行评注的开始，用块评注语法（以 /* 开始评注，以 */ 结束）为 do 文件添加多行评注，要么使用两条正斜线（//）把评注添加到命令之后，但在同一行上。虽然为建立这些 do 文件需要学习 Stata 编程特性，但这种努力是非常值得的。

首先，用 describe 与 summarize 获得输入数据的有用信息（通常用

insheet，infile 或 infix)。① 考察一版经过修改的 census2a 数据集以说明数据核查：

```
. use http://www.stata-press.com/data/imeus/census2b, clear
(Version of census2a for data validation purposes)
. describe
Contains data from census2b.dta
  obs:            50                          Version of census2a for data
                                                validation purposes
 vars:             5                          23 Sep 2004 15:49
 size:         1,850 (99.9% of memory free)
              storage  display    value
variable name   type   format     label      variable label
state           str14  %14s
region          str7   %9s
pop             float  %9.0g
medage          float  %9.0g
drate           float  %9.0g
Sorted by:
. summarize
    Variable |     Obs        Mean    Std. Dev.       Min        Max
       state |       0
      region |       0
         pop |      49     4392737      4832522        -9    2.37e+07
      medage |      50       35.32     41.25901      24.2        321
       drate |      50       104.3     145.2496        40       1107
```

该记录显示了 5 个变量的数据类型。前两个变量均为字符串变量（其最大长度分别是 14 与 7)，而后三个变量均为 float 变量。对于数据来说，这些数据类型似乎是合适的。

描述统计量显示出数值变量的几个异常情况。人口数据有一个州出现缺失，这是一个明显的错误。另外，至少有一个州的人口数值取负值，表明确有编码错误。已知在最近十几年中，美国州人口数值应大于百万，但不会超过 3 000 万。321 的年龄中位数表明，庞斯·德·利昂（Ponce de Leon）* 现在还活得好好的。同样地，drate（死亡率）变量的均值为 104（每 100 000 人），因此，这些数值都表明存在编码错误。

与其只是打开数据编辑器并靠眼力审视这个说明性小数据集出现的各种问题，我们对能应用于包含成千上万观测值的数据集的数据核查方法更感兴趣。运用 assert 检验这三个变量的有效性，在失效的情况下，列出有

---

① 对这些输入命令的解释，参看附录 A。
* 庞斯·德·利昂是 15 世纪的欧洲航海家，是到达佛罗里达的第一位欧洲人。——译者注

问题的观测值。如果所有检查都通过了，那么这个 do 文件就能无误地运行，具体操作如下：

```
use http://www.stata-press.com/data/imeus/census2b, clear
                                                       // check pop
list if pop < 300000 | pop > 3e7
assert pop < . & pop > 300000 & pop <= 3e7
                                                       // check medage
list if medage <= 20 | medage >= 50
assert  medage > 20  & medage < 50
                                                       // check drate
list if drate < 10  | drate >= 104+145
assert  drate < 10  & drate < 104+145
```

第一个 list 命令表明，人口数不应该是缺失的（<.，如上），人口数应至少是 300 000，而且应小于 3 000 万（3.0×10^7）。通过反向考虑 list 命令的逻辑条件，我们可以声称对 pop 来说，所有情况都是有效值。[①] 虽然 list 命令使用｜，即 Stata 的"或"算子，assert 命令则使用运算 &，即 Stata 的"与"（and）算子，因为每个条件都必须满足。同样，我们使用 assert 使每个州的年龄中位数介于 20~50 岁。最后，可以断言，死亡率应至少是万分之一，由变量描述统计量可知其同时小于 $\hat{\mu}+\hat{\sigma}$。运行核查数据 do 文件：

```
. use http://www.stata-press.com/data/imeus/census2b, clear
(Version of census2a for data validation purposes)
. list if pop < 300000 | pop > 3e7
```

	state	region	pop	medage	drate
4.	Arkansas	South	-9	30.6	99
10.	Georgia	South	.	28.7	81
15.	Iowa	N Cntrl	0	30	90

```
. assert pop <. & pop > 300000 & pop <= 3e7
3 contradictions in 50 observations
assertion is false
r(9);
end of do-file
r(9);
```

do 文件运行以失败告终，因为第一个 assert 发现 pop 出现了三个错误值。现在，应该修改这三个错误值，然后重新运行 do 文件，一直到它没有错误地执行。这个小例子能被扩展到真实而复杂的 do 文件上，以此检查成百上千个变量，当全部陈述条件都得以满足时，do 文件便会无错误地

[①] 严格来说，我们不需要应用<. 条件，但这样做是一种很好的形式，因为可能没有上限条件。

退出。

我们可使用 tabulate 检查数据集字符串变量的值。就 census2b 数据集而言，用 region 作为后面分析的标识符变量，要求每个州都被分类到美国四个地区之一。具体操作如下：

```
. use http://www.stata-press.com/data/imeus/census2b,clear
(Version of census2a for data validation purposes)
. list state if region==""

        state
  2.   Alaska
 11.   Hawaii

. tabulate region

   region |      Freq.     Percent        Cum.
   N Cntrl |        12       25.00       25.00
        NE |         9       18.75       43.75
     South |        16       33.33       77.08
      West |        11       22.92      100.00
     Total |        48      100.00

. assert r(N) == 50
assertion is false
r(9);

end of do-file
r(9);
```

上面的列表显示，只有 48 个州有定义的 region。我们可使用 tabulate 命令保留下的项目：r(N)，即列表观测值总数目。[1] 此处表明，应有 50 个 region 定义值失效，同时变量等于字符串缺失（零字符串）的列表值，将 Alaska 与 Hawaii 识别成错误分类元素。

使用 tabulate 核查数据也能生成交叉表。例如，考虑医学调查问卷回答者的数据集，其中我们建立了 gender 与 NCPreg 的双向表格，而 NCPreg 表示孕妇数量。后者变量不仅应有下界 0 和敏感的上界，而且其 gender=="Male" 交叉列表只应该为零值。

可用 duplicates 检查应该取唯一值的字符串变量。该命令能处理更复杂的情况，其中的变量组合必是唯一的［或者数据集术语中所谓的主键码（或主关键字）][2]，不过我们可以把它用于单变量 state，具体操作如下：

---

[1] 2.2.12 小节的讨论源自 r 类命令的 return list，例如 tabulate。

[2] 例如，美国参议员的姓并不是唯一的，但将姓与州编码组合起来则是唯一的。

```
. use http://www.stata-press.com/data/imeus/census2b, clear
(Version of census2a for data validation purposes)
. duplicates list state
Duplicates in terms of state
```

obs:	state
16	Kansas
17	Kansas

```
. duplicates report state
Duplicates in terms of state
```

copies	observations	surplus
1	48	0
2	2	1

```
. assert r(unique_value) == r(N)
assertion is false
r(9);
end of do-file
r(9);
```

返回项 r(unique_value) 被设定成等于找到的唯一观测值的个数。如果该值小于观测值个数 r(N)，则存在重复。这个假定的唯一识别符中对重复项的识别意味着在进一步使用该数据集之前必须对其进行更改。duplicates 命令还可以应用于数值变量，以检验相同条件。[*]

总之，遵循合理的数据管理原则能改进数据分析的质量。在开始分析时，应尽可能早地将数据读入 Stata。使用记录好的 do 文件检验数据，以确保应该完整的变量是完整的，唯一标识符也是唯一的，而且每个变量中仅有敏感值存在。假如数据检查均通过，do 文件就会无误地运行结束。最后，不应修改核查过的数据，如有必要，可在后面的分析中查看修改过的文件。后继数据变换或合并应该创建新的文件，而不是覆盖已核查文件的最初内容。遵循这些原则虽然会消耗一些时间，但最终节省了大量时间，同时确保数据能重复并且很好地记录。

---

[*] 作者对书中第 67 页 Stata 输出结果做了较大改动，同时对随后一段也重新整理。译者依据作者改动翻译，所以和原书内容略有不同。——译者注

习 题

1. 运用 cigconsumpW 数据集（长格式），将《Stata 数据管理参考手册》（*Stata Data Management Reference Manual*）数据集 census5 与 state 变量合并（由于这个数据集是纯横截面数据，所以应用 uniqusing 选项）。对于 median_age 子样本中高于和低于年中位数的值，计算 packpc 的平均值（提示：egen，tabstat）。吸烟和年龄有关吗？

2. 运用 cigconsumpW 数据集（长格式），用 mvsumm 计算每个州 packpc 的 4 年移动窗口平均值。列出加利福尼亚州的 year，packpc 以及 mw4packpc。移动平均和其序列本身是有关的吗？

第 4 章
线性回归

这一章阐述应用经济学中最广泛运用的工具：线性回归模型，即将一系列连续变量与一个连续结果联系起来。回归模型的解释变量经常包括一个或多个二值变量或者指示变量；参看第 7 章。许多模型探索将二值响应变量解释成一系列因素的函数，线性回归不再适用于这种问题。第 10 章讨论几种此类模型，包括响应变量为受限且非二值的情形。

4.1 引 论

本章讨论典型经济研究项目背景下的多元回归模型。为实施这样的研究项目，我们必须完成下面几项任务：

1. 设计一种研究框架或经济模型，设定关注的问题并定义如何解释实证结果。

2. 寻找与经济模型设定的数量相对应的实证数据集。
3. 运用探索数据去分析我们熟悉的数据,并识别异常值、极端值等等。
4. 拟合模型,并用设定分析去确定解释因素的适合度及其函数形式。
5. (已知设定,分析出令人满意的研究结果,)对模型提出的研究问题实施统计推断。
6. 从假设检验的观点分析研究结果,同时根据预测与边际效应考虑模型的成功程度。依据这些结果研究,就可以返回前面分析过程的某个阶段,重新评估数据集、设定与函数形式。

4.2 节回顾基本回归分析理论,包括回归的点估计和区间估计。4.3 节介绍一个典型的经济研究项目,该项目研究社区独栋住宅房价的决定因素,同时讨论源自拟合房价回归模型的 Stata 结果的各种组成部分。4.4 节阐述如何将 Stata 估计结果转换成符合发表质量要求的表格。4.5 节讨论在参数约束条件下的假设检验与估计。4.6 节阐述计算残差与预测值。最后一节讨论计算边际效应。后面几章则深入研究违背回归估计的各种假设的情形。

4.2 线性回归的估计

线性回归模型是一种最广泛运用的计量经济模型,而且是研究所有其他模型并进行比较的基准。线性回归模型将响应变量 y 的条件均值设定为 k 个自变量的线性函数:

$$E[y|x_1, x_2, \cdots, x_k] = \beta_1 x_1 + \beta_2 x_2 + \cdots + \beta_k x_k$$

给定各个 β 值,这些 β 是固定参数,则线性回归模型可用 $x_1, x_2, \cdots, x_k$ 的不同值来预测 y 的平均值。

波士顿地区一些社区独栋住宅价格的均值是以师生比为条件的,由下式给出,

$$E[\text{price}|\text{stratio}] = \beta_1 + \beta_2 \text{stratio}$$

其中 price 表示独栋住宅价格的平均值,stratio 表示师生比。这种关系反映出如下假设:社区学校体系的教学质量被资本化成房价。此处,总体是马萨诸塞州社区的集合。通常,马萨诸塞州的每个城镇或城市对其所辖

学校负责。

图4-1显示了波士顿地区100个社区的独栋住宅价格的平均值,以及房价对师生比的线性拟合。stratio每一个值的price的条件均值已由直线上的适当点表示出来。正如理论所预测的,以师生比为条件的平均房价和师生比呈反向相关。社区的学校越拥挤,则越不令人满意。当然,这种房价与师生比之间的关系是在其他条件不变的情况下考虑的:当我们评估社区学校教学质量对房价的影响时,其他所有可能影响房价的因素都保持不变。

独栋住宅价格的平均值

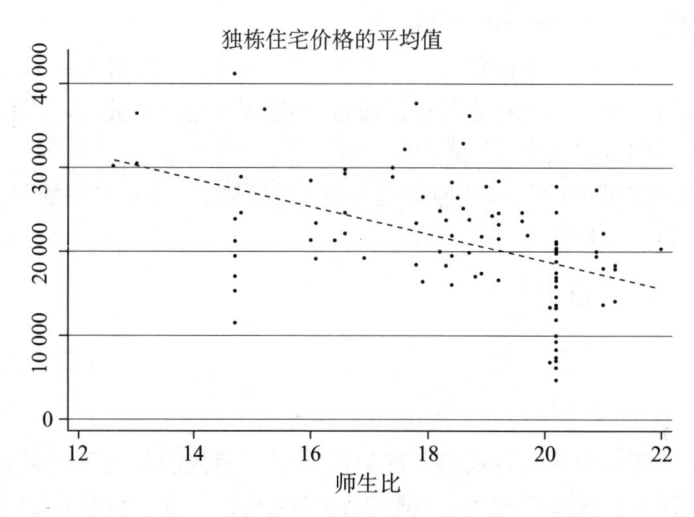

图 4-1 独栋住宅价格的平均值

在运用经济数据进行研究时,我们并不知道 $\beta_1, \beta_2, \cdots, \beta_k$ 的总体值。但是,可使用总体的 N 个观测值数据样本。我们必须利用这个样本信息完成下面几项任务:

1. 求出系数 $(\beta_1, \beta_2, \cdots, \beta_k)$ 的良好估计值。
2. 如果能获得同一总体的另一个样本,系数估计值会变化多少?
3. 是否有足够的证据来排除系数 $(\beta_1, \beta_2, \cdots, \beta_k)$ 的某些值?
4. 运用 $(\beta_1, \beta_2, \cdots, \beta_k)$ 的估计值去解释模型。

为了得到系数估计值,必须对生成数据的过程做出某些假设。下面讨论这些假设,并描述什么是良好估计值。在执行步骤2~4之前,要利用被称为设定分析的过程来检验数据是否支持这些假设。

假如拥有总体的一个横截面样本,对于样本的每个观测值,线性回归模型具有以下形式

$$y_i = \beta_1 + \beta_2 x_{i,2} + \beta_3 x_{i,3} + \cdots + \beta_k x_{i,k} + u_i$$

其中 $i=1, 2, \cdots, N$。这里 u 是一个随机扰动，代表可能影响 y 的所有其他不可观测因素的净效应。u 分布的方差即 σ_u^2，表示未知总体参数，σ_u^2 与 β 参数都是待估的。假设 $N>k$，为了实施统计推断，样本观测值一定要比待估参数更多。在实际应用时，N 比 k 要大许多。

用矩阵形式可将线性回归模型写成

$$\mathbf{y} = \mathbf{X}\boldsymbol{\beta} + \mathbf{u} \tag{4.1}$$

其中 $\mathbf{X}$ 表示 $N \times k$ 的样本值矩阵。[①]

这种总体回归函数设定如下：$\mathbf{X}$ 的 k 个回归元与随机扰动 u 均是响应变量（或回归子）y 的决定因素。通常假定模型包括常数项，因而对每个观测值，人们可以认为 x_1 等于 1。

线性回归模型的关键性假设是总体中回归元 $\mathbf{x}$ 与 u 之间的关系。[②] 可将式（4.1）写成

$$u = y - \mathbf{x}\boldsymbol{\beta}$$

我们假定

$$E[u|\mathbf{x}] = 0 \tag{4.2}$$

也就是 u 过程具有零条件均值。此假设指回归函数涉及的不可观测因素都和可观测因素系统地不相关。只要 $\mathbf{X}$ 的非随机回归元与随机回归元均满足假设（4.2），这种研究回归模型的方法就允许人们不加任何区分地考察 $\mathbf{X}$ 的非随机回归元与随机回归元。[③]

4.2.1 矩方法估计量回归

我们可以利用式（4.2）给出的零条件均值假设定义回归函数的矩方法估计量。矩方法估计量是由矩条件定义的，一般假定矩条件对总体矩是成立的。当用不可观测总体矩的样本对应形式代替总体矩时，就能推导模

[①] 某些书在这种背景下，用 k 表示斜率参数的个数而不是 $\mathbf{X}$ 的列向量数。在下面给出的公式中，还将进一步加以解释，我们在这里写成 k，而其他一些学者则将其写成 $(k+1)$。

[②] $\mathbf{x}$ 是随机变量的向量，而 u 是一个标量随机变量。在式（4.1）中，$\mathbf{X}$ 表示随机向量 $\mathbf{x}$ 的现实值矩阵，而 $\mathbf{u}$ 与 $\mathbf{y}$ 表示标量随机变量 u 与 y 的现实值向量。

[③] 第 8 章讨论当零条件均值条件不满足时，如何使用工具变量估计量。

型参数的可行估计量。对于每个 x 来说，零条件均值假设会产生 k 个矩条件的集合。尤其是，零条件均值假设意味着每个回归元都和 u 不相关。[①]

$$E[\mathbf{x}'u]=\mathbf{0}$$
$$E[\mathbf{x}'(y-\mathbf{x}\boldsymbol{\beta})]=\mathbf{0} \tag{4.3}$$

将由样本计算的矩代入表达式，然后用式（4.3）中的估计值 $\hat{\boldsymbol{\beta}}$ 代替未知系数 $\boldsymbol{\beta}$，得到普通最小二乘法（OLS）估计量

$$\mathbf{X}'\mathbf{y}-\mathbf{X}'\mathbf{X}\hat{\boldsymbol{\beta}}=\mathbf{0}$$
$$\hat{\boldsymbol{\beta}}=(\mathbf{X}'\mathbf{X})^{-1}\mathbf{X}'\mathbf{y} \tag{4.4}$$

可以用 $\hat{\boldsymbol{\beta}}$ 计算回归残差：

$$\hat{\mathbf{u}}=\mathbf{y}-\mathbf{X}\hat{\boldsymbol{\beta}}$$

已知向量 $\hat{\boldsymbol{\beta}}$ 的解，回归问题的另外一个参数 σ_u^2，即随机分布的总体方差，可以被估计成回归残差 $\hat{u}_i$ 的函数

$$s^2=\frac{\sum_{i=1}^{N}\hat{u}_i^2}{N-k}=\frac{\hat{\mathbf{u}}'\hat{\mathbf{u}}}{N-k} \tag{4.5}$$

其中（$N-k$）表示回归问题的残差自由度。s^2 的正平方根经常被称为回归的标准误差，或均方误差。Stata 使用后者称谓，并将 s 表示成 Root MSE。

矩方法不是推导线性回归估计量（4.4）的唯一方法，式（4.4）是由 OLS 估计量推导出的著名公式。[②]

4.2.2 回归估计的抽样分布

OLS 估计量 $\hat{\boldsymbol{\beta}}$ 是随机变量的向量，原因在于它是随机变量 y 的函数，必然也是随机扰动 u 的函数。对于总体的 N 个不同观测值的样本，OLS 估计量会取不同值。由于我们经常仅用一个样本来进行研究，所以不能确定样本估计值的有用性。估计值是 OLS 估计量抽样分布的随机向量 $\hat{\boldsymbol{\beta}}$ 的实

[①] 零条件均值假设比协方差为零的假设更强，这是因为协方差仅仅考虑随机变量之间的线性关系。

[②] 本书这里的处理类似于 Wooldridge（2006）。参看 Stock 和 Watson（2006）以及附录 4.A 基于最小化预测误差平方的推导。

现值。为了评价给定估计值 $\hat{\boldsymbol{\beta}}$ 向量的准确性，我们要使用回归估计量的抽样分布。

为了了解 OLS 估计量抽样分布，必须对随机扰动分布 u_i 做更进一步的假设。经典统计学假定 u_i 是从相同正态分布中得到的独立采样。计量经济学的现代方法则去掉正态性假设，简单地假定 u_i 是从相同分布中得到的独立采样（i.i.d.）。[1]

利用正态性假设，可以推导 OLS 估计量的准确有限样本分布。相反，在独立同分布假设下，必须用大样本理论推导 OLS 估计量的抽样分布。从本质上讲，大样本理论假定样本量 N 趋于无穷大。由于实际样本没有无穷大，故这些方法只能在有限样本条件下接近 OLS 估计量的抽样分布。当用户具有几百或成千上万个观测值时，用大样本近似会发挥很好的作用，因此当运用应用经济数据集时，这些方法表现良好。

尽管和有限样本方法相比，大样本理论更难以理解，但它对数据生成过程施加了较弱的假设。我们用大样本定义"好"估计量，并且评价给定样本得出的估计值的准确性。

就大样本而言，**一致性**指当 N 趋于 ∞ 时，估计值将收敛于各自的总体参数值。粗略地讲，若当大样本增大至无穷时，估计量所产生的任意估计值接近总体值的概率趋于 1，则称该估计量是**一致的**。

估计量的抽样分布刻画了当估计量应用于基本总体的重复样本时所产生的估计值集合。用户可以运用估计量的抽样分布去评价给定估计值集合的准确性，并在统计形式上检验总体参数是否取某些值。

大样本理论表明，OLS 估计量的抽样分布是接近正态的。[2] 尤其是当 u_i 是具有有限方差 σ_u^2 的独立同分布时 OLS 估计量 $\hat{\boldsymbol{\beta}}$ 服从大样本正态分布，其均值为 β 且方差为 $\sigma_u^2 \mathbf{Q}^{-1}$，这里 $\mathbf{Q}^{-1}$ 表示总体中 $\mathbf{X}$ 的方差协方差矩阵。估计量的方差协方差 $\sigma_u^2 \mathbf{Q}^{-1}$ 也被称为 VCE。由于 VCE 是未知的，我们需要它的一致估计量。虽然 σ_u^2 与 $\mathbf{Q}^{-1}$ 两者都是未知的，但可用它们的一致估计量去建立 $\sigma_u^2 \mathbf{Q}^{-1}$ 的一致估计量。鉴于 s^2 一致估计 σ_u^2，而 $1/N(\mathbf{X}'\mathbf{X})$ 的一

---

[1] 这两种框架同样假定 u 过程的（常值）方差为有限的。正式地讲，i.i.d. 代表独立同分布。

[2] 更准确地讲，OLS 估计量的分布收敛于正态分布。虽然附录 B 给出了某些详细内容，但本书我们直接称其为"近似"或"大样本"正态分布。参看 Wooldridge（2006）对大样本理论的介绍。

致估计量为 **Q**，则 $s^2(\mathbf{X}'\mathbf{X})^{-1}$ 就是 OLS 估计量的 VCE。[①]

4.2.3 回归估计量的有效性

在独立同分布误差假设下，高斯-马尔可夫定理（Gauss-Markov theorem）成立。在许多线性无偏估计量当中，OLS 估计量具有最小抽样方差，或最大预测精度。[②] 在这种意义下，OLS 估计量是最佳的，因而就回归模型的参数而言，普通最小二乘法是最佳线性无偏估计量（BLUE）。如果仅仅考察参数为线性的无偏估计量，那么不能找出更有效的估计量。有效性反映出估计量的精度。假如估计量 A 比估计量 B 有更小的抽样方差，则称估计量 A 是相对有效的。高斯-马尔可夫定理表明，和参数化模型的所有其他线性无偏估计量相比，OLS 都是相对有效的。不过，这种陈述依赖于适当设定模型的假设与独立同分布扰动过程具有如式（4.2）规定的零条件均值。

4.2.4 回归估计的数值识别

正如式（4.4）所述，求解回归问题涉及 k 个矩条件集合或联立求解 k 个参数估计值 $\hat{\beta}_1, \hat{\beta}_2, \cdots, \hat{\beta}_k$ 的方程组。这 k 个参数估计值什么时候是唯一确定的，或者说是**数值识别**的呢？我们要有比待估参数更多的样本观测值，或 $N>k$。可是，该条件并不是充分条件。对简单"二变量"回归模型 $y_i=\beta_1+\beta_2 x_{i,2}+u_i$ 来说，$\mathrm{Var}[x_2]$ 必定大于 0。倘若 x_2 没有变异，则数据便不足以提供充足的信息用于决定 β_1 与 β_2 的估计值。

在拥有多个回归元的多元回归中，$\mathbf{X}_{N\times k}$ 必须是列满秩的秩为 k 的矩阵，这意味着两点。第一，**X** 仅有一列可以取常数值，因此其他每个回归元都必有正的样本方差。第二，**X** 矩阵各列之间不存在准确的线性相关。**X** 是列满秩的假设经常被表述成"$(\mathbf{X}'\mathbf{X})$ 是满秩的"或"$(\mathbf{X}'\mathbf{X})$ 是非奇异

[①] 乍一看，你可能认为 VCE 表达式应该乘以 $1/N$，可是这个假设不正确。正如附录 B 所讨论的，由于 OLS 估计量是一致的，所以它以速率 $1/\sqrt{N}$ 收敛于总体参数的常向量，这意味着当样本量越来越大时，OLS 估计量的方差趋于零。大样本理论在如何标准化估计量方面弥补了这种效应。VCE 估计量中 $1/N$ 项的损失正是标准化的结果。

[②] 关于高斯-马尔可夫定理的正式阐述，参看任何一本计量经济学教科书，比如 Wooldridge（2006，108-109）。由于 $E[\hat{\boldsymbol{\beta}}]=\beta$，所以将 OLS 估计量称为"无偏"的。

的（或可逆的）"。假如回归元矩阵 **X** 包含 k 个线性独立的列，则叉积矩阵 ($\mathbf{X}'\mathbf{X}$) 有秩 k，其逆存在，而且式（4.4）中的参数 $\beta_1, \cdots, \beta_k$ 是数值识别的。[①] 如果数值识别失败，那么样本并不包括充足的信息，不能像所设定的那样针对模型运用回归估计量。也许模型作为数据生成过程是有效的，但特定样本可能缺乏必要信息来生成列满秩的回归元矩阵。于是，我们必须要么重新设定模型，要么获得包含所需信息的另外一个样本，以便唯一地决定回归估计值。

4.3 回归估计值的解释

这一节运用典型研究项目的例子阐述回归应用，并讨论如何用 Stata 表示回归估计值。然后，讨论如何从显示的 Stata 估计结果中提取信息，以进一步考虑程序计算，同时探讨如何将此类信息和其他估计量组合，将其表述在表格中。最后一小节考察对回归方程进行估计时可能出现的数值识别问题或者共线性。

4.3.1 研究项目：独栋住宅价格研究

举一个例子，我们展示拟合了波士顿地区社区 506 个房价数据的模型的回归估计，其中响应变量是每个社区独栋住宅价格中位数的对数。数据集 (hprice2a) 包括了每个社区的住宅结构特性，可以认为以下属性影响价格：rooms，每个住宅的平均房间数。研究的问题和影响价格的几个外部因素有关。此类因素可用社区水平来测量，包括空气污染度量（lnox，即以百万分率表示的一氧化氮含量的对数），从社区到就业中心的距离（ldist，表示到五个就业中心距离的加权对数），以及当地学校的平均师生比 (stratio)。从经济理论观点看，可以认为在其他条件不变的情况下，平均房间数会推动价格上涨。每一种外部因素都可以被认为会促使社区房价中位数下降。在给定供给与需求的条件下，那些污染越严重的社区、上班越

[①] 当要计算无限精度时，我们必须关注数值奇异性，以及不论矩阵是否为解析可逆的，计算机程序可靠地求矩阵逆的能力。正如我们在 4.3.7 小节所讨论的，从计算上看，应避免 **X** 各列之间的**近似线性相关**。

不方便的社区以及师资配置越差的学校,房价就越低。

现在,用 summarize 给出描述统计量,然后对回归方程进行拟合。

```
. use http://www.stata-press.com/data/imeus/hprice2a, clear
(Housing price data for Boston-area communities)
. summarize price lprice lnox ldist stratio, sep(0)
    Variable |    Obs        Mean    Std. Dev.       Min        Max
       price |    506    22511.51    9208.856       5000      50001
      lprice |    506    9.941057    .409255    8.517193    10.8198
        lnox |    506    1.093091    .2014102   1.348073   2.164472
       ldist |    506    1.188233    .539501    .1222176   2.495682
     stratio |    506    18.45929    2.16582        12.6         22
```

像其他 Stata 估计命令一样,regress 命令需要用解释变量的列表对响应变量加以设定。

```
. regress lprice lnox ldist rooms stratio
      Source |       SS       df       MS              Number of obs =     506
                                                       F(  4,   501) =  175.86
       Model |  49.3987735     4   12.3496934          Prob > F      =  0.0000
    Residual |  35.1834974   501    .070226542         R-squared     =  0.5840
                                                       Adj R-squared =  0.5807
       Total |  84.5822709   505    .167489645         Root MSE      =    .265

      lprice |      Coef.   Std. Err.     t    P>|t|    [95% Conf. Interval]
        lnox |   -.95354   .1167418    -8.17   0.000   -1.182904   -.7241762
       ldist |  -.1343401  .0431032    -3.12   0.002   -.2190255   -.0496548
       rooms |   .2545271  .0185303    13.74   0.000    .2181203    .2909338
     stratio |  -.0524512  .0058971    -8.89   0.000   -.0640373   -.0408651
       _cons |   11.08387  .3181115    34.84   0.000    10.45887    11.70886
```

回归输出的标题描述了整个模型的估计值,而表格给出点估计、相应的精确度,以及区间估计。

4.3.2 方差分析表:F 统计量与 R^2

这个模型的回归输出包含位于表上端左侧的方差分析(ANOVA)表,其中方差的两个来源被表示成 Model 与 Residual。SS 表示平方和,这里 Residual SS 对应于式(4.6)中的 $\hat{u}'\hat{u}$,而 Total SS 对应于 $\tilde{y}'\tilde{y}$。此表的下一列报告了 df:与每个平方和联系的自由度。总 SS 的自由度为 $(N-1)$,因为总 SS 在计算过程中用掉了一个样本统计量 $\bar{y}$。模型自由度为 $(k-1)$,等于斜率(或解释变量)个数,或者因常数项的缘故而比估计系数个数少

1. 模型 SS 意味着四个回归元联合解释了 y 关于其均值（总 SS）变异的一部分。残差自由度为 $(N-k)$，指 $(N-k)$ 个残差可以自由确定，且仍满足最小二乘法的第一个正规方程约束，即回归面经过多变量均值点 $(\bar{y}, \bar{x}_2, \cdots, \bar{x}_k)$：

$$\bar{y} = \hat{\beta}_1 + \hat{\beta}_2 \bar{x}_2 + \hat{\beta}_3 \bar{x}_3 + \cdots + \hat{\beta}_k \bar{x}_k$$

在存在常数项 $\hat{\beta}_1$ 的条件下，第一个正规方程意味着 $\bar{\hat{u}} = \bar{y} - \Sigma_i \mathbf{x}_i \hat{\boldsymbol{\beta}}_i$ 必须恒等于 0。[①] 这并不是一个假设，而是最小二乘法的代数推导含义，这样可确保最小二乘残差平方和（及其均值）极接近于 0。[②]

方差分析表的最后一列报告了 MS，指回归与误差的均方，或 SS 除以 df。Model MS 与 Residual MS 的比被报告成 F 统计量，分子与分母的自由度都等于各自的 df 值。这种 F 统计量是零假设（也称原假设）[③]，即模型斜率系数联合为 0 的检验，也就是 $y_i = \mu + u_i$ 的原模型成功刻画了 y 作为回归的另一种形式。Prob>F 为 F 统计量的尾概率或 p 值。此处可在任何传统显著性水平上拒绝原假设。而且回归的 Root MSE 为 0.265（以响应变量 y 为单位），该值小于变量均值 9.94。

regress 输出的右上侧给出了几个**拟合优度**统计量，这些统计量测量哪一种拟合模型能够解释响应变量 y 的变异。此外，假如统计量都相等，我们应更倾向于拟合数据更好的模型。考虑到简洁性，也倾向于较简单的模型。回归原理表示，拥有大量回归元的模型可以较好地解释 y。已知最小二乘残差，则最普通的拟合优度测量，即回归 R^2，可以计算成（已知回归函数中含常数项）

$$R^2 = 1 - \frac{\hat{\mathbf{u}}'\hat{\mathbf{u}}}{\tilde{\mathbf{y}}'\tilde{\mathbf{y}}} \tag{4.6}$$

其中 $\tilde{\mathbf{y}} = y - \bar{y}$，表示回归因变量之值减去样本均值。这个计算强调，回归的目标不是解释 $\mathbf{y}'\mathbf{y}$，即响应变量 y 的原始平方和，它只能解释为什么 $E[y] \neq 0$ 不是关注焦点。相反，目标是解释响应变量的变异。

[①] 回顾一下，$\mathbf{X}$ 的第一列 $= \iota$，即 N 元单位向量。

[②] 由于计算机使用有限代数运算，故其和将异于 0。一个编写良好的计算机程序应产生类似于机器的精度。对于这个回归，Stata 报告出残差均值 -1.4×10^{-15}，可以与 epsdouble() 的值 2.2×10^{-16} 相比较，而后者是由 Stata 所能辨别的最小正数。

[③] 4.5 节将详细讨论假设检验。

对于含有常数项的模型，最小二乘法试图解释 y 在关于其均值（而不是相联系的**方差**）的样本**变异**中的最大可能部分。与式（4.1）形成对比的零模型是 $y=\mu+u_i$，其中 μ 表示 y 的总体均值。在进行估计时，我们要确定回归元 **x** 中的信息是否有用。条件期望 $E[y|\mathbf{x}]$ 会比无条件期望 $E[y]=\mu$ 拥有更多信息吗？对上述零模型，有 $R^2=0$，但实际上任何回归元集合都将解释 y 在 $\bar{y}$（即 μ 的样本估计值）附近变异的某个部分。R^2 是单位区间内的一部分，y 在 $\bar{y}$ 附近的变异部分由 **x** 解释。

4.3.3 调整 R^2

Adj R-squared 是怎样的呢？最小二乘法的代数运算表明，将第 $(k+1)$ 列添加到 **X**，导致回归估计值出现 $R^2_{k+1} \geqslant R^2_k$。从数值上看，只要边际估计量前面 k 列是线性独立的，对添加 $\mathbf{x}_{k+1}$ 到回归方程来说，R^2 就不能下降。[①] 实际上，我们知道 R^2_N（也就是，R^2 是由存在 N 个 **X** 的线性独立列与 N 个样本观测值的回归计算出的）一定等于 1.0。当我们将回归元添加到 **x** 上时，R^2 不能下降反而可能上升，即使边际回归元从计量经济形式上看是无关的。

假如存在一个竞争模型，该模型不能表示成嵌入在已有模型中，而且已有模型也不能嵌入在竞争模型中，那么情况又将如何呢？探索这个问题的一种非统计方法——尤其是上述两个模型在回归元数量上截然不同（或 Model df 差异极大）时——应考虑模型的 $\bar{R}^2$ 值，此统计量被 Stata 记为 Adj R-squared。[②] 如同普通 R^2 一样，$\bar{R}^2$ 考察 y 的被解释**方差**而不是被解释**变异**。也就是，$\bar{R}^2$ 不仅仅考虑 $\hat{\mathbf{u}}'\hat{\mathbf{u}}$，即残差平方和，还考虑拟合模型时失去的自由度，同时用 $(N-k)$ 而不是 N 对 $\hat{\mathbf{u}}'\hat{\mathbf{u}}$ 加以标度。[③] $\bar{R}^2$ 能被表述成 R^2 的修正形式，其中要对自由度进行调整，对带有更多回归元的模型因损失简约性而加以惩罚：

[①] 在这个意义上，利用二值数字系统的有限代数的局限性便会侵入：由于 0.100 不能由二值系统以有限位数字表示，因此即使是与 $\mathbf{X}_k$ 的列应该完全共线的列从计算上看也可能行不通。研究者应该了解数据，并认识到备选回归元何时不能在逻辑上对已有回归元矩阵增加信息，不论回归元矩阵由 Stata 判断是否拥有列满秩。

[②] 4.5.5 小节将阐述非嵌套模型问题的正式统计方法。

[③] 为了对比，你可以写出式（4.6），将分子和分母同时除以 N。

$$\bar{R}^2 = 1 - \frac{\hat{\mathbf{u}}'\hat{\mathbf{u}}/(N-k)}{\tilde{\mathbf{y}}'\tilde{\mathbf{y}}/(N-1)} = 1 - (1-R^2)\frac{N-1}{N-k}$$

当把无关回归元添加到模型中时，R^2 不会下降，而且或许会上升，不过假如模型包含该种回归元的好处（减小残差的方差）大于包含它的代价，即 1 个自由度，则 $\bar{R}^2$ 会上升。[①] 因此，当我们考察更复杂的模型时，$\bar{R}^2$ 会下降，实际上它没有以 0 为界限。从代数形式上看，$\bar{R}^2$ 一定小于 R^2，因为对于任何 X 矩阵，$(N-1)/(N-k)<1$，同时它不能被解释成"y 的部分变异"，如同存在常数项时 R^2 的情形。然而，人们可以用 $\bar{R}^2$ 非正式地比较那些具有相同响应变量且设定不同的模型。为了判断非嵌套的设定，也可以以因变量为单位比较方程的 s^2 值（在 Stata 输出中记为 Root MSE）。

两种广泛应用的比较竞争的回归模型方法是赤池信息准则（AIC；Akaike，1974）和贝叶斯信息准则（BIC，也经常称为施瓦茨准则；Schwarz，1978）。这两个测量既考虑模型的拟合优度，又考虑模型的简约性。尽管拟合优度值得改进，但每一种测量要对利用额外自由度较多的模型给予惩罚。BIC 对利用自由度处以较大力度的惩罚。用 estat ic 命令可以计算回归模型的 AIC 与 BIC 值。estat ic 显示零模型（仅有一个常数项）的对数似然、拟合模型的对数似然、模型自由度、AIC 与 BIC 值。对于上面的回归，我们可以得到

```
. estat ic
```

Model	Obs	ll(null)	ll(model)	df	AIC	BIC
.	506	-265.4135	-43.49514	5	96.99028	118.123

也可以认为最小二乘回归是向量 $\boldsymbol{\beta}$ 与辅助参数 σ_u^2 的极大似然估计量。[②] 在解释响应变量变化方面，拟合模型对零模型的改进程度由 ll(model) 在代数上大于 ll(null) 的数值来衡量。[③]

[①] 这并不是一个统计判决问题，因为如果增加回归元的 t 统计量在绝对值上大于 1.0，$\bar{R}^2_{k+1}$ 将大于 $\bar{R}^2_k$。

[②] 极大似然估计量要求正态性假设，参见 Johnston 和 DiNardo (1997)。

[③] 在零假设即零模型合适的条件下，**似然比检验**正式地比较这两个量。第 10 章将讨论似然比检验。

4.3.4　系数估计值与 β 系数

在方差分析表与描述统计量下方，Stata 报告出系数估计值 $\hat{\beta}$、其估计标准误差、t 统计量以及有关 p 值，该 p 值标记为 P>|t|，也就是关于假设 $H_0: \hat{\beta}_j = 0$ 的双侧检验概率。[①] 最后两列给出估计置信区间，由当前设置 level 所定义。用户可以使用 regress（或其他估计命令）上的 level( ) 选项来设定特殊水平。在实施估计（比如用默认 95% 的水平）后，重新显示回归结果，例如 regress，level(90)。可以在一段时间内改变默认 level（参看 [R] level），或永久性地改变它，使用命令 set level # [, permanently]。

经济研究者经常采用对数形式表述回归元或回归变量。[②] 响应变量是原始序列的对数，且回归元是原变量形式的模型，被称为**对数线性**（log-linear）或**单对数**（single-log）模型。对于很小的 x 来说，有理由认为 $\log(1+x) \simeq x$，这样的大致近似经常用于解释回归系数。这些系数也是 y 对 x 的**半弹性**，它测度 x 变动 1 个单位而引起 y 响应变动的百分比。当对数形式既出现在响应变量上，又出现在回归元上时，则称之为**双对数**（double-log）模型。在此类模型里，系数是 y 对每个 x 的**自弹性**。双对数模型当中最有名的例子是柯布-道格拉斯（Cobb-Douglas）生产函数 $q = al^\alpha k^\beta e^\varepsilon$，通过对 q，l 与 k 取对数，用线性回归加以估计。

在其他社会科学中，线性回归估计经常被报告成估计 **β 系数**。对于经济学家来说，这种术语有点令人困惑，原因在于他们的一般做法是用 β 表述回归模型。β 系数被定义成 $\partial y^* / \partial x_j^*$，其中星号表示已经经过 z 变换或标准化的变量，比如 $y^* = (y_i - \bar{y})/s_y$，这里 $\bar{y}$ 表示样本均值，s_y 表示响应变量的样本标准差。因而，第 j 个回归元的 β 系数表明，已知 x_j 变动 1 个标准差时 y 将变动多少个标准差。这种测度在各个学科里都能派上用场，因为许多经验数值都缺乏自然标度的刻画。根据 β 系数的数量对回归元分级，因为 x_j 的 β 系数的绝对值表示该变量的影响力。就上述回归而言，我们可运用 beta 选项重新显示这个回归，具体操作如下：

[①] 4.5 节将详细讨论假设检验。
[②] 经济学家专门使用自然对数，log 应取成自然对数即 ln。

```
. regress, beta
      Source |       SS       df       MS              Number of obs =     506
-------------+------------------------------           F(  4,   501) =  175.86
       Model |  49.3987735     4  12.3496934           Prob > F      =  0.0000
    Residual |  35.1834974   501   .070226542          R-squared     =  0.5840
-------------+------------------------------           Adj R-squared =  0.5807
       Total |  84.5822709   505   .167489645          Root MSE      =    .265

------------------------------------------------------------------------------
      lprice |      Coef.   Std. Err.      t    P>|t|                     Beta
-------------+----------------------------------------------------------------
        lnox |    -.95354   .1167418    -8.17   0.000                -.4692738
       ldist |  -.1343401   .0431032    -3.12   0.002                -.1770941
       rooms |   .2545271   .0185303    13.74   0.000                 .4369626
      stratio|  -.0524512   .0058971    -8.89   0.000                -.2775771
       _cons |   11.08387   .3181115    34.84   0.000
------------------------------------------------------------------------------
```

输出显示，从绝对值来看，lnox 具有绝对值最大的 β 系数，随后是 rooms 的系数。在经济和金融应用中，绝大多数回归元都有自然标度，一种最常用的方法是计算边际效应，比如弹性或半弹性（参看 4.7 节）。

4.3.5 不带常数项的回归

对于 Stata，人们可利用 noconstant 选项估计不带常数项的回归方程，但本书不建议这样做。假如响应变量的均值不为 0 且所有回归元系数都不显著，此类模型便很少有意义。[①] 对模型的常数项进行估计，并不是参数估计效率方面出现小幅损失的原因。与之相比，不正确地省略常数项会产生非一致估计值。权衡利弊的结果很明显：包含常数项，让数据显示该估计值是否异于 0。

如果想要估计 y 与回归元 $\mathbf{x}$ 之间的齐次关系，其中经济理论认为 $y \propto \mathbf{x}$，该如何操作？通过估计带有常数项的关系，并对 $H_0: \beta_1 = 0$ 加以检验，对比例性假设进行检验。假如数据拒绝该假设，则不应在模型中移除常数项来拟合。线性回归的大部分共同属性都会在实际上缺乏常数项的模型中被改变。例如，最小二乘残差并没有被约束成一定为零或零

[①] 如果通过包含一系列回归元来提供常数项的等价形式，这些回归元对每一个观测值都添加常数值，那么我们就应该设定 hascons 及 noconstant 选项。使用 hascons 选项将会改变 Model SS 与 Total SS，从而影响方差分析的 F 统计量以及 R^2 测量；但不影响 Root MSE 与关于个体系数的 t 统计量。

均值，当零模型 $y_i=\mu+u_i$ 不仅更可取，而且严格地优于模型 $y_i=\beta_2 x_{i,2}+u_i$ 时，常规测量的 R^2 是负的。因此，除非有良好理由拟合不带常数项的模型，否则应保留常数项。不显著异于 0 的估计值 $\hat{\beta}_1$ 没有损害模型，它使得模型的描述统计量与响应变量 y 的其他模型的相应统计量可以比较。

当回归元矩阵包括一系列变量，且这些变量之和为一个常值时，noconstant 选项会十分敏感。比如，如果回归元包含一系列投资组合成分或预算成分，那么带常数项的模型就不能含有全部此类回归元，因为常数是各成分变量的一个线性组合。若用 $(k+1)$ 个回归元拟合模型，将一个变量添加到 k 个回归元之列，这就意味着 $(k+1)$ 个回归元中必定存在某种有用的信息，即无法从前 k 个回归元的线性形式推演出的信息。在存在说明各个变量之间的约束性或同一性的条件下，单一项一定无法满足该条件。如果该条件被检测出来，那么 Stata 将自动删除一个回归元，并指出该回归元 (dropped) 的系数值。于是，与其利用 noconstant 选项，不如去掉投资组合或预算份额之一，并包含一个常数项。拟合模型的显著性不会随去掉回归元的选择不同而变化。我们仍想要使回归模型中包含一组各项之和为一个常数的项，因此必须要省略常数项（用 noconstant 选项）来避免 Stata 判定回归元矩阵是秩无效的。

4.3.6 重新获得估计结果

regress 命令分享所有估计（e 类）命令的特性。正如 2.2.12 小节所讨论的，可以查看 regress 通过输入 ereturn list 而保存的结果。所有的 Stata 估计命令都将估计参数向量另存为矩阵 e(b)，而将参数的估计方差协方差矩阵存为矩阵 e(V)。估计参数向量的元素可以写成 _b[*varname*]，其有关的估计标准误差用后面的命令写成 _se[*varname*]。不过，当执行接下来的 e 类命令时，e( )，_b[ ] 与 _se[ ] 的内容将会被改写，如果要保留某些值，则应把它们复制成局部宏、标量或矩阵。

例如，对上述回归输入 ereturn list，则得到

```
. ereturn list
scalars:
             e(ll_0) =  -265.4134648194153
               e(ll) =  -43.4951392092929
             e(r2_a) =  .5807111444517128
              e(rss) =  35.18349741237626
              e(mss) =  49.39877352102588
             e(rmse) =  .2650029089298266
               e(r2) =  .5840322442976398
                e(F) =  175.8550695227946
             e(df_r) =  501
             e(df_m) =  4
                e(N) =  506
macros:
            e(title) : "Linear regression"
           e(depvar) : "lprice"
              e(cmd) : "regress"
       e(properties) : "b V"
          e(predict) : "regres_p"
            e(model) : "ols"
        e(estat_cmd) : "regress_estat"
matrices:
                e(b) : 1 x 5
                e(V) : 5 x 5
functions:
           e(sample)
```

上面显示的回归输出的大部分项都是可以理解的。回归输出中有两项没有显示，即 e(ll) 与 e(ll_0)，它们分别是拟合模型与零模型的对数似然函数之值。[①] 这两个值可用于实施模型适合性的似然比检验，这一点类似于由方差分析 F 统计量提供的沃尔德检验。

上面显示的另一个结果是 e(sample)，将其列为 function 而不是 scalar, macro 或 matrix。当观测值包括在估计样本中时，e(sample) 函数为 1, 否则为 0。regress 命令可执行任何一个 if *exp* 与 in *range* 的符合条件的形式，然后为去掉数据（**y**, **X**）有缺失值的任何观测值而做逐点删除。因而，生成回归估计的观测值实际上可能小于 regress 命令中设置的值。后续命令，比如 summarize *regressors* if *exp*（或 in *range*）用到的观测值不一定与前面回归的一样。不过，很容易把观测值限制为用于回归的满足 if e(sample) 的观测值上。例如下列命令将生成回归样本的描述统计量：

. summarize *regressors* if e(sample)

估计样本通过被放置于一个新的变量中而得以保留：

[①] 这些值与上面对 estat ic 输出讨论的值一样。

```
. generate byte reg1sample=e(sample)
```

使用 byte 数据形式来保存,因为 e(sample) 是一个指示变量 {0, 1}。

在任何估计命令之后,estat 命令均会显示几项。其中一些项(ic、summarize 以及 vce)对于所有估计命令来说都是共同的,而另一些项则取决于在 estat 之前的特定估计命令。在 regress 之后,因为响应变量与全部回归元都源自前面的 regress 命令,因此 estat summarize 命令生成描述统计量,对估计样本进行计算。

```
. estat summarize
Estimation sample regress                Number of obs =      506

    Variable |      Mean    Std. Dev.       Min        Max
-------------+--------------------------------------------------
      lprice |  9.941057    .409255     8.51719    10.8198
        lnox |  1.693091    .2014102    1.34807    2.16447
       ldist |  1.188233    .539501     .122218    2.49568
       rooms |  6.284051    .7025938    3.56       8.78
     stratio | 18.45929     2.16582    12.6        22
```

在下面的例子中,使用 matrix list 命令显示回归生成的系数矩阵:e(b),即估计系数的 k 元素行向量。像所有 Stata 矩阵一样,这个列阵带有行与列标记,因此每个元素既可以由它的行与列数表示[1],又可以由它的行与列名称表示。

```
. matrix list e(b)
e(b)[1,5]
           lnox        ldist       rooms      stratio       _cons
y1   -.95354002   -.13434015   .25452706   -.05245119   11.083865
```

我们可以使用 estat vce 命令显示估计 VCE 矩阵。[2] 该命令给出几个选项,以此控制矩阵表示,具体操作如下:

```
. estat vce
Covariance matrix of coefficients of regress model

        e(V) |        lnox        ldist       rooms      stratio       _cons
-------------+------------------------------------------------------------------
        lnox |   .01362865
       ldist |   .00426247    .00185789
       rooms |   .00035279    .00003043    .00034337
     stratio |   9.740e-07    .00002182    .00003374    .00003478
       _cons |  -.03037429   -.01001835   -.00341397   -.00088151    .10119496
```

---

① Stata 矩阵的行与列均是从 1 开始计数的。
② 在较早的 Stata 版本中,vce 命令提供这种功能。

VCE 矩阵的对角元素是各自系数的估计标准误差（_se[ ]）的平方。

4.3.7 检测回归共线性

假如样本矩阵（$\mathbf{X'X}$）在数值上为奇异的，则不是所有回归系数估计值都是数值可识别的。当一个变量与某些其他变量是**完全共线性**的时候，（$\mathbf{X'X}$）是奇异的或不可逆的。从而，该变量能够表示成其他回归元的线性组合。Stata 会自动检测完全共线性，只是近似共线性更难以诊断。不论是完全共线性还是近似共线性都会影响我们对回归估计进行解释。

首先，考察完全共线性。当 Stata 确定（$\mathbf{X'X}$）在数值上奇异时，就会去掉一些变量，直到回归元矩阵是可逆的为止，用 dropped 代替一个值来标记它们的系数。① 如果两个变量是完全共线性的，那么该模型便只能包含这两个变量之一，而且估计系数为最初变量的两个系数之和。

当回归元两两相关性很高时，会出现近似共线性，或者一般地说，回归元矩阵存在近似线性相依。$\mathbf{X}$ 满秩条件不成立，这是一个样本问题。尽管估计样本中的信息并不能在数值上识别全部回归参数，但不同样本或扩大样本则可以识别全部回归参数。

对于近似共线性，数据矩阵很小的变动可能引起参数估计大的改变，这是因为参数几乎是不可识别的。虽然回归整体拟合（由 R^2 或 $\bar{R}^2$ 来测量）非常好，但系数可能有很高的标准误差，甚至出现不正确的符号或不合理大的数量。如果考察 k 个变量的回归模型，它包括一个常数值与（$k-1$）个回归元，那么可将 VCE 的第 k 个对角元素写成

$$\frac{s^2}{(1-R_k^2)S_{kk}}$$

其中 R_k^2 表示模型的 k 个变量对其他所有变量回归时的偏 R^2，S_{kk} 表示第 k 个变量关于其均值的变异。关于此表达式，可得到下面几点发现：

- $\mathbf{x}_k$ 与其他回归元（包含常数值）的相关性越高，在其他条件不变的情况下，其估计方差越大。
- $\mathbf{x}_k$ 的均值变异越大，在其他条件不变的情况下，估计方差越小。

---

① 通常，对**虚拟变量陷阱**来说会出现这种情况，在虚拟变量陷阱中，模型包括常数项与虚拟变量的完整集合。参看第 7 章。

- 回归整体拟合得越好，估计方差则越小。

这个表达式是 VIF 或方差增大因子即 $(1-R_k^2)^{-1}$ 的逻辑依据。VIF_k 测度方差增大的程度，因为 k 回归元与其他回归元不是正交的。用 regress 拟合模型之后，就可用 estat vif 命令计算 VIF。经验法则表明，当平均 VIF 大于 1 或最大 VIF 大于 10 时，则存在共线性的证据。当最大 VIF 小于 4 时，房价回归模型的条件令人满意：

```
. regress lprice lnox ldist rooms stratio

      Source |       SS       df       MS              Number of obs =     506
-------------+------------------------------           F(  4,   501) =  175.86
       Model | 49.3987735      4  12.3496934           Prob > F      =  0.0000
    Residual | 35.1834974    501   .070226542          R-squared     =  0.5840
-------------+------------------------------           Adj R-squared =  0.5807
       Total | 84.5822709    505   .167489645          Root MSE      =   .265

      lprice |      Coef.   Std. Err.      t    P>|t|     [95% Conf. Interval]
-------------+----------------------------------------------------------------
        lnox |   -.95354    .1167418    -8.17   0.000    -1.182904    -.7241762
       ldist |  -.1343401   .0431032    -3.12   0.002    -.2190255    -.0496548
       rooms |   .2545271   .0185303    13.74   0.000     .2181203     .2909338
     stratio |  -.0524512   .0058971    -8.89   0.000    -.0640373    -.0408651
       _cons |   11.08387   .3181115    34.84   0.000     10.45887     11.70886

. estat vif

    Variable |       VIF       1/VIF  
-------------+----------------------
        lnox |      3.98    0.251533
       ldist |      3.89    0.257162
       rooms |      1.22    0.820417
     stratio |      1.17    0.852488
-------------+----------------------
    Mean VIF |      2.56
```

如何检测估计回归中的近似共线性呢？对回归方程来说，一种概括测量是 ($\mathbf{X'X}$) 的**条件数**，该值测度估计值相对于 $\mathbf{X}$ 变动的敏感性。[①] 大的条件数显示，$\mathbf{X}$ 的小变化能引起估计系数的大变动。Belsley（1991）在他关于共线性的重要研究工作中建议，条件数由变换数据矩阵计算出来，其中每个回归元都为单位长度。贝尔斯利（Belsley）的正规化 ($\mathbf{X'X}$) 的条件数大于 20 是其受到关注的原因。不过，正如没有一种客观测量可以揭示到

---

① 条件数是 ($\mathbf{X'X}$) 的最大特征值与最小特征值之比的正平方根。大条件数表示近似奇异矩阵，因为近似奇异矩阵有至少一个非常小的特征值。相对于 $\mathbf{I}$ 的单位值来说，该矩阵的大条件数是大的。

底多么小的 $\mathbf{X'X}$ 行列式可能引起估计值的不确定性一样，很难提供一种特殊值揭示如下问题：在某种程度上，要视情况而定。尽管为了实施回归，假设满足识别条件，且 $\mathbf{X}$（在数值上）是满秩的，但对该条件的适合性进行统计检验并不存在基础。

官方 Stata 没有生成 Belsley（1991）条件诊断的命令，除了计算条件数，还包括方差分解矩阵，该矩阵可用于识别近似线性相依中包含的回归元。coldiag2 程序是由亨德里克斯（Hendrickx）提供的，并且可从 SSC 文档中获得，该命令执行由 Belsley（1991）给出的几种诊断措施，它含有选择不同测量特性的选项。

如果条件诊断或 VIF 表明，估计方程出现共线性，那么应该怎样处理呢？可以忽略不影响重要参数的近似共线性。由于近似共线性使标准误差增大，假如样本包含极少的共线性回归元，则显著系数变得更为显著。大多数微观经济变量互相关联，其中一些高度关联，但这本身不是人们关注的内容。

倘若共线性对回归方程产生不利影响，则人们有两种选择：其一，重新设定模型，减小回归元变量之间的近似相依性；其二，获得更大或更好的样本。有时，近似共线性反映出样本的同质性，因而总体更广泛的样本是有益的。

对于更详细的近似共线性，参看 Hill 和 Adkins（2003）。

4.4　回归估计

用 estimates 命令容易存储和表述各种不同形式估计结果的集合。estimates store 命令将结果（就当前会话而言，内存中最多有 300 组估计）存储在名称及可选的描述性标题下。

运用 estimates table，把几个方程的估计值组织成一个表格。可以设定表格包括几个结果集合，而 Stata 自动地将系数排列成表格的适当行。运用选项，增加估计标准误差（se）、t 值（t）、p 值（p）或显著性星号（star）。如果默认情况不适合，可对这些量分别设置各自的显示格式，因此不必对系数、标准误差、t 值与 p 值手动进行四舍五入。运用 keep( ) 选项，能改变表格中系数的顺序，而不是依赖于估计值内容列表中的顺序。用户可以用 drop( ) 从系数表格中去掉某些参数估计值。使用 stat( )

选项可将 e( ) (参看 [P] **ereturn**) 余下的任何结果添加到表格中，还可以增加其他准则，诸如 AIC 与 BIC。考察运用几种设定的房价模型的例子：

```
. use http://www.stata-press.com/data/imeus/hprice2a, clear
(Housing price data for Boston-area communities)
. generate rooms2 = rooms^2
. quietly regress lprice rooms                    // Fit model 1
. estimates store model1                          // Store estimates as model1
. quietly regress lprice rooms rooms2 ldist       // Fit model 2
. estimates store model2                          // Store estimates as model2
. quietly regress lprice ldist stratio lnox       // Fit model 3
. estimates store model3                          // Store estimates as model3
. quietly regress lprice lnox ldist rooms stratio // Fit model 4
. estimates store model4                          // Store estimates as model4

. estimates table model1 model2 model3 model4, stat(r2_a rmse)
> b(%7.3g) se(%6.3g) p(%4.3f)
```

Variable	model1	model2	model3	model4
rooms	.369	-.821		.255
	.0201	.183		.0185
	0.000	0.000		0.000
rooms2		.0889		
		.014		
		0.000		
ldist		.237	-.157	-.134
		.0255	.0505	.0431
		0.000	0.002	0.002
stratio			-.0775	-.0525
			.0066	.0059
			0.000	0.000
lnox			-1.22	-.954
			.135	.117
			0.000	0.000
_cons	7.62	11.3	13.6	11.1
	.127	.584	.304	.318
	0.000	0.000	0.000	0.000
r2_a	.399	.5	.424	.581
rmse	.317	.289	.311	.265

legend: b/se/p

在拟合和存储四种不同的房价中位数模型后，使用 estimates table 把系数、估计标准误差与 p 值表述成表格形式。运用 stats( ) 选项添加 e( ) 结果的描述统计量。运用 star 选项，将结果表示成如下表格形式

```
. estimates table model4 model1 model3 model2, stat(r2_a rmse ll)
> b(%7.3g) star title("Models of median housing price")
Models of median housing price
```

Variable	model4	model1	model3	model2
lnox	-.954***		-1.22***	
ldist	-.134**		-.157**	.237***
rooms	.255***	.369***		-.821***
stratio	-.0525***		.0775***	
rooms2				.0889***
_cons	11.1***	7.62***	13.6***	11.3***
r2_a	.581	.399	.424	.5
rmse	.265	.317	.311	.289
ll	-43.5	-136	-124	-88.6

legend: * p<0.05; ** p<0.01; *** p<0.001

这里选择不用标准误差，并显示估计值的显著性星号。用stats( )选项增加每个模型的对数似然值。

在任何Stata估计命令——包括多元方程命令——之后，可以使用estimates命令。Jann（2005）的estout是一项功能齐全的解决方案，用以准备各种输出格式的出版质量表。该程序被詹恩（Jann）描述成有关estimates table的一个打包文件，它能以多种格式重新格式化地存储估计值，组合模型估计的描述统计量，并且以几种格式输出，诸如制表符定界（用于文字处理器与电子表格），LATEX* 以及 HTML** （hyper text mark-up language，即超文本标记语言或超文本链接标示语言）。相伴程序estadd可以把特定统计量添加到由estimate得到的e( )数组中。这些程序可以通过ssc获得。

例如，为了包含LATEX文件，对四个房价中位数模型加以格式化。这个例子运用estout将LATEX的标题与注释置于文件内，并确保所有术语都是符合排版语言的合适格式（例如，使用_cons可能造成格式错误，

---

* LATEX是一种基于TEX的排版系统，由美国计算机学家莱斯利·兰伯特（Leslie Lamport）在20世纪80年代初期开发。利用这种格式，使用者即使没有排版和程序设计的知识，也可以充分发挥TEX的强大功能，能在几天，甚至几小时内生成很多达到书籍质量要求的印刷品。对于生成复杂表格和数学公式，这一点尤为突出。因此它非常适用于生成高印刷质量的科技和数学类文档。——译者注

** HTML是目前网络上应用最为广泛的语言，也是构成网页文档的主要语言。HTML文本是由HTML命令组成的描述性文本，HTML命令可以说明文字、图形、动画、声音、表格、链接等。——译者注

除非它被修正了）。

```
. estout model1 model2 model3 model4 using ch3.19b_est.tex,
> style(tex) replace title("Models of median housing price")
> prehead(\\begin{table}[htbp]\\caption{{\sc @title}}\\centering\\medskip
> \begin{tabular}{l*{@M}{r}})
> posthead("\hline") prefoot("\hline")
> varlabels(rooms2 "rooms$^2$" _cons "constant") legend
> stats(N F r2_a rmse, fmt(%6.0f %6.0f %8.3f %6.3f)
> labels("N" "F" "$\bar{R}^2$" "RMS error"))
> cells(b(fmt(%8.3f)) se(par fmt(%6.3f)))
> postfoot(\hline\end{tabular}\end{table}) notype
```

可以将由这个命令产生的 LATEX 片段直接插入到研究论文中。结果如表 4-1 所示。

表 4-1　房价中位数模型

Parameter	model1 b/se	model2 b/se	model3 b/se	model4 b/se
rooms	0.369	−0.821		0.255
	(0.020)	(0.183)		(0.019)
rooms^2		0.089		
		(0.014)		
ldist		0.237	−0.157	−0.134
		(0.026)	(0.050)	(0.043)
stratio			−0.077	−0.052
			(0.007)	(0.006)
lnox			−1.215	−0.954
			(0.135)	(0.117)
constant	7.624	11.263	13.614	11.084
	(0.127)	(0.584)	(0.304)	(0.318)
N	506	506	506	506
F	337	169	125	176
$\bar{R}^2$	0.399	0.500	0.424	0.581
RMS error	0.317	0.289	0.311	0.265

运用 estout 命令几乎可以改变表格中的每一个详细内容。由于 LATEX 像 HTML 一样，是一种置标语言，所以它能对格式变动编程。这种灵活性是其他 estout 输出选项，诸如包含在文字处理文件或电子表格的制表符定界文本所缺少的。

4.4.1 描述统计量与相关性的表述

绝大多数包含回归结果的实证论文会提供一个或多个描述统计量的表格，可能还包括相关性。在更复杂的数据结构下，比如混合横截面时间序列或面板数据，特定类型的描述统计量经常会给出。人们可以使用 Stata 命令与用户编写的命令来生成符合出版质量要求的带有适当精度（小数位数）的制表符定界、LATEX 以及 HTML 形式的表格。

为了得到特定类型的描述统计量，可以运用 Stata 的 tabstat 命令，不过很难检查其结果。利用考克斯和鲍姆的 statsmat 程序能生成同样的特定类型描述统计量，该程序将统计量置于一个 Stata 矩阵中。[①] 这里，我们使用 egen 函数 cut( ) 创建一个随机变量 crimelevel，该变量由 crime 的最小值（$N/5$）到最大值（$N/5$）的五个整数构成。然后，用 statsmat 命令计算这五个数据子集每一个 price 的描述统计量，并将结果置于 Stata 矩阵中。

```
. label define crlev 0 "v.low" 1 "low" 2 "medium" 3 "high" 4 "v.high"
. egen crimelevel = cut(crime), group(5)
. label values crimelevel crlev
. statsmat price, stat(n mean p50) by(crimelevel)
> matrix(price_crime) format(%9.4g) title("Housing price by quintile of crime")
price_crime[5,3]: Housing price by quintile of crime
               n      mean      p50
   v,low     101     27273    24499
     low     101     24806    22800
  medium     101     23374    21600
    high     101     22222    19900
  v,high     102     14957    13350
```

伊恩·沃森（Ian Watson）的 tabout 程序对这个问题给出了另一种方法，该程序可从 ssc 中获得。tabout 提供多种输出格式的符合出版质量要求的交叉表。

另外一个有用的程序是考克斯的 makematrix 程序（可从 ssc 中获得），这个程序可以执行任何 r 类型（非估计）统计命令，并给出结果矩阵。例如，可以使用该程序显示全部相关矩阵的长方形子集。此处，生成数据集中三个变量和房价中位数的相关性。这些内容是两两相关的（参看 [R]

---

① 如果你想要 LATEX 输出，鲍姆等人的 outtable 程序可以生成 LATEX 表。运用 findit 命令，从 ssc 中既可获得 statsmat，又可获得 outtable。

correlate 的pwcorr)，并用到了 listwise 选项。

```
. makematrix pc, from(r(rho) r(N)) label cols(price)
> title("Correlations with median housing price") listwise:
> corr crime nox dist
pc[3,2]:  Correlations with median housing price
                                        rho            N
    crimes committed per capita    -.38791912         506
nitrous oxide, parts per 100m      -.42603704         506
                           dist     .24933944         506
```

4.5 假设检验、线性限制与约束最小二乘法

在经济学和金融学领域，研究者经常用回归方法检验特定理论模型所隐含的假设。这一节讨论假设检验和区间估计，此处假定模型被正确设定，而且误差是独立同分布的。估计量是随机变量，其抽样分布取决于误差过程。在第 5 章，我们把这些方法推广到误差不是独立同分布的情况。

计量经济学广泛运用的三种检验是：沃尔德检验、拉格朗日乘子 (Lagrange multiplier, LM) 检验以及似然比 (likelihood-ratio, LR) 检验。这三种检验具有相同的大样本分布，因此选择检验时通常考虑便利性。任何涉及回归方程系数的假设都可以被表述成系数向量上的一个或多个约束，以此简化估计问题维度。就**无约束模型**而言，估计方法没有被施加任何限制。对于**约束模型**来说，估计方法则被施加了限制。沃尔德检验运用无约束模型的点估计与 VCE 估计，来计算是否有证据表明约束是不正确的。粗略地讲，拉格朗日乘子检验计算约束点估计是否由无约束估计量产生。第 6 章将讨论几种拉格朗日乘子检验。似然比检验则是将无约束模型和约束模型的目标函数值进行比较。第 10 章将阐述几个似然比检验。

这里阐述的所有检验几乎都是沃尔德检验。考察一般形式的沃尔德检验统计量。已知总体回归方程

$$y = \mathbf{x}\boldsymbol{\beta} + u$$

系数向量上的任何线性约束均可以被表示成

$$\mathbf{R}\boldsymbol{\beta} = \mathbf{r}$$

其中 **R** 表示 $q \times k$ 矩阵，**r** 表示 q 个元素的列向量，满足 $q < k$。系数向量 $\boldsymbol{\beta}$ 上的 q 个约束意味着 $(k-q)$ 个参数由约束模型估计。**R** 的每行对系数向量施

加一个约束,而每个约束包括多个系数。比如,已知回归方程

$$y=\beta_1 x_1+\beta_2 x_2+\beta_3 x_3+\beta_4 x_4+u$$

我们想要对假设 $H_0: \beta_2=0$ 进行检验。这种系数向量的约束意味着 $\mathbf{R}\boldsymbol{\beta}=r$,其中

$$\mathbf{R}=(0\ 1\ 0\ 0)$$
$$r=(0)$$

关于 $H_0: \beta_2=\beta_3$ 的检验意味着单一约束

$$\mathbf{R}=(0\ 1\ -1\ 0)$$
$$r=(0)$$

4.3.2 小节阐述的方差分析 F 检验,即所有斜率系数都为 0 的检验,意味着三个约束:$H_0: \beta_2=\beta_3=\beta_4=0$,或

$$\mathbf{R}=\begin{pmatrix} 0 & 1 & 0 & 0 \\ 0 & 0 & 1 & 0 \\ 0 & 0 & 0 & 1 \end{pmatrix}$$

另外有

$$r=\begin{pmatrix} 0 \\ 0 \\ 0 \end{pmatrix}$$

已知假设为 $H_0: \mathbf{R}\boldsymbol{\beta}=\mathbf{r}$,可以建立如下沃尔德统计量:

$$W=(\mathbf{R}\hat{\boldsymbol{\beta}}-\mathbf{r})'\{\mathbf{R}(\hat{\mathbf{V}})^{-1}\mathbf{R}'\}^{-1}(\mathbf{R}\hat{\boldsymbol{\beta}}-\mathbf{r})$$

这个二次型用到了估计系数向量即 $\hat{\boldsymbol{\beta}}$、估计 VCE 即 $\hat{\mathbf{V}}$,并且评估了约束不成立的程度,也就是向量 $(\mathbf{R}\hat{\boldsymbol{\beta}}-\mathbf{r})$ 元素的数量。沃尔德统计量就是计算上述向量的平方和,每个权重由其精度测量给出。

用于推导 OLS 估计量大样本分布的假设意味着,当 H_0 为真时,w 服从大样本 χ^2 分布。在小样本情况下,w/q 的分布可利用自由度为 q 与 $(N-k)$ 的 F 分布更好地近似。当 $q=1$ 时,$\sqrt{w}$ 服从大样本正态分布,有时利用自由度为 $(N-k)$ 的学生 t 分布来更好地近似。[1]

---

[1] 当误差是从正态分布独立同分布抽取的时候,小样本近似是准确的。如上所述,因为正态性假设太强,所以没有强调准确结果。

现在，我们知道当 H_0 为真时 w 的分布，可以建立以下标准的假设检验，这里以设定

$$\Pr(拒绝\ H_0\mid H_0)=\alpha$$

开始阐述，其中 α 表示检验的显著性水平。[①] 用 w 的分布来确定特定显著性水平上的拒绝区域临界值。

Stata 并没有报告这些临界值，而是给出 p 值，该值测算了对 H_0 不利的证据。p 值是在不拒绝 H_0 的情况下进行检验的最大显著性水平。p 值越小，拒绝 H_0 的证据越多。

假设系数估计值及其标准误差分别是 $-96.174\ 18$ 及 $81.517\ 07$。这些估计值意味着，总体系数为 0 的原假设 t 统计量是 -1.18。由近似此沃尔德检验分布的 t 分布得出，双侧 p 值 (P>|t|) 为 0.242。在传统水平 0.1、0.05 及 0.01 上，不能拒绝 H_0。[②] 不过，在同一模型中对其他系数进行类似检验得到的 p 值是 0.013，因此在 10% 和 5% 水平上能拒绝 H_0，但在 1% 水平上不能拒绝 H_0。

大多数 Stata 命令都会报告**双侧检验**的 p 值：(P>|t|) 值为 0.242，这意味着该分布的 12.1% 位于分布的每个尾部。[③] 若有单尾假设如 H_0：$\beta>0$，会怎样呢？在上面的例子中，可以把双侧 p 值一分为二来计算单侧 p 值。如果我们将分布质量的 5% 置于单侧，而不是双侧各占 2.5%，那么临界值在绝对值上变得更小。因而，对于 H_0：$\beta>0$，上面所报告的系数单侧 p 值为 0.121，故仍不能在传统水平上拒绝 H_0。

正如我们在 regress 输出看到的，Stata 会自动生成几种检验统计量及其 p 值，比如就总体系数等于 0 的零假设而言，会生成每个系数的方差分析 F 统计量与 t 统计量。假如用户想要在得到回归方程之后对更多假设加以检验，三个 Stata 命令特别有用：test、testparm 和 lincom。test 命令的第一种语法是

test *coeflist*

其中 *coeflist* 包含回归模型中的一个或多个变量的名称。第二种语法是

test *exp*=*exp*

[①] 这一节仅给出假设检验的简略介绍。更完整的评述内容，参看 Wooldridge (2006, appendix C)。

[②] 通常，显著性水平分别为 10%、5% 及 1%。

[③] 一个例外是 ttest 命令，它既显示两个均值之差的双侧检验，又显示两个均值之差的单侧检验。

其中 exp 表示回归元的代数表达式。[①] testparm 命令的工作原理类似，不过允许系数列表中出现通配符

　　testparm *varlist*

其中 *varlist* 可以包含 * 或用连字符连接的表达式，比如 ind1-ind9。lincom 命令可计算系数的线性组合

　　lincom *exp*

其中 exp 表示系数的任意组合，该组合要符合 test 的第二种语法。就 lincom 而言，exp 一定不能包含等式符号。

这里用一个最简单的情况讨论假设检验，此假设包含一个回归系数。

4.5.1 沃尔德检验

如果想要对假设 $H_0: \beta_j = 0$ 进行检验，那么在总体系数等于 0 的零假设下，估计系数与其估计标准误差之比近似服从 t 分布，regress 将这样的比值表述成系数表格的 t 列。现在回到房价中位数方程上，利用下面的命令就能产生系数显著性的检验统计量：

```
. use http://www.stata-press.com/data/imeus/hprice2a, clear
(Housing price data for Boston-area communities)

. regress lprice lnox ldist rooms stratio

      Source |       SS       df       MS              Number of obs =     506
-------------+------------------------------           F(  4,   501) =  175.86
       Model |  49.3987735     4  12.3496934           Prob > F      =  0.0000
    Residual |  35.1834974   501  .070226542           R-squared     =  0.5840
-------------+------------------------------           Adj R-squared =  0.5807
       Total |  84.5822709   505  .167489645           Root MSE      =    .265

------------------------------------------------------------------------------
      lprice |      Coef.   Std. Err.      t    P>|t|     [95% Conf. Interval]
-------------+----------------------------------------------------------------
        lnox |   -.95354   .1167418    -8.17   0.000    -1.182904   -.7241762
       ldist |  -.1343401   .0431032    -3.12   0.002    -.2190255   -.0496548
       rooms |   .2545271   .0185303    13.74   0.000     .2181203    .2909338
     stratio |  -.0524512   .0058971    -8.89   0.000    -.0640373   -.0408651
       _cons |   11.08387   .3181115    34.84   0.000     10.45887    11.70886
------------------------------------------------------------------------------

. test rooms

 ( 1)  rooms = 0

       F(  1,   501) =  188.67
            Prob > F =    0.0000
```

[①] 我们用括号重复 test 的自变量，如同下面讨论的联合检验。对于多变量方程模型来说，可以利用 test 的更多语法；参看 [R] **test** 或键入 help test。

该命令在 Stata 的简写中等价于命令 test _b[rooms]=0（并且更容易键入）。test 命令把统计量表示成 $F(1, N-k)$，而不是系数表格中的 t_{N-k} 形式。由于可以应用 test 的多个假设包含系数向量上的不止一个约束，涉及不止一个自由度，Stata 通常将其表述成 F 统计量。① 倘若不能拒绝假设 $H_0: \beta_j=0$，并且想要限制方程，要从回归元列表中去掉该变量。

更一般地讲，我们可能想要检验假设 $\beta_j = \beta_j^0 = \theta$，其中 θ 表示任意一个常数值。由理论得知，rooms 变量系数应为 0.33，可以用 test 对该假设加以设定：

```
. quietly regress lprice lnox ldist rooms stratio
. test rooms = 0.33
 ( 1)  rooms = .33

       F(  1,   501) =   16.59
            Prob > F =   0.0001
```

因而，强烈拒绝总体系数为 0.33 的零假设。

4.5.2 关于参数线性组合的沃尔德检验

我们可能想要计算几个系数之和的点估计与区间估计。这时，要用 lincom（线性组合）命令执行，这个命令允许设定任何系数线性表达式，对于房价中位数方程，考虑任意约束：rooms, ldist 以及 stratio 系数之和等于 0，可写成

$$H_0: \beta_{rooms} + \beta_{ldist} + \beta_{stratio} = 0$$

虽然这个假设包括三个估计系数，但它仅涉及系数向量上的一个约束。这里每一项都有单一系数，但不是必须这样做。

```
. quietly regress lprice lnox ldist rooms stratio
. lincom rooms + ldist + stratio
 ( 1)  ldist + rooms + stratio = 0
```

lprice	Coef.	Std. Err.	t	P>|t|	[95% Conf. Interval]	
(1)	.0677357	.0490714	1.38	0.168	-.0286753	.1641468

---

① 回顾一下 $(t_{N-k})^2 = F_{N-k}^1$；对自由度为 $(N-k)$ 的学生 t 统计量进行平方，得到自由度为 $(1, N-k)$ 的 F 统计量。

三个估计系数之和为 0.068，估计区间包含 0。由 lincom 提供的 t 统计量给出的 p 值与 test 得出的一样。

我们可使用 test 考察两个系数是否相等，或对它们的比值等于某个值进行检验：

```
. quietly regress lprice lnox ldist rooms stratio
. test ldist = stratio
 ( 1)  ldist - stratio = 0
       F(  1,   501) =     3.63
            Prob > F =    0.0574
. test lnox  = 10 * stratio
 ( 1)  lnox - 10 stratio = 0
       F(  1,   501) =    10.77
            Prob > F =    0.0011
```

尽管在 5% 水平上我们不能拒绝 ldist 系数与 stratio 系数相等的假设，但是在 1% 水平上我们可以拒绝 lnox 与 stratio 系数之比等于 10 的假设。Stata 将这两个表达式重新写成正规化形式。尽管两个系数的比值看起来是一个非线性表达式，但仍能像上面一样通过重写来检验这个假设。我们不能使用相同的策略考虑涉及系数乘积的假设。4.5.4 小节将讨论如何解决此类问题。

在上面的估计中，不能拒绝 rooms，ldist 以及 stratio 的系数之和等于 0 的假设，不过可以估计系数之和略大于 0 的情况。为了估计受限于该约束的方程，有两种选择方案。其一，将约束代入模型加以算术演算，然后对约束模型进行拟合。此处，这种方法较为简单，但在更复杂的模型条件下，这样做可能十分烦琐。其二，使用 Stata 的 constraint 命令定义施加于方程上的每个约束，然后用 cnsreg（约束回归）命令进行估计。constraint 命令具有如下语法：

constraint [define] # [*exp*=*exp* | *coeflist*]

其中 # 表示约束的数目，该数值可以用一个代数表达式表述，也可以表述成 *coeflist*。当我们使用后一语法时，*coeflist* 回归元就可以从方程中去掉。我们能够使用 cnsreg 限制：

cnsreg *depvar indepvars* [*if*] [*in*] [*weight*], constraints(*numlist*)

这个命令的语法模仿 regress 语法，不过它需要带有施加约束数目（如上的 #）的 constraints( ) 选项。

为了阐明后者的策略，我们使用 constraint 命令，具体操作如下：

```
. constraint def 1 ldist + rooms + stratio = 0
. cnsreg lprice lnox ldist rooms stratio, constraint(1)
Constrained linear regression              Number of obs =      506
                                           F(  3,   502) =   233.42
                                           Prob > F      =   0.0000
                                           Root MSE      =   .26524

 ( 1)  ldist + rooms + stratio = 0

      lprice |      Coef.   Std. Err.      t    P>|t|     [95% Conf. Interval]
        lnox |  -1.083392   .0691935   -15.66   0.000    -1.219337   -.9474478
       ldist |  -.1880712   .0185284   -10.15   0.000    -.2244739   -.1516684
       rooms |   .2430633     .01658    14.66   0.000     .2104886    .2756381
     stratio |  -.0549922   .0056075    -9.81   0.000    -.0660092   -.0439752
       _cons |   11.48651   .1270377    90.42   0.000     11.23691     11.7361
```

此格式展示了全部三个系数的估计值，因而并不需要生成新的变量来施加约束。不应该对施加到方程上的约束进行检验。由构造可知，估计中的约束都将得到满足（在机器的精度内），因此不能检验此类假设。另外，约束方程的 Root MSE 略有增大。受限于线性约束的估计不能改进和无约束部分有联系的方程，对有束缚力的约束来说则会使 Root MSE 增大。

4.5.3 联合假设检验

上面阐述的所有检验只涉及系数向量上的一个约束。不过，我们经常想要对系数向量上的多个约束假设进行检验。系数向量上的多个约束意味着**联合检验**，其结果并不是单独检验的分数汇总。每一位回归使用者都熟知这一概念。我们可能时常遇到如下情况：尽管回归中每一个斜率系数的 t 统计量都缺少显著性，但其方差分析 F 却是显著的。方差分析 F 是一种全部回归元都是联合无信息的检验。在存在高度共线性的条件下，经常会遇到这种结果。数据不能将解释力归因于一个或另一个回归元，可是回归元的组合能解释响应变量的大部分变异。

通过在 test 命令的括号中列出被检验的每个假设，可以建立 Stata 的联合检验。[①] 联合检验 F 统计量具有的分子自由度与系数向量上的约束同样多。如前所述，test 命令的第一种语法，test *coeflist*，可执行两个或

---

① 可以用 test 命令上的 accumulate 选项合并各个假设。

多个系数联合为 0 的联合检验,诸如 $H_0:\beta_2=0$ 与 $\beta_3=0$。这种检验不同于 $H_0':\beta_2+\beta_3=0$。后一个假设由所有数对加总等于 0 的 $\{\beta_2,\beta_3\}$ 值的轨迹满足。前一个假设仅仅由**每个系数**都等于 0 的点满足。我们能对房价中位数方程联合假设进行检验,具体操作如下:

```
. quietly regress lprice lnox ldist rooms stratio
. test lnox ldist
 ( 1)  lnox = 0
 ( 2)  ldist = 0
       F(  2,   501) =   58.95
            Prob > F =    0.0000
```

数据强烈拒绝如下联合假设:对于原模型而言,去掉 lnox 与 ldist 的模型是正确的设定。

我们可以将上述方程的两个约束用下面的联合假设表述成

```
. quietly regress lprice lnox ldist rooms stratio
. test (lnox = 10 * stratio) (ldist = stratio)
 ( 1)  lnox - 10 stratio = 0
 ( 2)  ldist - stratio = 0
       F(  2,   501) =    5.94
            Prob > F =    0.0028
```

这里对系数向量施加了两个约束,因此最后 F 统计量的分子自由度为 2。在 1% 的显著性水平上,联合检验拒绝了这两个假设。

正如在代数形式上不能限制模型或应用非一致线性方程(比如 ldist - stratio = 0 与 ldist - stratio = 1)的约束一样,我们不能将 test 用到非一致线性假设上。

4.5.4 检验非线性约束并建立非线性组合

上面所讨论的全部假设都是线性的,原因在于假设可以用以下形式写出

$$H_0: \mathbf{R}\boldsymbol{\beta}=\mathbf{r}$$

这里我们将 $\beta_{k\times 1}$ 上的 $q<k$ 个线性约束集合表示成 $q\times k$ 矩阵 $\mathbf{R}$ 与 q 向量 $\mathbf{r}$。实际上,用 cnsreg 执行的约束最小二乘法可以被表述成求解约束最优化问题

$$\hat{\boldsymbol{\beta}} = \arg\min_{\beta} \hat{\mathbf{u}}'\hat{\mathbf{u}} = \arg\min_{\beta} (\mathbf{y}-\mathbf{X}\boldsymbol{\beta})'(\mathbf{y}-\mathbf{X}\boldsymbol{\beta})$$
$$s.t.\ \mathbf{R}\boldsymbol{\beta} = \mathbf{r}$$

而且上面的所有检验都可以被表述为对 **R** 与 **r** 的适当选择。

假如要实施的假设检验不能写成此类线性形式，比如理论预测模型两个系数的乘积为某个值，或者表达式为如 $(\beta_2/\beta_3 + \beta_4)$ 的形式。有两个 Stata 命令类似于前面所用的那些形式。

testnl 允许用户对 β 值设定非线性假设，但与 test 不同的是，必须用语法 _b[*varname*] 指代每个系数值。对于联合检验，一定要在括号中写出定义每一个非线性约束的方程。

类似于 lincom 命令，nlcom 命令可计算点与区间形式的估计系数的非线性组合。这两个命令均使用 **δ 方法**，这是一种近似于随机变量非线性组合分布的方法，适用于建立沃尔德检验的大样本。[①] 和线性假设检验不一样，基于 δ 方法的非线性沃尔德形式检验对 **y** 与 **X** 数据的标度十分敏感。

下面用房价中位数回归阐明这两个命令。

```
. quitely regress lprice lnox ldist rooms stratio
. testnl _b[lnox] * _b[stratio] = 0.06
 (1)  _b[lnox] * _b[stratio] = 0.06
        F(1, 501) =        1.44
         Prob > F =       0.2306
```

这个例子考察 lnox 与 stratio 系数乘积上的约束。这两个系数乘积与 0.06 没有区别。使用 lincom 命令计算系数的线性表达式，而在非线性背景下使用 nlcom。

同样地，我们可以对联合非线性假设进行检验：

```
. quietly regress lprice lnox ldist rooms stratio
. testnl (_b[lnox] * _b[stratio] = 0.06)
>       (_b[rooms] / _b[ldist] = 3 * _b[lnox])
 (1)  _b[lnox] * _b[stratio] = 0.06
 (2)  _b[rooms] / _b[ldist] = 3 * _b[lnox]
        F(2, 501) =        5.13
         Prob > F =       0.0062
```

[①] 参看 Wooldridge (2002) 对 δ 方法的讨论。

因此，我们在1%的显著性水平上拒绝此联合假设。

4.5.5 对竞争（非嵌入）模型的检验

当两个回归模型试图用不同的回归元解释同样的响应变量时，应该如何比较它们呢？假如一个模型严格地嵌入另一个模型，便可使用 test 命令对初始或无约束模型应用沃尔德检验，计算数据是否拒绝由约束模型表明的限制。对于经典假设检验，即一个模型的参数是另一个模型的真子集的情况，这个方法十分有效。但是，经济理论经常用竞争假设形式表达，两个模型都不可能被嵌入另一个。此外，提出的理论没有可以对应于超模型的，**超模型**即将两个模型的独特元素人为嵌入在一种结构当中，包容两种理论的所有元素。对竞争假设和超模型进行检验，将一个模型与混合模型比较，而该混合模型包含了两个理论都没有提出的元素。如果存在竞争假设，比如

$$H_0: y = \mathbf{x}\boldsymbol{\beta} + \varepsilon_0 \tag{4.7}$$

$$H_1: y = \mathbf{z}\boldsymbol{\gamma} + \varepsilon_1 \tag{4.8}$$

其中 $\mathbf{x}$ 和 $\mathbf{z}$ 的某些元素均是唯一的（都没有包含在另一个回归元矩阵之中），必须要运用不同的策略。[①] 通过比较 Root MSE，或发现两个模型之一具有较大的 R^2 或 $\bar{R}^2$ 来解释拟合优度，不可能得出有说服力的结果，而且缺乏统计原理。

针对这个问题，Davidson 和 MacKinnon（1981）提出一种 J 检验作为解决方法。[②] 他们的检验依赖于下述简单方法：假如模型 0 比模型 1 具有更好的解释力，则模型 0 更为优越，反之亦然。通过生成每个模型的预测值来进行 J 检验，然后将其包括在另一个模型的增广回归中。设 $\hat{y}_1$ 与 $\hat{y}_2$ 表示分别利用式（4.7）与式（4.8）中参数估计值而得到的 y 的预测值。我们将上面备选假设的 $\hat{y}$ 包括在零假设模型（4.7）中。当 $\hat{y}_1$ 系数显著时，则拒绝零假设模型。现在，调换两个模型的定义，然后在备选假设模型（4.8）中包括零假设的 $\hat{y}_0$。当 $\hat{y}_0$ 系数显著时，则拒绝备选假设。不幸的是，会产生四种不同的可能性：支持 H_0 反对 H_1，支持 H_1 反对 H_0，两

[①] 在此背景下，贝叶斯计量经济学家不会有什么困难，他仅仅会问"这些假设中哪一个更可能生成数据？"

[②] 不要将这个检验与第 8 章所述的广义矩方法（GMM）文献中的汉森 J 检验相混淆。

者都被拒绝，或者两者中任何一个都未被拒绝。唯有在前两种情况下，J 检验才会传递明确的判断性意见。官方Stata并没有执行这个检验，但用户可以安装格雷戈里奥·因帕维多（Gregorio Impavido）的 nnest 命令（来自 ssc describe nnest）。

类似的还有 Cox（1961，1962）的检验，由 Pesaran（1974）以及 Pesaran 和 Deaton（1978）加以推广。这些检验均建立在似然比检验的基础上，似然比检验可由非嵌套模型的拟合值与残差平方和构建。考克斯-佩尔萨兰-迪顿（Cox-Pesaran-Deaton）检验也由因帕维多的 nnest 软件包执行。

我们用房价中位数回归解释这些检验，设定两个方程形式，一个包含 crime 与 proptax，但不含污染水平（lnox），另一个则相反。命令使用了特别语法，第一个回归设定是已知的（与 regress 的设定一样），而第二个回归设定的回归元用圆括号列出。因变量不应该出现在圆括号列表中。

```
. nnest lprice lnox ldist rooms stratio (crime proptax ldist rooms stratio)
M1 : Y = a + Xb with X = [lnox ldist rooms stratio]
M2 : Y = a + Zg with Z = [crime proptax ldist rooms stratio]
J test for non-nested models
H0 : M1   t(500)         10.10728
H1 : M2   p-val           0.00000
H0 : M2   t(499)          7.19138
H1 : M1   p-val           0.00000
Cox-Pesaran test for non-nested models
H0 : M1   N(0,1)        -20.07277
H1 : M2   p-val           0.00000
H0 : M2   N(0,1)        -17.63186
H1 : M1   p-val           0.00000
```

戴维森和麦金农检验与考克斯-佩尔萨兰-迪顿检验既拒绝 H_0 又拒绝 H_1，表明相对于包含三个解释变量的超模型来说，不包括这三个解释变量中任何一个的模型是错误设定的。就微观经济学研究项目而言，上面的研究成果对不包括 crime 与 proptax 解释因素的设定产生了质疑，从而建议重新考虑涉及那些因素的模型设定。

4.6 计算残差与预测值

在用 regress 拟合线性回归模型之后，便能计算回归残差或预测值。计算每一个观测值残差，可以评估模型解释该观测值的响应变量值的程度。样本内预测值 y_i 是大于还是小于实际值 y_i 呢？计算预测值，可以生成样本内预测值：拟合模型生成的响应变量值。我们可能还想要生成样本外预测值，也就是将估计回归函数应用于那些没有用于产生估计值的观测值。可能需要使用回归元的假设值或实际值。在后者情况下，需要将估计回归函数应用于各自独立的样本（比如斯普林菲尔德地区的社区，而不是波士顿地区的社区），以便评估其在回归样本之外的可应用性。对于任何源自总体的样本，设定良好的回归模型应该产生合理的预测值。假如样本外预测值表现不好，则模型设定对初始样本而言可能太独特了。

regress 不能计算残差值或预测值，但在 regress 之后运用 predict 命令能计算两者之一，

predict [*type*] *newvar* [*if*] [*in*] [, *choice*]

其中 *choice* 设定了每个观测值需要计算的量。对于线性回归，predict 默认情况是计算预测值，因而

. predict double lpricehat predict double lpricehat, xb

会产生同样的结果。选择 xb 指回归模型（4.10）的矩阵形式，其中 $\hat{y} = X\hat{\beta}$。这些被称为**点预测**。如果需要求残差，则使用

. predict double lpriceeps, residual

直到宣布另一个估计回归命令（比如 regress）时，才可以运用 predict 得到回归估计值。因此如果需要这些序列，应尽可能早地计算它们。运用 double 作为这些命令中的 *type* 选项，以确保序列生成时拥有充分的数值精度，强烈推荐这种做法。

在这两个例子中，predict 的作用和 generate 一样：被命名序列不一定已经存在，该序列不仅仅对估计样本，而且对整个可利用数据集都是可以计算的。利用限定词 if e(sample) 将计算限制在估计样本上，并且只计算样本内预测。[①]

为了用图示法评估回归拟合的质量，我们画出 y_i 的实际值及预测值相对于带有一个回归元的 x_i 的图形。在多元回归中，一种自然的类似做法是，画出实际值 y_i 相对于预测值 $\hat{y}_i$ 的图形。下面的命令生成了这样的图

---

① 当对时间序列数据应用拟合模型时，predict 仅能生成静态或领先一步的预测。如果想了解动态的或领先 *k* 步预测的内容，参看 Baum（2005）。

形（见图 4-2），说明了回归模型的拟合情况。纵横比被限制为 1，所以 45°直线上的点就表示完美预测值。此模型系统地高估了相对低价住房的（对数）价格，这引起了对模型应用于较低收入社区的关注。图形上也出现了几个相当高的中位数价格，似乎被模型预测严重低估了。

```
. use http://www.stata-press.com/data/imeus/hprice2a, clear
(Housing price data for Boston-area communities)
. quietly regress lprice lnox ldist rooms stratio
. predict double lpricehat, xb
. label var lpricehat "Predicted log price"
. twoway (scatter lpricehat lprice, msize(small) mcolor(black) msize(tiny)) ||
> (line lprice lprice if lprice <., clwidth(thin)),
> ytitle("Predicted log median housing price")
>xtitle("Actual log median housing price") aspectratio(1) legend(off)
```

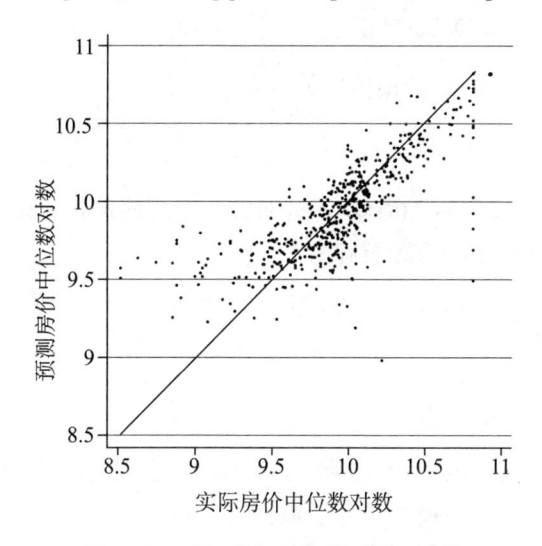

图 4-2 实际值与回归模型的预测值

4.6.1 计算区间预测值

除计算预测值和最小二乘法残差之外，可能要使用 predict 计算拟合模型的其他特定观测值的数量。① 下一节将讨论 regress 之后可利用的某些更专业化的数量。首先，讨论 predict 如何提供区间预测值来补足点预

---

① 在 regress 之后 predict 的功能说明，已由 [R] regress postestimation 阐述。

测值。

区间估计只是预测的置信区间。有两种普遍使用的"预测"定义，一个是**预测值**（predicted value），另一个是**预报**（forecast）。预测值是针对已知回归元值来估计因变量的平均值。预报则是针对回归元的已知集合来估计因变量的值。OLS方法意味着上述两种方法的点估计值是相同的，但预测值与预报的方差却不同。从直观上看，预报的方差大于预测值的方差。

已知回归元值 $\mathbf{x}_0$，预测值是

$$E[y|\mathbf{x}_0] = \hat{y}_0 = \mathbf{x}_0\boldsymbol{\beta}$$

预测值方差的一致估计量为

$$\hat{V}_p = s^2 * \mathbf{x}_0(\mathbf{X}'\mathbf{X})^{-1}\mathbf{x}_0'$$

已知回归值 x_0，特定 y_0 的预报误差是

$$\hat{e}_0 = y_0 - \hat{y}_0 = \mathbf{x}_0\beta + u_0 - \hat{y}_0$$

当运用 stdp 选项设定后，predict 针对每一个观测值执行该计算。

u_0 与 $\hat{\boldsymbol{\beta}}$ 之间的零协方差意味着[①]

$$\mathrm{Var}[\hat{e}_0] = \mathrm{Var}[\hat{y}_0] + \mathrm{Var}[u_0]$$

其中

$$\hat{V}_f = s^2 * \mathbf{x}_0(\mathbf{X}'\mathbf{X})^{-1}\mathbf{x}_0' + s^2$$

是一致估计量。当设定 stdf 选项时，predict 会对每一个观测值执行这种计算。和预期一致，预报方差大于预测值方差。

区间预测是包含重复样本已知概率真实值的上界与下界。[②] 这里阐述一个寻找预报边界的方法。倘若标准化预测误差服从学生 t 分布，则区间预测从选择概率为 $1-\alpha$ 的边界开始

$$\Pr\left\{-t_{1-\alpha/2} < \frac{y_0 - \hat{y}_0}{\sqrt{\mathrm{Var}[\hat{e}]}} < t_{1-\alpha/2}\right\} = 1-\alpha$$

---

① 参看 Wooldridge（2006）对这个问题的讨论。
② 参看 Wooldridge（2006，section6.4）更详细的构建区间预测及解释。

其中 α 表示显著性水平[①], $t_{1-\alpha/2}$ 表示学生 t 分布在 $1-\alpha/2$ 的逆 (inverse)。对这个条件加以标准化整理，得出

$$\Pr\{\hat{y}_0 - t_{1-\alpha/2} * \sqrt{\mathrm{Var}[\widehat{e_0}]} < y < \hat{y}_0 + t_{1-\alpha/2} * \sqrt{\mathrm{Var}[\widehat{e_0}]}\} = 1-\alpha$$

将其代入一致估计量，得到上下界为

$$\hat{y}_0 \pm t_{1-\alpha/2} * \hat{V}_f$$

用 $E[y|\mathbf{x}_0]$ 代替 y_0，再利用文中阐述的预测值方差，得到预测值 $\hat{y}_0$ 的预测区间

$$\hat{y}_0 \pm t_{1-\alpha/2} * \hat{V}_P$$

当我们考察 x 值远离样本的均值时，预测值方差便会增大。预测值的区间预测位于含有 **x** 最窄区间的一对抛物线上，离样本均值点越远，区间会变得越宽。为了计算这种置信区间，可以使用 predict 的 stdp 选项（参看 [R] **regress postestimation**）。可以用 [$\pm t$ stdp] 建立合适的置信区间，其中对于样本 N 很大的 95% 置信区间来说，t 是 1.96。可以再构造两个变量，得到下限值与上限值，并画出点与区间预测。

我们考察房价中位数对数关于 lnox 的二变量回归。举例来说，这里仅选用数据集中 506 个数据的 100 个拟合该模型。两种 predict 命令生成的 lprice 预测值为 xb，而预测标准误差与 stdpred 分别如下：

```
. use http://www.stata-press.com/data/imeus/hprice2a, clear
(Housing price data for Boston-area communities)
. quietly regress lprice lnox if _n<=100
. predict double xb if e(sample)
(option xb assumed; fitted values)
(406 missing values generated)
. predict double stdpred if e(sample), stdp
(406 missing values generated)
```

为计算预测区间，可使用 invttail( ) 函数生成此样本量的正确 t 值以及作为标量的 95% 预测区间。对变量 uplim 与 lowlim 的计算如下：

```
. scalar tval = invttail(e(df_r),0.975)
. generate double uplim = xb + tval * stdpred
(406 missing values generated)
. generate double lowlim = xb - tval * stdpred
(406 missing values generated)
```

[①] 概括地讲，显著性水平是在重复样本条件下所能容忍的错误率。经常选取的 5% 显著性水平会得出 95% 置信区间。

最后,要强调 lnox 的均值(由 summarize 命令计算,将该值存储为局部宏 lnoxbar),并且适当地对变量进行标记以便作图:

```
. summarize lnox if e(sample), meanonly
. local lnoxbar = r(mean)
. label var xb "Pred"
. label var uplim "95% prediction interval"
. label var lowlim "95% prediction interval"
```

现在运用三个 graph twoway 形式画出其图形:散点图用 scatter,预测值用 connected,而预测区间上下限用 rline[1][2]:

```
. twoway (scatter lprice lnox if e(sample),
>  sort ms(Oh) xline(`lnoxbar'))
>  (connected xb lnox if e(sample), sort msize(small))
>  (rline uplim lowlim lnox if e(sample), sort),
>  ytitle(Actual and predicted log price) legend(cols(3))
```

图 4-3 画出了响应变量的实际值、点预测以及区间预测。预测区间在回归元均值处最窄。垂直线 [由 summarize lnox if e(sample) 计算,将该值存储为局部宏 lnoxbar] 标记用于回归的 lnox 样本均值。

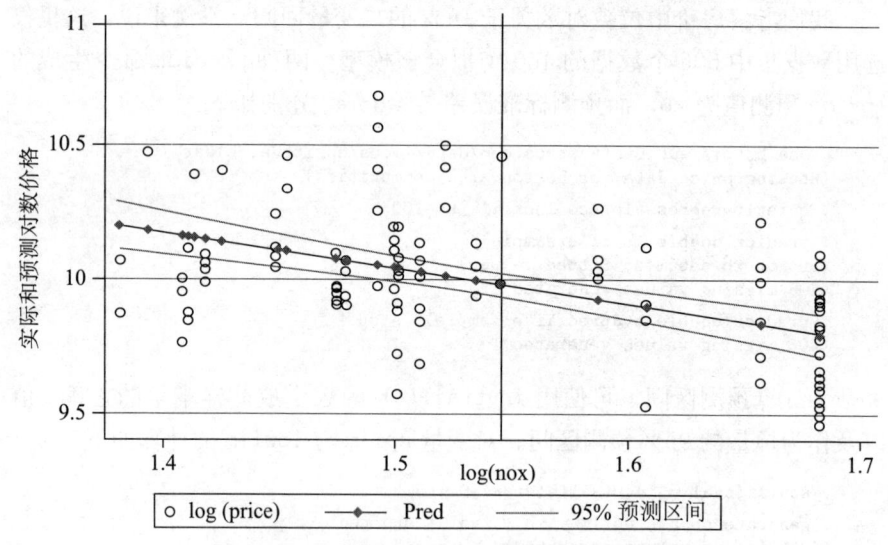

图 4-3 双变量回归的点预测与区间预测图形

---

[1] 关于介绍 Stata 图形的知识,请参看 [G] **graph intro** 与 help graph intro。有关全面阐述 Stata 图形性能的内容,请参看《Stata 图形的视觉指南》(Mitchell, 2004)。

[2] 关于另一种画回归线与预测区间的方式,参看 [G] **graph twoway lfitci** 或 help graph twoway lfitci。

可以运用数据计算因变量的残差与预测值，以及回归点估计值。残差与样本内预测用于评估模型解释因变量的程度。不过，某些研究的目标是利用回归元的实际值或者假设值获得因变量的样本外预测，而在另一些情况下，这些样本外预测值则被用于评估模型的效用。例如，可以将估计系数应用于各个独立样本（如斯普林菲尔德地区的社区，而不是波士顿地区的社区）来评估其样本外可应用性。假如回归模型设定很好，则对源自总体的任何样本来说都应该产生合理的预测值。假如样本外预测值很差，则表明该模型设定对初始样本而言太过于特殊。

就预报而言，可以用 predict 的 stdf（预报的标准误差）选项（参看 [R] **regress postestimation**）来计算预测区间。stdf 是针对已知 X 值（样本内或样本外）集合计算 y 期望值周围的区间，与 stdp 不同，stdf 解释了与一个 y 值（也就是 σ_u^2）预测值相关的额外不确定性。我们可以使用 stdf 产生的置信区间去评估样本外数据点 y_0，并正式地检验它是否由生成拟合模型的过程所生成。该检验的零假设意味着，数据点应位于 $\hat{y}_0 \pm t\mathrm{stdp}$ 区间内。

4.7 计算边际效应

Stata 最有力的统计特性之一是 mfx 命令，用该命令可以在得到点估计与区间估计形式之后计算边际效应或弹性：

mfx [*if*] [*in*] [*, options*]

mfx 计算边际效应，即回归元的变化对在用 predict 估计之后产生的量的影响。例如，对于 regress 来说，mfx 会自动使用默认预测选项，即 xb 选项计算 $\hat{\mathbf{y}}$。

如果在回归方程之后用 mfx（带有默认 dydx 选项），其结果仅仅重新产生带有一个变化的 regress 系数表：每一个回归的均值都被表示出来。就回归而言，用系数估计值可计算边际效应，而且它们并不随样本空间不同而变化。经济学家最关注的内容是弹性与半弹性的测算，运用带有 eyex、dyex 或 eydx 选项的 mfx 来获得这些测算。第一个 eyex，是 y 对 x_j 的弹性，等于 $\partial \log(y)/\partial \log(x_j)$。默认情况下，可以在数据均值的多变量点上计算，但是用 at( ) 选项可以在任意点上计算。第二个 dyex 适用于响应变量是对数形式但回归元却不是的情形,计算的是对数线性模型的半弹性 $\partial y / \partial \log(x_j)$。第三个 eydx,则适用于回归元为对数形式但响应变量却不是的情形,计算的是半弹性 $\partial \log(y) / \partial x_j$。

下面的例子利用中位数价格回归形式而不是对数形式来表明一些不同选项的情况。这里使用 eyex 选项对每个解释变量计算弹性(选项默认在均值点上)。

```
. use http://www.stata-press.com/data/imeus/hprice2a, clear
(Housing price data for Boston-area communities)
. regress price nox dist rooms stratio proptax
```

Source	SS	df	MS		Number of obs	=	506
					F(5, 500)	=	165.85
Model	2.6717e+10	5	5.3434e+09		Prob > F	=	0.0000
Residual	1.6109e+10	500	32217368.7		R-squared	=	0.6239
					Adj R-squared	=	0.6201
Total	4.2826e+10	505	84803032		Root MSE	=	5676

price	Coef.	Std. Err.	t	P>|t|	[95% Conf. Interval]	
nox	-2570.162	407.371	-6.31	0.000	-3370.532	-1769.793
dist	-955.7175	190.7124	-5.01	0.000	-1330.414	-581.021
rooms	6828.264	399.7034	17.08	0.000	6042.959	7613.569
stratio	-1127.534	140.7653	-8.01	0.000	-1404.099	-850.9699
proptax	-52.24272	22.53714	-2.32	0.021	-96.52188	-7.963555
_cons	20440.08	5290.616	3.86	0.000	10045.5	30834.66

```
. mfx, eyex
Elasticities after regress
      y  = Fitted values (predict)
         =  22511.51
```

variable	ey/ex	Std. Err.	z	P>|z|	[95% C.I.]		X
nox	-.6336244	.10068	-6.29	0.000	-.830954	-.436295	5.54978
dist	-.1611472	.03221	-5.00	0.000	-.224273	-.098022	3.79575
rooms	1.906099	.1136	16.78	0.000	1.68344	2.12876	6.28405
stratio	-.9245706	.11589	-7.98	0.000	-1.15171	-.697429	18.4593
proptax	-.0947401	.04088	-2.32	0.020	-.174871	-.014609	40.8237

弹性的显著性水平与初始系数一样。[①] 回归元 rooms 是有弹性的,当 rooms 增大时它几乎拥有两倍于比例项对价格的影响。其他三个回归元也是有弹性的,估计弹性均处于单位区间内,但 stratio 的 95% 置信区间包含的值却小于 −1.0。

mfx 的 at( )选项能在样本空间任意点上计算边际效应与弹性的点估计

---

① mfx 运用大样本正态分布,而 regress 则运用学生 t 分布,因而在输出上有较小的差别。

以及区间估计值。用户可以设定某变量取一个特定值，而其他变量则在其（估计样本）均值或中位数上保持不变，考察某个回归元的影响。例如，可以计算样本中 lnox 取值范围内房价的弹性。该命令也能对指示变化的离散变化加以研究。

下面的例子考察房价中位数对社区师生比弹性的变动，既计算点估计形式又计算区间形式。首先，实施回归，并利用 summarize 的 detail 选项计算特定的百分位数，然后保存成变量 x_val。

```
. // run regression
. quietly regress price nox dist rooms stratio
. // compute appropriate t-statistic for 95% confidence interval
. scalar tmfx = invttail(e(df_r),0.975)
. generate y_val = .                  // generate variables needed
(506 missing values generated)
. generate x_val = .
(506 missing values generated)
. generate eyex_val = .
(506 missing values generated)
. generate seyex1_val = .
(506 missing values generated)
. generate seyex2_val = .
(506 missing values generated)
. // summarize, detail computes percentiles of stratio
. quietly summarize stratio if e(sample), detail
. local pct   1 10 25 50 75 90 99
. local i = 0
. foreach p of local pct {
  2.         local pc`p'=r(p`p')
  3.         local ++i
  4. // set those percentiles into x_val
.         quietly replace x_val = `pc`p'' in `i'
  5. }
```

为了画图，我们必须在特定的百分位数上算出弹性，然后以变量 y_val 形式保存 mfx 结果。像所有估计命令一样，mfx 命令会将结果保存在 ereturn list 中。保存的量包括标量如 e(Xmfx_y)，它是回归元生成的 y 的预测值，还有包含边际效应或弹性的矩阵。上面的例子使用 eyex 计算弹性，其计算结果保存在矩阵 e(xMfx_eyex) 中，而其标准误差保存在矩阵 e(xMfx_se_eyex) 中，do 文件从那些矩阵中提取适当值，然后用它们生成包含 stratio 百分位数的变量、相应的 price 预测值、弹性估计值以及置信区间的上下限。

```
. local i = 0
. foreach p of local pct {
  2. // compute elasticities at those points
.    quietly mfx compute, eyex at(mean stratio=`pc`p'')
  3.    local ++i
  4. // save predictions at these points in y_val
.    quietly replace y_val = e(Xmfx_y) in `i'
  5. // retrieve elasticities
.    matrix Meyex = e(Xmfx_eyex)
  6.    matrix eta = Meyex[1,"stratio"]           // for the stratio column
  7.    quietly replace eyex_val = eta[1,1] in `i'  // and save in eyex_val
  8. // retrieve standard errors of the elasticities
.    matrix Seyex = e(Xmfx_se_eyex)
  9.    matrix se = Seyex[1,"stratio"]            // for the stratio column
 10. // compute upper and lower bounds of confidence interval
.    quietly replace seyex1_val = eyex_val + tmfx*se[1,1] in `i'
 11.    quietly replace seyex2_val = eyex_val - tmfx*se[1,1] in `i'
 12. }
```

这些数值的图形由图 4-4 给出，此处将三种 twoway 图，即弹性 scatter、标准误差 rline 以及预测值 connected，与第二个轴结合起来，其中第二个轴已用数值标记。①

```
. label variable x_val "Student/teacher ratio (percentiles `pct')"
. label variable y_val "Predicted median house price"
. label variable eyex_val "Elasticity"
. label variable seyex1_val "95% c.i."
. label variable seyex2_val "95% c.i."
. // graph the scatter of elasticities vs. percentiles of stratio
. // as well as the predictions with rline
. // and the 95% confidence bands with connected
. twoway (scatter eyex_val x_val, ms(Oh) yscale(range(-0.5 -2.0)))
> (rline seyex1_val seyex2_val x_val)
> (connected y_val x_val, yaxis(2) yscale(axis(2) range(20000 35000))),
> ytitle(Elasticity of price vs. student/teacher ratio)
. drop y_val x_val eyex_val seyex1_val seyex2_val  // discard graph's variables
```

不同师生比水平的模型预测表明，在其他条件不变的情况下，越是学校聚集的地方，其房价越低。在 stratio 值范围内，弹性的变化十分明显。

这些 do 文件说明了如何利用 r( ) 与 e( ) 结构所保存的值自动生成点和区间弹性估计的表格，在这个案例中，将它们用图形表示出来。用户可以改写 do 文件，以生成不同回归元或不同回归方程的类似估计值。这里选取回归元百分位数作为 x 轴上的点，并设定百分位数列表为局部宏。尽

---

① 更多有关 Stata 图形性能的内容，包括叠加几种图形，参看《Stata 图形的视觉指南》(Mitchell, 2004)。

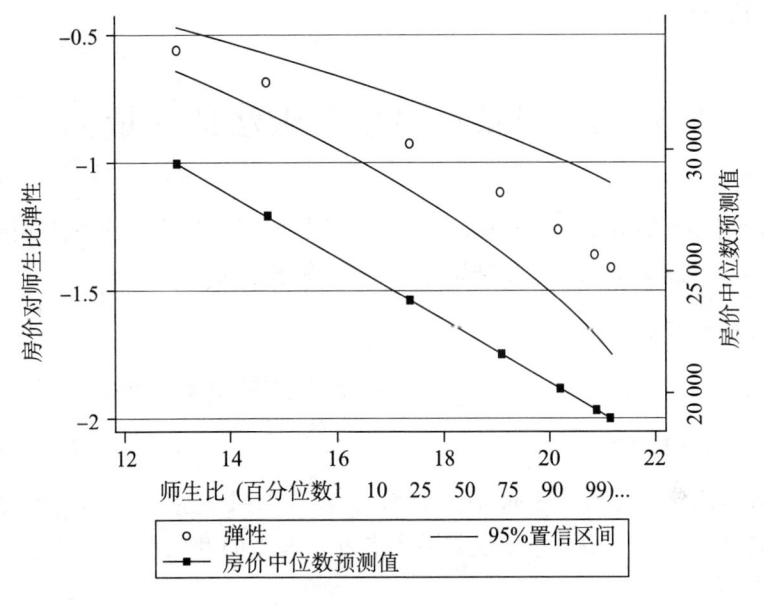

图 4-4　利用 mfx 计算点弹性与区间弹性

管许多用户使用 mfx 获得结果，但也可以用那些结果生成表格或图形，显示边际效应或弹性在回归元取值范围内的变异。

习　题

1. 将 $y=(2,1,0)$ 对 $X=(0,1,2)$ 做一个没有常数项的回归，并计算其残差。另外，重新拟合含有常数项的上述回归，并计算其残差。比较没有常数项的回归模型与有常数项的回归模型的残差平方和。对没有常数项的拟合模型，你会得出什么结论？

2. 请拟合 4.5.2 小节的回归，再用 test 评估假设 $H_0: 2\beta_{ldist} = -\beta_{rooms}$。用 lincom 计算线性组合 $2b_{ldist} - b_{rooms}$。为什么这两个命令会得出同样的 p 值？test 报告的 F 统计量与 lincom 报告的 t 统计量之间有什么关系？

3. 请拟合 4.5.2 小节的回归。重新拟合有线性约束 $2\beta_{ldist} = -\beta_{rooms}$ 的模型，其结果会有很大变动吗？为什么？

4. 利用 4.7 节例子中的估计方程，在 price 分布的每一个十分位数点上，计算 price 对 dist 的弹性（提示：参看 xtile）并生成包括 price 的十分位数与相应弹性的表格。

4.A　附录：最小二乘法估计量

运用如下矩阵记号，$\mathbf{y}$ 表示 N 个元素的向量，$\mathbf{X}$ 表示 $N\times k$ 矩阵，$\mathbf{u}$ 表示 N 个元素的向量，可以把线性回归问题表述为

$$\mathbf{y}=\mathbf{X}\boldsymbol{\beta}+\mathbf{u} \tag{4.9}$$

当使用最小二乘法估计时，想要求解与此问题类似的样本形式，即

$$\mathbf{y}=\mathbf{X}\hat{\boldsymbol{\beta}}+\hat{\mathbf{u}} \tag{4.10}$$

其中 $\hat{\boldsymbol{\beta}}$ 表示 k 个元素的 $\boldsymbol{\beta}$ 向量估计值，$\hat{\mathbf{u}}$ 表示 N 个元素的最小二乘残差向量估计值。我们希望寻找使误差平方和 $\hat{\mathbf{u}}'\hat{\mathbf{u}}$ 最小的 $\hat{\boldsymbol{\beta}}$ 元素。可以将最小二乘问题写成：

$$\boldsymbol{\beta}=\arg\min_{\boldsymbol{\beta}} \hat{\mathbf{u}}'\hat{\mathbf{u}}=\arg\min_{\boldsymbol{\beta}}(\mathbf{y}-\mathbf{X}\boldsymbol{\beta})'(\mathbf{y}-\mathbf{X}\boldsymbol{\beta})$$

假定 $N>k$ 且 $\mathbf{X}$ 的各列是线性独立的（也就是，$\mathbf{X}$ 必须是列满秩的），此问题有唯一解

$$\hat{\boldsymbol{\beta}}=(\mathbf{X}'\mathbf{X})^{-1}\mathbf{X}'\mathbf{y} \tag{4.11}$$

式（4.11）中用最小二乘法计算出的值与式（4.4）中用矩方法计算出的值是一样的，原因在于推导上述最小二乘法解的一阶条件定义了矩方法所使用的矩条件。

4.B　附录：线性回归大样本 VCE

估计量的抽样分布刻画出将该估计量运用于从基础总体重复抽取的样本时所产生的估计值。如果每个样本容量 N 足够大，不管基础随机扰动是否为正态分布，这种估计量的抽样分布都近似服从正态分布。若一个估计量满足这种性质，则称此估计量是渐近正态的。假如我们一致地估计出一个参数，当 $N\to\infty$ 时，其抽样方差收敛到 0。在小样本情况下，估计参数可能是有偏倚的，不过倘若估计量是一致的，那么偏倚会随着 N 增大而消

失。在多变量背景下，估计值的变异性由大样本正态分布的 VCE 刻画。我们将此矩阵称为估计量的 VCE。为计算估计值的变异性，需要 VCE 的一致估计量。

如果具有有限两阶矩的估计量表现出"良好特性"，那么将其矩阵的概率极限（或 plim）用样本量 N 加以标度，可写成

$$\text{plim} \frac{\mathbf{X'X}}{N} = \mathbf{Q} \tag{4.12}$$

其中 $\mathbf{Q}$ 是一个正定矩阵。① 可以推导随机估计 $\hat{\boldsymbol{\beta}}$ 的分布为

$$\sqrt{N}(\hat{\boldsymbol{\beta}} - \beta) \xrightarrow{d} N(0, \sigma_u^2 \mathbf{Q}) \tag{4.13}$$

其中 $\xrightarrow{d}$ 表示当样本量 $N \to \infty$ 时依分布收敛。就 $\hat{\boldsymbol{\beta}}$ 而言，可写为

$$\hat{\boldsymbol{\beta}} \stackrel{a}{\sim} N\left(\beta, \frac{\sigma_u^2}{N} \mathbf{Q}^{-1}\right) \tag{4.14}$$

其中 $\stackrel{a}{\sim}$ 表示大样本分布。为算出 $\hat{\boldsymbol{\beta}}$ 的大样本 VCE，必须估计式（4.14）中的两个量：一个是 σ_u^2，另一个是 $(1/N)\mathbf{Q}^{-1}$。正如式（4.5）中 $\mathbf{e'e}/(N-k)$ 所证明的，可以一致估计第一个量 σ_u^2，其中 $\mathbf{e}$ 表示回归残差向量。运用样本数据，利用 $(\mathbf{X'X})^{-1}$ 可以一致估计第二个量。因而，可将 $\hat{\boldsymbol{\beta}}$ 的大样本 VCE 估计成

$$\text{VCE}(\hat{\boldsymbol{\beta}}) = s^2 (\mathbf{X'X})^{-1} = \frac{\hat{\mathbf{u}}'\hat{\mathbf{u}}}{N-k} (\mathbf{X'X})^{-1} \tag{4.15}$$

---

① 一个随机变量序列 $\hat{\theta}_N$ 依概率收敛于常值 a，如果对于 $\varepsilon > 0$，当 $N \to \infty$ 时，$\Pr(|\hat{\theta}_N - a| > \varepsilon) \to 0$，则 a 是 $\hat{\theta}_N$ 的 plim。假如 $\hat{\theta}_N$ 是总体参数 θ 的估计量，而且 $a = \theta$，则 $\hat{\theta}_N$ 是 θ 的一致估计量。

第 5 章
函数形式设定

5.1 引 论

在第 4 章,支撑内容的一个重要假设为函数形式是被正确设定的。本章要讨论检查这一假设是否有效的几种方法。假如**零条件均值假设**

$$E[u|x_1, x_2, \cdots, x_k] = 0 \tag{5.1}$$

被违背,则系数估计是非一致的。

在回归模型中,导致零条件均值假设不成立的三个主要问题是:

- 不正确的模型设定;
- 一个或多个回归元为内生的,即存在内生性;
- 一个或多个回归元存在测量误差。

回归模型**设定**可能在包含回归元的列表或所设定估计关系的函数形式上出现错误。**内生性**指一个或多个回归元可能和误差项相关,当回归元与响应变量同时确定时,经常出现这种情况。回归元的**测量误差**指基本行为关系包括了计量经济学家不能准确度量的一个或多个变量。本章讨论设定问题,而第 8 章将研究内生性和测量误差。

5.2 设定错误

线性回归估计量的一致性要求样本回归函数对应于基础总体回归或响应变量 y 的真实模型:

$$y_i = \mathbf{x}_i \boldsymbol{\beta} + u_i$$

设定回归模型经常涉及对模型内容做出一系列决策。经济理论常常提供模型设定的某种指南,却没有明确指出某个特定变量应该怎样进入模型、怎样识别函数形式或精确地阐明随机成分(u_i)怎样进入模型。比较静态结果虽然提供导数的预期符号,但没有说明模型要使用哪一种函数设定。我们应该在原变量形式上进行估计,还是将其看成对数线性结构、一个或多个回归元的多项式形式,或者意味着弹性关系不变的对数形式呢? 对于诸如此类设定,理论时常未曾涉及,不过人们必须选择一种特定函数形式来继续开展实证研究。[①]

假定实证设定可能是不同于总体回归函数的两种方式之一(两者可能在同样的拟合模型中遇到)。已知因变量 y,模型可能省略有关变量,或者包括无关变量,使拟合模型对于真实模型来说分别是"不足"与"冗长"的。

5.2.1 模型省略有关变量

假如真实模型为

$$y = \mathbf{x}_1 \boldsymbol{\beta}_1 + \mathbf{x}_2 \boldsymbol{\beta}_2 + u$$

而且两个子集中的回归元个数分别是 k_1 与 k_2,但我们将 y 仅对 $\mathbf{x}_1$ 变量进行回归

---

① 除非人们选用非参数方法,此内容已超出本书范围,否则该要求就成立。参看 Hardle (1990) 对非参数方法的介绍。

$$y = \mathbf{x}_1\boldsymbol{\beta}_1 + u$$

这一步得出最小二乘法的解

$$\hat{\boldsymbol{\beta}}_1 = (\mathbf{X}_1'\mathbf{X}_1)^{-1}\mathbf{X}_1'\mathbf{y} \qquad (5.2)$$
$$= \boldsymbol{\beta}_1 + (\mathbf{X}_1'\mathbf{X}_1)^{-1}\mathbf{X}_1'\mathbf{X}_2\boldsymbol{\beta}_2 + (\mathbf{X}_1'\mathbf{X}_1)^{-1}\mathbf{X}_1'\mathbf{u} \qquad (5.3)$$

除非 $\mathbf{X}_1'\mathbf{X}_2 = \mathbf{0}$ 或 $\boldsymbol{\beta}_2 = 0$,否则估计值 $\boldsymbol{\beta}_1$ 为有偏的,因为

$$E[\hat{\boldsymbol{\beta}}_1|\mathbf{X}] = \boldsymbol{\beta}_1 + \mathbf{P}_{1\cdot 2}\boldsymbol{\beta}_2$$

其中 $\mathbf{P}_{1\cdot 2} = (\mathbf{X}_1'\mathbf{X}_1)^{-1}\mathbf{X}_1'\mathbf{X}_2$ 为 $k_1 \times k_2$ 矩阵,表示 $\mathbf{X}_2$ 的每列对 $\mathbf{X}_1$ 的各列进行的回归。当 $k_1 = k_2 = 1$ 且 $\mathbf{X}_2$ 的单个变量与 $\mathbf{X}_1$ 的单个变量相关时,就能推导其偏倚方向。一般地讲,每一个集合都含有多个变量,因此对 $\hat{\boldsymbol{\beta}}_1$ 系数的偏倚性质不能断言。

可以得出如下结论:省略有关变量的代价很高。当 $E[\mathbf{x}_1'\mathbf{x}_2] \neq \mathbf{0}$ 时,式(5.3) 表明估计量是非一致的。假如 $\mathbf{x}_1$ 与 $\mathbf{x}_2$ 元素之间的总体相关性为 0,则回归估计是一致的,不过在有限样本条件下可能为有偏的。在经济研究中,被错误地排除在模型之外的变量不可能与总体或样本中的回归元不相关。

设定时间序列回归模型的动态性质

时间序列数据模型会产生一个有关的问题,即理论很少确切设定动态关系的**时间形式**。例如,消费者理论可以设定个体储蓄对其税收收入变动的最终反应。然而,理论在说明个体怎样迅速地针对薪水永久变化调整其储蓄方面却束手无策。这种调整会发生在一周、两周、三周或每周两次的支付期间吗?由设定错误的不对称性可知,对建模者的建议忠告应是:"不要对动态特性拟合不足"。如果我们确实不知道动态关系的时间形式,那么就应该包括回归元的多个滞后值。然后,使用下面将讨论的检测策略,以便决定更长的滞后是否必须。此外,省略较高阶动态项可能导致回归误差出现明显的非独立性,如残差独立性检验所示。

5.2.2 回归数据图形分析

运用 Stata 画图能很容易地对回归样本甚至大的数据集执行探索性数据分析。就设定分析而言,我们希望检查 y 与 $\mathbf{x}$ 中回归元之间的简单二元关系。尽管多元线性回归系数是诸变量之间各种二元回归系数的复杂函数,但检查一系列的二元图形是有用的。使用 graph matrix 生成一系列图形,如图 5-1 所示,阐明住房价格中位数回归模型的二元关系。命令为:

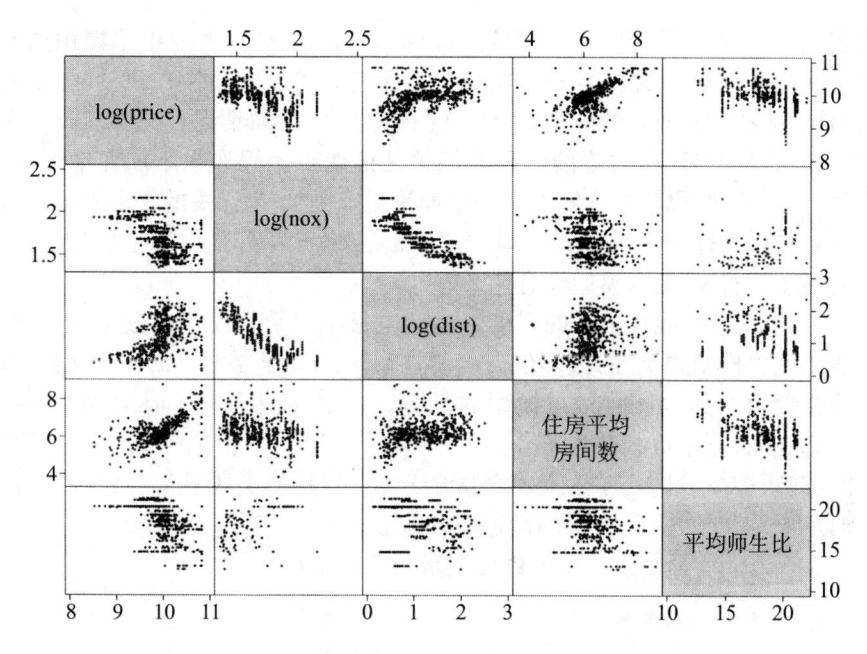

图 5-1 对回归变量运行 graph matrix 命令的结果

. graph matrix lprice lnox ldist rooms stratio, ms(Oh) msize(tinr)

图 5-1 的矩阵图第一行（或列）说明被解释变量（住房价格中位数对数）与四个解释变量之间的关系。这些图形都位于 y-x 平面上，房价中位数对数对这四个因素的简单回归反过来会确定最佳拟合直线。

也可以给出主对角线下方其他二元图形的解释。若这些关系均能由直线良好拟合，则那些回归元之间的相互关联性就很高，从而可以认为这是一个共线性问题。比如，lnox 与 ldist 之间的散点图表现出紧凑和线性的特征。使用 correlate 命令可以证明，这两个变量的相关性为-0.86。

5.2.3 添加变量图形

通过将多元变量关系分解成一系列的二维图，添加变量图可识别关系中的重要变量。[①] 根据两个残差序列依次针对每一个回归元添加变量图。第一个序列 e_1 包括 x_g 对其他所有 x 进行回归而得到的残差，而第二个序列 e_2 包括 y 对除 x_g 之外的所有 x 变量进行回归而得到的残差。也就是，e_1

---

① 关于添加变量图的详细内容，参看 Cook 和 Weisberg（1994，191-194）。参看 Stata 中的 [R] **regress postestimation** 有关执行方面的更多知识。

代表 $\mathbf{x}_g$ 中不能与其他回归元线性有关的部分，而 e_2 代表 y 中不能由所有其他回归元（除 $\mathbf{x}_g$ 之外）解释的信息。于是，关于 $\mathbf{x}_g$ 的添加变量图是 e_2（y 轴）对 e_1（x 轴）的分布情形。两种完全相反的情况［正如 Cook 和 Weisberg（1994）所讨论的］是人们关注的焦点。假如在添加变量图上，大部分点都围绕纵坐标为零的水平轴而聚集，则 $\mathbf{x}_g$ 是无关的。另外，当大部分点在横坐标为零的垂直线附近聚集时，此图表明有几乎完全共线性。同时显示，将 $\mathbf{x}_g$ 加入模型没有什么好处。

e_1 与 e_2 之间线性关系的强度（也就是最小二乘直线穿过散点的斜率）代表了完整模型中 $\mathbf{x}_g$ 的边际值。当斜率显著地异于零时，$\mathbf{x}_g$ 对模型贡献的重要性超过其他回归元对模型的贡献。围绕在图中直线周围的点越密集，则 $\mathbf{x}_g$ 的边际贡献越大。作为一种额外检查，当完整模型设定（包括 $\mathbf{x}_g$）正确时，e_1 对 e_2 的图必然显示出线性。若图形表明显著地背离线性，此时就要质疑 e_1 对 e_2 模型的设定是否适宜。

在 regress 命令后，生成添加变量图的命令是

avplot *varname*

其中 *varname* 代表图中作为基准的变量，它可以是回归元或回归模型中并不包含的变量。另一种方式是使用

avplots

生成一个图表，其中包含最后回归中所有添加变量的图形，如下所示。

```
. use http://www.stata-press.com/data/imeus/hprice2a, clear
(Housing price data for Boston-area communities)
. generate rooms2 = rooms^2
. regress lprice lnox ldist rooms rooms2 stratio lproptax

      Source |       SS       df       MS              Number of obs =     506
-------------+------------------------------           F(  6,   499) =  138.41
       Model |  52.8357813     6  8.80596356           Prob > F      =  0.0000
    Residual |  31.7464896   499   .06362022           R-squared     =  0.6247
-------------+------------------------------           Adj R-squared =  0.6202
       Total |  84.5822709   505  .167489645           Root MSE      =  .25223

      lprice |      Coef.   Std. Err.      t    P>|t|     [95% Conf. Interval]
        lnox |  -.6615694   .1201606    -5.51   0.000    -.8976524   -.4254864
        ldist |  -.095087   .0421435    -2.26   0.024    -.1778875   -.0122864
        rooms |  -.5625662   .1610315    -3.49   0.001    -.8789496   -.2461829
       rooms2 |   .0634347   .0124621     5.09   0.000     .0389501    .0879193
      stratio |  -.0362928   .0060699    -5.98   0.000    -.0482185   -.0243671
     lproptax |  -.2211125   .0410202    -5.39   0.000    -.301706    -.1405189
        _cons |   14.15454   .5693846    24.86   0.000     13.03585    15.27293

. avplots, ms(Oh) msize(small) col(2)
```

在图 5-2 的每一组图中，我们观察可以发现，几个观测值与连接响应变量和回归量的直线相去甚远。对于 lnox 和 ldist 的图形，离群值尤其明显，E[lnox|X] 和 E[ldist|X] 的低值，远高于模型所预测的有关价格。每一组图中的 t 统计量检验了最小二乘直线具有显著不异于零的斜率的假设。这些检验统计量与原始回归的统计量是相同的。

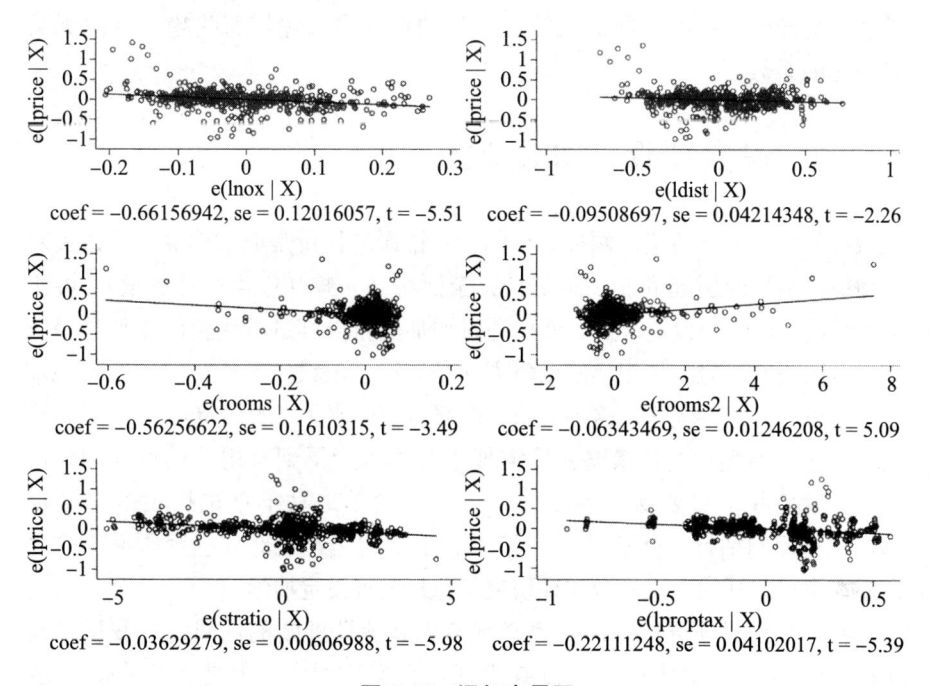

图 5-2 添加变量图

5.2.4 模型包括无关变量

模型包括无关变量不会违背零条件均值假设。由于无关变量总体系数为零，所以将它们包含在回归元列表中没有导致 u 过程的条件均值不等于 0。假如真实模型是

$$y = \mathbf{x}_1 \boldsymbol{\beta}_1 + u \tag{5.4}$$

但回归模型却错误地包括多个 $\mathbf{x}_2$ 变量。在这种情况下，我们就无法施加 $\boldsymbol{\beta}_2 = 0$ 的约束。因为在总体中 $\boldsymbol{\beta}_2 = 0$，包含 $\mathbf{x}_2$ 会导致 $\boldsymbol{\beta}_1$ 的估计值是无偏且一致的，就像对 σ_u^2 的估计那样。过度拟合与包括额外变量都会导致**效率**损失（参看

4.2.3 小节)。当忽略不属于模型的 x_2 变量时，β_1 的估计值与那些正确设定模型的 β_1 估计值相比更不精确，而且 β_1 的估计标准误差将大于由正确模型 (5.4) 拟合的 β_1 估计标准误差。当 $k_1=k_2=1$ 时，这个性质极为明显，x_1 与 x_2 之间相关性很高。错误地包括 x_2 将导致对 β_1 的估计不准确。

很明显，过度拟合模型的代价远小于前面讨论的拟合不足的代价。冗长模型会产生其所有参数的无偏且一致的估计值，包括那些趋于 0 的无关回归元的系数。

5.2.5 设定错误的非对称性

我们可以得出结论：两种类型的设定错误的代价是非对称的。为避免对模型拟合不足而引起的非一致估计，宁愿稳妥一些（包含额外变量）。鉴于这一结论，以简单设定开始，然后通过增加变量对其进行优化的模型选择策略是有缺陷的。另一种相反的策略方法是，以一般设定开始，然后通过施加适当约束对其进行优化，这种方法备受推荐。① 尽管一般设定可能受到共线性的困扰，但循环简化策略在设定搜索时更可能得到有用的模型。理想情况下，我们并不需要探求模型设定。可以简单地写下理论提出的拟合模型，执行回归估计，然后计算其结果。不幸的是，大部分应用研究不是这样简单直接展开的。大多数实证研究都包括某种设定搜索。

在考察此类研究策略时，也必须意识到统计推断的局限性。我们可能运行 20 次回归，其中回归元没有出现在真实模型中，但是在 5% 水平上，我们预计这 20 次估计中有一次会错误地证明响应变量与回归元之间的关系。经济文献的许多文章都谴责"数据挖掘"或"寻找结果"*。为了寻找真实模型而拟合各种模型的基本原理是避免使用统计推断来错误地拒绝该理论，原因在于我们错误地设定了关系。如果我们写下一个与真实模型几乎没有相似之处的模型，拟合该模型，并得出数据拒绝该理论的结论，那么我们的判断就建立在我们正确设定总体模型的假设之上。但是，如果我

---

① 这种由**一般到特殊的方法**由计量经济学家戴维・亨德里（David Hendry）在其多篇论文中提出，该方法执行此种优化策略。更多信息参看 http://ideas.repec.org/e/phe33.html。

* 数据挖掘（data mining），指对数据本身内容进行研究，探寻数据表现出的含义，然后提出理论来解释所看到的内容。换句话说，数据挖掘通常是指从大量的资料中自动搜索隐藏于其中的有着特殊关联性的信息的过程。寻找结果（fishing for results），实际上这时人们已经知道数据所揭示的内容，然后对所要估计的模型进行修正，直到模型确认了先前的认识。——译者注

们使用该模型的变换形式，或者在模型中添加忽略的变量，那么统计推断可能会得出不同的结论。

5.2.6 函数形式错误设定

包括适当回归元的模型可能被错误设定，这是因为模型的代数形式可能没有反映响应变量与那些回归元之间的关系。例如，假如真实模型设定 y 与 x_i 之间有非线性关系，诸如多项式关系，而我们却省略掉平方项。[①] 这样做就是函数形式错误设定。同样，当真实模型表现出不变弹性关系时，对 y 与 $\mathbf{x}$ 的对数拟合的模型所得出的结论不同于对原变量拟合的模型所得出的结论。就某一方面而言，这个问题可能比省略有关变量的情况更容易处理。对于函数形式错误设定，我们拥有全部适宜变量，只需要选择变量进入回归函数的适当形式。运用 Stata 的 `estat ovtest` 可执行拉姆齐 (Ramsey) 省略变量的回归设定误差检验（RESET），这种方式在此背景下十分有用。

5.2.7 拉姆齐的 RESET

y 对各种水平的 x 的线性回归将每个 x_i 的影响严格限制成线性的。假如 y 与 x_i 的函数关系是非线性的，线性函数可能对 x_i 的某些值来说合理地发挥了作用，但终究还是不起作用。拉姆齐的 RESET 就是建立在这种简单观念之上的。RESET 实施一种增广回归，该回归形式包含初始回归元、来自初始回归预测值的幂，以及初始回归元的幂。在没有错误设定的原假设下，这些额外回归元的系数为 0。RESET 对此种原假设进行简单的沃尔德检验。由于 $\hat{y}$ 与 x_i 的多项式近似 y 与回归元 $\mathbf{x}$ 之间函数关系的多种形式，故这种检验作用良好。

为了在 `regress` 之后计算 RESET，如 [R] **regress postestimation** 所述，我们使用下述命令语法[②]：

[①] 人们要区分参数为线性的模型与 y 及 x 之间为非线性的模型。$y_i = \beta_1 + \beta_2 x_i + \beta_3 x_i^2 + u_i$ 关于 $\boldsymbol{\beta}$ 参数为线性的，但定义了非线性函数 $E[y|x] = f(x)$。

[②] 执行几种 RESET 并且可在工具变量估计之后应用的更一般命令是马克·谢弗（Mark Schaffer）的 `ivreset` 程序，这可从 ssc 中获得。

```
estat ovtest [ , rhs ]
```

在默认计算的情况下,简约检验通过 $\hat{y}$ 序列的二阶、三阶或四阶幂扩大了回归。利用 rhs 选项,使用单个回归元自身的幂。此选项可极大地降低小样本检验功效,因为这将包括许多回归元。例如,在房价对数回归模型之后,执行 RESET,具体操作如下:

```
. quietly regress lprice lnox ldist rooms stratio
. estat ovtest
Ramsey RESET test using powers of the fitted values of lprice
      Ho:  model has no omitted variables
                  F(3, 498) =      9.69
                  Prob > F =      0.0000
. estat ovtest, rhs
Ramsey RESET test using powers of the independent variables
      Ho:  model has no omitted variables
                  F(12, 489) =     11.79
                  Prob > F =      0.0000
```

运用两种检验形式之一,我们可以拒绝无省略变量的 RESET 零假设。重新设定方程,包括 rooms 的平方项与其他因素,即社区财产税的对数 lproptax:

```
. regress lprice lnox ldist rooms rooms2 stratio lproptax

      Source |       SS       df       MS              Number of obs =     506
-------------+------------------------------           F(  6,   499) =  138.41
       Model |  52.8357813     6  8.80596356           Prob > F      =  0.0000
    Residual |  31.7464896   499   .06362022           R-squared     =  0.6247
-------------+------------------------------           Adj R-squared =  0.6202
       Total |  84.5822709   505   .167489645          Root MSE      = .25223

      lprice |      Coef.   Std. Err.      t    P>|t|     [95% Conf. Interval]
-------------+----------------------------------------------------------------
        lnox |  -.6615694   .1201606    -5.51   0.000    -.8976524   -.4254864
       ldist |  -.095087    .0421435    -2.26   0.024    -.1778875   -.0122864
       rooms |  -.5625662   .1610315    -3.49   0.001    -.8789496   -.2461829
      rooms2 |   .0634347   .0124621     5.09   0.000     .0389501    .0879193
      stratio|  -.0362928   .0060699    -5.98   0.000    -.0482185   -.0243671
     lproptax|  -.2211125   .0410202    -5.39   0.000    -.301706    -.1405189
       _cons |  14.15454    .5693846    24.86   0.000    13.03585    15.27323

. estat ovtest
Ramsey RESET test using powers of the fitted values of lprice
      Ho:  model has no omitted variables
                  F(3, 496) =      1.64
                  Prob > F =      0.1798
```

这个模型的预测值不再拒绝 RESET。Rooms 和住房价格之间的关系看起来是非线性的（尽管 rooms 与 rooms2 的系数符号形式并不如理论所言）。但是，如同理论所揭示的，财产税较高的社区，在其他条件不变的情况下，其住房价值较低。

5.2.8 设定图

许多建立在残差基础上的图有助于人们评估模型设定情况，因为某种残差图形会显示错误设定。运用上述回归模型，可以用 rvfplot 画出残差与预测值图形（残差与拟合图形），或用 rvpplot 画出残差值与特定回归元的图形（残差与预测值图形）：

```
. quietly regress lprice lnox ldist rooms rooms2 stratio lproptax
. rvpplot ldist, ms(Oh) yline(0)
```

后一个图形由图 5-3 给出。就此模型而言，任何一种形式的图形都可揭示问题。比如，低水平距离对数（ldist）的残差变动得比高水平的更为剧烈，所以同方差假设（扰动过程方差为常值）站不住脚。

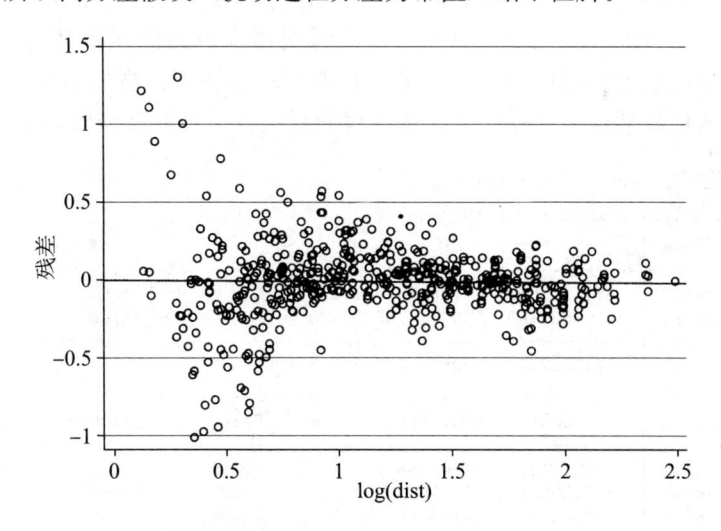

图 5-3　残差与预测值图形

针对识别设定问题提出了一系列其他图形方法，Stata 有几个命令可执行此类图形方法，参看 [R] **regress postestimation**。

5.2.9 设定与交互作用项

我们还可能遇到带有回归元的交互作用项的设定错误。假如真实模型表明 $\partial y/\partial x_j$ 是 x_l 的函数，就应拟合下面的模型

$$y = \beta_1 + \beta_2 X_2 + \cdots + \beta_j x_j + \beta_l X_l + \beta_p (x_j \cdot x_l) + \cdots + u \qquad (5.5)$$

其中回归元 $(x_j \cdot x_l)$ 是一个**交互作用项**。当把此项加入模型时，我们发现 $\partial y/\partial x_j = \beta_j + \beta_p x_l$。于是，$x_j$ 的效应取决于 x_l。例如，房价对住所属性进行回归时，住户增加卧室的效应可能取决于住房面积。① 如果将 β_p 系数约束成 0〔也就是，如果不考虑交互作用效应估计式 (5.5)〕，那么不论 x_j 还是 x_l 的偏导数都被约束成一个常数而不是变量，正如包含交互作用项的方程。当交互作用项或一些项是无关的时，t 统计量将显示用户可以安全地省略它们。不过，正确设定模型要求回归元以适当形式进入到拟合模型中。

举一个交互作用项错误设定的例子，我们的房价模型包括 lproptax 与 stratio 之间的交互作用项 taxschl，其中 lproptax 表示社区平均财产税的对数，而 stratio 表示师生比。② 这两项均为负面因素，其含义如下：购买者更愿意支付较低的税，并且喜欢拥有较多教职人员的学校，而不愿意在这两项属性值高的社区为住房支付同样的价格。具体操作如下：

```
. generate taxschl = lproptax * stratio
. regress lprice lnox ldist lproptax stratio taxschl

     Source |       SS       df       MS              Number of obs =     506
------------+------------------------------           F(  5,   500) =   84.47
      Model | 38.7301562      5   7.74603123          Prob > F      =  0.0000
   Residual | 45.8521148    500    .09170423          R-squared     =  0.4579
------------+------------------------------           Adj R-squared =  0.4525
      Total | 84.5822709    505    .167489645         Root MSE      =  .30283

     lprice |      Coef.   Std. Err.      t    P>|t|     [95% Conf. Interval]
------------+----------------------------------------------------------------
       lnox |  -.9041103   .1441253    -6.27   0.000    -1.187276   -.6209444
       ldist |  -.1430541   .0501831   -2.85   0.005    -.2416499   -.0444583
    lproptax |  -1.48103    .5163117   -2.87   0.004    -2.495438   -.4666219
     stratio |  -.4388722   .1538521   -2.85   0.005    -.7411093   -.1366351
     taxschl |   .0641648   .026406     2.43   0.015     .0122843    .1160452
       _cons |   21.47905   2.952307    7.28   0.000     15.6786     27.27951
```

---

① 反之亦然，在式 (5.5) 中，$\partial y/\partial x_l$ 是 x_j 的函数。
② 为了阐述方便，我们从这个例子中去掉 rooms 与 rooms2 回归元。

很明显，交互作用项是显著的，因此依据 5.2.1 小节讨论的原因，可以认为排除交互作用项的模型是错误设定的，尽管从代数形式上看被省略变量与已包含回归元有联系。该交互作用项系数为正，所以 lprice 对 lproptax（或 stratio）的负偏导数小于较高水平的 stratio（或 lproptax）的负偏导数（接近于 0）。

5.2.10 离群值统计与杠杆作用测算

为了评价拟合模型的设定准确性，还必须考察模型对**影响数据**（influential data）稳健性的有关证据。OLS 估计量被设计成对回归样本进行尽可能好的拟合。然而，拟合模型的目标经常包括从抽取的样本去推断总体，或执行样本外预测。当模型系数受到子样本上几个数据点的强烈影响或拥有结构不稳定性的证据时，人们在更广泛背景下就会对拟合模型的价值产生质疑。因此，我们考虑设计用于识别影响数据的检验和图形。

为了评估影响数据以及影响数据和拟合模型之间的关系，人们专门设计出一系列统计量。这方面的先驱性工作是由 Belsley, Kuh 和 Welsch（1980）以及后来的 Belsley（1991）做出的。回归关系中的**离群值**（outlier）*是指拥有不常见值的数据点，比如某房屋的价格是其他房屋的两倍，或某个社区有低于均值 3 个标准差的师生比。离群值可能是那种与大残差（以绝对值计）有关的观测值，以及模型拟合很差的数据点。

此外，远离分布质量中心的不常见数据点 x_j 可能也是一个离群点，尽管与那个数据点有关的残差时常很小，这是因为最小二乘法过程对残差设置了平方惩罚，以此构成最小二乘准则。正因算术均值（最小二乘估计量）对极端值（相对于样本中位数）极为敏感，最小二乘回归拟合试图防止这种不常见数据点生成相当大的残差。此类不常见数据点对估计具有高水平**杠杆作用**，因为如果样本包含极端值，就会很大程度地改变估计系数。具有大残差的数据点可能也有高水平杠杆作用。具有低水平杠杆作用的那些数据点仍可能对回归估计产生很大影响。测算影响程度以及对影响

---

* 又称异常值。——译者注

数据进行识别都要考虑其杠杆作用。

在 regress 命令之后，可使用

```
. predict double lev if e(sample), leverage
```

对每个数据点的杠杆作用进行测算。这些杠杆作用值是运用"帽子矩阵"的对角元素 $h_j = \mathbf{x}_j (\mathbf{X}'\mathbf{X})^{-1} \mathbf{x}_j'$ 计算的，其中 $\mathbf{x}_j$ 表示回归元矩阵的第 j 行。[①] 可使用 lvr2plot 在图形上展示杠杆作用值与（正规化）平方残差值。具有很高的杠杆作用值或非常大的残差平方的点可能需要仔细检查。也可以直接检查那些统计量。考察房价回归模型，并计算杠杆作用及残差平方。town 变量可以识别社区。

```
. quietly regress lprice lnox ldist rooms rooms2 stratio lproptax
. generate town = _n
. predict double lev if e(sample), leverage
. predict double eps if e(sample), res
. generate double eps2 = eps^2
. summarize price lprice
```

Variable	Obs	Mean	Std. Dev.	Min	Max
price	506	22511.51	9208.856	5000	50001
lprice	506	9.941057	.409255	8.517193	10.8198

然后，列出杠杆测量最大的五个值，并用 gsort 命令对其进行降序排列：

```
. gsort -lev
. list town price lprice lev eps2 in 1/5
```

	town	price	lprice	lev	eps2
1.	366	27499	10.2219	.17039262	.61813718
2.	368	23100	10.04759	.11272637	.30022048
3.	365	21900	9.994242	.10947853	.33088957
4.	258	50001	10.8198	.08036068	.06047061
5.	226	50001	10.8198	.0799096	.03382768

也可用最大残差平方检查 town 变量：

[①] 关于 predict 选项的公式，在 [R] regress postestimation 中给出说明。

```
. gsort -eps2
. list town price lprice lev eps2 in 1/5
```

	town	price	lprice	lev	eps2
1.	369	50001	10.8198	.02250047	1.7181195
2.	373	50001	10.8198	.01609848	1.4894088
3.	372	50001	10.8198	.02056901	1.2421055
4.	370	50001	10.8198	.0172083	1.0224558
5.	406	5000	8.517193	.00854955	1.0063662

正像这些结果表明的，大的杠杆值并不意味着大的残差平方，反之亦然。几个最大的杠杆值或残差平方对应于数据集记录的住房价格中位数中的极端值，范围从 5 000 美元到 50 001 美元。这些数据可用外部观测值来编码，此外部观测值的范围分别等于最小值或最大值。

DFITS 统计量

借助于 Welsch 和 Kuh（1977）的 DFITS 统计量

$$\text{DFITS}_j = r_j \sqrt{\frac{h_j}{1-h_j}}$$

可以得到杠杆值的概括描述与残差数值，其中 r_j 表示学生化（标准化）残差，

$$r_j = \frac{e_j}{s_{(j)}\sqrt{1-h_j}}$$

这里 $s_{(j)}$ 表示回归方程去掉第 j 个观测值后的均方根误差 s。经过一些代数运算，可以证明，要么大的杠杆值（h_j）产生大的 $|\text{DFITS}_j|$，要么大的绝对残差值（e_j）产生大的 $|\text{DFITS}_j|$。DFITS 测量值刻画了第 j 个观测值的样本内与样本外预测值之差。DFITS 评估了拟合回归模型包含第 j 个观测值与去掉该观测值时的结果。Belsley，Kuh 和 Welsch（1980）提出，$|\text{DFITS}_j|$ 的临界值 $>2\sqrt{\frac{k}{N}}$ 表明了具有高度影响的观测值。现在，我们计算房价回归模型的 DFITS[①]：

```
. predict double dfits if e(sample), dfits
```

[①] 更详细的内容，参看 [R] **regress postestimation**。

然后，对计算的 DFITS 统计量按降序排列，并计算建议的临界值作为指示变量，即 cutoff，当 DFITS 的绝对值很大时，cutoff 等于 1，否则等于 0。考虑使 cutoff＝1 的 DFITS 值，具体操作如下：

```
. gsort -dfits
. quietly generate cutoff = abs(dfits) > 2*sqrt((e(df_m)+1)/e(N)) & e(sample)
. list town price lprice dfits if cutoff
```

	town	price	lprice	dfits
1.	366	27499	10.2219	1.5679033
2.	368	23100	10.04759	.82559867
3.	369	50001	10.8198	.8196735
4.	372	50001	10.8198	.65967704
5.	373	50001	10.8198	.63873964
6.	371	50001	10.8198	.55639311
7.	370	50001	10.8198	.54354054
8.	361	24999	10.12659	.32184327
9.	359	22700	10.03012	.31516743
10.	408	27901	10.23642	.31281326
11.	367	21900	9.994242	.31060611
12.	360	22600	10.02571	.28892457
13.	363	20800	9.942708	.27393758
14.	358	21700	9.985067	.24312885
490.	386	7200	8.881836	-.23838749
491.	388	7400	8.909235	-.25909393
492.	491	8100	8.999619	-.26584795
493.	400	6300	8.748305	-.28782824
494.	416	7200	8.881836	-.29288953
495.	402	7200	8.881836	-.29595696
496.	381	10400	9.249561	-.29668364
497.	258	50001	10.8198	-.30053391
498.	385	8800	9.082507	-.302916
499.	420	8400	9.035987	-.30843965
500.	490	7000	8.853665	-.3142718
501.	401	5600	8.630522	-.33273658
502.	417	7500	8.922658	-.34950136
503.	399	5000	8.517193	-.36618139
504.	406	5000	8.517193	-.37661853
505.	415	7012	8.855378	-.43879798
506.	365	21900	9.994242	-.85150064

大约有 6% 的观测值由 DFITS 临界值准则标记。与大的 DFITS 正值相联系的许多观测值的顶端编码值为住房中位数价格 50 001 美元，DFITS 正值数量远远大于 DFITS 负值数量。对代表任意记录价格最大值的顶端编码值的识别表明，对此模型应考虑不同的估计方法。10.3.2 小节阐述的 tobit 回归模型能够恰当地解释住房价格中位数的**删失**（censored）性质。

DFBETA 统计量

我们也可能要关注某一个回归元，考察它对估计值的影响。可以利用回归之后的 dfbeta 命令计算的 DFBETA 序列。① 针对回归元 l 的第 j 个观测值的 DFBETA 测量可写成

$$\text{DFBETA}_j = \frac{r_j v_j}{\sqrt{v^2(1-h_j)}}$$

其中 v_j 表示 x_l 对 **X** 剩余列进行偏回归后得到的残差，v^2 表示它们的平方和。回归元 l 的 DFBETA 值测量了当回归包含第 j 个观测值以及去掉第 j 个观测值时，这个回归系数变动的距离由该系数的估计标准误差来刻画。一条经验法则表明，DFBETA 的绝对值大于 1 是关注的原因，因为该观测值使估计系数的变动大于一个标准误差。Belsley, Kuh 和 Welsch (1980) 提出，$|\text{DFBETA}_j|$ 的临界值 $>2/\sqrt{N}$。

在房价回归模型中，对回归元 lnox 计算 DFBETA：

```
. quietly regress lprice lnox ldist rooms rooms2 stratio lproptax
. dfbeta lnox
                          DFlnox:  DFbeta(lnox)
. quietly generate dfcut = abs(DFlnox) > 2/sqrt(e(N)) & e(sample)
. sort DFlnox
. summarize lnox
```

Variable	Obs	Mean	Std. Dev.	Min	Max
lnox	506	1.693091	.2014102	1.348073	2.164472

---

① 如 [R] **regress postestimation** 所讨论的，可使用 predict 计算一个 dfbeta 序列，然而我们也可用一个 dfbeta 命令计算一个或全部序列，并自动给它们命名。

```
. list town price lprice lnox DFlnox if dfcut
```

	town	price	lprice	lnox	DFlnox
1.	369	50001	10.8198	1.842136	-.4316933
2.	372	50001	10.8198	1.842136	-.4257791
3.	373	50001	10.8198	1.899118	-.3631822
4.	371	50001	10.8198	1.842136	-.2938702
5.	370	50001	10.8198	1.842136	-.2841335
6.	365	21900	9.994242	1.971299	-.2107066
7.	408	27901	10.23642	1.885553	-.1728729
8.	368	23100	10.04759	1.842136	-.1309522
9.	11	15000	9.615806	1.656321	-.1172723
10.	410	27499	10.2219	1.786747	-.1117743
11.	413	17900	9.792556	1.786747	-.0959273
12.	437	9600	9.169518	2.00148	-.0955826
13.	146	13800	9.532424	2.164472	-.0914387
490.	154	19400	9.873029	2.164472	.0910494
491.	463	19500	9.87817	1.964311	.0941472
492.	464	20200	9.913438	1.964311	.0974507
493.	427	10200	9.230143	1.764731	.1007114
494.	406	5000	8.517193	1.93586	.1024767
495.	151	21500	9.975808	2.164472	.1047597
496.	152	19600	9.883285	2.164472	.1120427
497.	460	20000	9.903487	1.964311	.1142668
498.	160	23300	10.05621	2.164472	.1165014
499.	491	8100	8.999619	1.806648	.1222368
500.	362	19900	9.898475	2.04122	.1376445
501.	363	20800	9.942708	2.04122	.1707894
502.	490	7000	8.853665	1.806648	.1791869
503.	358	21700	9.985067	2.04122	.1827834
504.	360	22600	10.02571	2.04122	.2209745
505.	361	24999	10.12659	2.04122	.2422512
506.	359	22700	10.03012	2.04122	.2483543

与 DFITS 测量值比较后，可以发现 lnox 的 DFBETA 有类似形式，即大致有 6% 的样本显示出很大的 DFBETA 测量值。如同 DFITS，大的正值数量超过相应的负值数量。大多数的正值都与 50 001 美元的房价中位数顶端编码有关。这些（富裕的）社区的 lnox 值超过其最小值或均值。相反，具有大的 DFBETA 负值的大多数社区具有相当高的污染物指标（或所记录的最大值）。

对于具有高度杠杆作用的许多数据点这种证据，我们应作何反应呢？就这个研究项目而言，我们可能认为价格数据编码不当，尤其是在高端价位。任何房价中位数大于 50 000 美元的社区都被编码成 50 001 美元。这些观测值被 DFITS 与 DFBETA 测量特殊识别出来。

从样本中去掉低端编码与高端编码的观测值，会从中非随机地去掉一些社区，影响最富裕的与最贫穷的社区。为了解决删失问题（或极端值编码），我们可使用 tobit 模型（参看 10.3.2 小节）。tobit 模型、双限制 tobit 模型形式可以处理既有下限值又有上限值的删失问题。

5.3　内生性与测量误差

在计量经济学中，如果一个回归元违背零条件均值假设 $E[u\,|\,X\,]=0$，它就是内生的；也就是如果某个变量和误差项相关，则它是内生的。本书第 8 章将阐述这个问题。

我们时常需要处理测量误差，这意味着理论告诉我们的某种关系中的特定变量在可用数据中无法被准确地度量。例如，个体面对的精确边际税率取决于多种因素，其中某些因素能够被观测到。即使知道某个个体的收入、决定因素的个数以及住房所有者的状况，我们也只能近似地推测税法变动对其纳税义务的影响。每当我们试图系统表述并实施此类模型，都面临着近似测量，包括某种测量误差。

这个问题类似于代理变量问题，但它并不是诸如天赋或能力之类的潜变量问题。尽管可观测的量级确实存在，但计量经济学家无法观测到它。为什么要关注测量误差呢？因为想要建模的（个体、公司或行业）经济行为由**实际**测量所驱动，而不是由对那些因素错误测量的近似值所驱动。倘若我们不能获得实际测量，则可能错误解释行为响应。

从数学形式上看，测量误差（一般称为变量误差）对 OLS 回归模型的影响，与一个或多个回归元的内生性的影响相同（参看第 8 章）。

习　题

1. 运用 lifeexpW 数据集，将 lifeexp 对 popgrowth 与 lgnppc 进行回归。使用 avplot safewater 生成变量添加图。对于这个回归估计，你会得出什么结论？

2. 重新拟合包含 safewater 的模型，利用拉姆齐的 RESET 评估设定。

你会得到什么结论？

3. 从回归中生成 dfits 序列，并列出 DFITS 测量绝对值最大的五个地区。会有哪些地区在列呢？

4. 重新拟合省略海地的模型，然后应用 RESET。对此模型设定，你会得出什么结论？

第 6 章
带非独立同分布误差的回归

如同 4.2.2 小节所讨论的,如果回归误差是独立同分布(i.i.d.)的,OLS 就会产生一致估计值;在大样本条件下,大样本分布服从正态分布,其均值在真实系数值处,而且 VCE 可由式(4.15)一致地估计。当零条件均值假设成立但误差不是独立同分布的,OLS 仍会产生一致估计值,此估计值在大样本情况下的抽样分布仍然服从正态分布,其均值在真实系数值处,只是它的 VCE 不能由式(4.15)一致估计。

当误差不是独立同分布时,有两种选择。第一种选择,可以使用一致 OLS 点估计,这时用 VCE 的不同估计量考虑非独立同分布的误差。或者,假如我们能够设定回归模型的误差是怎样违背独立同分布的,就可以使用不同估计量产生一致且更有效的点估计。

我们要对这两种方法的**稳健性**与**有效性**进行权衡。稳健方法对估计量施加的约束更少:其观点是一致点估计足够好,尽管为考虑非独立同分布误差必须对 VCE 的估计量加以修正。有效方法则把非独立同分布的明显设定并入模型。如果该设定适合，它所表示的额外约束就会产生比稳健方法更有效的估计量。

当误差不服从**同分布**，或者不服从**独立分布**（或者两者都不服从）时，独立同分布假设就不起作用。当以回归元为条件的误差方差随观测值不同而变化时，同分布假设失效。这个问题被称为**异方差性**（即方差不相同），其反面是**同方差性**（即方差相同）。独立同分布情况假定误差为**条件同方差的**，即回归元不存在扰动项方差方面的信息。

当误差互相关联时，它们不服从独立分布。本章允许误差间**相互关联**（违背独立同分布假设），但和回归元不相关。我们仍保留零条件均值假设，这意味着回归元与误差之间不相关。非独立误差情况不同于回归元与误差相关的情况。

在介绍使独立同分布误差假设不成立的某些普遍原因之后，我们阐述稳健方法。然后讨论有效方法的一般形式，以及在最普遍情况下的估计与检验，而且这些小节会涉及对独立同分布误差的检验，这是因为有效检验需要设定违背形式。

6.1　广义线性回归模型

最小二乘回归方法广为流传，原因在于它的普适性。如果将响应变量和几个回归元联系起来的模型满足式（5.1）的零条件均值假设，那么 OLS 就得出参数的一致点估计。我们并不需要对 u 过程的分布做进一步假设，同时不需要特别地假定其服从多元正态分布。[①]

我们首先阐述**广义线性回归模型**（generalized linear regression model，GLRM），以考察估计参数 $\hat{\boldsymbol{\beta}}$ 的估计协方差矩阵上的非独立同分布误差的结果。广义线性回归模型是

$$y = X\boldsymbol{\beta} + u$$
$$E[u|X] = 0$$
$$E[uu'|X] = \Sigma_u$$

[①] 我们需要用 u 的较高阶矩施加某些约束。但是，可以忽略技术性正则条件。

其中 $\boldsymbol{\Sigma}_u$ 表示 $N \times N$ 阶的正定矩阵。① 这是独立同分布误差模型的推广形式，其中 $\boldsymbol{\Sigma}_u = \sigma^2 I_N$。

当 $\boldsymbol{\Sigma}_u \neq \sigma^2 I_N$ 时，$\boldsymbol{\beta}$ 的 OLS 估计量在大样本情况下仍是无偏的、一致的且服从正态分布，但它不再是有效的，证明如下，

$$\begin{aligned}\hat{\boldsymbol{\beta}} &= (\mathbf{X}'\mathbf{X})^{-1}\mathbf{X}'\mathbf{y} \\ &= (\mathbf{X}'\mathbf{X})^{-1}\mathbf{X}'(\mathbf{X}\boldsymbol{\beta}+\mathbf{u}) \\ &= \boldsymbol{\beta}+(\mathbf{X}'\mathbf{X})^{-1}\mathbf{X}'\mathbf{u}\end{aligned}$$

$$E[\hat{\boldsymbol{\beta}}-\boldsymbol{\beta}]=0$$

已知误差的零条件均值假设，该假设意味着，线性回归估计量（以 $\mathbf{X}$ 为条件）的抽样方差为

$$\begin{aligned}\operatorname{Var}[\hat{\boldsymbol{\beta}}|\mathbf{X}] &= E[(\mathbf{X}'\mathbf{X})^{-1}\mathbf{X}'\mathbf{u}\mathbf{u}'\mathbf{X}(\mathbf{X}'\mathbf{X})^{-1}] \\ &= (\mathbf{X}'\mathbf{X})^{-1}(\mathbf{X}'\boldsymbol{\Sigma}_u\mathbf{X})(\mathbf{X}'\mathbf{X})^{-1}\end{aligned} \quad (6.1)$$

由 regress 命令计算的 VCE 仅仅是 $\sigma_u^2(\mathbf{X}'\mathbf{X})^{-1}$，其中 σ_u^2 用它的估计值 s^2 代替。

当 $\boldsymbol{\Sigma}_u \neq \sigma^2 I_N$ 时，VCE 的这种简单估计量不是一致的，而且通常的推断方法不再合适。在 regress 之后，利用 VCE 简单估计量得出的假设检验与置信区间将不再可信。

6.1.1 背离独立同分布误差的形式

广义线性回归模型允许我们考察 $\boldsymbol{\Sigma}_u \neq \sigma^2 I_N$ 情况下的模型。关注三种特殊情形。首先，考虑纯异方差性情况，即 $\boldsymbol{\Sigma}_u$ 为一个对角矩阵。这个情况违背同分布假设。当 $\boldsymbol{\Sigma}_u$ 的对角元素和下式一样各不相同时

$$\boldsymbol{\Sigma}_u = \begin{pmatrix} \sigma_1^2 & 0 & \cdots & 0 \\ 0 & \sigma_2^2 & \cdots & 0 \\ \vdots & \vdots & & \vdots \\ 0 & 0 & \cdots & \sigma_N^2 \end{pmatrix}$$

该模型可能使以 $\mathbf{X}$ 为条件的 u 方差随观测值不同而变化。例如，利用家庭调查，我们能把消费者支出建模成家庭收入的函数。可以认为，高收入个

---

① $\mathbf{y}$ 表示 y 的 $N\times 1$ 观测值向量，$\mathbf{X}$ 表示 $\mathbf{x}$ 的 $N\times K$ 观测值矩阵，$\mathbf{u}$ 表示 $N\times 1$ 扰动误差。

体的误差方差会大于低收入个体的误差方差,原因在于高收入个体拥有更多可自由支配的收入。

其次,我们能把观测值分成几组或几个**聚类**(clusters)*,组内误差是相关的。例如,当将户主关于住房的支出建模成他们的收入函数时,对邻近的住户来说,误差可能就是相关的。

因为不同组内的误差是相互独立的,聚类(在一个聚类的观测值里,误差是相关的)会导致 $\mathbf{\Sigma}_u$ 矩阵成为**块对角**的。这种情况就以特殊方式终止独立分布假设。由于每一个观测值聚类都具有自己的误差协方差,所以同分布假设被放宽为

$$\mathbf{\Sigma}_u = \begin{bmatrix} \mathbf{\Sigma}_1 & 0 & & & 0 \\ 0 & \ddots & & & \\ & & \mathbf{\Sigma}_m & & \\ & & & \ddots & 0 \\ 0 & & & 0 & \mathbf{\Sigma}_M \end{bmatrix} \quad (6.2)$$

在此记号下,$\mathbf{\Sigma}_m$ 表示聚类内协方差矩阵。对于有 τ_m 个观测值的 m 聚类(组)来说,$\mathbf{\Sigma}_m$ 是 $\tau_m \times \tau_m$ 的。在 M 个不同聚类观测值之间的零协方差表明,协方差 $\mathbf{\Sigma}_u$ 是一个块对角形式。

再次,在时间序列模型中,误差可能显示出**序列相关**,这里误差与其前续项及后续项是相关的。在有序列相关的条件下,误差协方差矩阵变为

$$\mathbf{\Sigma}_u = \sigma_u^2 \begin{bmatrix} 1 & \rho_1 & \cdots & \rho_{N-1} \\ \rho_1 & 1 & \cdots & \rho_{2N-3} \\ \vdots & \vdots & & \vdots \\ \rho_{N-1} & \rho_{2N-3} & \cdots & 1 \end{bmatrix} \quad (6.3)$$

其中未知参数 $\rho_1, \rho_2, \cdots, \rho_{\{N(N-1)\}/2}$ 表示误差过程前后逐项间的相关性。这种情况同样终止了独立分布假设,却以不同方式对相关性进行参数化。

6.1.2 VCE 的稳健估计量

如果误差是条件异方差的,而且我们想要应用稳健方法,那么要使用线性回归估计量方差的休伯-怀特(Huber-White)三明治估计量。休伯和

---

* 又称为群。——译者注

怀特分别独立地推导出这种估计量,三明治的名称有助于人们理解稳健方法。这里需要估计 $\text{Var}[\hat{\boldsymbol{\beta}}|X]$,依据式(6.1),它的形式为

$$\text{Var}[\hat{\boldsymbol{\beta}}|\mathbf{X}] = (\mathbf{X}'\mathbf{X})^{-1}(\mathbf{X}'\boldsymbol{\Sigma}_u\mathbf{X})(\mathbf{X}'\mathbf{X})^{-1}$$
$$= (\mathbf{X}'\mathbf{X})^{-1}(\mathbf{X}'E[\mathbf{u}\mathbf{u}'|\mathbf{X}]\mathbf{X})(\mathbf{X}'\mathbf{X})^{-1} \qquad (6.4)$$

需要估计的项 $\{\mathbf{X}'E[\mathbf{u}\mathbf{u}'|\mathbf{X}]\mathbf{X}\}$ 夹在两个 $(\mathbf{X}'\mathbf{X})^{-1}$ 项之间。Huber(1967) 和 White(1980) 已经证明,当 u_i 是条件异方差的时候,

$$\hat{S}_0 = \frac{1}{N}\sum_{i=1}^{N} \hat{u}_i^2 \mathbf{x}_i' \mathbf{x}_i \qquad (6.5)$$

一致地估计 $(\mathbf{X}'E[\mathbf{u}\mathbf{u}'|\mathbf{X}]\mathbf{X})$。在这个表达式中,$\hat{u}_i$ 表示第 i 个回归残差,$\mathbf{x}_i$ 表示回归元矩阵样本值向量的第 i 行:$1\times k$ 样本值向量。用式(6.5)的一致估计量代替式(6.4)中的总体等价式,得出 VCE 的稳健估计量①

$$\text{Var}[\hat{\boldsymbol{\beta}}|\mathbf{X}] = \frac{N}{N-k}(\mathbf{x}'\mathbf{x})^{-1}\bigl(\sum_{i=1}^{N}\hat{u}_i^2 \mathbf{X}_i'\mathbf{X}_i\bigr)(\mathbf{X}'\mathbf{X})^{-1} \qquad (6.6)$$

对大多数 Stata 估计命令,包括 regress 命令,可以使用 robust 选项执行上述三明治估计量。计算稳健标准误差只会影响系数的标准误差与区间估计,但并不影响点估计 $\hat{\boldsymbol{\beta}}$。此时将不会用到方差分析 F 表,如同调整后的 R^2 一样,当计算稳健标准误差时,两者均无效。Robust 命令会显示上面系数的标准误差,以提示使用了 VCE 的稳健估计量。在 regress 之后,由 test 与 lincom 所产生的沃尔德检验运用了 VCE 的稳健估计量,这种沃尔德检验对于未知形式的条件异方差来说是稳健的。② 更多内容,参看 [U] 20.14 Obtaining robust variance estimates。

当同方差假设有效时,VCE 的简单估计量比稳健形式更有效。如果我们以适中样本量开始进行研究,并且同方差假设站得住脚,那么应该使用 VCE 的简单估计量。但是,由于 VCE 的稳健估计量很容易用 Stata 计算,所以对于特殊方程直接计算出两种 VCE,然后考虑基于非稳健标准误差的推断是否脆弱。在大数据集情况下,利用 VCE 稳健估计量方式报告结果日益普遍。

为阐明如何运用 VCE 稳健估计量,使用包含发展中国家的 4 361 位妇

---

① 式(6.6)没有误差。如同第 4 章附录所示,我们将 $\text{Var}[\hat{\boldsymbol{\beta}}|\mathbf{X}]$ 定义成估计量方差的大样本近似。大样本计算会导致式(6.5)的因子 $1/N$ 从式(6.6)中省略。因子 $N/(N-k)$ 改进了小样本的近似。

② Davidson 和 MacKinnon (1993)建议运用不同的除数,该除数能改进小样本 VCE 估计量的稳健估计量的效果。对 regress 设定 hc3 选项,以此产生 VCE 的稳健估计量。

女数据的数据集 fertil2。基于每位妇女的年龄（age）、第一次生育年龄（agefbrth）以及她们是否定期使用避孕方法的指示变量（usemeth）对生育子女数（ceb）进行建模。[①] 对完整数据的那些观测值使用 summarize 命令给出数据集的描述统计分析来做回归：

```
. use http://www.stata-press.com/data/imeus/fertil2, clear
. quietly regress ceb age agefbrth usemeth
. estimates store nonRobust
. summarize ceb age agefbrth usemeth children if e(sample)

    Variable |     Obs        Mean    Std. Dev.       Min        Max
-------------+--------------------------------------------------------
         ceb |    3213    3.230003    2.236836         1         13
         age |    3213    29.93931    7.920432        15         49
     agefbrth|    3213    19.00498    3.098121        10         38
     usemeth |    3213    .6791161    .4668889         0          1
    children |    3213    2.999378    2.055579         0         13
```

此样本中妇女平均年龄为 30 岁，平均而言她们在 19 岁生育第一个孩子，平均生育了 3.2 个子女，可是平均而言每个家庭有不到 3 个子女。我们认为，生育子女数随着母亲当前年龄增加而增加，但随着第一次分娩年龄增加而减少。使用避孕措施可减少生育子女数。

为了稍后使用方便，用 estimates store 存储（这里没有表现出来）回归的结果。然后，拟合带有 VCE 稳健估计量的相同模型，用 estimates store 存储结果。随后，用 estimates table 命令显示两组系数估计值、标准误差、t 统计量。具体操作如下：

```
. regress ceb age agefbrth usemeth, robust

Linear regression                                 Number of obs  =    3213
                                                  F(  3,  3209) =  874.06
                                                  Prob > F      =  0.0000
                                                  R-squared     =  0.5726
                                                  Root MSE      =   1.463

------------------------------------------------------------------------------
             |               Robust
         ceb |      Coef.   Std. Err.      t    P>|t|     [95% Conf. Interval]
-------------+----------------------------------------------------------------
         age |   .2237368   .0046619    47.99   0.000     .2145962    .2328775
    agefbrth |  -.2606634   .0095616   -27.26   0.000    -.2794109   -.2419159
     usemeth |   .1873702   .0606446     3.09   0.002     .0684642    .3062762
       _cons |   1.358134   .1675624     8.11   0.000     1.029593    1.686674
------------------------------------------------------------------------------

. estimates store Robust
```

---

① 由于因变量为整数，这个模型适合用泊松回归（Poisson regression）拟合。出于教学原因考虑，我们使用线性回归。

```
. estimates table nonRobust Robust, b(%9.4f) se(%5.3f) t(%5.2f)
> title(Estimates of CEB with OLS and Robust standard errors)
Estimates of CEB with OLS and Robust standard errors
```

Variable	nonRobust	Robust
age	0.2237	0.2237
	0.003	0.005
	64.89	47.99
agefbrth	-0.2607	-0.2607
	0.009	0.010
	-29.64	-27.26
usemeth	0.1874	0.1874
	0.055	0.061
	3.38	3.09
_cons	1.3581	1.3581
	0.174	0.168
	7.82	8.11

```
                                         legend: b/se/t
```

尽管使用避孕措施的影响似乎十分显著，但此处的估计支持先前的结果。标准误差的稳健估计类似于非稳健估计的相应值，这表明不存在条件异方差性。

6.1.3 VCE 的聚类估计量

Stata 可执行如下的 VCE 估计量，该估计量对组内扰动的相关性和非分布扰动是稳健的。它被普遍称为聚类稳健 VCE 估计量，因为这些组被称为聚类。聚类内相关允许式 (6.2) 中 $\mathbf{\Sigma}_u$ 为块对角的，对角线上每个块都具有非零元素。该块对角结构允许每个聚类内扰动是相关的，但要求不同聚类的扰动是无关的。

假如聚类内相关非常明显，则忽略它们会导致 VCE 的非一致估计。由于 VCE 的 robust 估计假定独立分布误差，所以以其 $\mathbf{X}'E[\mathbf{uu}'|\mathbf{X}]\mathbf{X}$ 的估计不一致。对于大多数估计命令，包括 regress，均可利用 Stata 的 cluster( ) 选项，它可以解释此类误差结构。像 robust 选项一样，运用 cluster( ) 选项不会影响点估计，只会修改待估参数的 VCE 估计。cluster( ) 选项要求设定组或聚类成员变量，以说明观测值如何分组。

聚类稳健 VCE 估计量是

$$\text{Var}[\hat{\boldsymbol{\beta}}|\mathbf{X}] = \frac{N-1}{N-k} \frac{M}{M-1} (\mathbf{X}'\mathbf{X})^{-1} \Big(\sum_{j=1}^{M} \bar{\mathbf{u}}_j' \bar{\mathbf{u}}_j \Big) (\mathbf{X}'\mathbf{X})^{-1} \qquad (6.7)$$

其中 M 表示聚类的个数，$\bar{\mathbf{u}}_j = \sum_{i=1}^{N_k} \hat{u}_i \mathbf{x}_i$，$N_j$ 表示第 j 个聚类内的观测值个

数，$\hat{u}_i$ 表示第 j 个聚类的第 i 个残差，而 $\mathbf{x}_i$ 表示第 j 个聚类的第 i 个观测值 $1\times k$ 回归向量。

式（6.7）与式（6.6）形式一样。除了小样本的调整外，式（6.7）与式（6.6）的差异仅仅在于三明治的"夹心"，现在的"夹心"是聚类稳健估计量 $\mathbf{X}'E[\mathbf{uu}'|\mathbf{X}]\mathbf{X}$。

稳健与聚类稳健 VCE 估计量的目标是，在存在非独立同分布扰动的条件下一致地估计 $\mathrm{Var}[\hat{\boldsymbol{\beta}}|\mathbf{X}]$。对独立同分布扰动假设的不同违背只要求对 $\mathbf{X}'E[\mathbf{uu}'|\mathbf{X}]\mathbf{X}$ 进行不同估计。

为了阐明协方差矩阵聚类估计量的使用，我们再次研究使用非稳健与稳健方法估计的发展中国家生育模型。聚类变量为 children：家庭子女数。我们认为源自类似规模家庭的误差是相关的，而由不同规模家庭所产生的误差是独立的。

```
. regress ceb age agefbrth usemeth, cluster(children)
Linear regression                              Number of obs =     3213
                                               F(  3,    13) =    20.91
                                               Prob > F      =   0.0000
                                               R-squared     =   0.5726
Number of clusters (children) = 14             Root MSE      =    1.463

------------------------------------------------------------------------------
             |               Robust
         ceb |      Coef.   Std. Err.      t    P>|t|     [95% Conf. Interval]
-------------+----------------------------------------------------------------
         age |   .2237368   .0315086     7.10   0.000     .1556665    .2918071
    agefbrth |  -.2606634   .0354296    -7.36   0.000    -.3372045   -.1841224
     usemeth |   .1873702   .0943553     1.99   0.069    -.016472    .3912125
       _cons |   1.358134   .4248589     3.20   0.007     .4402818    2.275985
------------------------------------------------------------------------------
```

与前面所述例子的情况相比，允许误差出现聚类内相关的聚类估计量导致了更加保守的标准误差（以及更小的 t 统计量）。

6.1.4 VCE 的纽维-韦斯特估计量

在存在异方差性与自相关的条件下，可以使用 VCE 的纽维-韦斯特 (Newey-West) 估计量。VCE 的这种异方差的且自相关一致 (HAC) 的估计量与稳健及聚类稳健估计量具有一样的形式，只是它使用了 $\mathbf{X}'E[\mathbf{uu}'|\mathbf{X}]\mathbf{X}$ 的不同估计量。纽维-韦斯特估计量不用设定聚类变量，而是要求我们设定扰动过程显著自相关的最大阶数，称为最大滞后数，记为 L。

除因异方差性而调整的项以外，由 Newey 和 West（1987）提出的估计量使用残差的加权向量积（cross products）*来解释自相关：

$$\hat{\mathbf{Q}} = \hat{\mathbf{S}}_0 + \frac{1}{T}\sum_{l=1}^{L}\sum_{t=l+1}^{T} w_l \hat{u}_t \hat{u}_{t-l} (\mathbf{x}'_t \mathbf{x}_{t-l} + \mathbf{x}'_{t+l} \mathbf{x}_t)$$

这里 $\hat{\mathbf{S}}_0$ 表示式（6.5）的 VCE 稳健估计量，$\hat{u}_t$ 表示第 t 个残差，$\mathbf{x}_t$ 表示回归矩阵的第 t 行。纽维-韦斯特公式将样本自相关的设定数（L）考虑进去，利用巴特利特核估计量（Bartlett kernel estimator）

$$w_l = 1 - \frac{l}{L+1}$$

生成权数。

考虑到 $\sum u$ 与 $\sigma_u^2 I$ 的任何偏差至多达到第 L 阶自相关，因而将此估计量称为 HAC。用户必须对选取的 L 进行设定，L 应该足够大以便包含误差过程中任何可能的自相关。一种经验法则是选择 $L=\sqrt[4]{N}$。这种估计量可通过 Stata 的 newey 命令获得（参看 [TS] **newey**），作为 regress 的替代方法来估计带有 HAC 标准误差的回归。此命令具有下面的语法：

newey *depvar* [*indepvars*] [*if*] [*in*], lag(#)

其中 lag() 选项的设定数为上面的 L。像 robust 选项一样，HAC 估计量没有修改点估计值，它仅仅影响 VCE 的估计量。基于 HAC VCE 的检验统计量对任意异方差性与自相关都是稳健的。

我们用英国政府债券（国库券和政府债券）1952 年 3 月—1995 年 12 月的每月短期和长期利率时间序列数据集，阐明 VCE 的这种估计量。该序列的描述统计量由 summarize 给出。

```
. use http://www.stata-press.com/data/imeus/ukrates, clear
. summarize rs r20
    Variable |      Obs       Mean    Std. Dev.       Min        Max
          rs |      526   7.651513    3.553109   1.561667      16.18
         r20 |      526   8.863726    3.224372       3.35      17.18
```

此模型将英格兰银行货币政策工具短期利率 rs 的每月变化表示为先前月份长期利率 r20 变化的函数。回归元与回归子均可快速地由 Stata 时间序列算子 D. 与 L. 创建。该模型解释了货币政策反应函数。

我们分别利用 regress 与 newey 拟合带有 HAC 与没有 HAC 标准误差的模型，用 estimates store 保存其结果，并用 estimates table 将两种结

---

* 又称为叉积。——译者注

果并列表示。由于存在 524 个观测值，选取滞后阶数的经验法则建议采用 5 个滞后阶数，这是对 newey 的 lag( ) 选项所做的设定。

```
. quietly regress D.rs LD.r20
. estimates store nonHAC
. newey D.rs LD.r20, lag(5)

Regression with Newey-West standard errors      Number of obs  =       524
maximum lag: 5                                  F(  1,   522)  =     36.00
                                                Prob > F       =    0.0000
```

	Coef.	Newey-West Std. Err.	t	P>|t|	[95% Conf.	Interval]
D.rs						
r20						
LD.	.4882883	.0813867	6.00	0.000	.3284026	.648174
_cons	.0040183	.0254102	0.16	0.874	-.0459004	.0539371

```
. estimates store NeweyWest
. estimates table nonHAC NeweyWest, b(%9.4f) se(%5.3f) t(%5.2f)
> title(Estimates of D.rs with OLS and Newey--West standard errors)

Estimates of D.rs with OLS and Newey--West standard errors
```

Variable	nonHAC	NeweyWest
LD.r20	0.4883	0.4883
	0.067	0.081
	7.27	6.00
_cons	0.0040	0.0040
	0.022	0.025
	0.18	0.16

legend: b/se/t

用 newey 得到的斜率系数的 HAC 标准误差估计值大于用 regress 得到的估计值，尽管系数仍保持了其显著性。

就这种 HAC VCE 估计量而言，我们存在两个问题。第一个问题，虽然我们广泛使用纽维-韦斯特估计量，但没有理由使用巴特利特核。我们可以用其他的多种核估计量，而且在特定情况下，某些估计量可能更恰当。唯一的要求是，该核估计量传递了 VCE 的正定估计。第二个问题，如果没有理由质疑 u 的同方差性假设，那么就要在该假设下研究序列相关。我们想要没有异方差性的自相关一致估计量。由 newey 执行的标准纽维-韦斯特方法并没有考虑这一点。ivreg2 程序（Baum, Schaffer, and Stillman, 2003）能估计回归模型的稳健 AC 以及 HAC 标准误差，并且提供了其他核的选择。关于此程序，参看第 8 章的完整说明。

6.1.5 广义最小二乘估计量

这一节阐述在零条件均值假设成立,但误差不是独立同分布的情况下,利用广义线性回归模型估计系数得到的一类估计量。**可行广义最小二乘** (feasible generalized least squares,FGLS) 方法依赖于如下的洞察力:假如知道 Σ_u,就能在代数形式上变换数据,使得到的误差是独立同分布的,然后对变换数据继续应用线性回归。但是,我们不知道 Σ_u,所以该估计量不可行。其他可行的方法要求假定有一种能刻画误差如何背离独立同分布的结构。已知该假设,就能一致地估计 Σ_u。Σ_u 的任何一致估计量都可用于变换数据来生成具有独立同分布误差的观测值。

尽管 VCE 方法的稳健估计量与 FGLS 估计量都考虑非独立同分布扰动,但 FGLS 估计量对估计方法施加了更多结构,以获得 VCE 更有效的点估计与一致估计量。相反,VCE 方法的稳健估计量仅使用 OLS 点估计,而且使 VCE 的估计量对非独立同分布扰动来说是稳健的。

首先,考察不可行 GLS 估计量

$$y = X\beta + u$$
$$E[uu'|X] = \Sigma_u$$

已知 $N \times N$ 矩阵 Σ_u 是对称且正定的,这意味着 Σ_u 有逆 $\Sigma_u^{-1} = PP'$,其中 P 表示一个三角矩阵。用 P' 左乘以此模型,得到

$$P'y = P'X\beta + P'u$$
$$y_* = X_*\beta + u_* \tag{6.8}$$

其中[①]

$$\text{Var}[u_*] = E[u_* u_*'] = P'\Sigma_u P = I_N$$

就已知矩阵 Σ_u 而言,由 4.2.3 小节高斯-马尔可夫定理可知,y_* 对 X_* 的回归是渐近有效的。该估计量只刻画了变换数据的标准线性回归:

$$\hat{\beta}_{\text{GLS}} = (X_*' X_*)^{-1} (X_*' y_*)$$

GLS 估计量 $\hat{\beta}_{\text{GLS}}$ 的 VCE 是

---

① $E[P'uu'P] = P'E[uu']P = P'\Sigma_u P$。不过,该表达式等于 $P'(PP')^{-1}P = P'(P')^{-1}P^{-1}P = I_N$。参看 Davidson 和 MacKinnon (2004,258)。

$$\text{Var}[\hat{\boldsymbol{\beta}}_{\text{GLS}}|\mathbf{X}] = (\mathbf{X}'\boldsymbol{\Sigma}_u^{-1}\mathbf{X})^{-1}$$

FGLS 估计量

当 $\boldsymbol{\Sigma}_u$ 未知时，不能应用式（6.8）的 GLS 估计量。但是，假如有 $\boldsymbol{\Sigma}_u$ 的一致估计量，记为 $\hat{\boldsymbol{\Sigma}}_u$，则可以应用 FGLS 估计量，用 $\hat{\mathbf{P}}'$ 代替式（6.8）中的 $\mathbf{P}'$。FGLS 估计量与其不可行相应估计量具有相同的大样本性质。[①] 该结果不取决于使用 $\boldsymbol{\Sigma}_u$ 的有效估计量，而是仅仅取决于 $\boldsymbol{\Sigma}_u$ 的任意一致估计量。

设计 $\boldsymbol{\Sigma}_u$ 一致估计量的挑战在于其维数。$\boldsymbol{\Sigma}_u$ 为一个 N 阶的对称方阵，具有 $[N(N+1)]/2$ 的不同元素。幸运的是，最常见的违背独立同分布误差的形式导致含有更少参数的 $\hat{\boldsymbol{\Sigma}}_u$ 的参数化。正如下一节要讨论的，异方差性与自相关时常可以用少量参数建模。获得这些估计的一致性所需的全部条件是，当 $N\to\infty$ 时，$\hat{\boldsymbol{\Sigma}}_u$ 中的参数个数为固定的。

使用 FGLS 的好处取决于 $\boldsymbol{\Sigma}_u$ 背离独立同分布误差的协方差矩阵 $\sigma^2 I_N$ 的程度。当背离很小时，FGLS 估计将类似于标准线性回归的情况，反之亦然。

下面两节讨论最常见的违背独立同分布误差假设——异方差性与序列相关，然后阐述适用于每一种情况的 FGLS 估计量。

6.2 误差分布的异方差性

在表述个体、家庭或公司的横截面数据中，扰动方差经常与某个测量尺度有关。例如，就消费者支出建模而言，高收入家庭的方差扰动通常大于低收入家庭的方差扰动。对于上述 FGLS 估计量来说，这些误差的 $\boldsymbol{\Sigma}_u$ 矩阵对角元素和测量尺度有关。

不过，我们可能有如下数据集合，对该数据集合有理由假定扰动在**组内**观测值里都是同方差的，但在**组间**却可能为异方差的。比如，在劳动力市场调查中，对于个体经营者或按工资和佣金（或工资及小费）支付报酬的工人，围绕其条件均值工资波动的方差大于固定工资收入工人的情况。对于 FGLS 估计量，σ_u^2 有几个不同的值，组内个体的 σ_u^2 值相同，但各个组之间的 σ_u^2 值却不同。

[①] 参看 Davidson 和 MacKinnon（2004）。

作为产生异方差性的第三种可能原因，考察**分组数据**的运用，其中每一个观测值都是微观数据的平均值（例如，美国州层面数据，各州人口相差甚远）。由于大样本计算的均值更准确，所以每个观测的扰动方差至多为一个比例因子。对此，我们确信（由分组数据性质知）存在异方差性，能够建立适当的 $\hat{\Sigma}_u$。对于前两种情况，我们就没有如此幸运。

在时间序列数据，尤其是出现在高频金融市场数据中的**波动性聚集**中，也可以发现异方差性。这里不详尽讨论此类条件异方差性，但基于如下观念对高频时间序列数据应用自回归条件异方差性（ARCH）与广义 ARCH（GARCH）模型，即这些背景下的误差是**条件**异方差的，且扰动过程的条件方差变化可以建模。①

6.2.1 与尺度有关的异方差性

我们经常运用经济基本原理证明，扰动过程方差是与测量个体观测值的某种尺度有联系的。比如，当响应变量测量个体家庭食品开支时，扰动就用美元（或千美元）表示。无论估计方程拟合得多么好，高收入家庭误差围绕其预测值的美元离散度可能大于低收入家庭的情况。② 因而，经常做出下面的假设：

$$\sigma_i^2 \propto z_i^a \tag{6.9}$$

其中 z_i 表示对第 i 个单元的某种尺度的相关测量。比例性观念来自 FGLS 定义：我们只需估计 $\hat{\Sigma}_u$，至多为一个比例因子。无论 z 是多个回归元之一，还是仅有更多信息的样本中的每个单元，都无关紧要。

由于我们必须指出这一比例关系的性质，因此在式（6.9）中写出 z_i^a。例如，当 $a=2$ 时，可以断言扰动过程的**标准差**与 z_i 水平成比例（比如，与家庭收入或公司总资产）。当 $a=1$ 时，这意味着扰动过程**方差**与 z_i 水平

---

① 2003 年度诺贝尔经济学奖授予了罗伯特·F. 恩格尔（Robert F. Engle），以表彰他对 ARCH 模型的突出贡献。他和另一位时间序列计量经济学家克莱夫·格兰杰（Clive Granger）分享了该年度的诺贝尔经济学奖。有关恩格尔的出版成果及未发表的研究工作文献，参看 http://i-deas.repec.org/e/pen9.html。

② 对于公司数据，可应用同样逻辑推理。如果我们要解释公司资本投资支出不同于模型预测的程度，对于跨国大公司来说可能是数十亿美元，对于中型公司来说则少一些。

成比例，因此，其标准差与 $\sqrt{z_i}$ 成比例。

已知 z_i 的可能取值，为什么对 α 的设定如此重要呢？倘若用 FGLS 研究异方差性，则对式（6.9）中 z_i 及 α 的选择会定义所使用的 FGLS 估计量。在讨论对与尺度有关的异方差性进行纠正之前，必须理解如何检测异方差性的存在。

检测与尺度有关的异方差性

在拟合回归模型之后，可将对异方差性的检测建立在回归残差的基础上。如果异方差性的存在使标准误差不稳定，为什么这种方法合理呢？一致点估计 $\hat{\boldsymbol{\beta}}$ 会产生估计残差，而这些估计残差可用于推断 u 分布。如果以回归元为条件的同方差性假设成立，那么可以把它写成如下形式：

$$H_0: \text{Var}[u|\mathbf{X}] = \sigma_u^2 \qquad (6.10)$$

在此零假设下，误差过程的条件方差并不取决于解释变量。已知 $E[u]=0$，则零假设等价于要求 $E[u^2|\mathbf{X}] = \sigma_u^2$。扰动平方的条件均值不应该是回归元的函数，故残差平方对任何备选 $\mathbf{z}_i$ 进行回归都没有解释力。[1]

检验异方差性的最普遍方法之一源自布鲁施-帕甘（Breusch-Pagan，BP）检验（Breusch and Pagan，1979）的推理。[2] LM 检验和 BP 检验涉及把残差平方对一系列变量回归的辅助回归[3]：

$$\hat{u}_i^2 = d_1 + d_2 z_{i2} + d_3 z_{i3} + \cdots + d_l z_{il} + v_i \qquad (6.11)$$

我们使用拟合模型的初始回归元作为 $\mathbf{z}$ 变量[4]，使用它们的一个子集，或者增加如上讨论的测量尺度。假如残差平方的数量不与 $\mathbf{z}$ 变量的任何一个系统相关，则这种辅助回归将没有解释力。其 R^2 会很小，其方差分析 F 统计量将显示它无法解释 $\hat{u}_i^2$ 围绕其均值变异的任何有意义部分。[5]

BP 检验利用 F 或辅助回归（6.11）的 LM 统计量执行。在零假设

---

[1] $\mathbf{z}_i$ 必是回归元的函数。可以把 $\mathbf{z}_i$ 推广到向量上。

[2] 《Stata 手册》（Stata Manuals）将这个检验引证为库克和韦斯伯格的检验。Breusch 和 Pagan（1979），Godfrey（1978），Cook 和 Weisberg（1983）分别推导（并发表）了相同的检验统计量。该检验不应该与布鲁施和帕甘设计的用 sureg 命令执行的不同检验混淆。

[3] LM 检验统计量计算约束回归模型的结果。在 BP 检验中，约束是由同方差性表示的，这就意味着回归平方扰动与回归中任何度量特性都应该不相关。更详细的内容，参看 Wooldridge（2006，185-186）。

[4] 尽管由模型设立可知，残差与初始模型的每一个回归元都不相关，但残差平方不要求该条件成立。

[5] 尽管含有常数项模型的回归残差具有零均值，但回归残差平方必定为正，除非 $R^2 = 1$。

(6.10) 下，LM~χ_l^2，其中辅助回归存在 l 个回归元。在 regress 之后，运用 estat hettest 获得 BP 检验。如果没有提供（z 的）回归元列表，hettest 就使用前面回归（$\hat{y}_i$ 值）的拟合值。如上所述，z 集合中设定的变量可以被选为没有出现在初始回归元列表中的测量。

满足 z=x 的 BP 检验是对异方差性的怀特一般检验（White，1980）的特殊情况，它列出回归元目录表（x_2，x_3，…，x_k），并将其扩大到每一个变量的平方项与交叉乘积项。然后，怀特检验执行 $\hat{u}_i^2$ 对回归元、平方项、交叉乘积项进行的辅助回归，去掉完全相同的元素。比如，倘若 crime 与 crime² 都出现在初始回归中，则仅有一个平方项进入回归元目录表。在零假设条件下，这些变量都不具有对残差平方序列的解释力。怀特检验是 $N \times R^2$ 形式的另一种 LM 检验，但在辅助回归中包括更多回归元（尤其是 k 相当大的回归）。得到的检验可能拥有相对小的解释力，原因在于冗长的回归目录耗费了许多自由度。怀特检验的替代形式仅仅使用初始回归的拟合项及平方项。我们可以运用 Baum，Cox 和 Wiggins（2000）所述的 whitetst 计算怀特检验的两种形式，可以用 ssc 命令来安装。怀特检验的最初形式也可以用 estat imtest 命令计算，这时要使用 white 选项。

所有这些检验都取决于式（6.9）表述的扰动方差设定。对同方差零假设来说，无法拒绝各自的检验并不表明异方差性不存在，只是意味着异方差性可能不是所设定的形式。特别地，假如异方差性来自分组成员（如6.2.2 小节讨论的），我们认为基于尺度测量的检验不会发现它，除非尺度与分组成员之间存在强相关性。[①]

考察住房价格中位数模型中和尺度有关的潜在异方差性，可以认为尺度是每个社区住房的平均大小，粗略地由房间个数度量。在拟合模型之后，计算如下三个检验统计量：第一个是用 estat hettest，iid 且不带自变量计算的统计量，该统计量是基于拟合值的 BP 检验；第二个是用 estat hettest，iid 带变量列表计算的统计量，在辅助回归中使用这些变量；第

[①] 许多较早的教科书讨论了戈德菲尔德-匡特（Goldfeld-Quandt）检验，它建立在同一个 z 变量的大值与小值所定义的两组残差的基础上。相对于考虑多重 z 的 BP 或怀特检验方法，很少建议采用这个方法，这里不进一步讨论它。

三个是用 whitetst 计算的怀特一般检验统计量。[①]

```
. use http://www.stata-press.com/data/imeus/hprice2a, clear
(Housing price data for Boston-area communities)
. regress lprice rooms crime ldist

      Source |       SS       df       MS              Number of obs =     506
-------------+------------------------------           F(  3,   502) =  219.03
       Model |  47.9496883     3  15.9832294           Prob > F      =  0.0000
    Residual |  36.6325827   502   .072973272          R-squared     =  0.5669
-------------+------------------------------           Adj R-squared =  0.5643
       Total |  84.5822709   505   .167489645          Root MSE      =  .27014

      lprice |      Coef.   Std. Err.      t    P>|t|     [95% Conf. Interval]
-------------+----------------------------------------------------------------
       rooms |   .3072343   .0178231    17.24   0.000     .2722172    .3422514
       crime |  -.0174486    .001591   -10.97   0.000    -.0205744   -.0143228
       ldist |   .074858   .0255746     2.93   0.004     .0246115    .1251045
       _cons |   7.984449   .1128067    70.78   0.000     7.762817    8.20608

. estat hettest, iid
Breusch-Pagan / Cook-Weisberg test for heteroskedasticity
         Ho: Constant variance
         Variables: fitted values of lprice

         chi2(1)      =    44.67
         Prob > chi2  =   0.0000
. estat hettest rooms crime ldist, iid
Breusch-Pagan / Cook-Weisberg test for heteroskedasticity
         Ho: Constant variance
         Variables: rooms crime ldist

         chi2(3)      =    80.11
         Prob > chi2  =   0.0000
. whitetst
White's general test statistic :  144.0052  Chi-sq( 9)  P-value = 1.5e-26
```

每一个检验都表明，此模型存在显著的异方差性。

FGLS 估计

为了将 FGLS 用于那种扰动过程显示与尺度有关的异方差性的回归方程上，我们必须估计 Σ_u 矩阵，至多为一个比例因子。我们通过变换数据以及对变换方程实施回归来执行 FGLS。为了使 FGLS 成功地处理偏离独立同分布误差的情况，变换必须从扰动过程清除异方差性，然后使变换方程的扰动过程成为独立同分布的。

比如说，经由式（6.9）对这种异方差性形式进行检验，得出如下结

[①] 在默认情况下，假定 u_i 服从正态分布，estat hettest 产生最初的 BP 检验。键入 estat hettest, iid 就会得到 Koenker（1981）LM 检验，该检验假定 u_i 在零假设下是独立同分布的。

论：第 i 个个体的扰动方差是与 z_i^2 成比例的，其中 z 被定义成模型中与协变量有关的尺度测度。假定 z_i 是严格正的，或者它已被变换成严格正的。产生同方差误差的适当变换就是（y, **X**）中（包括 ι，即 **X** 的第 1 列）每一个变量都除以 z_i。该方程会有扰动项 u_i/z_i，而且由于 z_i 为常值，所以 $\mathrm{Var}[u_i/z_i]=(1/z_i^2)\mathrm{Var}[u_i]$。倘若最初的扰动方差与 z_i 成比例，用它除以 z_i^2 将得出一个常值：变换方程的误差过程的同方差。

对下列方程执行 FGLS

$$y_i = \beta_1 + \beta_2 x_{i,2} + \cdots + \beta_k x_{i,k} + u_i \tag{6.12}$$

借助于设定变换方程

$$\frac{y_i}{z_i} = \frac{\beta_1}{z_i} + \frac{\beta_2 x_{i,z}}{z_i} + \cdots + \frac{\beta_k x_{i,k}}{z_i} + \frac{u_i}{z_i} \tag{6.13}$$

或者

$$y_i^* = \beta_1 \iota^* + \beta_2 x_{i,2}^* + \cdots + \beta_k x_{i,k}^* + u_i^* \tag{6.14}$$

其中 $\iota^* = 1/z_i$。变换方程系数的经济意义并没有被改变，β_2 及其估计值 $\hat{\beta}_2$ 仍代表 $\partial y/\partial x_2$。由于我们改变了因变量，所以 R^2 与 Root MSE 等度量就不能和初始方程的度量相比较。特别地，变换方程没有常数项。

尽管能利用 generate 以手工形式作出这些变换，并随后对变换式 (6.14) 运用 regress，但这种方法比较烦琐。例如，我们通常想要正式地计算基于初始数据而不是变换数据的拟合优度测量。此外，变换变量难以理解。比如，如果 z_i 也是式 (6.12) 中的回归元 x_2[①]，那么 **x*** 变量会包括 $1/z_i$ 与 ι，其中 ι 为单位向量。实际上，前者的系数是方程式的常值项估计值，而 Stata 标记为 _cons 的系数则为 z 的系数，这会令人费解。

幸运的是，不需要以手工形式执行 FGLS。在异方差性背景下，FGLS 能用**加权最小二乘法**完成。上面定义的变换相当于对每一个观测值都要**加权**（这里为 $1/z_i$）。具有较小扰动方差的观测值在求和计算中会获得较大的权数，因此，在计算加权最小二乘法估计时则具有较大的权数。估计初始回归时，通过把 $1/z_i^2$ 定义为所谓的**解析权数**，可以指示 Stata 执行这样的加权。Stata 可执行多种权数类型（参看 [U] 11 Language syntax 以及 [U] 20.16 Weighted estimation），而这种 FGLS 包括解析权数（aw）的多种式样。我们只估计设定权数的回归，具体操作如下：

[①] 我们假定 z_i 为严格正的。

```
. generate rooms2 = rooms^2
. regress lprice rooms crime ldist [aw=1/rooms2]
(sum of wgt is    1.3317e+01)
```

Source	SS	df	MS		Number of obs	=	506
					F(3, 502)	=	159.98
Model	39.6051883	3	13.2017294		Prob > F	=	0.0000
Residual	41.426616	502	.082523139		R-squared	=	0.4888
					Adj R-squared	=	0.4857
Total	81.0318042	505	.160459018		Root MSE	=	.28727

lprice	Coef.	Std. Err.	t	P>|t|	[95% Conf. Interval]	
rooms	.2345368	.0194432	12.06	0.000	.1963367	.272737
crime	-.0175759	.0016248	-10.82	0.000	-.0207682	-.0143837
ldist	.0650916	.027514	2.37	0.018	.0110349	.1191483
_cons	8.450081	.1172977	72.04	0.000	8.219626	8.680536

这表明，利用 1/rooms2 作为解析权数实施回归[1]，其中 rooms2 = rooms^2。从性质上看，这些估计值类似于用 robust 获得的那些估计量，只是拟合优度测量比较弱。

如果生成变量 y^*、$\mathbf{x}^*$，则该加权回归的系数估计值和标准误差将与手工计算的值相同。可是，和式（6.14）的回归输出不同，带有解析权数的回归会产生令人满意的拟合优度测量（比如 R^2 或 Root MSE），并且 predict 会得出以未变换因变量单位为度量形式的预测值或残差。FGLS 点估计则不同于对未变换回归用 regress 所产生的值，参看式（6.12）。然而，不论是标准回归还是 FGLS 点估计值，都是 β 的一致估计。

被设定成解析权数（aw）的序列一定是观测值方差的倒数，而不是其标准差的倒数，而初始数据要乘以解析权数，而不是除以解析权数。其他一些为 FGLS 提供工具的统计软件包在设定加权变量上则不同，比如要求给出式（6.13）中的除数。

我们经常看到，回归方程被设定成某种比值形式的经验研究。例如，对州或国家数据经常使用人均因变量与人均自变量，如公司或行业层面数据的财务比率。虽然研究可能没有提及异方差性，但为了限制拟合模型潜在的异方差性危害会选择这些比值形式。就国家层面数据而言，和运用 GDP 层面数据的模型相比，人均形式回归的异方差问题更为次要。同样地，用总资产、总收益或总员工数测量公司的数值，能减轻大公司和街头小店这样的极端尺度导致的困难。对此类模型，还是应该检查其误差特性，不过这类情况

---

[1] 使用平方括号（[ ]），这是 Stata 语法中罕见的例子。

中比值形式的盛行是因为隐含地考虑和测量尺度有关的潜在异方差性。

6.2.2　组间观测值的异方差性

组间异方差性经常和**合并**可能非均匀分布的观测值集合的数据有关。比如，在马萨诸塞州（MA）与新罕布什尔州（NH）实施的消费者调查可能会导致回归方程将消费水平预测成多个因素的函数。假如只是把来自马萨诸塞州（MA）与新罕布什尔州（NH）的观测值集合合并成一个数据集合（用 append），则检验任意拟合模型在两个州的观测值上是否为**结构稳定的**，也就是相同的 **β** 参数是否合适？[①] 即使两个州的观测值拥有同一个总体参数 β 向量，它们也可能有不同的 σ_u^2 值。例如，在马萨诸塞州（MA）的消费支出或许对许多非食品类物品存在的销售税更为敏感，而在新罕布什尔州（NH）的商家则不支付销售税。这种差异可能不仅影响模型的斜率参数，而且影响误差方差。如果这样，那么同方差性假设便以特定方式被违背了。可以论证，州内（或更一般地，组内）扰动方差为常值，而扰动方差在不同州（或组）之间则可能不一样。

如上所述，对于其他个体水平序列来说，可能会出现同样的情况。就个体经营者以及那些依赖于佣金或小费的人员而言，其工资比工薪工人更具变动性。就公司数据而言，我们认为，某些行业的公司利润（或收益和资本投资）比其他行业具有更大的变动性。生产资料制造者会面临强烈的产品周期性需求，比如电力公司。

检测组间观测值的异方差性

怎样检测组间异方差性呢？对于每个组的回归方程都满足经典假设（包括同方差性）的假设来说，用 regress 计算的 s^2 是特定组的扰动过程方差的一致估计。对于两个组，可以构造一个 F 检验，其分子有较大方差，自由度为每一个组回归的残差自由度。假如两个组的残差都存储在一个变量中，且组变量能显示组成员关系（这里用 1 或 2），则很容易构建这样的 F 检验。为执行 F 检验，可以运用带有 by(*groupvar*) 选项的 sdtest（参看［R］sdtest）的第三种形式。

当存在多于两组的情形时，比如 10 个行业的集合，想要对扰动方差的相等性进行检验将会怎样呢？我们可以使用 robvar 命令（参看［R］**sdtest**），该命令像 sdtest 一样，期望找到一个包含每个组的残差的变量，并

[①] 对结构稳定性进行检验的内容，由 7.4 节给出。

通过组成员变量进行识别。这里也可以用 by(*groupvar*) 选项。这种检验是由 Levene (1960) 引进的，将其记为 w_0，此检验对于误差分布的非正态性是稳健的。这个检验的两种变形由 Brown 和 Forsythe (1992) 提出，他们使用更稳健的中心趋势估计量（比如中位数，而不是均值），还可以计算出 w_{50} 与 w_{10}。

这里运用来自 NEdata.dta 的州层面数据阐明组间异方差性。这些数据由 1981—2000 年美国新英格兰地区六个州的年观测值构成。对州人均可支配收入 dpipc，用 summarize 生成描述统计。

```
. use http://www.stata-press.com/data/imeus/NEdata, clear
. summarize dpipc
```

Variable	Obs	Mean	Std. Dev.	Min	Max
dpipc	120	18.15802	5.662848	8.153382	33.38758

我们用线性趋势模型将 dpipc 对 year 进行回归。使用 robvar 用残差对不同州的方差相等性进行检验。

```
. regress dpipc year
```

Source	SS	df	MS		Number of obs	=	120
					F(1, 118)	=	440.17
Model	3009.33617	1	3009.33617		Prob > F	=	0.0000
Residual	806.737449	118	6.83675804		R-squared	=	0.7886
					Adj R-squared	=	0.7868
Total	3816.07362	119	32.0678456		Root MSE	=	2.6147

dpipc	Coef.	Std. Err.	t	P>|t|	[95% Conf. Interval]	
year	.8684582	.0413941	20.98	0.000	.7864865	.9504298
_cons	-1710.508	82.39534	-20.76	0.000	-1873.673	-1547.343

```
. predict double eps, residual
. robvar eps, by(state)
```

	Summary of Residuals		
state	Mean	Std. Dev.	Freq.
CT	4.167853	1.3596266	20
MA	1.618796	.86550138	20
ME	-2.9841056	.93797625	20
NH	.51033312	.61139299	20
RI	-.8927223	.63408722	20
VT	-2.4201543	.71470977	20
Total	-6.063e-14	2.6037101	120

```
W0  = 4.3882072    df(5, 114)    Pr > F = .00108562
W50 = 3.2989849    df(5, 114)    Pr > F = .00806752
W10 = 4.2536245    df(5, 114)    Pr > F = .00139064
```

方差相等假设有理由被三个 robvar 检验统计量拒绝，康涅狄格州（CT）的标准残差比其他三个州的相应值更大。

FGLS 估计

如同 6.2.1 小节所述，如果不同观测值组拥有不同的误差方差，那么可以使用带有解析权重的 GLS 估计量。对于这种分组情况，对一个组的每个观测值，将解析权重（aw）序列定义成一个常值。该值就被计算成那个组的 OLS 残差的估计方法。用如上计算的残差序列，我们使用 egen 命令构建新英格兰地区各个州的方差估计，生成解析权重序列：

```
. by state, sort: egen sd_eps = sd(eps)
. generate double gw_wt = 1/sd_eps^2
. tabstat sd_eps gw_wt, by(state)
Summary statistics: mean
  by categories of: state

state |   sd_eps      gw_wt
   CT | 1.359627    .5409545
   MA | .8655014    1.334948
   ME | .9379762    1.136623
   NH | .611393     2.675218
   RI | .6340872    2.48715
   VT | .7147098    1.957675

Total | .8538824    1.688761
```

tabstat 命令揭示，新罕布什尔州（NH）与罗得岛州（RI）的残差标准差都远小于其他四个州的相应值。现在，利用解析权重序列，使用 FGLS 重新估计回归：

```
. regress dpipc year [aw=gw_wt]
(sum of wgt is    2.0265e+02)

    Source |       SS       df       MS              Number of obs =     120
           |                                         F(  1,   118) =  698.19
     Model |  2845.55409     1  2845.55409           Prob > F      =  0.0000
  Residual |  480.921278   118  4.07560405           R-squared     =  0.8554
           |                                         Adj R-squared =  0.8542
     Total |  3326.47537   119  27.9535745           Root MSE      =  2.0188

     dpipc |      Coef.   Std. Err.      t    P>|t|     [95% Conf. Interval]
      year |   .8444948   .0319602    26.42   0.000     .7812049    .9077847
     _cons |   -1663.26   63.61705   -26.14   0.000    -1789.239   -1537.281
```

和没有权重估计的 Root MSE 值为 2.614 7 相比，FGLS 得出相当小的 Root MSE 值，为 2.018 8。

6.2.3 分组数据的异方差性

在 6.2 节，已经讨论了横截面数据出现异方差性的三种情况，其中观测值是被分组的，或者为汇总数据，这些数据代表不同数量的微观数据记录。当数据集的变量为组观测值，比如一组美国 50 个州观测值的平均数或标准差时，便出现了这种情况。由于我们已经知道每个州的人口数，所以可以准确地知道加利福尼亚州的观测值（基于 3 000 万个体）比佛蒙特州的观测值（基于 100 万个体）精确多少。在观测值代表各个学校或学区的平均注册分数的情况下，我们知道每个学校（或学区）的学生人数是不同的，在此情况下也可能产生上述问题。在这些情况下，我们知道分组数据或加总数据将出现异方差性，而且知道 Ω，因为它只取决于支撑每个观测值的 N_g。

我们可以把它看作非随机抽样的问题。在第一个例子中，当用一个州的记录代替加利福尼亚州的 3 000 万个记录时，其个体在平均值中具有极小权重。对于较小的州来说，每个个体在州平均值中有较大权重。如果想要对全国随机样本实施推断，那么就必须对权重加以均等化处理，从而导致把较大权重置于加利福尼亚州的观测值上，同时把较小权重置于佛蒙特州的观测值上。数据中的每个观测值都代表了人口中的一个整数记录（例如，存储为 pop）。

FGLS 估计

通过考察每组均值的精度（也就是均值的标准误差）取决于计算得到它的组的大小，我们能处理分组数据 OLS 回归的固有异方差性。解析权重和观测值方差的倒数成正比，因而解析权重必须考虑组的大小。如果有人均储蓄与人均收入的州层面数据，就能估计

```
. regress saving income [aw=pop]
```

其中我们把解析权重设定为 pop。较大的州有较大权重，这点反映出较大州的组均值也有较高精度。

这里用包含 420 个公共学区特性的数据集来阐明这种校正。将学区的平均阅读分数（read_scr）建模成下面几个量的函数：学生人均支出（expn_stu），学生人均计算机数（comp_stu），享有免费学校午餐的学生百分数（meal_pct，学区贫困的指示变量），以及每个学区的入学人数（enrl_ tot)。我们可以使用 summarize 得出这些变量的描述统计：

```
. use http://www.stata-press.com/data/imeus/pubschl, clear
. summarize read_scr expn_stu comp_stu meal_pct enrl_tot

    Variable |     Obs        Mean    Std. Dev.       Min        Max
-------------+--------------------------------------------------------
    read_scr |     420     654.9705    20.10798      604.5        704
    expn_stu |     420     5312.408    633.9371    3926.07   7711.507
    comp_stu |     420     .1359266    .0649558          0   .4208333
    meal_pct |     420     44.70524    27.12338          0        100
    enrl_tot |     420     2628.793    3913.105         81      27176
```

首先，忽略每一学区入学总人数，该量随学区不同变化很大，我们使用 regress 估计参数。可以认为，学区平均阅读分数与人均支出、人均计算机数呈正相关，而与贫困则呈负相关。

```
. regress read_scr expn_stu comp_stu meal_pct

      Source |       SS       df       MS              Number of obs =     420
-------------+------------------------------           F(  3,   416) =  565.36
       Model |  136046.267     3   45348.7558          Prob > F      =  0.0000
    Residual |  33368.3632   416   80.2124115          R-squared     =  0.8030
-------------+------------------------------           Adj R-squared =  0.8016
       Total |  169414.631   419   404.330861          Root MSE      =  8.9561

    read_scr |      Coef.   Std. Err.      t    P>|t|     [95% Conf. Interval]
-------------+----------------------------------------------------------------
    expn_stu |   .0046699   .0007204     6.48   0.000     .0032538    .006086
    comp_stu |   19.88584   7.168347     2.77   0.006     5.795143   33.97654
    meal_pct |  -.635131    .0164777   -38.54   0.000    -.667521   -.602741
       _cons |   655.8528   3.812206   172.04   0.000     648.3592   663.3464
```

先前关于阅读分数与这些因素之间关系的结果得到了证实。将入学人数作为解析权重，重新估计参数。具体操作如下：

```
. regress read_scr expn_stu comp_stu meal_pct [aw=enrl_tot]
(sum of wgt is   1.1041e+06)

      Source |       SS       df       MS              Number of obs =     420
-------------+------------------------------           F(  3,   416) =  906.75
       Model |  123692.671     3   41230.8903          Prob > F      =  0.0000
    Residual |  18915.9815   416   45.4711093          R-squared     =  0.8674
-------------+------------------------------           Adj R-squared =  0.8664
       Total |  142608.652   419   340.354779          Root MSE      =  6.7432

    read_scr |      Coef.   Std. Err.      t    P>|t|     [95% Conf. Interval]
-------------+----------------------------------------------------------------
    expn_stu |   .0055534   .0008322     6.67   0.000     .0039176   .0071892
    comp_stu |   27.26378   8.197228     3.33   0.001     11.15063   43.37693
    meal_pct |  -.6352229   .013149    -48.31   0.000    -.6610696  -.6093762
       _cons |   648.988    4.163875   155.86   0.000     640.8031   657.1728
```

包含权重后，系数估计值有了改变，并且估计方程的 Root MSE 减少了。对非常小和非常大的学区平均地加权处理，会对非常小的学区施加过大的权数，而对非常大的学区施加过小的权数。例如，在加权估计中学生人均计算机数的增长效应几乎增大了 50%，可是和 OLS 估计情况相比，学生人均支出效应却更小。此外，加权得出的系数估计值精度更高。

6.3 误差分布的序列相关

我们对误差过程中异方差性的讨论集中于独立同分布（i.i.d.）中的第 1 个 i 上，即扰动对不同观测值来说是同分布的概念。和对聚类估计量的讨论一样，也可以怀疑独立同分布中的第 2 个 i，即扰动是否为独立分布的。就横截面数据而言，违背独立性会引发邻近效应，正像聚类 VCE 估计量所解释的。在某个方面表现相似的观测值，其扰动就具有相关性。

当转向时间序列数据时，可以看到违背独立性的原理。在时间上接近的观测值可能是相关的，相关性大小会随接近性而增大。尽管横截面数据没有接近性的自然测度，但时间序列由其性质定义了**时间接近性**。y_t 前面的观测值及后继观测值都在时间序列上最接近于 y_t。当时间序列出现相关性时，我们就说扰动过程表现出**序列相关**或**自相关**，从字面上看，它自身是相关的。

由于误差中明显的序列相关可能只是一个或多个系统因素的反映，这些因素被错误地被排除在回归模型之外，所以必须谨防设定问题。正如 5.2 节所讨论的，对动态项的不恰当设定可能引起此类问题。不过，有时由模型设立可知，误差是序列相关的，而不是对不同观测值来说是独立的。理论体系比如部分调整制度和代理人的适应性预期，产生的误差都不是序列独立的。因而，我们还必须考虑这种背离 $\sigma^2 I_N$ 的 Σ_u，和处理纯异方差性相比，研究此类问题通常更具有挑战性。

6.3.1 序列相关检验

如何检验序列相关误差存在呢？和纯异方差性一样，我们将序列相关检验建立在回归残差的基础上。在最简单的情况下，自相关误差服从 AR(1) 模型：一阶**自回归过程**，也就是著名的一阶马尔可夫过程：

$$u_t = \rho u_{t-1} + v_t, \ |\rho| < 1 \tag{6.15}$$

其中 v_t 表示不相关随机变量，具有零均值和常数方差。为了确保扰动过程 u 是平稳的且具有有限方差，要施加约束 $|\rho|<1$。当 $\rho=1$ 时，得到**随机游走**，意味着 u 的方差为无限的，而且 u 被称为**非平稳**序列，或一阶整合过程［经常写成 $I(1)$］。假定 u 过程是**平稳的**且具有有限方差，这意味着冲击 v_t 的效应将随时间流逝而消散。①

ρ（在绝对值上）越大，对 u_t 冲击的**持续**将越久，而且扰动序列更加**自相关**，对于 AR(1) 模型，u 的**自相关函数**是几何序列 $\rho, \rho^2, \rho^3, \cdots$，由 τ 周期划分的扰动相关是 ρ^τ。在 Stata 中，时间序列自相关函数可用 ac 或 corrgram 命令计算（［TS］**corrgram** 指序列相关图）。

如果怀疑回归模型的扰动过程存在自相关，那么可以使用估计残差来判断。在式（6.15）中，u_t 的经验部分就是 predict 命令生成的 $\hat{u}_t$ 序列。可以估计 $\hat{u}_t$ 对 $\hat{u}_{t-1}$ 的不带常数项的辅助回归，因为残差具有零均值。所得到的斜率估计值是式（6.15）u 过程的一阶自相关系数 ρ 的一致估计量。在零假设 $\rho=0$ 条件下，LM 检验对该零假设的拒绝显示扰动过程表现出 AR(1) 特性。

对这种方法进行推广，假定对较高阶自回归扰动的检验是布鲁施和戈弗雷的 LM 检验（Godfrey, 1988）。在此检验中，回归被 p 滞后残差序列增强。其零假设为：误差是一直到 p 阶连续独立的。检验计算回归元 **x** 被排除的**偏相关**。② 在时间 t，残差正交于 **X** 的列，不过，对于滞后残差则不需要这样。这也许是关于序列扰动的非独立性最有用的检验，原因在于它允许研究人员在此检验中检查多于一阶的误差序列独立性。在 Stata 中，这样的检验由 estat bgodfrey 执行（参看［R］**regress postestimation time series**）。

布鲁施-戈弗雷检验的变形是 Box 和 Pierce（1970）的 Q 检验，而 Ljung 和 Box（1979）则对其进一步精炼，该检验对前 p 个样本的残差序列自相关加以检查：

$$Q = T(T+2) \sum_{j=1}^{p} \frac{r_j^2}{T-j}$$

---

① 如果有理由怀疑时间序列的平稳性，那么应执行**单位根检验**，参看［TS］**dfgls**。
② 时间序列的偏自相关函数可以使用 pac 命令计算，参看［TS］**corrgram**。

其中 r_j^2 表示残差序列的第 j 个自相关。和布鲁施-戈弗雷检验不同，Q 检验不设定自相关以特定的 x 为条件。Q 检验是建立在残差的简单相关而不是偏相关的基础上。因此，当零假设（u 一直到 p 阶都没有序列相关）为假时，Q 检验的能力便不如布鲁施-戈弗雷检验。但是，Q 检验可用于任何时间序列上，不论它是否包括估计回归模型的残差。在零假设条件下，有 $Q\sim\chi^2(p)$，在 Stata 中，Q 检验用 wntestq 执行，顾名思义，这个检验可用作对所谓的**白噪声**，也就是不包含自相关的随机变量性质的一般检验。

最经典的检验（尽管它有缺点，但仍在广泛使用和报告）是 Durbin 和 Watson (1950) 的 d 统计量：

$$d=\frac{\sum_{t=2}^{T}(\hat{u}_t-\hat{u}_{t-1})^2}{\sum_{t=1}^{T}\hat{u}_t^2}\simeq 2(1-\rho)$$

德宾-沃森检验（D-W 检验）的原理是：统计量的分子在扩大时，包括两倍的残差方差减两倍的残差序列（一阶）自协方差。当 $\rho=0$ 时，自协方差接近于 0，d 等于 2.0。当 $\rho\to 1$ 时，$d\to 0$，而当 $\rho\to -1$ 时，$d\to 4$。不过，统计量的准确分布取决于回归元矩阵（该矩阵必须包含常值项，不能包含滞后因变量）。D-W 检验有两个临界值（记为 d_L 与 d_U），而不是有一系列临界值。若 d 统计量小于 d_L，则拒绝零假设；若 d 统计量大于 d_U，则不拒绝零假设；若 d 统计量介于 d_L 与 d_U 之间，则统计量无法判断。（至于负自相关，用同样的列表临界值对 $4-d$ 进行检验。）在 Stata 中，该检验用 estat dwstat 执行（参看 [R] **regress postestimation time series**），在 prais 估计命令输出里将自动执行它。

在存在滞后因变量或者预定回归元的情况下，d 统计量有偏向 2.0 的倾向，这时就必须使用 Durbin (1970) 的另一种检验或称为 h 检验。① 该检验是一种 LM 检验，通过将残差对其滞后值及最初 **X** 矩阵回归得出。当 $p=1$ 时，此检验渐近等价于布鲁施-戈弗雷检验，在 Stata 中，用 estat durbinalt 命令执行（参看 [R] **regress postestimation time series**）。

这里用英国政府债券（短期国债和金边债券）的每月短期与长期利率的时间序列数据集（1952 年 3 月—1995 年 12 月）阐明自相关诊断，使用 summarize 给出这些序列的描述统计：

---

① 如果对所有 t 与 s 都有 $E[x_t u_{t+s}]=0$，则变量 x 称为预定的（或前定的）。参看 Davidson 和 MacKinnon (1993)。

第6章 带非独立同分布误差的回归

```
. use http://www.stata-press.com/data/imeus/ukrates, clear
. summarize rs r20
```

Variable	Obs	Mean	Std. Dev.	Min	Max
rs	526	7.651513	3.553109	1.561667	16.18
r20	526	8.863726	3.224372	3.35	17.18

该模型将短期利率 rs 的每月变化，即英国银行货币政策工具，表示成长期利率 r20 的先前月份变化的函数。利用 Stata 时间序列算子 D. 与 L.，可以快速生成回归元与回归子。模型表示货币政策反应函数。用 predict 保留模型残差，然后使用 wntestq。具体操作如下：

```
. regress D.rs LD.r20
```

Source	SS	df	MS		
Model	13.8769739	1	13.8769739	Number of obs =	524
Residual	136.988471	522	.262430021	F(1, 522) =	52.88
				Prob > F =	0.0000
				R-squared =	0.0920
				Adj R-squared =	0.0902
Total	150.865445	523	.288461654	Root MSE =	.51228

D.rs	Coef.	Std. Err.	t	P>|t|	[95% Conf. Interval]
r20					
LD.	.4882883	.0671484	7.27	0.000	.356374 .6202027
_cons	.0040183	.022384	0.18	0.858	-.0399555 .0479921

```
. predict double eps, residual
(2 missing values generated)
. estat bgodfrey, lags(6)
Breusch-Godfrey LM test for autocorrelation
```

lags(p)	chi2	df	Prob > chi2
6	17.237	6	0.0084

H0: no serial correlation

```
. wntestq eps
Portmanteau test for white noise
```

Portmanteau (Q) statistic =	82.3882
Prob > chi2(40) =	0.0001

```
. ac eps
```

此处实施的布鲁施-戈弗雷检验考察扰动过程中多达 6 阶的序列独立性零假设，零假设被有力地拒绝。该检验是以拟合模型为条件的。用 wntestq 调用的 Q 检验确定了诊断，wntestq 命令允许对残差序列的序独立性进行更一般的代替。为深入分析残差序列没有独立性的性质，我们计算自相关图（如图 6-1 所示）。图中显示存在强一阶自相关——AR(1)，而且表明存在超出巴特利特置信带（Bartlett confidence bands）的几种其他经验性的自相关证据。

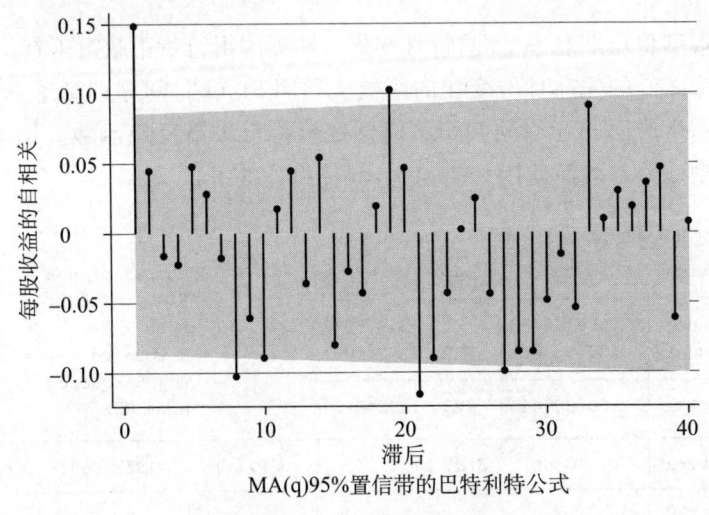

MA(q)95%置信带的巴特利特公式

图 6-1　回归残差的自相关图

6.3.2　带序列相关的 FGLS 估计

对于式（6.15）的 AR(1) 扰动，当 ρ 已知时，可通过 GLS 估计其系数。当考察含有一个参数 ρ 的一阶序列相关时，能对式（6.3）列出的 Σ_u 形式加以简化。Σ_u 的解析逆可推导成

$$\Sigma_u^{-1} = \sigma_u^{-2} \begin{pmatrix} \sqrt{1-\rho^2} & 0 & \cdots & 0 \\ -\rho & 1 & \cdots & 0 \\ \vdots & \vdots & & \vdots \\ 0 & -\rho & 1 & \\ 0 & \cdots & -\rho & 1 \end{pmatrix} \qquad (6.16)$$

就异方差而言，我们不能以显性方式建立和应用这样的矩阵。不过，我们通过变换初始数据，同时对变换后的数据实施回归就能执行 GLS。对于观测值 $2, \cdots, T$，对数据进行**拟差分**：$y_t - \rho y_{t-1}$，$x_{j,t} - \rho x_{j,t-1}$，等等。

第 6 章 带非独立同分布误差的回归

第 1 个观测值要乘以 $\sqrt{1-\rho^2}$。

由于 ρ 像 $\boldsymbol{\beta}$ 与 σ_u^2 一样都是未知的总体参数，所以 GLS 估计量行不通。当用 ρ 的一致估计值代替上面未知的 ρ 值，并且计算 $\hat{\boldsymbol{\Sigma}}_u$ 时，会得出 FGLS 估计量。对于异方差性，由初始模型得到的 OLS 残差可用于生成必需的估计量。Prais 和 Winsten（1954）估计量使用了基于 OLS 残差的 ρ 估计量并借助于式（6.16）估计 $\hat{\boldsymbol{\Sigma}}_u^{-1}$。已知回归残差的 ρ 估计量，在该估计量上紧密联系的 Cochrane 和 Orcutt（1949）变形仅仅在处理变换数据的第一个观测值方面不同。这些估计量都是迭代收敛的：本质上在 $\boldsymbol{\beta}$ 与 ρ 的估计量之间反复地运算。可选择的迭代优化了 ρ 的估计量，在小样本情况下，强烈推荐这种方法。在 Stata 中，可执行 prais 命令来获得这两种估计量。

其他方法包括联立估计一个参数向量（$\boldsymbol{\beta}', \sigma^2, \rho$）的极大似然法，以及 Hildreth 和 Lu（1960）的格点搜索法。虽然人们赞同极大似然法的优点，但蒙特卡罗法研究表明，普莱斯-温斯顿（Prais-Winsten）估计量在实际应用时几乎和极大似然法同样有效。

这里用前面所述的货币政策反应函数来阐明普莱斯-温斯顿估计量。对此模型应用 FGLS，求出 ρ 值为 0.19，而且和 OLS 估计相比，长期利率的滞后变化项的系数更小。具体操作如下：

```
. prais D.rs LD.r20, nolog

Prais-Winsten AR(1) regression -- iterated estimates

      Source |       SS       df       MS              Number of obs =     524
-------------+------------------------------           F(  1,   522) =   25.73
       Model |   6.56420242     1   6.56420242         Prob > F      =  0.0000
    Residual |   133.146932   522    .25507075         R-squared     =  0.0470
-------------+------------------------------           Adj R-squared =  0.0452
       Total |   139.711134   523    .2671341          Root MSE      =  .50505

------------------------------------------------------------------------------
        D.rs |     Coef.   Std. Err.      t    P>|t|     [95% Conf. Interval]
-------------+----------------------------------------------------------------
         r20 |
         LD. |   .3495857   .068912     5.07   0.000     .2142067    .4849647
       _cons |   .0049985   .0272145    0.18   0.854    -.0484649    .0584619
-------------+----------------------------------------------------------------
         rho |   .1895324
------------------------------------------------------------------------------
Durbin-Watson statistic (original)    1.702273
Durbin-Watson statistic (transformed) 2.007414
```

总之，虽然可以使用 FGLS 处理自相关，但我们要意识到，这种诊断可以显示模型动态特性或模型省略一个或多个重要因素的错误设定。我们可以机械地修正模型一阶序列相关，然后将持续性归因于误差过程的某种时钟装置，而不是解释它的存在。对于 AR(1) 误差，应用这里描述的 FGLS 是合适的，但对更高阶 AR(p) 误差或移动平均（MA）误差，FGLS 并不合适。不过，实际应用时可能遇到后面两种形式。运用 Stata 的 arima 命令可以对带有更高阶 AR 误差或 MA 误差的回归方程建模。

习　题

1. 利用 cigconsump 数据集，只保留 1985 年与 1995 年的数据。将 lpackpc 对 lavgprs 与 lincpc 进行回归。对变量 year，利用布鲁施-帕甘检验（hettest）。存储残差，并用 robvar 按 year 计算方差。这些检验表明了什么？

2. 利用每年残差基础上的解析加权，用 FGLS 重新拟合该模型。这些估计值与 OLS 估计值有什么不同？

3. 使用 sp500 数据集，应用 tsset date。将 close 的一阶差分对两个滞后差分及 volume 滞后项进行回归。你会怎样解释系数估计值？运用布鲁施-戈弗雷检验来评估误差独立性。你会得出什么结论？

4. 使用 FGLS 重新拟合该模型（用 prais 命令）。比较 FGLS 估计值和用 OLS 得出的估计值。

第7章
带指示变量的回归

应用经济学中最有用的概念之一是**指示变量**（indicator variable）*，它显示某个特征的存在或不存在。指示变量也被称为**二值**或**布尔**变量，而计量经济学家则称其为**虚拟变量**（尽管后者的意义隐于时代潮流之中）。本章考察如何使用指示变量完成下面几项任务：
- 评估定性因素的效应。
- 用于混合定量与定性因素的模型。
- 用于季节性调节。
- 评估结构稳定性及对结构变化进行检验。

---

* 又称为示性变量。——译者注

7.1 对定性因素显著性的检验

经济数据以三类变量形式出现：定量变量（或基数）、序数变量（或序数）、定性变量。① 第 3 章把第一类阐述为**连续数据**，强调其数值是实线上的数量，从概念上看可以为任何值。我们还以**序数**或有序数据开始讨论。序数和基数测量有差别，序数测量只能表示两项不等式，而两项之差的大小则没有意义。比如，对"总统的工作完成得如何？5＝极好，4＝良好，3＝不错，2＝稍差，1＝非常差"进行李克特测量（Likert scale），就会产生有序数值响应。对于投票者满意程度来说 5 响应胜过 4，4 胜过 3。不过，不能表述为回答 5 的响应者支持总统的可能性 5 倍于回答 1 的响应者，也不能表述为回答 4 的响应者多 25%，等等。此类数值仅仅是**有序的**。它们是实线（或整数集合）上任意五个有序点。其意义是，假如数据事实上是序数而不是基数，则不应该错误地将它们看成基数测量，而且不应该将它们用作线性回归模型的响应变量或回归元。

与之相反，我们经常遇到纯**定性**的经济数据，缺乏任何明显顺序。如果将这些数据编码为字符串变量，比如用 M 与 F 表示民意调查响应者的性别，那么就不可能将其错误当成定性数值。我们希望少数研究者在定量背景设置下运用五个数字组成的 ZIP 编码（美国邮政编码）。可是，当从数值上对质量进行编码时，存在将这种定性因素误用为定量因素的可能性。当然，这种错误使用没有什么意义：正如 2.2.4 小节论述的，我们能用 encode 将美国两个字母的州编码转换成一系列整数 1，…，50，这样容易处理，但不应该将这些数值作为定量测量。

我们应该如何评估纯定性测量的效应呢？由于在很大程度上同样要应用有序测量解决这种问题，所以这可能涉及全部非定量的经济和金融数据。为了检验定性因素对响应变量有影响的假设，我们必须将定性因素转换成一系列指示变量或虚拟变量。遵循 4.5.3 小节的讨论线索，执行指示变量系数的**联合检验**。若要检验的假设包含一个定性因素，估计问题就可以被描述成一个单向方差分析。经济研究者认为，可以将方差分析模型表

---

① 第 10 章讨论删失数据。

述成关于一个合适的指示变量集合的线性回归。①

单向方差分析和一系列指示变量的线性回归具有等价性，其中指示变量对应于单一定性因素，这种等价性可以推广到多个定性因素的情况。如果假设两个定性因素（例如，民族和性别）会影响收入，那么经济研究者将收入对两个合适的指示变量集合加以回归。当模型包含一个或多个定性因素时，就要估计几个指示（虚拟）变量的线性回归。

7.1.1 带单个定性测量的回归

考察 6.2.2 小节表述的新英格兰地区 6 个州的人均可支配收入（dpipc）1981—2000 年的测量。用居民居住的州可以解释 dpipc 在两个十年期间变化的显著比例吗？使用 mean（参看 [R] **mean**）计算两个十年期间的平均 dpipc（以千美元计算）。

```
. use http://www.stata-press.com/data/imeus/NEdata, clear
. mean dpipc, over(state)
Mean estimation                 Number of obs    =      120
        CT: state = CT
        MA: state = MA
        ME: state = ME
        NH: state = NH
        RI: state = RI
        VT: state = VT
```

Over	Mean	Std. Err.	[95% Conf.	Interval]
dpipc				
CT	22.32587	1.413766	19.52647	25.12527
MA	19.77681	1.298507	17.20564	22.34798
ME	15.17391	.9571251	13.27871	17.06911
NH	18.66835	1.193137	16.30582	21.03088
RI	17.26529	1.045117	15.19586	19.33473
VT	15.73786	1.020159	13.71784	17.75788

在 2000 年，6 个州各自的平均 dpipc 从康涅狄格州（CT）（22 326 美元）到缅因州（ME）（15 174 美元）有相当大的变化。可是，这样的差别是统计显著的吗？用 regress 对这个假设进行检验。首先，生成一个合适的指示变量。完成这项任务的一种方式是（我更喜欢用 xi），如同 2.2.4 小节所述，使用 tabulate 及其 generate( ) 选项，生成令人满意的变量。

---

① Stata 的 anova 命令具有 regress 选项，以展示回归框架下方差分析的结果。

之后的命令生成 6 个指示变量,不过我们认为,这 6 个指示变量必须是**互不相交且穷尽的**(mutually exclusive and exhaustive,MEE)。每个观测值都必须只属于一个州。同样,指示变量均值是满足该特性的样本的分数或比例。对于指示变量的任何完备集合来说,6 个变量的均值之和必等于 1.0。

如果 tabulate 生成指示变量的集合 $\mathbf{D}_{N \times g}$,其中存在 G 个组($G=6$),那么 $\mathbf{D}\iota = \iota$,其中 ι 表示单位向量。假如对 g 类的指示变量求和,一定会得到单位 N 向量。因此,执行回归时为避免带有常数项而出现完全共线性,就必须去掉一个指示变量。去掉第一个指示变量(CT 的指示变量)后,拟合回归模型:

```
. tabulate state, generate(NE)
      state |      Freq.     Percent        Cum.
         CT |         20       16.67       16.67
         MA |         20       16.67       33.33
         ME |         20       16.67       50.00
         NH |         20       16.67       66.67
         RI |         20       16.67       83.33
         VT |         20       16.67      100.00
      Total |        120      100.00

. regress dpipc NE2-NE6
      Source |       SS       df       MS              Number of obs =     120
                                                       F(  5,   114) =    5.27
       Model |  716.218512     5   143.243702          Prob > F      =  0.0002
    Residual |  3099.85511   114   27.1917115          R-squared     =  0.1877
                                                       Adj R-squared =  0.1521
       Total |  3816.07362   119   32.0678456          Root MSE      =  5.2146

       dpipc |      Coef.   Std. Err.       t     P>|t|     [95% Conf. Interval]
         NE2 |  -2.549057   1.648991    -1.55    0.125     -5.815695    .7175814
         NE3 |  -7.151959   1.648991    -4.34    0.000     -10.4186    -3.88532
         NE4 |  -3.65752    1.648991    -2.22    0.029     -6.924158   -.3908815
         NE5 |  -5.060575   1.648991    -3.07    0.003     -8.327214   -1.793937
         NE6 |  -6.588007   1.648991    -4.00    0.000     -9.854646   -3.321369
        _cons|  22.32587    1.166013    19.15    0.000     20.01601    24.63573
```

回归生成 1 个常数项及 5 个系数的估计值。我们排除第一个州(CT),因而常数项就是不同时间 CT 的均值,等同于前面的 means 输出。regress 报告的系数表示每一个州的平均 dpipc 与 CT 均值之差。① 通过 mean 输出

---

① 例如,对于上面给定的马萨诸塞州(MA)来说,均值估计为 22.325 87 - 2.549 057 = 19.776 81。

第7章 带指示变量的回归

表述的州平均值是实线上的6个点。它们的差异是统计显著的吗？不论是VT的均值15.7，还是CT的均值22.3，我们如何测度那些差异都不重要。尽管必须从回归中排除一个州指示变量，但对排除类的选择是任意的，而且不会影响统计判断。

对定性因素state相关性的检验仅仅是该回归的方差分析F统计量。正如4.3.2小节所述，方差分析F统计量检验所有系数联合为零的零假设。在此背景下，这相当于检验所有6个州的dpipc均值等于一个共同值μ。从方差分析F统计量可知，该假设被强烈地拒绝，这意味着新英格兰地区各州在人均可支配收入上有显著不同。

对指示变量进行另一种变换是生成**中心化指示变量**（centered indicator）。在创建一个新指示变量 $d_i^* = d_i - d_g$ 后，其中 d_g 表示被排除类的指示变量，在模型中能够使用 $(g-1)$ 个 d_i^* 变量，而不是最初的 d_i 变量。如上所述，最初 d_i 变量上的系数都可以与排除类相比较。d_i^* 变量为三组元变量（取值为 $-1, 0, 1$），该值将与总均值相比较。回归中 d_i^* 的常数项是总均值，而个别 d_i^* 系数可与总均值相比。举例来说：

```
. forvalues i=1/5 {
  2.      generate NE_`i' = NE`i'-NE6
  3. }
. regress dpipc NE_*
```

Source	SS	df	MS			
Model	716.218512	5	143.243702	Number of obs =		120
Residual	3099.85511	114	27.1917115	F(5, 114) =		5.27
				Prob > F =		0.0002
				R-squared =		0.1877
				Adj R-squared =		0.1521
Total	3816.07362	119	32.0678456	Root MSE =		5.2146

dpipc	Coef.	Std. Err.	t	P>|t|	[95% Conf. Interval]	
NE_1	4.167853	1.064419	3.92	0.000	2.059247	6.276459
NE_2	1.618796	1.064419	1.52	0.131	-.48981	3.727402
NE_3	-2.984106	1.064419	-2.80	0.006	-5.092712	-.8754996
NE_4	.5103331	1.064419	0.48	0.633	-1.598273	2.618939
NE_5	-.8927223	1.064419	-0.84	0.403	-3.001328	1.215884
_cons	18.15802	.4760227	38.15	0.000	17.21502	19.10101

在形式上，就方差分析F统计量与R^2而言，这个代数等价模型与包括5个指示变量的模型具有同样的解释力。例如，$4.168+18.158=22.326$是CT的平均收入。下面我们使用lincom命令计算排除类的系数，即减去包含类的系数和。具体操作如下：

```
. lincom -(NE_1+NE_2+NE_3+NE_4+NE_5)
( 1) - NE_1 - NE_2 - NE_3 - NE_4 - NE_5 = 0
```

dpipc	Coef.	Std. Err.	t	P>|t|	[95% Conf. Interval]	
(1)	-2.420154	1.064419	-2.27	0.025	-4.52876	-.3115483

7.1.2 带两个定性测量的回归

我们使用两个指示变量集合来评估两个定性因素对响应变量的效应。举一个《Stata 手册》中数据集 nlsw88 的例子，该数据集节选自 1988 年对就业女性的美国国家纵向调查（National longitudinal survey）。这里将 2 246 名工作女性的样本限制在每小时工资 wage、种族 race 和工会状态 union 的指示变量子样本中。此步骤把样本简化为 1 878 名工人。此外，还有工作年限 tenure 的数据。具体操作如下：

```
. use http:///www.stata-press.com/data/imeus/nlsw88, clear
(NLSW, 1988 extract)
. keep if !missing(wage + race + union)
(368 observations deleted)
. generate lwage = log(wage)
. summarize wage race union tenure, sep(0)
```

Variable	Obs	Mean	Std. Dev.	Min	Max
wage	1878	7.565423	4.168369	1.151368	39.23074
race	1878	1.292332	.4822417	1	3
union	1878	.2454739	.4304825	0	1
tenure	1868	6.571065	5.640675	0	25.91667

将工资的对数 lwage 建模成响应变量。变量 race 中白人（white）、黑人（black）或其他种族（other）被编码为 1、2 或 3。我们想要确定（对数）工资的方差是否与因素 race 及 union 显著相关。不能用虚拟变量的两个完整集合来拟合回归模型，因此要从每组中排除一个虚拟变量。[①] 下面给出回归估计：

[①] 在不带常数项的方程中，可以包括一个完整的虚拟变量集合，但我不推荐那种方法。缺少常数项会改变许多描述统计量的含义。

```
. tabulate race, generate(R)
      race |      Freq.    Percent       Cum.
-----------+-----------------------------------
     white |      1,353      72.04      72.04
     black |        501      26.68      98.72
     other |         24       1.28     100.00
-----------+-----------------------------------
     Total |      1,878     100.00

. regress lwage R1 R2 union
    Source |       SS       df       MS              Number of obs =    1878
-----------+------------------------------           F(  3,  1874) =   38.73
     Model |  29.3349228     3   9.77830761          Prob > F      =  0.0000
  Residual |  473.119209  1874    .252464893         R-squared     =  0.0584
-----------+------------------------------           Adj R-squared =  0.0569
     Total |  502.454132  1877    .267690001         Root MSE      =  .50246

     lwage |      Coef.   Std. Err.      t    P>|t|    [95% Conf. Interval]
-----------+----------------------------------------------------------------
        R1 |  -.0349326   .1035125    -0.34   0.736    -.2379444    .1680793
        R2 |  -.2133924   .1049954    -2.03   0.042    -.4193126   -.0074721
     union |   .239083    .0270353     8.84   0.000     .1860606    .2921054
     _cons |  1.913178    .1029591    18.58   0.000     1.711252    2.115105

. test R1 R2     //         joint test for the effect of race
 ( 1)  R1 = 0
 ( 2)  R2 = 0
       F(  2,  1874) =    23.25
            Prob > F =    0.0000
```

关于定性因素 race 的显著性检验是，R1，R2 系数的联合检验等于 0。当把 other 作为 race 的排除类时，我们没有发现 β_{R1}（white 的系数）异于 0。但是，该系数是 other 的 lwage 均值与 white 的 lwage 均值的对比。此外，R2（black）的均值与 other 的均值不同。把这些系数汇集在一起，就反映了 race 对 lwage 的效应。回归元应该被保留或作为**一个类**被剔除。特别地，我们不应该使用单个指示变量的 t 统计量进行推断，而没有注意到上述各组类均值的差异。其系数及 t 统计量都取决于排除类的选取，而排除类是任意的。

此处阐明两个定性因素的模型是一种特殊情况。因为它假定两个定性因素的效应是独立的且严格可加的。也就是，如果你是黑人，则你的（对数）工资比 other 的工资低 0.213[1]，如果你是工会的成员，则你的（对数）工资会高 0.239。相对于排除类（其他种族的非工会成员）来说，这个回归模型预测黑人工会成员会挣多少工资呢？模型仅仅预测了两个因素

---

[1] 使用不太精确的近似 $\log(1+x) \simeq x$，此精度大约为 21%，尽管实际上这种近似应该仅用于个位数字的 x 上。

之和，即+0.026，因为工会效应略强于黑人效应。这样得到 race 与 union 类别的 3×2 双向表格。用回归的四个估计系数可以填满该表格的 6 个单元。为了使该方法可行，我们必须假定定性因素具有独立性，所以联合效应（由表格单元反映出来）是边际效应之和。黑人且是工会成员的效应就是黑人效应（和工会状态是独立的）与工会成员效应（和种族是独立的）之和。

交互效应

尽管定性因素具有独立性有时是合理的，但这通常不是一个合适的假设。考察失业率在不同年龄及种族上的变化情况。青少年很难找到工作，原因在于他们缺乏劳动力市场经历，因而青少年失业率相对于成年工人来说更高。同样地，少数族裔的参与者通常具有较高的失业率，这是因为差别待遇，或是其他因素如教育水平导致的。这两种效应可能不仅仅是相加的关系，就好比正在寻找工作的少数族裔的青少年恰好遇到两次罢工。如果是这样，少数族裔且青少年的联合效应要大于单个贡献之和。这意味着在评估定性因素时，要考虑**交互效应**，也就是允许定性因素效应是相关的，同时要估计上面回归例子 3×2 表格中的 6 个元素。

在回归中，交互作用涉及指示变量的乘积。可以把虚拟变量处理成代数或布尔变量。指示变量相加等价于布尔"或"算子（｜），表示两个集合的并集，而两个指示变量相乘等价于布尔"与"算子（&），表示集合的交集。我们可以使用 Stata 的 generate 语句的两种语法，记住需要适当处理缺失值。

在前面的回归中，如何包括 race*union 的交互作用呢？由于需要两个 race 虚拟变量表示三种类型，和一个 union 虚拟变量反映该因素，所以该模型需要两个交互作用项：每一个都包含 race 虚拟变量与 union 虚拟变量的交互作用。因而，在下面的模型中

$$\text{lwage}_i = \beta_1 + \beta_2 R1_i + \beta_3 R2_i + \beta_4 \text{union}_i + \beta_5 (R1_i \times \text{union}_i) + \beta_6 (R2_i \times \text{union}_i) + u_i$$

对于种族 R1（white）来说，其工资对数均值如下：非工会成员为 $\beta_1 + \beta_2$，而工会成员为 $\beta_1 + \beta_2 + \beta_4 + \beta_5$。拟合此模型，得到如下结果：

```
. generate R1u = R1*union
. generate R2u = R2*union
. regress lwage R1 R2 union R1u R2u
```

Source	SS	df	MS		Number of obs	=	1878
					F(5, 1872)	=	26.63
Model	33.3636017	5	6.67272035		Prob > F	=	0.0000
Residual	469.09053	1872	.250582548		R-squared	=	0.0664
					Adj R-squared	=	0.0639
Total	502.454132	1877	.267690001		Root MSE	=	.50058

lwage	Coef.	Std. Err.	t	P>|t|	[95% Conf. Interval]	
R1	-.1818955	.1260945	-1.44	0.149	-.4291962	.0654051
R2	-.4152863	.1279741	-3.25	0.001	-.6662731	-.1642995
union	-.2375316	.2167585	-1.10	0.273	-.6626452	.187582
R1u	.4232627	.2192086	1.93	0.054	-.0066561	.8531816
R2u	.6193578	.2221704	2.79	0.005	.1836302	1.055085
_cons	2.07205	.1251456	16.56	0.000	1.82661	2.317489

```
. test R1u R2u       //    joint test for the interaction effect of race*union
 ( 1)  R1u = 0
 ( 2)  R2u = 0
       F(  2,  1872) =     8.04
            Prob > F =    0.0003
```

两个交互作用系数 R1u 与 R2u 的联合检验拒绝零假设——两个定性因素 race 与 union 在所有传统水平上都是独立的。由于交互作用项是联合显著的，所以对前面的回归形式而不是这个扩展形式拟合是错误设定的。就回归而言，很容易考察带有交互作用的与没有交互作用的模型，我们只需通过对带有交互作用的模型进行拟合，然后执行所有交互作用系数等于 0 的联合检验。

7.2 带定性因素与定量因素的回归

我们之前已经拟合了多个回归模型，其中所有回归元都是指示变量。在经济研究中，通常想要在一个回归模型里面，通过既包括连续回归元又包括指示回归元，将定性和定量信息组合起来。

回到 nlsw88 数据集上，运用定性因素 race 与 union，以及定量因素 tenure（任现职工作年限），对工资对数建模。于是，对回归进行估计，得到

```
. regress lwage R1 R2 union tenure

      Source |       SS       df       MS              Number of obs =    1868
-------------+------------------------------           F(  4,  1863) =   85.88
       Model |  77.1526731     4   19.2881683          Prob > F      =  0.0000
    Residual |  418.434693  1863    .224602626         R-squared     =  0.1557
-------------+------------------------------           Adj R-squared =  0.1539
       Total |  495.587366  1867    .265445831         Root MSE      =  .47392

------------------------------------------------------------------------------
       lwage |      Coef.   Std. Err.      t    P>|t|     [95% Conf. Interval]
-------------+----------------------------------------------------------------
          R1 |  -.070349   .0976711    -0.72   0.471    -.2619053    .1212073
          R2 | -.2612185   .0991154    -2.64   0.008    -.4556074   -.0668297
       union |  .1871116   .0257654     7.26   0.000     .1365794    .2376438
      tenure |  .0289352   .0019646    14.73   0.000     .0250823    .0327882
       _cons |  1.777386   .0975549    18.22   0.000     1.586058    1.968715
------------------------------------------------------------------------------

. test R1 R2    // joint test for the effect of race

 ( 1)  R1 = 0
 ( 2)  R2 = 0

       F(  2,  1863) =   29.98
            Prob > F =    0.0000
```

上述结果显示，这种协方差分析模型和仅依据定性因素而建立的相应模型相比，对 lwage 变异的解释更多。[①] 我们如何解释 $\hat{\beta}_{tenure}$ 呢？使用标准近似公式 $\log(1+x) \simeq x$[②]，已知工人的现职工作年限每增加一年，就可以多挣 2.89% 的工资（粗略地讲，即 wage 对 tenure 的半弹性）。如何解释常数项呢？它是 other 的工作年限为零的非工会成员的平均工资对数。这种做法似乎是合理的，因为可以有小于 1 年的现职工作经历。在其他情况下，比如在劳动力市场研究中，用年龄作为回归元，常数项可能不对应于任何可观测人群。

用此模型进行预测，可生成 {log(wage), tenure} 空间上的一系列平行线：共计六条直线，对应于 race 与 union 的六种可能组合，根据它们的系数及常数项可计算其截距。我们能够分别检验该六条线关于定性因素是各不相同的：例如，就上面的回归而言，对 R1 与 R2 的显著性可进行联合检验。如果检验没有拒绝零假设，即每一个系数都为 0，那么可以得出结论：{log(wage), tenure} 不会因定性因素 race 而不同，从而六个曲线合并成两个。

---

① 前面我曾提及，尽管人们更偏爱这种有交互作用项的模型形式，但考虑教学方面的原因，我们回到较简单的模型形式上。

② 参看 4.3.4 小节。

斜率差异检验

鉴于前面拟合的模型考虑了一个定性因素，我们认为该模型是成功且简约的。可是，真实 {log(wage)，tenure} 曲线是平行的吗？比如说，工会部门借助于组织的讨价还价能力争取到年度工资的较大增额。那么，除是否参加工会之外其他方面都相同的两位工人确实具有不同的曲线吗？参加工会工人的曲线更为陡峭吗？为了检验该假设，需要回到交互效应的概念上，但这里使连续测量 tenure 和指示变量 union 交互作用：

```
. quietly generate uTen = union*tenure
. regress lwage R1 R2 union tenure uTen

      Source |       SS       df       MS              Number of obs =    1868
-------------+------------------------------           F(  5,  1862) =   69.27
       Model |  77.726069     5   15.5452138           Prob > F      =  0.0000
    Residual | 417.861297  1862   .224415304           R-squared     =  0.1568
-------------+------------------------------           Adj R-squared =  0.1546
       Total | 495.587366  1867   .265445831           Root MSE      =  .47372

       lwage |      Coef.   Std. Err.      t    P>|t|     [95% Conf. Interval]
          R1 |  -.0715443   .0976332    -0.73   0.464    -.2630264    .1199377
          R2 |  -.2638742   .0990879    -2.66   0.008    -.4582093   -.0695391
       union |   .2380442   .0409706     5.81   0.000     .157691    .3183975
      tenure |   .0309616   .0023374    13.25   0.000     .0263774   .0355458
        uTen |  -.0068913   .0043112    -1.60   0.110    -.0153467    .001564
       _cons |   1.766484   .0977525    18.07   0.000     1.574768    1.9582
```

现在工作年限效应被测量为：对于非工会成员，$\partial lwage/\partial tenure = \hat{\beta}_{tenure}$；对于工会成员，则是 $(\hat{\beta}_{tenure} + \hat{\beta}_{uTen})$。这两个值之差是估计系数 $\hat{\beta}_{uTen}$，在 10% 的水平上不显著异于 0，但为负值。和我们的直觉看法相反，数据没有拒绝假设——工会曲线和非工会曲线的斜率相等。

race 的曲线又会怎样呢？人们时常声称：少数族裔雇员并没有被公平对待，例如，和黑人或西班牙人相比，白人更易晋升且工资增额更高。将 tenure 与种族类别交互作用，实际上，允许曲线 {log(wage)，tenure} 的斜率因 race 不同而变化。具体操作如下：

```
. quietly generate R1ten = R1*tenure
. quietly generate R2ten = R2*tenure
. regress lwage R1 R2 union tenure R1ten R2ten

      Source |       SS       df       MS              Number of obs =    1868
-------------+------------------------------           F(  6,  1861) =   57.26
       Model |  77.2369283    6   12.8728214           Prob > F      =  0.0000
    Residual | 418.350438  1861   .224798731           R-squared     =  0.1558
-------------+------------------------------           Adj R-squared =  0.1531
       Total | 495.587366  1867   .265445831           Root MSE      =  .47413
```

```
    lwage |      Coef.   Std. Err.      t    P>|t|     [95% Conf. Interval]
-------------+----------------------------------------------------------------
       R1 |   -.082753       .1395    -0.59   0.553    -.3563459    .1908398
       R2 |   -.291495    .1422361    -2.05   0.041     -.570454    -.012536
    union |   .1876079    .0257915     7.27   0.000     .1370246    .2381912
   tenure |   .0257611    .0186309     1.38   0.167    -.0107785    .0623007
    R1ten |   .0024973    .0187646     0.13   0.894    -.0343045    .0392991
    R2ten |   .0050825     .018999     0.27   0.789     -.032179    .0423441
    _cons |   1.794018    .1382089    12.98   0.000     1.522957    2.065078

. test R1ten R2ten

 ( 1)  R1ten = 0
 ( 2)  R2ten = 0

       F(  2,  1861) =    0.19
            Prob > F =    0.8291
```

我们不能拒绝零假设,即两个交互作用系数都为 0,这意味着不同类别 race 的斜率足以表达 tenure 对工资的效应。女性工人的工资增长率与 race 无关,在这个意义上,工资增长方面似乎没有统计歧视的证据。[①]

上面的回归估计了五个 {log(wage), tenure} 曲线,其中对于给定种族来说,工会成员与非工会成员的曲线具有相同的斜率(工会成员的截距要高 0.188)。我们能将 tenure 与两个定性因素完全地交互作用,然后估计六个 {log(wage), tenure} 曲线,它们具有不同的斜率:

```
. regress lwage R1 R2 union tenure uTen R1ten R2ten

      Source |       SS       df       MS              Number of obs =    1868
-------------+------------------------------           F(  7,  1860) =   49.48
       Model |  77.8008722     7  11.1144103           Prob > F      =  0.0000
    Residual |  417.786494  1860  .224616394           R-squared     =  0.1570
-------------+------------------------------           Adj R-squared =  0.1538
       Total |  495.587366  1867  .265445831           Root MSE      =  .47394

       lwage |      Coef.   Std. Err.      t    P>|t|     [95% Conf. Interval]
-------------+----------------------------------------------------------------
          R1 |  -.0697096    .1396861    -0.50   0.618    -.3436676    .2042485
          R2 |  -.2795277    .1423788    -1.96   0.050    -.5587668   -.0002886
       union |    .238244    .0410597     5.80   0.000     .1577161    .3187718
      tenure |   .0304528    .0188572     1.61   0.106    -.0065308    .0674364
        uTen |  -.0068628    .0043311    -1.58   0.113    -.0153572    .0016316
       R1ten |  -.0001912    .0188335    -0.01   0.992    -.0371283    .0367459
       R2ten |   .0023429    .0190698     0.12   0.902    -.0350576    .0397433
       _cons |    1.76904    .1390492    12.72   0.000     1.496331    2.041749

. test uTen R1ten R2ten

 ( 1)  uTen = 0
 ( 2)  R1ten = 0
 ( 3)  R2ten = 0

       F(  3,  1860) =    0.96
            Prob > F =    0.4098
```

[①] 我们确实能运用这些发现,讨论给定工作年限的黑人女性比白人女性或其他族裔女性挣得更少,不过这个结果和诸如工人年龄、教育水平、就业职位等其他因素有关。

这里的联合检验考察所有六个类别为一个斜率相对于六个类别具有各自不同的斜率的零假设。数据分析表明，不能拒绝零假设，因此只有一个斜率。

在离开此专题之前，考察一个较简单的模型，其中仅考虑单个指示变量 union 与一个定量测度 tenure。将方程

$$\text{lwage}_i = \beta_1 + \beta_2 \text{union}_i + \beta_3 \text{tenure}_i + \beta_4 (\text{union}_i \times \text{tenure}_i) + u_i \tag{7.1}$$

和方程

$$\begin{aligned} \text{lwage}_i &= \gamma_1 + \gamma_2 \text{tenure}_i + v_i, \quad i \neq \text{union} \\ \text{lwage}_i &= \delta_1 + \delta_2 \text{tenure}_i + w_i, \quad i = \text{union} \end{aligned} \tag{7.2}$$

进行比较。也就是，我们分别估计非工会成员与工会成员的方程。由式（7.2）得到的 β 点估计和由式（7.1）计算的 β 点估计相同，但两者的标准误差不一样，因为前者是从较小样本 σ^2 计算出来的。而且，当两个方程独立地进行估计时，每个方程都有各自的 σ^2 估计。估计式（7.1）时，我们假定 u 对工会成员及非工会成员为同方差，但这样的假设可能并不适合。从行为观点看，不管集体讨价还价对工资水平的效应如何（例如，通过排除有利于工资全面提高的绩效增量），它都可能减少工资波动。估计 nlsw88 数据的方程阐明了这些看法。首先，对整个样本实施估计：

```
. regress lwage union tenure uTen

      Source |       SS       df       MS              Number of obs =    1868
-------------+------------------------------           F(  3,  1864) =   92.25
       Model |  64.0664855     3  21.3554952           Prob > F      =  0.0000
    Residual |   431.52088  1864  .231502618           R-squared     =  0.1293
-------------+------------------------------           Adj R-squared =  0.1279
       Total |  495.587366  1867  .265445831           Root MSE      =  .48115

-------------------------------------------------------------------------------
       lwage |      Coef.   Std. Err.      t    P>|t|     [95% Conf. Interval]
-------------+-----------------------------------------------------------------
       union |   .2144586   .0414898     5.17   0.000     .1330872     .29583
      tenure |   .0298926   .0023694    12.62   0.000     .0252456    .0345395
        uTen |  -.0056219   .0043756    -1.28   0.199    -.0142035    .0029597
       _cons |   1.655054   .0193938    85.34   0.000     1.617018    1.69309
```

对 uTen 的 t 检验显示，tenure 的效应对不同类别没有显著差异。现在，对工会成员与非工会成员的子样本拟合该模型，具体操作如下：

```
. regress lwage tenure if !union
```

Source	SS	df	MS		Number of obs	=	1408
					F(1, 1406)	=	148.43
Model	36.8472972	1	36.8472972		Prob > F	=	0.0000
Residual	349.032053	1406	.248244703		R-squared	=	0.0955
					Adj R-squared	=	0.0948
Total	385.87935	1407	.274256823		Root MSE	=	.49824

lwage	Coef.	Std. Err.	t	P>|t|	[95% Conf. Interval]	
tenure	.0298926	.0024536	12.18	0.000	.0250795	.0347056
_cons	1.655054	.0200828	82.41	0.000	1.615659	1.69445

```
. predict double unw if e(sample), res
(470 missing values generated)
. regress lwage tenure if union
```

Source	SS	df	MS		Number of obs	=	460
					F(1, 458)	=	55.95
Model	10.0775663	1	10.0775663		Prob > F	=	0.0000
Residual	82.4888278	458	.180106611		R-squared	=	0.1089
					Adj R-squared	=	0.1069
Total	92.5663941	459	.201669704		Root MSE	=	.42439

lwage	Coef.	Std. Err.	t	P>|t|	[95% Conf. Interval]	
tenure	.0242707	.0032447	7.48	0.000	.0178944	.0306469
_cons	1.869513	.0323515	57.79	0.000	1.805937	1.933088

```
. predict double nunw if e(sample), res
(1418 missing values generated)
```

两个子样本的 Root MSE 值不同,而且如同 6.2.2 小节对组间异方差性的处理一样,可以对相等性加以检验[①]:

```
. generate double allres = nunw
(1418 missing values generated)
. replace allres = unw if unw<.
(1408 real changes made)
. sdtest allres, by(union)
Variance ratio test
```

Group	Obs	Mean	Std. Err.	Std. Dev.	[95% Conf. Interval]	
nonunion	1408	5.19e-17	.0132735	.4980645	-.0260379	.0260379
union	460	6.47e-17	.0197657	.4239271	-.0388425	.0388425
combined	1868	5.50e-17	.0111235	.4807605	-.0218157	.0218157

```
    ratio = sd(nonunion) / sd(union)                         f =   1.3803
Ho: ratio = 1                           degrees of freedom = 1407, 459

    Ha: ratio < 1              Ha: ratio != 1              Ha: ratio > 1
 Pr(F < f) = 1.0000        2*Pr(F > f) = 0.0000         Pr(F > f) = 0.0000
```

[①] 相反,我们可以使用 egen double allres = rowtotal(nunw unw),不过之后必须使用 replace allres=. if nunw==. & unw==. 处理子样本的观测值缺失。否则,那些值会被编码成 0。

我们得出和先前结果相反的结论，非工会成员工人的扰动过程方差显著地小于工会成员工人。我们应该对这种分类的异方差性进行修正，或者使用稳健标准误差，对既包括工会工人又包括非工会工人的模型作出推断。为了阐明后者的观点，具体操作如下：

```
. regress lwage union tenure uTen, robust
Linear regression                               Number of obs =     1868
                                                F(  3,   1864) =   109.84
                                                Prob > F      =   0.0000
                                                R-squared     =   0.1293
                                                Root MSE      =   .48115

              |              Robust
       lwage |     Coef.   Std. Err.      t    P>|t|     [95% Conf. Interval]
       union |  .2144586   .0407254    5.27   0.000     .1345864    .2943308
      tenure |  .0298926   .0023964   12.47   0.000     .0251928    .0345924
        uTen | -.0056219   .0038631   -1.46   0.146    -.0131984    .0019546
       _cons |  1.655054   .0210893   78.48   0.000     1.613693    1.696415
```

尽管稳健标准误差使 uTen 的 t 统计量增大，但其系数在任何传统显著性水平上都没有显著地异于 0。从而得出结论：对于合理设定模型来说，不需要 tenure 与 union 的交互作用。

7.3 带指示变量的季节性调整

对于含有时间序列维度的经济数据，通常需要对其进行**季节性调整**。例如，一组零售公司的每月销售数据在节假日附近有显著变化，位于旅游区的城市在旅游季节和非旅游季节的税收表现出相当大的波动。一种常见的季节性调整方法是，将时间序列的季节性因素建模成加法的或乘法的。**加法**季节性因素是在每年 1 月（或第一季度）使变量增加（或减少）相同数量的美元，这一数量以该变量的单位表示。与之相比，**乘法**季节性因素是指每年 1 月（或第一季度）增加（或减少）相同**百分比**的数量。

这里关注的重点内容是，我们可以对某些经济数据以季节性调整（SA）的形式加以利用。对于像个人收入的流量序列，此概念经常表明以年率进行季节性调整（SAAR）。将用于住户或公司行为模型的其他经济数据表示成未经季节性调整的（NSA）。这两种数据形式不应混合在同一个模型之中。例如，NSA 响应变量的一系列回归元，每一个回归元都是经季节性调整的。这样回归将导致残差中有季节性，从而考察 AR(4) 模型（季度数据）或 AR(12) 模型（月度数据）的任何误差独立性检验都将失去作用。如果一个或多个数据序列存在季节性成分，那么应该运用某种季节性调整方法，除非模型中全部数据都为 NSA。

对加法形式季节性模型或乘法形式季节性模型进行去季节性处理，需要使用如下语句的表述方式，建立一个**季节性虚拟变量**集合：

```
. generate mseas1 = (month(dofm(datevar)) == 1)
. generate qseas1 = (quarter(dofq(datevar)) == 1)
```

就 Stata 而言，应使用 `tsset datevar` 命令识别数据是月度数据还是季度数据。变量 mseas1 在 1 月份为 1，而在其他月份则为 0；qseas1 在每年第一个季度为 1，而在其他季度则为 0。month( ) 及 quarter( ) 函数，还有更深奥难懂的 dofm( ) 与 dofq( )，都可在 [D] **functions** 中标题为 Date functions 与 Time-series functions 的部分查找到。使用 `forvalues` 循环，可以创建季节性虚拟变量集合，如下面例子所述。

为了从数据中消除加法形式季节性因素，我们将序列对常数项及一个季节性虚拟变量进行回归，具体操作如下：

```
. regress sales mseas*
. regress taxrev qseas*
```

这里分别考虑月度数据或季度数据。在回归之后，使用带有 `residuals` 选项的 `predict` 命令，生成去季节性的序列。当然，该序列均值为 0，原因在于它来自含有常数项的回归；通常，它被"重新基准化"为初始序列的均值，下面将阐述这一点。利用 turksales 数据集（包括 1990 年第一季度至 1994 年第四季度期间火鸡的销售数量），使用 `summarize` 命令加以描述，具体操作如下：

```
. use http://www.stata-press.com/data/imeus/turksales, clear
. summarize sales
```

Variable	Obs	Mean	Std. Dev.	Min	Max
sales	40	105.6178	4.056961	97.84603	112.9617

首先，发现季度 sales 序列的均值，并生成三个季度虚拟变量：

```
. summarize sales, meanonly
. local mu = r(mean)
. forvalues i=1/3 {
  2.         generate qseas`i' = (quarter(dofq(t)) == `i')
  3. }
```

然后，实施回归来计算季节性因素的重要性：

```
. regress sales qseas*
      Source |       SS       df       MS              Number of obs =      40
-------------+------------------------------           F(  3,    36) =    4.03
       Model |  161.370376     3   53.7901254          Prob > F      =  0.0143
    Residual |   480.52796    36   13.3479989          R-squared     =  0.2514
-------------+------------------------------           Adj R-squared =  0.1890
       Total |  641.898336    39   16.4589317          Root MSE      =  3.6535

       sales |      Coef.   Std. Err.      t    P>|t|     [95% Conf. Interval]
-------------+----------------------------------------------------------------
      qseas1 |  -5.232047   1.633891    -3.20   0.003    -8.545731   -1.918362
      qseas2 |  -2.842763   1.633891    -1.74   0.090    -6.156437    .4709317
      qseas3 |  -.8969368   1.633891    -0.55   0.586    -4.210621    2.416748
       _cons |   107.8608   1.155335    93.36   0.000     105.5177    110.2039
```

此回归的方差分析 F 统计量显示，季节性因素解释了绝大部分的 sales 变化。为生成去季节性的序列，使用 predict 恢复残差，并且加上序列的初始均值：

```
. predict double salesSA, residual
. replace salesSA = salesSA + 'mu'
(40 real changes made)
```

现在，比较两个序列：

```
. summarize sales salesSA
    Variable |     Obs        Mean    Std. Dev.       Min        Max
-------------+--------------------------------------------------------
       sales |      40     105.6178    4.056961    97.84603   112.9617
     salesSA |      40     105.6178    3.510161    97.49429   111.9563
. label var salesSA "sales, seasonally adjusted"
. tsline sales salesSA, lpattern(solid dash)
```

和初始序列相比，去季节性序列具有更小的标准差，原因在于去掉了季节性。在初始序列和较平滑的去季节性序列的图形上，这种效应十分明显，如图 7-1 所示。

我们可能想要从序列中去掉趋势成分。为消除线性趋势，只将序列对时间趋势进行回归。对于乘法（几何的或常值增长率）趋势，则将序列对数对时间趋势进行回归。在前面两种情况的任何一种下，该回归的残差表现出去趋势的序列。[①] 我们可以在同一个回归中，从序列中既去掉趋势成分又去掉季节性成分，具体如下：

---

① 更多详细内容，参看 Davidson 和 MacKinnon（2004，72-73）。

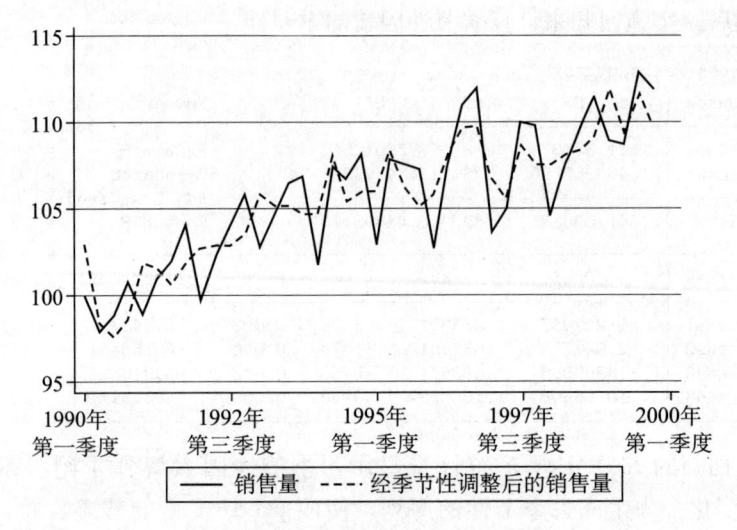

图 7-1　经季节性调整后的时间序列

```
. regress sales qseas* t

      Source |       SS       df       MS              Number of obs =      40
-------------+------------------------------           F(  4,    35) =   54.23
       Model |  552.710487     4  138.177622           Prob > F      =  0.0000
    Residual |  89.1878487    35  2.54822425           R-squared     =  0.8611
-------------+------------------------------           Adj R-squared =  0.8452
       Total |  641.898336    39  16.4589317           Root MSE      =  1.5963

       sales |      Coef.   Std. Err.      t    P>|t|     [95% Conf. Interval]
      qseas1 |  -4.415311   .7169299    -6.16   0.000    -5.870756   -2.959866
      qseas2 |  -2.298262   .7152449    -3.21   0.003    -3.750287    -.846238
      qseas3 |  -.6246916   .7142321    -0.87   0.388    -2.07466     .8252766
           t |   .2722452   .0219686    12.39   0.000     .2276466    .3168438
       _cons |   69.47421   3.138432    22.14   0.000     63.10285    75.84556

. test qseas1 qseas2 qseas3
 ( 1)  qseas1 = 0
 ( 2)  qseas2 = 0
 ( 3)  qseas3 = 0
       F(  3,    35) =   15.17
            Prob > F =    0.0000

. predict double salesSADT, residual
. replace salesSADT = salesSADT + 'mu'
(40 real changes made)
. label var salesSADT "sales, detrended and SA"
. tsline sales salesSADT, lpattern(solid dash) yline('mu')
```

趋势 t 在这些数据中非常显著。季节性因素的联合 F 检验表明, 除趋势项之外，它们同样显著。消除趋势和季节性并重新基准化为初始序列均值得到的序列如图7-2所示。

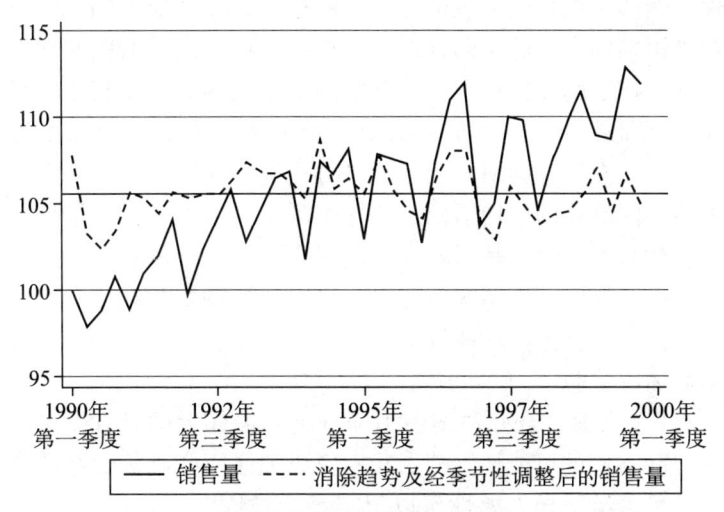

图7-2 消除趋势及经季节性调整后的时间序列

在Stata中，存在其他几种对时间序列数据进行季节性调整与消除趋势的方法，它们在tssmooth标题下执行操作，参看[TS] **tssmooth shwinters**。正如Davidson和MacKinnon（2004，584-585）所指出的，政府统计局使用的季节性调整方法能够用线性滤波器（linear filter）*或τ项移动平均来近似。关于这点，从ssc获得的egenmore程序包中的tssmooth ma或egen函数filter( )可能有用。

如果对识别商业周期的滤波时间序列数据感兴趣，参看作者的bking（即Baxter-King滤波器）与hprescott（即Hodrick-Prescott滤波器）程序，两者均可从ssc获得（参看[R] **ssc**）。

7.4 结构稳定性与结构变化的检验

指示变量经常用于对回归函数结构的稳定性检验，其中对结构折点位置予以说明。从式（7.1）与式（7.2）中可以发现，回归截距在工会成员

---

* 又称为滤子。——译者注

和非工会成员群体之间显著不同，但 tenure 的单一斜率却合乎要求。当进一步检验时，可以发现 σ_u^2 在样本的这两个群体之间显著不同。假如怀疑结构稳定性，例如一组自然资源密集型和制造业的工业层面回归，可以使用指示变量来识别样本内的不同分组，并检验这些分组的截距及斜率参数是否为稳定的。在家庭数据集中，预测食品支出的函数对于有不同子女数的家庭来说可能是不稳定的。如果需要供养的人口数的这种关系为非线性的，则仅仅将子女数作为回归元是不够的。

样本中不同群体的结构不稳定性并不限于截距的移位。结构移位可能没有表现在截距上，但它是影响一个或多个斜率参数的重要因素。如果怀疑结构稳定性，那么应该系统地建立一个一般模型，其中所有回归元（包括常数项）都要与群体指示变量交互作用，然后从上往下对不同群体看似稳定的系数加以检验。

6.2.2 小节考察了合并数据中不同分组或群体上的异方差可能性。除 σ_u^2 在各组之间不同的可能性以外，我们应该关注回归函数的系数在各组上的稳定性。尽管组间异方差性可以很容易地被诊断出来，并且加以修正，但不正确地将它在回归函数的各组样本上设定为常数的危害更大，致使回归估计值出现偏倚及不一致。例如，那些受限于流动性约束（因不良信用历史或担保品不足）的公司与能够进入金融市场的公司相比，其运营方式相差甚大，若将这两类公司合并到同一个回归模型中，则得出混合两类公司不同行为的回归函数。该回归不可能对两类公司中的**任何一类**提供合理的预测。把两类公司置于同一个回归，并且指示变量允许它们系数向量结构上的潜在差别，这样的做法更为明智。利用这种方法可以估计两类公司的差别并检验显著性。

7.4.1 连续性和可微分性约束

很容易作出允许回归函数显示各种各样的结构断裂的决定。一些检验可以证明，代表性工人的工资和工作年限曲线在不同工作年限范围内具有不同的斜率。可以用工作年限的多项式来完成这种构造，不过，这样做可能会引入无法接受的行为（比如，就 tenure 与 tenure^2 而言，在某一点曲线会下降，预测每多工作一年工资会降低）。如果使用不需要对回归函数进一步约束的交互作用项，分段线性函数就显示出由交互作用项（例如，样本的年龄分类）所识别的组间不连续性。为方便阐述，回到 NLSW 数据集上，并定义四种工作年限分类：小于 2 年、2~7 年、7~

12 年、12 年以上：

```
. use http://www.stata-press.com/data/imeus/nlsw88, clear
(NLSW, 1988 extract)
. generate lwage = log(wage)
. generate Ten2 = tenure<=2
. generate Ten7 = !Ten2 & tenure<=7
. generate Ten12 = !Ten2 & !Ten7 & tenure<=12
. generate Ten25 = !Ten2 & !Ten7 & !Ten12 & tenure<.
```

现在，生成 tenure 和每个工作年限分类的交互作用项，实施对各个分类以及交互作用项的回归[①]，然后生成预测值，具体操作如下：

```
. generate tTen2 = tenure*Ten2
(15 missing values generated)
. generate tTen7 = tenure*Ten7
(15 missing values generated)
. generate tTen12 = tenure*Ten12
(15 missing values generated)
. generate tTen25 = tenure*Ten25
(15 missing values generated)
. regress lwage Ten* tTen*, nocons hascons
```

Source	SS	df	MS		Number of obs	=	2231
					F(7, 2223)	=	37.12
Model	76.6387069	7	10.9483867		Prob > F	=	0.0000
Residual	655.578361	2223	.294907045		R-squared	=	0.1047
					Adj R-squared	=	0.1018
Total	732.217068	2230	.328348461		Root MSE	=	.54305

lwage	Coef.	Std. Err.	t	P>|t|	[95% Conf. Interval]	
Ten2	1.55662	.0383259	40.62	0.000	1.481462	1.631778
Ten7	1.708728	.060084	28.44	0.000	1.590901	1.826554
Ten12	1.870808	.1877798	9.96	0.000	1.502566	2.23905
Ten25	1.751961	.1691799	10.36	0.000	1.420194	2.083728
tTen2	.0897426	.0331563	2.71	0.007	.0247221	.1547631
tTen7	.0434089	.0140739	3.08	0.002	.0158095	.0710083
tTen12	.0154208	.019786	0.78	0.436	-.0233801	.0542218
tTen25	.0238014	.0102917	2.31	0.021	.0036191	.0439837

```
. predict double lwagehat
(option xb assumed; fitted values)
(15 missing values generated)
. label var lwagehat "Predicted log(wage)"
. sort tenure
```

对工资和工作年限曲线的每一段预测值画图，具体操作如下：

---

① 我们排除常数项，以包含所有四个工作年限虚拟变量。选项 hascons 向 Stata 表明，我们具有四个工作年限虚拟变量 Ten2 至 Ten25 的常数项等价形式。

```
. twoway (line lwagehat tenure if tenure<= 2)
> (line lwagehat tenure if tenure>2 & tenure<= 7)
> (line lwagehat tenure if tenure>7 & tenure<= 12)
> (line lwagehat tenure if tenure>12 & tenure<.), legend(off)
```

正如图 7-3 所示，这种分段函数考虑工作年限四种范围内的不同斜率与截距，但它不是连续的。例如，在 2 年年限点上估计预测，工人平均工资对数从每小时 1.73 突然跃升到每小时 1.80，然后从每小时 2.01 下降到 7 年年限点的每小时 1.98。

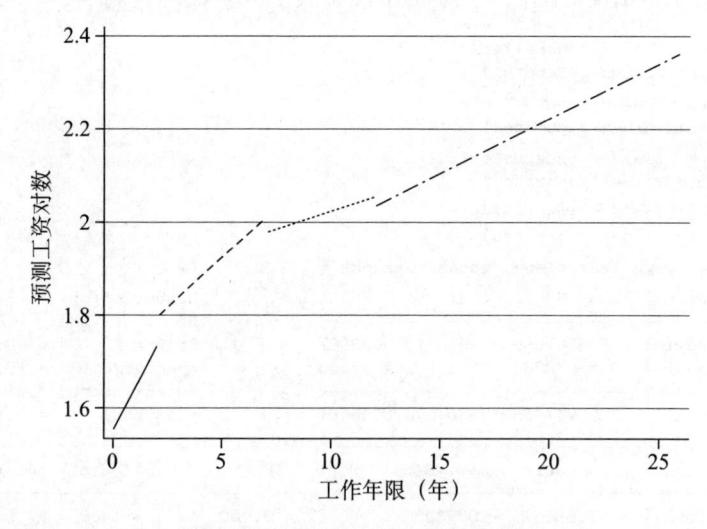

图 7-3 分段工资和工作年限曲线

我们可能想要使这种曲线在不同工作年限的范围上具有灵活性，但又要用**线性样条函数**使得到的函数成为**分段连续的**：线性样条函数是迫使邻近线段具有连续性的数学函数。样条函数由其**度**（又称次数）来刻画。线性样条为 1 度的，二次样条为 2 度的，等等。线性样条是连续的，但在**节点**处是不可微的；曲线上的这些点就定义出函数的线段。二次样条是连续且一次可微的。由于函数在节点两边都具有常值导数，所以该曲线上没有扭折。同样地，三次样本是连续且二次可微的，等等。

这里用线性样条生成分段连续的工资和工作年限曲线。Stata 的 mkspline（参看 [R] **mkspline**）命令会自动完成这种线性样条过程。较高阶样条必须从代数形式上定义，或使用用户编写的程序。我们可以使用 mk-

spline 命令生成在规定点上放置节点的样条或含有等分空间节点的样条。①
此处，使用较正式的语法：

mkspline $newvar_1$ #1 [$newvar_2$ #2 [⋯]] $newvar_k$ =oldvar [if] [in]

其中规定 k newvars 表示带有（$k-1$）个节点的 varname 线性样条，其节点置于#1，#2，⋯，#（$k-1$）样条化变量的值上。然后，得到的 newvarname 变量集合用作回归元。

在上面的分段回归中，我们估计出四个斜率与四个截距，总共八个回归参数。将此模型拟合为一个线性样条函数，需要对参数施加一些限制。在三个节点（2 年、7 年以及 12 年）的每一个上，沿着工作年限轴，$\gamma+\delta$ tenure 从左到右必须相等。经过代数运算可以证明，三个节点的每一个都对参数向量施加了一个限制。采用线性样条的分段线性回归会有五个参数而不是八个，具体操作如下：

```
. mkspline sTen2 2 sTen7 7 sTen12 12 sTen25 = tenure
. regress lwage sTen*

      Source |       SS       df       MS              Number of obs =    2231
-------------+------------------------------           F(  4,  2226) =   64.55
       Model |  76.1035947     4   19.0258987          Prob > F      =  0.0000
    Residual |  656.113473  2226   .294749988          R-squared     =  0.1039
-------------+------------------------------           Adj R-squared =  0.1023
       Total |  732.217068  2230   .328348461          Root MSE      =  .54291

------------------------------------------------------------------------------
       lwage |      Coef.   Std. Err.      t    P>|t|     [95% Conf. Interval]
-------------+----------------------------------------------------------------
       sTen2 |   .1173168   .0248619     4.72   0.000     .0685619    .1660716
       sTen7 |   .0471177    .009448     4.99   0.000      .02859    .0656455
      sTen12 |   .0055041   .0111226     0.49   0.621    -.0163076    .0273158
      sTen25 |   .0237767   .0083618     2.84   0.005     .007379    .0401744
       _cons |   1.539985   .0359605    42.82   0.000    1.469465    1.610505
------------------------------------------------------------------------------

. predict double lwageSpline
(option xb assumed; fitted values)
(15 missing values generated)
. label var lwageSpline "Predicted log(wage), splined"
. twoway line lwageSpline tenure
```

分段线性估计的结果是，连续的工资和工作年限曲线在三个节点上有扭结，如图 7-4 所示。从经济观点来看，连续性是非常令人满意的。在工

---

① 另一种语法用 pctile 选项，也可以使节点置于变量等分空间的百分位数上。

作年限为 1.9、2.0 以及 2.1 处，现在该模型的工资预测值是光滑的，在节点处没有不合理的跳跃。

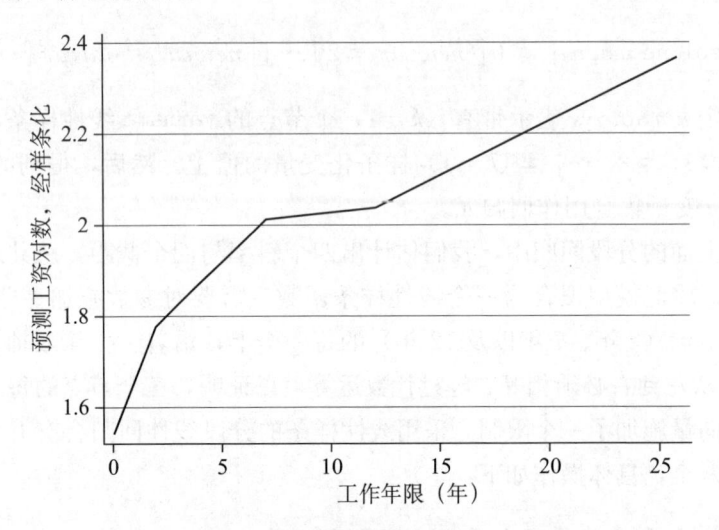

图 7-4 分段线性工资和工作年限曲线

7.4.2 时间序列模型中的结构性变化

对于时间序列数据，关注结构稳定性通常被称为结构性变化检验。我们可以考察时间序列回归在不同时期的不同斜率或截距（例如，考虑家庭消费函数在战争期间转向下降）。正如横截面情况一样，应该考察截距和斜率参数都可能随时期不同而各不相同。以前的计量经济学教科书经常依照**邹检验**（Chow test）讨论这种差异，并给出公式，该公式用对不同时期进行回归而得到的误差平方和生成一个检验统计量。由于邹检验只是所有政权虚拟系数联合为 0 的 F 检验，所以并不一定需要这一步。例如，

$$y_t = \beta_1 + \beta_2 x_{2t} + \beta_3 x_{3t} + \beta_4 gw_t + \beta_5 (x_{2t} \times gw_t) + \beta_t (x_{3t} \times gw_t) + u_t$$

其中在海湾战争期间 $gw_t=1$。联合检验 $\beta_4=\beta_5=\beta_6=0$ 就是检验这个函数在两个政权期间的稳定性。我们也可以考察中间情况：例如 x_2 系数在和平时期与战争时期都是稳定的，但 x_3 系数（或截距）却不是。很容易处理多于两个政权的情形，只需要为每个政权和它们与其他回归元的交互作用添加政权虚拟变量。同样地，我们应关注 σ_u^2 随政权不同而变化的现实可能性。通过计算带有政权虚拟变量的稳健标准误差研究这种可能性，不过需

要估计每个政权的不同方差,因为这是一种分组异方差类型,其中组是时间序列政权。

有时,政权时间太短而无法建立完整的交互作用模型,因为建模需要用该政权的观测值来拟合回归模型。由于前面的模型包括每个政权的三个参数,所以用四个或更少的观测值就不能估计某个政权的模型参数。此类问题经常在时间序列的末端出现。我们想要检验假设:最后 T_2 个观测值由和前面 T_1 个观测值相同的政权生成。在全部 $T=T_1+T_2$ 个观测值上估计该回归,再次用前面 T_1 个观测值估计,建立 F 检验。整个样本的残差平方和 (Σa_i^2) 会大于前面 T_1 个观测值的残差平方和,除非在增加的 T_2 个数据点上回归拟合得极好。当回归拟合在增加的 T_2 个数据点上表现很差时,我们能拒绝模型在 $[T_1, T_2]$ 上具有稳定性的零假设。这种邹预测的 F 检验在分子上有自由度 T_2:

$$F(T_2, T_1-k) = \frac{(\hat{\mathbf{u}}_T' \hat{\mathbf{u}}_T - \hat{\mathbf{u}}_{T1}' \hat{\mathbf{u}}_{T1})/T_2}{(\hat{\mathbf{u}}_{T1}' \hat{\mathbf{u}}_{T1})/(T_1-k)}$$

其中 $\hat{\mathbf{u}}_T$ 表示整个样本的残差向量。在回归之后,误差平方和为 e(rss)(参看 [P] **ereturn**)。

当一个或多个结构转折点从经济周期历史得到先验认识时,这些虚拟变量方法是有用的。不过,我们通常不能确信某个关系是否经历了结构性转变。(如果经历,是在哪个时期经历的呢?)当变化是渐近过程而不是突然而明显的中断时,这种不确定性便难以捉摸。人们已经设计了几种检验,估计发生变化的可能性,以及如果确实发生了变化,可能是在什么时间发生的。这些方法已经超出了本书范围。参看 Bai 和 Perron (2003)。

习 题

1. 使用 7.1.2 小节的数据集,检验 race 解释 lwage 变异的大部分内容。

2. 考察 7.2 节所用的模型,探讨统计歧视的证据。检验包括 race 与 tenure 交互作用项的模型。

3. 考察 7.3 节所用的模型,季节性调整火鸡销售数据。用乘法季节性模型拟合这些数据。加法季节性因素与乘法季节性因素哪一个更好?

4. 考察 7.3 节所用的模型，季节性调整火鸡销售数据。应用霍尔特-温特（Holt-Winters）季节性平滑（tssmooth shwinters），并将所得到的序列与含有指示变量的季节性调整产生的序列进行比较。

5. 考察 7.4.1 小节所用的模型。运用 mkspline 的另一种语法生成三个相同放置的节点，并估计此方程。利用 pctile 选项重做本题。线性样条方法选择结果的敏感性如何？

第 8 章
工具变量估计量

8.1 引 论

为运用线性回归，4.2 节阐述的零条件均值假设必须成立。在经济研究中，存在三种可能违背该假设的情况：第一个是内生性（响应变量与回归元联立决定），第二个是省略变量偏倚，第三个是变量误差（回归元的测量误差）。尽管这三个问题在微观经济模型里各自具有不同的产生原因，但解决它们的途径都是采用相同的计量经济工具：**工具变量**（instrumental variables，IV）估计量，这是本章要阐述的内容。最普遍的问题为内生性，将在下一节讨论。其他两个问题则在本章附录阐述。接下来几节分别讨论 IV 与两阶段最小二乘法（2SLS）估计量、识别和过度约束检验，以及广义矩方法（GMM）估计量的推广形式。本章最后三节考察在 IV 背景下对异方差性、工具相关性以及内生性进行检验。

如果一个变量与扰动相关,则称它为**内生的**(endogenous)。就模型

$$y = \beta_1 x_1 + \beta_2 x_2 + \cdots + \beta_k x_k + u$$

而言,若 $\text{Cov}[x_j, u] \neq 0$,则 x_j 是内生的。若 $\text{Cov}[x_j, u] = 0$,则 x_j 是外生的。只有 $\text{Cov}[x_j, u] = 0$,$j = 1, 2, \cdots, k$,OLS 估计量才是一致的。这个零协方差假设与 x_1 为常值的规定意味着 $E[u] = 0$。沿着 Wooldridge(2002,2006)的线索,我们使用零条件均值假设

$$E[u | x_1, x_2, \cdots, x_k] = 0$$

该假设是零协方差假设的充分条件。

虽然本章其余内容在经验研究中利用经济直觉确定一个变量是不是内生的,但上述内生性定义对于经验研究工作来说具有指导意义。

8.2 经济关系的内生性

经济学家通常将行为建模成联立方程组,其中经济内生变量由彼此与某些额外经济外生变量决定。联立性产生了含有不满足零条件均值假设的变量的经验模型。考察教科书上供给需求范式的例子。通常,我们用

$$q^d = \beta_1 + \beta_2 p + \beta_3 inc \tag{8.1}$$

刻画某商品的需求量(q^d)取决于其价格(p)以及购买者收入水平(inc)。当 $\beta_1 > 0$、$\beta_2 < 0$ 且 $\beta_3 > 0$ 时,需求曲线在 $[p, q]$ 空间中表现为向下倾斜,对于任意给定价格来说,较高收入购买者的需求量将上升。

假如这个方程反映个体者需求函数,可以证明,如果购买者在某购物日选择购买商品且拥有固定收入,那么该个体就是价格接收者,即按标价支付。但是,对于给定商品的关系估计来说,我们经常缺乏**微观数据**,或者住户水平数据。不过,我们拥有由市场产生的该商品的数据。在连续交易期,p 与 q 的观测值是均衡价格及数量。

当将误差项 u 增加到式(8.1),并且运用来自 $[p, q]$ 的数值进行 OLS 估计时,得到的估计值是非一致的。不论怎样设定上述模型,是把 q 设定成响应变量还是把 p 设定成响应变量,在这两种形式下,回归元都是内生的。经过简单代数运算可以证明,回归元一定与误差项相关,这违背

了零条件均值假设。在式（8.1）中，对需求曲线的冲击必然既改变市场均衡价格又改变均衡数量。由定义知，冲击 u 与 p 是相关的。

怎样使用这些市场数据估计商品的需求曲线呢？我们必须设定 p 的一个**工具**，该工具与 u 不相关，但与 p 高度相关。在经济模型中，这被称为**识别问题**（identification problem）：什么允许我们**识别**或描绘需求曲线呢？考虑市场的另一个方面。在供给函数中出现且没有在需求函数中出现的任何因素都可以作为有效工具。倘若对农产品需求建模，则像降雨或温度这样的因素就满足要求。那些因素是在经济模型之外确定的，但对商品产量以及市场上该种商品的供给量可能有重要影响。在经济模型中，这些因素出现在 q 和 p 的**简化式**（reduced-form）方程中，该 p 和 q 是联立方程组的代数解。

为了推导式（8.1）的一致估计，必须找到满足下面两个性质的 IV：工具 z 与 u 不相关，同时与 p 高度相关。[①] 满足这两个条件的变量是 IV 或 p 的工具，即处理了 p 与误差项的相关性。由于不能观测到 u，所以无法直接检验 z 与 u 之间的零相关假设，也就是正交性假设。在存在多个工具变量的情况下，可以建立这样的检验。不过，很容易对第二个假设进行检验，可以将回归元 p 对工具 z 加以回归：

$$p_i = \pi_1 + \pi_2 z_i + \zeta_i \tag{8.2}$$

假如不能拒绝零假设 $H_0: \pi_2 = 0$，则得出结论：z 不是有效工具。不幸的是，拒绝不相关的零假设没有充分理由表明工具不是"弱的"，如同 8.10 节所讨论的。[②] 这里没有唯一选取工具的方法。下面探讨当有不止一个工具可利用时，如何确定工具变量。

如果我们判定我们拥有一个有效工具，那么怎样使用它呢？回到式（8.1）上，并用 **y** 与 **X** 的矩阵形式表述它

$$\mathbf{y} = \mathbf{X}\boldsymbol{\beta} + \mathbf{u}$$

式中，$\boldsymbol{\beta}$ 表示系数向量 $(\beta_1, \beta_2, \beta_3)'$，**X** 是 $N \times k$ 矩阵。将矩阵 **Z** 定义成与 **X** 维数一样的形式，其内生回归元——在上述例子里为 p——用 z 代替。于是，

[①] "高度相关"的含义是 8.10 节的主题。

[②] Bound, Jaeger 和 Baker（1995）提出了下面的经验法则：F 统计量至少是 10。在最近的研究中，Stock, Wright 和 Yogo（2002）的表 1 给出了取决于工具数量的临界值。

$$Z'y = Z'X\beta + Z'u$$

Z 与 u 不相关的假设意味着当 N 趋于无穷时，$1/N(Z'u)$ 的概率趋于 0。下式

$$Z'y = Z'X\hat{\beta}_{IV}$$
$$\hat{\beta}_{IV} = (Z'X)^{-1}Z'y \tag{8.3}$$

可以定义估计量 $\hat{\beta}_{IV}$，也可以利用零条件均值假设定义 IV 模型的**矩方法**估计量。在 4.2.1 小节阐述的线性回归模型中，零条件均值假设对 X 中 k 个变量的每一个都成立，从而产生 k 个矩条件集合。在 IV 模型中，不能假定每个 X 都满足零条件均值假设，内生 x 就不满足该假设。但是，我们可以如上定义矩阵 Z，其中每个内生回归元将用它的工具代替，得到 β 的矩方法估计量：

$$Z'u = 0$$
$$Z'(y - X\beta) = 0 \tag{8.4}$$

然后，把由样本数据计算的矩代入表达式，同时用估计值 $\hat{\beta}$ 代替式 (8.4) 中的未知数 β，推导出

$$Z'y - Z'X\hat{\beta}_{IV} = 0$$
$$\hat{\beta}_{IV} = (Z'X)^{-1}Z'y$$

IV 估计量具有一个有意思的特殊情况。当零条件均值假设成立时，每个解释变量都能作为它自己的工具，$X = Z$，此时 IV 估计量简化成 OLS 估计量。从而，当满足零条件均值假设时，OLS 是 IV 的特殊情况。当零条件均值假设不成立时，IV 估计量是一致的，而且只要工具变量性质的两个重要假设得以满足，则 IV 估计量服从大样本正态分布。不过，IV 估计量不是无偏估计量，在小样本条件下其偏倚可能相当大。

8.3 两阶段最小二乘法

考察如下情况：我们有一个内生回归元和不止一个潜在工具。在式 (8.1) 中，有两个备选工具：z_1 与 z_2。我们可以将 z_1 代入 z 的 IV 估计量式 (8.3)，生成一个 $\hat{\beta}_{IV}$ 估计值。假如我们将 z_2 代入 z 重复上述过程，会生成另外一个 $\hat{\beta}_{IV}$ 估计值，不过这样得出的两个估计值会有所不同。

对于每一个备选工具,为获得式(8.3)的简单 IV 估计量,就产生了如何把它们组合起来的问题。另一种方法是两阶段最小二乘法(2SLS),将多个工具合并成一个最优工具,然后用于简单 IV 估计量。从概念上看,这种最优组合包含实施一个回归。考虑辅助回归式(8.2),用其检验备选 z 与它作为工具的回归元确实相关。仅扩展该回归模型,

$$p_i = \pi_1 + \pi_2 z_{i1} + \pi_3 z_{i2} + \omega_i$$

生成作为该方程预测值的工具:$\hat{p}$。倘若采用最小二乘法原理,则 $\hat{p}$ 是 z_1 与 z_2 信息的最优线性组合。将 $\hat{p}$ 作为 **Z** 的列,利用 IV 估计量估计式(8.3)的参数。

2SLS 只不过是一种具有决策规划的 IV 估计量,该规则把工具数量简化成估计方程且填满 Z 矩阵需要的准确数。为了阐明原理,定义工具矩阵 **Z** 的维数为 $N \times l$,$l \geqslant k$。于是,第一阶段回归将工具定义为

$$\hat{\mathbf{X}} = \mathbf{Z}(\mathbf{Z}'\mathbf{Z})^{-1}\mathbf{Z}'\mathbf{X} \tag{8.5}$$

将投影矩阵 $\mathbf{Z}(\mathbf{Z}'\mathbf{Z})^{-1}\mathbf{Z}'$ 记为 $\mathbf{P}_Z$。由式(8.3)知,

$$\begin{aligned}
\hat{\boldsymbol{\beta}}_{2SLS} &= (\hat{\mathbf{X}}'\mathbf{X})^{-1}\hat{\mathbf{X}}'\mathbf{y} \\
&= \{\mathbf{X}'\mathbf{Z}(\mathbf{Z}'\mathbf{Z})^{-1}\mathbf{Z}'\mathbf{X}\}^{-1}\{\mathbf{X}'\mathbf{Z}(\mathbf{Z}'\mathbf{Z})^{-1}\mathbf{Z}'\mathbf{y}\} \\
&= (\mathbf{X}'\mathbf{P}_Z\mathbf{X})^{-1}\mathbf{X}'\mathbf{P}_Z\mathbf{y}
\end{aligned} \tag{8.6}$$

其中"两阶段"估计量可利用 **X**、**Z** 以及 **y** 的数据以一个算式计算。当 $l = k$ 时,2SLS 简化成 IV,因此下面阐述的 2SLS 也覆盖 IV 估计量。

假定扰动项为独立同分布的,则 2SLS 估计量的 VCE 大样本一致估计量是

$$\mathrm{Var}[\hat{\boldsymbol{\beta}}_{2SLS}] = \hat{\sigma}^2 \{\mathbf{X}'\mathbf{Z}(\mathbf{Z}'\mathbf{Z})^{-1}\mathbf{Z}'\mathbf{X}\}^{-1} = \hat{\sigma}^2 (\mathbf{X}'\mathbf{P}_Z\mathbf{X})^{-1} \tag{8.7}$$

其中 $\hat{\sigma}^2$ 来自 2SLS 残差,且由下式计算

$$\hat{\sigma}^2 = \frac{\hat{\mathbf{u}}'\hat{\mathbf{u}}}{N}$$

这里 $\hat{\mathbf{u}}$ 由初始回归元与估计 2SLS 系数定义[①]

$$\hat{\mathbf{u}} = \mathbf{y} - \mathbf{X}\hat{\boldsymbol{\beta}}_{2SLS}$$

运用 2SLS 估计量的宗旨是,获得下面模型的 $\hat{\boldsymbol{\beta}}_{2SLS}$ 的一致估计量,该

---

① Stata 的 ivreg 等一些软件包,都包含用 $N-k$ 代替 N 对 $\hat{\sigma}^2$ 估计值加以修正的自由度。由于 $\hat{\sigma}^2$ 估计值无论怎样都不是无偏的,所以没有必要做这种修正(Greene,2000,373)。

模型包括了响应变量 y 与回归元 X，其中一些与扰动过程 u 相关。模型的预测值涉及初始回归元 X，而不是工具 $\hat{X}$。尽管从教学观点来看，可以把 2SLS 说成是一阶段回归与二阶段回归的结果，但不应该用手工方式执行那两步计算。如果我们这样做，会从内生回归元对工具变量的第一阶段回归中生成预测值 $\{\hat{X}\}$，然后再用该预测值实施第二阶段 OLS 回归。为什么我们要避免这种方式呢？因为第二阶段将产生不正确的残差

$$\hat{u}_i = y_i - \hat{X}\hat{\beta}_{2SLS} \tag{8.8}$$

而不是正确残差

$$\hat{u}_i = y_i - X\hat{\beta}_{2SLS}$$

这可以在 2SLS 估计之后通过 predict 命令计算得到。由不正确残差算出的统计量，比如 σ^2 的估计值以及式（8.7）中每个 $\hat{\beta}_{2SLS}$ 的估计标准误差，都是非一致的，原因在于 $\hat{X}$ 变量不是真实解释变量（Davidson and MacKinnon, 2004, 324）。使用 Stata 的 2SLS 命令 ivreg 就避免了这些问题，下面将讨论该命令。

8.4 ivreg 命令

ivreg 命令具有下面的部分语法：

ivreg *depvar* [*varlist1*]（*varlist2* = *instlist*）[*if*] [*in*] [, *options*]

其中 *depvar* 表示响应变量，*varlist2* 包括内生回归元，*instlist* 包括被排除工具，而选项 *varlist1* 包括方程所含的任何外生回归元。在式（8.1）的农产品需求例子中，我们可以设定

. ivreg q inc (p=rainfall temperature)

表示 q 对 inc 与 p 进行回归，而 rainfall 与 temperature 是被排除工具。考虑到 inc 用作其自身的工具，Stata 报告用于估计的工具包括 inc rainfall temperature。正如使用 regress 一样，在默认情况下，常值项被包含在方程中。倘若方程中出现常值项，则它也隐含地出现在用于设定 Z 的工具列表中，即第一阶段回归的工具矩阵。第一阶段回归（针对每个内生回归元的回归）可以用 first 选项显示。

在存在多个内生回归元的情况下，比如

```
. ivreg y x2 (x3 x4 = za zb zc zd)
```

工具变量的初学者时常询问:"我怎样告诉 Stata 我打算用 za zb 作为 x3 的工具,而用 zc zd 作为 x4 的工具呢?"你无法这样做,但不是因为 Stata 的 ivreg 命令存在局限性。2SLS 估计理论不允许这样设计。**所有**工具(包含的与被排除的)都必须用作**全部**第一阶段回归的回归元。此处,不论是 x3 还是 x4 都要对 **z** 进行回归:x2 za zb zc zd 及常值项形成 $\hat{\mathbf{X}}$ 矩阵。

我们注意到,描述统计量(如 Root MSE)应该用 **X** 中的初始回归元由适当残差计算出来。如果把由 ivreg 得出的 Root MSE 与同一模型中由 regress 得出的 Root MSE 比较,那么前者必然较大。看起来,考虑一个或多个回归元的内生性的代价是损失了拟合优度:最小二乘法就是最小二乘法。由定义知,包含 {y x} 的模型得到的最小误差平方和是用 regress 算出的。而通过 ivreg 计算的 2SLS 估计量是最小二乘估计量,但其最小化准则涉及不正确残差式(8.8)。2SLS 方法是使用最小二乘法将 **y** 对 $\hat{\mathbf{X}}$ 进行拟合,从而生成一致估计量 $\hat{\boldsymbol{\beta}}_{2SLS}$,因此对 $\hat{\mathbf{X}}$ 求误差平方和最小值。只要 $\hat{\mathbf{X}} \neq \mathbf{X}$,$\hat{\boldsymbol{\beta}}_{2SLS}$ 估计就不能对用〔R〕regress 算出的误差平方和求最小值。

在阐述 ivreg 例子之前,我们必须首先定义结构方程的**识别**(identification)。

8.5 识别与过度约束检验

如果存在足够的有效工具使 2SLS 估计量产生唯一估计值,方程参数就被称为可识别的。在计量经济学领域,如果一个方程的参数都是可识别的,我们就说这个方程是可识别的。[①] 方程(8.6)表明,只有当 ($\mathbf{Z}'\mathbf{Z}$) 为非奇异 $l \times l$ 矩阵,同时 ($\mathbf{Z}'\mathbf{X}$) 秩为 k 且是满秩的,$\hat{\boldsymbol{\beta}}_{2SLS}$ 才是唯一的。只要工具是线性独立的,($\mathbf{Z}'\mathbf{Z}$) 就是非奇异 $l \times l$ 矩阵,因此这个要求一般被认为是理所当然的。人们将 ($\mathbf{Z}'\mathbf{X}$) 具有秩 k 称为**秩条件**(rank condition),而将 $l \geqslant k$ 称为**阶条件**(order condition)。由于 **X** 中的外生回归元被用作自身的工具,所以阶条件经常被表述成,要求工具至少与内生变量同样多。为使秩条件成立,阶条件是必要条件,但不是充分条件。

---

① 这个术语来自估计联立方程组结构参数方面的文献。

假如秩条件不成立，则称方程为**识别不足**的（underidentified），这时运用所有计量经济方法都不能产生一致估计。如果（$Z'X$）的秩为 k，则称方程是**恰好识别**的（exactly identified）。如果（$Z'X$）的秩大于 k，则称方程为**过度识别**的（overidentified）。

秩条件只要求工具与内生变量之间充分相关，以确保可以计算唯一的参数估计值。为使大样本近似派上用场，需要工具与回归元之间的相关程度高于秩条件所需的最低水平。对大样本近似来说，满足秩条件但与内生变量不充分相关的工具被称为**弱工具**（weak instruments）。8.10 节将讨论弱工具。

恰好识别方程的参数可利用 IV 估计。像 2SLS 一样合并工具后，过度识别方程的参数也能利用 IV 估计。尽管听起来要尽力避免过度识别，但实际上它比恰好识别方程更可取。在大样本条件下，过度识别约束会得出更有效的估计值。此外，回顾工具的第一个基本性质：它与扰动过程是统计独立的。虽然我们不能直接检验该假设的有效性，但可以用**过度识别约束检验**来评估过度识别背景下工具的适当性。

在这种检验中，将 2SLS 回归的残差对所有外生变量进行回归：既包括外生回归元，又包括被排除工具。在零假设条件下，所有工具都与 u 不相关，$N \times R^2$ 形式的 LM 统计量服从大样本 $\chi^2(r)$ 分布，其中 r 表示**过度识别约束**的个数。假如拒绝该假设，则会对工具集合的有效性产生怀疑。一个或多个工具似乎与扰动过程是相关的。在 Stata 中，此类 Sargan（1958）或 Basmann（1960）检验用 overid 命令执行（Baum, Schaffer, and Stillman, 2003）。该命令在用 ivreg 估计后就可以使用，从 ssc 上安装。下面给出运用该命令的例子。

8.6 计算 IV 估计

本节阐述如何用 ivreg 命令实施 Griliches（1976）的回归估计，这是一个样本量为 758 名青年的工资的经典研究。[1] 格里利谢斯（Griliches）将工资建模成几个连续因素的函数：s，expr 以及 tenure，它们分别为受教

---

[1] 这些数据后来由 Blackburn 和 Neumark（1992）使用。我要感谢林文夫教授允许我使用他的计量经济学教科书中作为 grilic 广为流传的布莱克本和诺伊马克数据（Hayashi, 2000）。

育年数、经历以及工作职位；rns 表示在南方居住的指示变量；smsa 表示城市或者乡村的指示变量；由于数据是混合横截面的集合，所以还有一系列年度虚拟变量。内生回归元是 iq，即工人的智商分数，可以认为是对能力的一种潜在误测。这里，我们认为 wage 与 iq 不是联立确定的，但不能假定 iq 与误差项是独立的：在结构方程的内生回归元中会产生同样的相关。[①] 智商分数用从方程中排除的四个因素测量，即 med，母亲受教育水平；kww，另一种标准测试分数；age，工人年龄；mrt，婚姻状态指示变量。这里先用 summarize 得出描述统计量，然后拟合 IV 模型。具体操作如下：

```
. use http://www.stata-press.com/data/imeus/griliches, clear
(Wages of Very Young Men, Zvi Griliches, J.Pol.Ec. 1976)
. summarize lw s expr tenure rns smsa iq med kww age mrt, sep(0)
    Variable |      Obs        Mean   Std. Dev.       Min        Max
          lw |      758     5.686739   .4289494      4.605      7.051
           s |      758     13.40501   2.231828          9         18
        expr |      758     1.735429   2.105542          0     11.444
      tenure |      758     1.831135    1.67363          0         10
         rns |      758     .2691293   .4438001          0          1
        smsa |      758     .7044855    .456575          0          1
          iq |      758     103.8562   13.61867         54        145
         med |      758     10.91029    2.74112          0         18
         kww |      758     36.57388   7.302247         12         56
         age |      758     21.83509   2.981756         16         30
         mrt |      758     .5145119   .5001194          0          1
```

使用带 first 选项的 ivreg 命令，计算这四个因素和内生回归元 iq 之间的相关程度，操作如下：

```
. ivreg lw s expr tenure rns smsa _I* (iq=med kww age mrt), first
First-stage regressions

      Source |       SS       df       MS              Number of obs =     758
-------------+------------------------------           F( 15,   742) =   25.03
       Model |  47176.4676    15  3145.09784           Prob > F      =  0.0000
    Residual |  93222.8583   742  125.637275           R-squared     =  0.3360
-------------+------------------------------           Adj R-squared =  0.3226
       Total |  140399.326   757  185.468066           Root MSE      =  11.209
```

[①] 本章附录 8.B 将讨论测量误差问题。

iq	Coef.	Std. Err.	t	P>|t|	[95% Conf. Interval]	
s	2.497742	.2858159	8.74	0.000	1.936638	3.058846
expr	-.033548	.2534458	-0.13	0.895	-.5311042	.4640082
tenure	.6158215	.2731146	2.25	0.024	.0796522	1.151991
rns	-2.610221	.9499731	-2.75	0.006	-4.475177	-.7452663
smsa	.0260481	.9222585	0.03	0.977	-1.784499	1.836595
_Iyear_67	.9254935	1.655969	0.56	0.576	-2.325449	4.176436
_Iyear_68	.4706951	1.574561	0.30	0.765	-2.620429	3.56182
_Iyear_69	2.164635	1.521387	1.42	0.155	-.8221007	5.15137
_Iyear_70	5.734786	1.696033	3.38	0.001	2.405191	9.064381
_Iyear_71	5.180639	1.562156	3.32	0.001	2.113866	8.247411
_Iyear_73	4.526686	1.48294	3.05	0.002	1.615429	7.437943
med	.2877745	.1622338	1.77	0.077	-.0307176	.6062665
kww	.4581116	.0699323	6.55	0.000	.3208229	.5954003
age	-.8809144	.2232535	-3.95	0.000	-1.319198	-.4426307
mrt	-.584791	.946056	-0.62	0.537	-2.442056	1.272474
_cons	67.20449	4.107281	16.36	0.000	59.14121	75.26776

```
Instrumental variables (2SLS) regression
```

Source	SS	df	MS		
Model	59.2679161	12	4.93899301	Number of obs =	758
Residual	80.0182337	745	.107407025	F(12, 745) =	45.91
				Prob > F =	0.0000
				R-squared =	0.4255
				Adj R-squared =	0.4163
Total	139.28615	757	.183997556	Root MSE =	.32773

lw	Coef.	Std. Err.	t	P>|t|	[95% Conf. Interval]	
iq	.0001747	.0039374	0.04	0.965	-.0075551	.0079044
s	.0691759	.013049	5.30	0.000	.0435587	.0947931
expr	.029866	.006697	4.46	0.000	.0167189	.0430132
tenure	.0432738	.0076934	5.62	0.000	.0281705	.058377
rns	-.1035897	.0297371	-3.48	0.001	-.1619682	-.0452111
smsa	.1351148	.0268889	5.02	0.000	.0823277	.1879019
_Iyear_67	-.052598	.0481067	-1.09	0.275	-.1470388	.0418428
_Iyear_68	.0794686	.0451078	1.76	0.079	-.009085	.1680222
_Iyear_69	.2108962	.0443153	4.76	0.000	.1238984	.2978939
_Iyear_70	.2386338	.0514161	4.64	0.000	.1376962	.3395714
_Iyear_71	.2284609	.0441236	5.18	0.000	.1418396	.3150823
_Iyear_73	.3258944	.0410718	7.93	0.000	.2452642	.4065247
_cons	4.39955	.2708771	16.24	0.000	3.867777	4.931323

```
Instrumented:  iq
Instruments:   s expr tenure rns smsa _Iyear_67 _Iyear_68
               _Iyear_69 _Iyear_70 _Iyear_71 _Iyear_73 med
               kww age mrt
```

第一阶段回归结果表明，被排除的四个工具中有三个和 iq 高度相关。一个例外是 mrt，即婚姻状态指示变量。不过，内生回归元 iq 具有 IV 系数，该系数不能异于 0。以包括在方程中的其他因素为条件，iq 在决定工资方面不起主要作用。其他系数估计都和理论预测及经验发现相符合。

iq 工具与扰动过程不相关吗？为了回答这一问题，我们计算过度约束检验：

```
. overid
Tests of overidentifying restrictions:
Sargan N*R-sq test         87.655  Chi-sq(3)    P-value = 0.0000
Basmann test               97.025  Chi-sq(3)    P-value = 0.0000
```

上面的检验显示强烈拒绝工具和误差项不相关的零假设，同时方程的设定令人不满意。下一节再回到这个例子上。

在接下来的几节中，我们阐述一些和 IV 估计量有关的专题，以及该估计量的推广。Stata 的 ivreg 命令没有提供这些功能，不过可以使用扩展的 ivreg2 程序（Baum, Schaffer, and Stillman, 2003, 2005）。[①]

8.7 ivreg2 命令与 GMM 估计

在定义简单 IV 估计量和 2SLS 估计量时，我们假定存在独立同分布误差。正如线性回归一样，当误差不满足独立同分布假设时，简单 IV 与 2SLS 估计量都会产生一致的但非有效估计值，其大样本 VCE 必须由稳健方法估计。在另一种和线性回归情况相似的条件下，存在基于 GMM 的更一般估计量，在存在非独立同分布误差的条件下，将会产生一致的且有效估计值。这一节描述并阐明这种更一般的估计方法。

关注方程为

$$y = X\beta + u, \quad E[uu' | X] = \Omega$$

回归元矩阵 X 是 $N \times k$ 的，其中 N 表示观测值数目。误差项 u 服从均值为 0 的分布，其协方差矩阵 Ω 是 $N \times N$ 的。我们考察 Ω 的四种情况：同方差性、条件异方差性、聚类以及异方差性和自相关的组合。后三种情况对应于 6.1 节的内容。

某些回归元是内生的，因而 $E[xu] \neq 0$。我们将回归元集合划分成 $\{x_1 \ x_2\}$，其中 k_1 个回归元被认为是内生的，假定剩余（$k - k_1$）个回归元

[①] 我衷心感谢合作者马克·谢弗（Mark Schaffer）和史蒂文·斯蒂尔曼（Steven Stillman）在精心制作软件程序 ivreg2 套件方面的努力，以及他们允许我引用我们合著文章中的论述。本节绝大部分内容来自那篇文章及后续的合作研究工作。

是外生的。

工具变量矩阵 $\mathbf{Z}$ 是 $N \times l$ 的。假定这些变量为外生的：$E[\mathbf{z}u]=\mathbf{0}$。我们将工具划分成 $\{\mathbf{z}_1\ \mathbf{z}_2\}$，其中 l_1 个工具是排除工具，而剩余（$l-l_1$）个工具 $\mathbf{z}_2 \equiv \mathbf{x}_2$ 则包括工具或外生回归元。

8.7.1 GMM 估计量

标准的 IV 和 2SLS 估计量都是 GMM 估计量的特殊情况。如同 8.2 节讨论的简单 IV 情况，工具 $\mathbf{z}$ 为外生的假设能表述成**矩条件**集合 $E[\mathbf{z}u]=\mathbf{0}$。运用 l 个工具得出 l 个矩集合：

$$g_i(\boldsymbol{\beta}) = \mathbf{Z}'_i u_i = \mathbf{Z}'_i(y_i - \mathbf{x}_i \boldsymbol{\beta})$$

其中 g_i 是 $l \times 1$ 的。① 正如线性回归的矩方法估计量与简单 IV 一样，l 个矩方程的每一个都对应于样本矩。将这些样本矩写成

$$\bar{g}(\boldsymbol{\beta}) = \frac{1}{N}\sum_{i=1}^{N} g_i(\boldsymbol{\beta}) = \frac{1}{N}\sum_{i=1}^{N} \mathbf{z}'_i(y_i - \mathbf{x}_i \boldsymbol{\beta}) = \frac{1}{N}\mathbf{Z}'\mathbf{u}$$

GMM 背后的直觉是，选取一个求解 $\bar{g}(\hat{\boldsymbol{\beta}}_{GMM})=0$ 的 $\boldsymbol{\beta}$ 估计量。

当估计方程是**恰好识别的**（$l=k$）时，我们刚好有与未知参数一样多的矩条件，从而可以准确地求解 $\hat{\boldsymbol{\beta}}_{GMM}$ 中 k 个系数的 l 个矩条件。存在唯一求解 $\bar{g}(\hat{\boldsymbol{\beta}}_{GMM})=0$ 的 $\hat{\boldsymbol{\beta}}_{GMM}$。这个 GMM 估计量与式（8.3）的标准 IV 估计量是一样的。

当方程为**过度识别的**时，即 $l>k$，方程数比未知参数多。我们不可能找到使所有 l 个样本矩条件都为 0 的 k 向量 $\hat{\boldsymbol{\beta}}_{GMM}$。我们想要选择 $\hat{\boldsymbol{\beta}}_{GMM}$，使得 $\bar{g}(\hat{\boldsymbol{\beta}}_{GMM})$ 中的元素尽可能地接近于零。尽管通过极小化 $\bar{g}(\hat{\boldsymbol{\beta}}_{GMM})'\bar{g}(\hat{\boldsymbol{\beta}}_{GMM})$ 能求出 $\hat{\boldsymbol{\beta}}_{GMM}$，但当误差是非独立同分布时，该方法并不能产生更有效的估计。因此，GMM 估计量选择使下式极小化的 $\hat{\boldsymbol{\beta}}_{GMM}$，

$$J(\hat{\boldsymbol{\beta}}_{GMM}) = N\bar{g}(\hat{\boldsymbol{\beta}}_{GMM})'\mathbf{W}\bar{g}(\hat{\boldsymbol{\beta}}_{GMM}) \tag{8.9}$$

其中 $\mathbf{W}$ 表示 $l \times l$ **加权矩阵**，考虑当误差不是独立同分布的时 $\bar{g}(\hat{\boldsymbol{\beta}}_{GMM})$ 之间的相关性。

$\boldsymbol{\beta}$ 的 GMM 估计量是使 $J(\hat{\boldsymbol{\beta}}_{GMM})$ 极小化的 $\hat{\boldsymbol{\beta}}$。求导数并求解 k 个一阶

---

① 因为这些条件意味着（$\mathbf{Z}, \mathbf{u}$）是不相关的，所以文献经常将它们称为**正交性条件**。

矩条件

$$\frac{\partial J(\hat{\boldsymbol{\beta}})}{\partial \hat{\boldsymbol{\beta}}}=0$$

得出过度识别方程的 GMM 估计量：

$$\hat{\boldsymbol{\beta}}_{\text{GMM}}=(\mathbf{X}'\mathbf{Z}\mathbf{W}\mathbf{Z}'\mathbf{X})^{-1}\mathbf{X}'\mathbf{Z}\mathbf{W}\mathbf{Z}'\mathbf{y} \tag{8.10}$$

对于所有加权矩阵 $\mathbf{W}$，极小化求解结果（此处为 GMM 估计量）都是完全相同的，至多仅差一个比例常数。下面将用到这个事实。然而，GMM 估计量的数量和加权矩阵 $\mathbf{W}$ 一样多。对于恰好识别方程来说，$\mathbf{W}=\mathbf{I}_N$。加权矩阵仅在有过度识别约束的条件下才起作用。

最优加权矩阵是产生最有效估计值的加权矩阵。[①] Hansen（1982）已经证明，这个过程涉及选择 $\mathbf{W}=\mathbf{S}^{-1}$，其中 $\mathbf{S}$ 为矩条件 g 的协方差矩阵：

$$\mathbf{S}=E[\mathbf{Z}'\mathbf{u}\mathbf{u}'\mathbf{Z}]=E[\mathbf{Z}'\boldsymbol{\Omega}\mathbf{Z}] \tag{8.11}$$

其中 $\mathbf{S}$ 是 $l \times l$ 矩阵。将该矩阵代入式（8.10），得到有效 GMM 估计量：

$$\hat{\boldsymbol{\beta}}_{\text{EGMM}}=(\mathbf{X}'\mathbf{Z}\mathbf{S}^{-1}\mathbf{Z}'\mathbf{X})^{-1}\mathbf{X}'\mathbf{Z}\mathbf{S}^{-1}\mathbf{Z}'\mathbf{y}$$

注意，此方法具有一般性（GMM 的 G）。对于 $\boldsymbol{\Omega}$，即扰动过程的协方差矩阵，我们没有作出假设。[②] 不过，因为矩阵 $\mathbf{S}$ 是未知的，所以此时有效 GMM 估计量行不通。为了运用该估计量，需要估计 $\mathbf{S}$，因此必须对 $\boldsymbol{\Omega}$ 作出某些假设，如同下面所要讨论的。

假定我们获得 $\mathbf{S}$ 的一致估计量，记为 $\hat{\mathbf{S}}$。通常这种估计量涉及 2SLS 残差。然后，可以用该估计量定义可行有效的两步 GMM 估计量（FEGMM），使用带有 gmm 选项的 ivreg2 命令来执行。[③] 第一步，使用标准 2SLS 估计得出参数估计与残差。第二步，运用关于 $\boldsymbol{\Omega}$ 结构的假设从残差中产生 $\hat{\mathbf{S}}$，并且定义 FEGMM 估计量：

$$\hat{\boldsymbol{\beta}}_{\text{FEGMM}}=(\mathbf{X}'\mathbf{Z}\hat{\mathbf{S}}^{-1}\mathbf{Z}'\mathbf{X})^{-1}\mathbf{X}'\mathbf{Z}\hat{\mathbf{S}}^{-1}\mathbf{Z}'\mathbf{y}$$

[①] 关于效率的内容已在 4.2.3 小节阐述。
[②] 除了保证 $1/\sqrt{N}\mathbf{Z}'u$ 是表现特性良好的随机变量向量的某些条件。
[③] 这个估计量有多种称谓：两阶段工具变量（2SIV）(White, 1982)；两步两阶段最小二乘法 (Cumby, Huizinga, and Obstfeld, 1983)；异方差两阶段最小二乘法（H2SLS）(Davidson and MacKinnon, 1993, 599)。

8.7.2 同方差背景下的 GMM

若假定 $\boldsymbol{\Omega}=\sigma^2 I_N$,式(8.11)表示的最优加权矩阵会与单位矩阵成比例。由于计算式(8.10)时并不涉及加权矩阵,所以 GMM 估计量仅仅在点和区间形式上是标准 IV 估计量。在 $\boldsymbol{\Omega}$ 具有同方差性的条件下,式(8.6)和式(8.7)的 IV 估计量是 FEGMM 估计量。

8.7.3 GMM 与异方差性一致标准误差

如 6.2 节所述,经济数据最常见的问题之一是未知形式的异方差性。我们需要 S 的异方差性一致估计量。$\hat{\mathbf{S}}$ 可通过 6.1.2 小节的标准三明治稳健协方差估计方法得到。将 2SLS 残差定义成 $\hat{u}_i$,并且将工具变量矩阵的第 i 行定义成 $\mathbf{Z}_i$。于是,S 的一致估计量由下式给出

$$\hat{\mathbf{S}} = \frac{1}{N} \sum_{i=1}^{N} \hat{u}_i^2 \mathbf{Z}_i' \mathbf{Z}_i$$

残差可以来自 $\boldsymbol{\beta}$ 的任意一致估计量,原因在于并不需要计算 $\hat{u}_i$ 的参数估计效率。在实际应用时,几乎总是使用 2SLS 残差。关于更详细的内容,参看 Davidson 和 MacKinnon(1993,607-610)。

如果回归方程是恰好识别的,并且 $l=k$,那么 ivreg2,gmm 的结果将与 ivreg2,robust 或带有 robust 选项的 ivreg 结果一样。对于过度识别模型,与那种把 l 个矩条件简化成 $\hat{\mathbf{X}}$ 中 k 个工具的标准 2SLS 方法相比,GMM 方法能更有效地利用 l 个矩条件信息。当误差是非独立同分布时,可以认为 2SLS 估计量是满足次优加权矩阵的 GMM 估计量。

为了比较 2SLS 与 GMM,用 gmm 选项重新估计前面讨论的工资方程。这一步骤自动生成了异方差性稳健标准误差。在默认情况下,ivreg2 报告了系数大样本 z 统计量。具体操作如下:

```
. ivreg2 lw s expr tenure rns smsa _I* (iq=med kww age mrt), gmm
GMM estimation
```

```
Total (centered) SS     =   139.2861498
Total (uncentered) SS   =   24652.24662
Residual SS             =   81.26217887

Number of obs   =        758
F( 12,   745)   =      49.67
Prob > F        =     0.0000
Centered R2     =     0.4166
Uncentered R2   =     0.9967
Root MSE        =      .3274
```

```
             Robust
    lw       Coef.    Std. Err.      z    P>|z|    [95% Conf. Interval]
    iq   -.0014014    .0041131   -0.34    0.733    -.009463    .0066602
     s    .0768355    .0131859    5.83    0.000    .0509915    .1026794
  expr    .0312339    .0066931    4.67    0.000    .0181157    .0443522
 tenure   .0489998    .0073437    6.67    0.000    .0346064    .0633931
   rns   -.1006811    .0295887   -3.40    0.001   -.1586738   -.0426884
  smsa    .1335973    .0263245    5.08    0.000    .0820021    .1851925
_Iyear_67 -.0210135   .0455433   -0.46    0.645   -.1102768    .0682498
_Iyear_68  .0890993   .042702     2.09    0.037    .0054049    .1727937
_Iyear_69  .2072484   .0407995    5.08    0.000    .1272828    .287214
_Iyear_70  .2338308   .0528512    4.42    0.000    .1302445    .3374172
_Iyear_71  .2345525   .0425661    5.51    0.000    .1511244    .3179805
_Iyear_73  .3360267   .0404103    8.32    0.000    .2568239    .4152295
  _cons   4.436784    .2899504   15.30    0.000    3.868492    5.005077
Anderson canon. corr. LR statistic (identification/IV relevance test):   54.338
                                                       Chi-sq(4) P-val =  0.0000
Hansen J statistic (overidentification test of all instruments):        74.165
                                                       Chi-sq(3) P-val =  0.0000
Instrumented:           iq
Included instruments: s expr tenure rns smsa _Iyear_67 _Iyear_68 _Iyear_69
                      _Iyear_70 _Iyear_71 _Iyear_73
Excluded instruments: med kww age mrt
```

我们看到，内生回归元 iq 在方程中仍不起作用。ivreg2 显示的**汉森 J 统计量**（Hansen J statistic）就是上面 overid 产生的萨尔甘检验的 GMM 等价形式。这种对 J 检验零假设的强烈拒绝，表示对工具与扰动过程之间的独立性存疑。

8.7.4 GMM 与聚类

当扰动具有聚类内部相关时，ivreg2 能计算 VCE 的聚类稳健估计量，而且模型为过度识别时，它可以选择使用 $\hat{S}$ 的聚类稳健估计量来产生更有效的参数估计值。在存在聚类内部相关扰动的条件下，S 的一致估计是

$$\hat{S} = \sum_{j=1}^{M} \hat{u}_j' \hat{u}_j$$

其中

$$\hat{u}_j = (y_j - x_j \hat{\beta}) X' Z (Z'Z)^{-1} z_j$$

y_j 表示 y 的第 j 个观测值，x_j 表示 X 的第 j 行，z_j 表示 Z 的第 j 行。我们对 M 个聚类求和，而不是对 N 个观测值求和的事实，导致了直觉上认为

实际上我们没有 N 个观测值；我们有 M，其中 M 表示聚类个数。如果要估计方程，那个 M 必大于 l，因为 $M-l$ 是聚类估计量的有效自由度。如果使用数量很大的工具，那么该约束可能就是一个束缚。[①]

设定 cluster( ) 选项会导致 ivreg2 命令计算 VCE 的聚类稳健估计量。如果方程为过度识别的，增加 gmm 选项，就会促使 ivreg2 命令运用 S 的聚类稳健估计去计算更有效的参数估计值。

8.7.5 GMM 与 HAC 标准误差

当扰动是条件异方差的且自相关的时候，可以计算 VCE 的 HAC 估计，而如果方程为过度识别的，那么可以有选择地使用 S 的 HAC 估计来计算更有效的参数估计值。当设定了 robust 和 bw( ) 选项时，ivreg2 程序会用 VCE 的巴特利特核权数计算纽韦-韦斯特估计值。当不存在内生回归元时，其结果与使用 newey 命令计算的结果一样。如果某些回归元是内生的，那么设定 robust 和 bw( ) 选项会使 ivreg2 计算 VCE 的 HAC 估计量。假如方程为过度识别的且对 robust 及 gmm 选项进行设定，则得到的 GMM 估计值比 2SLS 产生的结果更有效。

和 newey 中的 lag( ) 选项设定相比，bw( ) 三明治选项中设定的数量应该更多。ivreg2 程序使我们有几种可供选择的核估计量［参看 kernel( ) 选项］，如同该命令的在线帮助所描述的。[②]

举例来说，运用美国 1948—1996 年的年度时间序列数据估计菲利普斯曲线关系。消费者价格通货膨胀（cinf）与失业率（unem）的描述统计量如下：

```
. use http://www.stata-press.com/data/imeus/phillips, clear
. summarize cinf unem if cinf < .
    Variable |    Obs       Mean   Std. Dev.      Min       Max
    ---------+--------------------------------------------------
        cinf |     48    -.10625   2.566926      -9.3       6.6
        unem |     48    5.78125   1.553261       2.9       9.7
```

---

① 官方 ivreg 命令中存在容错机制，而且只有当 $M<k$ 时，才会显示警告。另外，ivreg2 要求 $M>l$。

② 如果我们对同方差性假设没有质疑，而是希望研究自相关的未知形式，那么对于任意异方差性，我们应使用不带 H 修正的 AC 修正。ivreg2 允许我们通过组合 robust（或 gmm），bw( ) 以及 kernel( ) 选项，选择 H，AC 或 HAC VCEs。

菲利普斯曲线刻画了价格或工资通货膨胀与失业率之间的关系。在菲利普斯模型中，这些变量应该是负相关的，即较低的失业率导致了通货膨胀压力。由于这两个变量都是在宏观经济环境中确定的，所以将其中一个考虑成外生的。

利用这些数据，我们将消费者价格通货膨胀率对失业率进行回归。为处理联立性，把失业率用它的二阶与三阶滞后项加以工具化处置。设定 bw(3)，gmm 以及 robust，使 ivreg2 计算出有效的 GMM 估计值。具体操作如下：

```
. ivreg2 cinf (unem = l(2/3).unem), bw(3) gmm robust
GMM estimation

Heteroskedasticity and autocorrelation-consistent statistics
  kernel=Bartlett; bandwidth=3
  time variable (t): year
                                                  Number of obs =        46
                                                  F(  1,    44) =      0.39
                                                  Prob > F      =    0.5371
Total (centered) SS      =      217.4271745       Centered R2   =   -0.1266
Total (uncentered) SS    =      217.4900005       Uncentered R2 =   -0.1262
Residual SS              =      244.9459113       Root MSE      =     2.308

                           Robust
        cinf |      Coef.   Std. Err.      z    P>|z|    [95% Conf. Interval]
        unem |   .1949334   .3064662     0.64   0.525    -.4057292    .795596
       _cons |  -1.144072   1.686995    -0.68   0.498    -4.450522   2.162378

Anderson canon. corr. LR statistic (identification/IV relevance test):  13.545
                                                   Chi-sq(2) P-val =    0.0011

Hansen J statistic (overidentification test of all instruments):         0.589
                                                   Chi-sq(1) P-val =    0.4426

Instrumented:          unem
Excluded instruments: L2.unem L3.unem
```

如同许多研究者所发现的，假设关系并没有被这些估计所证实。在 20 世纪 60 年代末的最初关系，由于 20 世纪 70 年代的供给冲击和高通货膨胀而严重破裂。在研究 IV 技术的过程中，我们发现汉森 J 检验统计量表明工具与扰动过程恰好不相关。如果使用 unem 的一阶与二阶滞后项，J 检验以 0.02 的 p 值拒绝其零假设。在这个设定中，unem 的一阶滞后项不合适作为工具。

8.8 GMM 中过度约束的检验

如 2SLS（参见 8.5 节）一样，人们可以检验施加到 GMM 估计量上的过度约束有效性。该检验能够而且应该被执行为对任何过度识别模型的标准诊断[1]，它具有正确的模型设定与有效过度识别约束的零假设。这些检验的任何一个或两者被拒绝，都表明存在问题。

就 GMM 而言，过度识别约束可以用汉森 J 统计量来检验。[2] 这个统计量仅仅是 GMM 目标函数 (8.9) 在有效 GMM 估计量 $\hat{\boldsymbol{\beta}}_{EGMM}$ 处的值。在零假设下，

$$J(\hat{\boldsymbol{\beta}}_{EGMM}) = N\bar{g}(\hat{\boldsymbol{\beta}}_{EGMM})'\hat{\boldsymbol{S}}^{-1}\bar{g}(\hat{\boldsymbol{\beta}}_{EGMM}) \overset{A}{\sim} \chi^2_{l-k}$$

其中矩阵 $\hat{\boldsymbol{S}}$ 是用上述两步方法计算出的。

J 统计量渐近服从 χ^2 分布，其自由度等于过度约束个数 $l-k$，而不是总的矩条件个数 l。实际上，k 个自由度用于估计 β 系数。汉森 J 检验是最广泛用于 GMM 估计的诊断，以评估模型的适用性。拒绝零假设意味着工具变量不满足所需要的正交性条件，因为它们不是真实外生的，或被不正确地从回归中剔除。设定选项 gmm 或 robust 后，我们应使用 ivreg2 来计算并显示 J 统计量。[3]

8.8.1 对 GMM 过度约束子集的检验

前面阐述的过度识别的汉森-萨尔甘（Hansen-Sargan）检验评估过度识别约束的整个集合。在模型包含非常大的排除工具集合时，此类检验可能作用很小。当人们对工具子集有效性产生怀疑并想要检验它们时，会出现另一个普遍问题。

在这些背景下，可以使用**萨尔甘之差**检验即 C 检验[4]，C 检验允许我

---

[1] 因而，Davidson 和 MacKinnon（1993，236）指出，"无论何时计算 IV 估计，都应该计算过度识别约束检验。"Godfrey（1988，145）曾引用萨尔甘的观点，即没有对正交性假设进行检验的回归分析是"神圣的骗局"。

[2] 对于条件同方差性（参看 8.7.2 小节），这个统计量在数值上等于上面讨论的萨尔甘检验统计量。

[3] 尽管检验过度识别约束非常重要，但在某些条件下，众所周知，J 检验容易过度拒绝零假设。利用 ivreg2 的帮助文件讨论的"连续更新"GMM 估计量，可以得到接近于检验水平的拒绝比率。参看 Hayashi（2000，218），以获得更多信息。

[4] 参看 Hayashi（2000，218-221，232-234）或 Ruud（2000，chap. 22）的综合阐述。这个检验还有一些其他名称，比如 Ruud（2000）称之为距离差统计量，而 Hayashi（2000）则遵从 Eichenbaum，Hansen 和 Singleton（1988）并且称之为 C 统计量。我们这里使用后者的术语。

们对正交性条件的初始集合子集加以检验。该统计量被计算成两个 J 统计量之差。第一个 J 统计量是用过度约束的整个集合从全部有效回归中计算得出。第二个 J 统计量则是用较小的约束集合从非有效且一致的回归中计算得出，其规定的工具集合要从工具目录中去掉。对于排除工具，这一步骤等价于从工具目录中去掉它们。对于包含工具，C 检验把它们置于包含内生变量的目录当中，将它们处理成内生回归元。对于这种形式的方程来说，阶条件仍是必须满足的。在规定变量都是合适工具的零假设下，C 检验统计量服从 χ^2 分布，其自由度等于过度约束的损失或被检验的**疑似工具**（suspect instruments）个数。①

对含有疑似工具的 orthog (*instlist*) 进行设定，使 iverg2 计算出带有 *instlist* 的 C 检验，这里 *instlist* 是排除工具。为了计算 C 检验，含有这些排除工具（或置于内生回归元目录）的方程必须是可识别的。如果排除掉疑似工具的方程是恰好识别的，那么该方程的 J 统计量将为 0，而且 C 统计量将和初始方程的统计量相符合。此性质阐明了为满足正交性条件，过度识别约束的 J 检验如何对工具的失效进行**多项**检验。与此同时，检验要求研究人员认为非疑似工具是有效的（Rudd, 2000, 577）。

下面，我们使用 C 统计量检验前面用 2SLS 与 GMM 估计的工资方程中的受教育年限 s 是否为有效工具。在那两个例子里，过度识别约束表明，萨尔甘与 J 检验所用工具存在问题。具体操作如下：

```
. ivreg2 lw s expr tenure rns smsa _I* (iq=med kww age mrt), gmm orthog(s)
GMM estimation

                                                Number of obs =       758
                                                F( 12,   745) =     49.67
                                                Prob > F      =    0.0000
Total (centered) SS     =    139.2861498        Centered R2   =    0.4166
Total (uncentered) SS   =    24652.24662        Uncentered R2 =    0.9967
Residual SS             =    81.26217887        Root MSE      =     .3274
```

---

① 尽管 C 统计量可被计算成两个回归的汉森-萨尔甘统计量之间的简单差，但在有限样本中，该方法会产生负的检验统计量。2SLS 可以避免这个问题，而且如果最初 2SLS 回归的误差方差 $\hat{\sigma}^2$ 估计值用于计算带有非疑似工具的回归的萨尔甘统计量，那么就能保证 C 统计量是非负的。GMM 中的等价方法是使用初始估计的 $\hat{S}$ 矩阵，以计算两个 J 统计量，更确切地讲，初始估计的 $\hat{S}$ 用于建立第一个统计量，而 $\hat{S}$ 的子矩阵，即行列对应于简化工具集合的子矩阵用于建立第二个方程的 J 统计量（Hayashi, 2000, 220）。

	Coef.	Robust Std. Err.	z	P>|z|	[95% Conf. Interval]	
lw						
iq	-.0014014	.0041131	-0.34	0.733	-.009463	.0066602
s	.0768355	.0131859	5.83	0.000	.0509915	.1026794
expr	.0312339	.0066931	4.67	0.000	.0181157	.0443522
tenure	.0489998	.0073437	6.67	0.000	.0346064	.0633931
rns	-.1006811	.0295887	-3.40	0.001	-.1586738	-.0426884
smsa	.1335973	.0263245	5.08	0.000	.0820021	.1851925
_Iyear_67	-.0210135	.0455433	-0.46	0.645	-.1102768	.0682498
_Iyear_68	.0890993	.042702	2.09	0.037	.0054049	.1727937
_Iyear_69	.2072484	.0407995	5.08	0.000	.1272828	.287214
_Iyear_70	.2338308	.0528512	4.42	0.000	.1302445	.3374172
_Iyear_71	.2345525	.0425661	5.51	0.000	.1511244	.3179805
_Iyear_73	.3360267	.0404103	8.32	0.000	.2568239	.4152295
_cons	4.436784	.2899504	15.30	0.000	3.868492	5.005077

```
Anderson canon. corr. LR statistic (identification/IV relevance test):   54.338
                                                     Chi-sq(4) P-val =   0.0000

Hansen J statistic (overidentification test of all instruments):        74.165
                                                     Chi-sq(3) P-val =   0.0000
-orthog- option:
Hansen J statistic (eqn. excluding suspect orthog. conditions):         15.997
                                                     Chi-sq(2) P-val =   0.0003
C statistic (exogeneity/orthogonality of suspect instruments):          58.168
                                                     Chi-sq(1) P-val =   0.0000
Instruments tested:    s

Instrumented:          iq
Included instruments:  s expr tenure rns smsa _Iyear_67 _Iyear_68 _Iyear_69
                       _Iyear_70 _Iyear_71 _Iyear_73
Excluded instruments:  med kww age mrt
```

C 检验拒绝其零假设，这表示疑似工具 s 没有通过过度识别约束的检验。排除疑似工具的方程的 J 统计量为 15.997，该统计量是显著的，这意味着将 s 处理成内生的仍会导致不合意方程。剩余工具与误差分布不是独立的。

现在，使用 orthog( ) 选项检验排除工具子集是否是恰当外生的。选项 *varlist* 包含年龄与婚姻状况指示变量（age 与 mrt）。不含疑似工具的估计方程仅仅从排除工具目录中省略那些工具，具体操作如下：

```
. ivreg2 lw s expr tenure rns smsa _I* (iq=med kww age mrt), gmm orthog(age mrt)
GMM estimation
```

			Number of obs	=	758
			F(12, 745)	=	49.67
			Prob > F	=	0.0000
Total (centered) SS	=	139.2861498	Centered R2	=	0.4166
Total (uncentered) SS	=	24652.24662	Uncentered R2	=	0.9967
Residual SS	=	81.26217887	Root MSE	=	.3274

lw	Coef.	Robust Std. Err.	z	P>|z|	[95% Conf. Interval]	
iq	-.0014014	.0041131	-0.34	0.733	-.009463	.0066602
s	.0768355	.0131859	5.83	0.000	.0509915	.1026794
expr	.0312339	.0066931	4.67	0.000	.0181157	.0443522
tenure	.0489998	.0073437	6.67	0.000	.0346064	.0633931
rns	-.1006811	.0295887	-3.40	0.001	-.1586738	-.0426884
smsa	.1335973	.0263245	5.08	0.000	.0820021	.1851925
_Iyear_67	-.0210135	.0455433	-0.46	0.645	-.1102768	.0682498
_Iyear_68	.0890993	.042702	2.09	0.037	.0054049	.1727937
_Iyear_69	.2072484	.0407995	5.08	0.000	.1272828	.287214
_Iyear_70	.2338308	.0528512	4.42	0.000	.1302445	.3374572
_Iyear_71	.2345525	.0425661	5.51	0.000	.1511244	.3179805
_Iyear_73	.3360267	.0404103	8.32	0.000	.2568239	.4152295
_cons	4.436784	.2899504	15.30	0.000	3.868492	5.005077

```
Anderson canon. corr. LR statistic (identification/IV relevance test):   54.338
                                                     Chi-sq(4) P-val =    0.0000
Hansen J statistic (overidentification test of all instruments):        74.165
                                                     Chi-sq(3) P-val =    0.0000
-orthog- option:
Hansen J statistic (eqn. excluding suspect orthog. conditions):          1.176
                                                     Chi-sq(1) P-val =    0.2782
C statistic (exogeneity/orthogonality of suspect instruments):          72.989
                                                     Chi-sq(2) P-val =    0.0000
Instruments tested:    age mrt

Instrumented:          iq
Included instruments:  s expr tenure rns smsa _Iyear_67 _Iyear_68 _Iyear_69
                       _Iyear_70 _Iyear_71 _Iyear_73
Excluded instruments:  med kww age mrt
```

不含疑似工具的估计方程没有 age 与 mrt 的两个额外正交性条件，但有不显著的 J 统计量，然而对这两个工具来说，C 统计量极为显著。在这种背景下，上述两个工具确实不是有效的。为评估我们是否发现了更合适的设定，就要对含有简化估计列表的方程进行重新估计，具体操作如下：

```
. ivreg2 lw s expr tenure rns smsa _I* (iq=med kww), gmm
GMM estimation
```

			Number of obs	=	758
			F(12, 745)	=	30.77
			Prob > F	=	0.0000
Total (centered) SS	=	139.2861498	Centered R2	=	0.1030
Total (uncentered) SS	=	24652.24662	Uncentered R2	=	0.9949
Residual SS	=	124.9413508	Root MSE	=	.406

		Robust					
lw	Coef.	Std. Err.	z	P>|z|	[95% Conf.	Interval]	
iq	.0240417	.0060961	3.94	0.000	.0120936	.0359899	
s	.0009181	.0194208	0.05	0.962	-.0371459	.038982	
expr	.0393333	.0088012	4.47	0.000	.0220833	.0565834	
tenure	.0324916	.0091223	3.56	0.000	.0146122	.050371	
rns	-.0326157	.0376679	-0.87	0.387	-.1064433	.041212	
smsa	.114463	.0330718	3.46	0.001	.0496434	.1792825	
_Iyear_67	-.0694178	.0568781	-1.22	0.222	-.1808968	.0420613	
_Iyear_68	.0891834	.0585629	1.52	0.128	-.0255977	.2039645	
_Iyear_69	.1780712	.0532308	3.35	0.001	.0737407	.2824016	
_Iyear_70	.139594	.0677261	2.06	0.039	.0068533	.2723346	
_Iyear_71	.1730151	.0521623	3.32	0.001	.070779	.2752512	
_Iyear_73	.300759	.0490919	6.13	0.000	.2045407	.3969772	
_cons	2.859113	.4083706	7.00	0.000	2.058721	3.659504	

```
Anderson canon. corr. LR statistic (identification/IV relevance test):   35.828
                                                       Chi-sq(2) P-val =  0.0000
Hansen J statistic (overidentification test of all instruments):          0.781
                                                       Chi-sq(1) P-val =  0.3768
Instrumented:         iq
Included instruments: s expr tenure rns smsa _Iyear_67 _Iyear_68 _Iyear_69
                      _Iyear_70 _Iyear_71 _Iyear_73
Excluded instruments: med kww
```

依据理论可以在结果中发现，iq 是显著回归元，同时方程的 J 统计量令人满意。可以认为回归元 s 在前面的检验中是不恰当外生的，它在这种估计方程形式中不起作用。①

8.9　IV 背景下的异方差性检验

这一节讨论 Pagan 和 Hall（1983）的 2SLS 模型异方差性检验，以及 Stata 执行此检验的 ivhettest 命令（Baum, Schaffer, and Stillman, 2003）。该检验的思想类似于在 6.2.1 小节讨论的布鲁施-帕甘检验（Breusch and Pagan, 1979）以及怀特的异方差性检验。也就是，如果外生

---

① 你可能感到惊奇，这个方程的 J 统计量为什么不等于上面缺少疑似工具方程的 J 统计量？如同前面注释解释的一样，用完整方程的估计误差来计算两个 J 统计量，以确保正的 C 统计量。由于那两个误差方差不同——上面的方程具有较大的 Root MSE，所以 J 统计量也就不同。

变量能预测残差平方,那么误差就是条件异方差的。① 在 2SLS 回归条件同方差性零假设下,帕甘-霍尔(Pagan-Hall)统计量服从 χ_p^2 分布,不受系统存在异方差性的影响。②

ivhettest 命令遵从下面的缩写语法:

ivhettest [*varlist*] [, *options*]

其中可供选择的 *varlist* 设定用于建模误差平方的外生变量。对外生变量的一般选择包括下面的变量:

1. 工具 Z 的尺度(排除常数项)。这种选择可以在 ivhettest 中通过设置 ivlev 选项(默认选项)完成。
2. 设置 ivsq 选项,使用工具 Z 的原始形式与平方项。
3. 如同 White (1980) 检验一样,通过设置 ivcp 选项,使用工具 Z 的原始形式、平方项以及交叉乘积(排除常数项)。
4. 响应变量的拟合值。③ 这种选择可在 ivhettest 中通过设置 fitlev 选项完成。
5. 通过设置 fitsq 选项,使用响应变量拟合值以及平方项。
6. 也可运用用户自己定义的变量集合。

选择要使用的变量时需做出如下权衡:较小的变量集合将节省自由度,其代价是不能检测异方差性的方向。

帕甘-霍尔统计量并没有被广泛采用,或许因为它不是大多数回归软件包的标准特征。④ 然而,从分析观点看,它明显优于更广泛运用的方法,因为它对联立方程组存在的异方差性以及非正态分布扰动都是稳

---

① 6.2.1 小节曾讨论的异方差性布鲁施-帕甘检验和怀特检验可应用于 2SLS 模型,但 Pagan 和 Hall (1983) 指出,这两个检验只有在方程中存在异方差性且方程组的其他地方没有异方差性时才会有效。方程组中对应于内生回归元的其他结构方程也必须是同方差的,即使它们并没有以显性方式得到估计。

② 此检验的更一般形式由 White (1982) 独立地提出。

③ 这个拟合值不是响应变量的通常拟合值,即 $X\hat{\beta}_{IV}$。恰恰相反,它是 $\hat{X}\hat{\beta}_{IV}$,即基于 IV 估计量 $\hat{\beta}_{IV}$、外生回归元 Z_2 以及内生回归元拟合值 $\hat{X}_1$ 的预测值。

④ 尽管我们在 2SLS 中讨论了它们的应用,但在 regress 之后同样可以使用 ivhettest。

健的。[1]

在 IV 背景下，对上述回归运用 ivhettest 计算适用于异方差性的几种检验。默认设置是使用工具的原始形式作为有关变量。使用 fitsq 选项的结果同样可以显示出来

```
. ivhettest, all
IV heteroskedasticity test(s) using levels of IVs only
Ho: Disturbance is homoskedastic
    Pagan-Hall general test statistic      :    8.645  Chi-sq(13) P-value = 0.7992
    Pagan-Hall test w/assumed normality    :    9.539  Chi-sq(13) P-value = 0.7311
    White/Koenker nR2 test statistic       :   13.923  Chi-sq(13) P-value = 0.3793
    Breusch-Pagan/Godfrey/Cook-Weisberg    :   15.929  Chi-sq(13) P-value = 0.2530

. ivhettest, fitsq all
IV heteroskedasticity test(s) using fitted value (X-hat*beta-hat) & its square
Ho: Disturbance is homoskedastic
    Pagan-Hall general test statistic      :    0.677  Chi-sq(2) P-value = 0.7127
    Pagan-Hall test w/assumed normality    :    0.771  Chi-sq(2) P-value = 0.6799
    White/Koenker nR2 test statistic       :    0.697  Chi-sq(2) P-value = 0.7056
    Breusch-Pagan/Godfrey/Cook-Weisberg    :    0.798  Chi-sq(2) P-value = 0.6710
```

这几个检验都没有表明估计方程扰动过程有任何异方差性问题。

8.10　检验工具相关性

正如上面讨论的，工具变量必须和方程扰动过程不相关，并且它必须与包含的内生回归元高度相关。通过检查第一阶段回归的拟合，可以检验后者条件。第一阶段回归是外生回归元 x_1 对全部工具集合 z 的简化式回归。像 Bound，Jaeger 和 Baker (1995) 所建议的，一种常用的统计量是第一阶段回归的 R^2，其中包含的工具被部分剔除。[2] 这个检验可以表述成第一阶段中 z_1 工具的联合显著性的 F 检验。但是，这种 F 统计量的分布并不是标准的。[3] 此外，就带有多重内生变量的模型而言，这些指标可能并

---

[1] White (1981) 的一般检验或 Koenker (1981) 提出的推广形式，还可以放松支撑布鲁施-帕甘检验的正态性假设。

[2] 更准确地讲，这是指排除工具 z_1 与所讨论的内生回归元之间的偏相关平方。它被定义成 $(RSS_{z_2} - RSS_z)/TSS$，其中 RSS_{z_2} 表示内生回归元对 z_2 回归的残差平方和，而当运用全部工具集合时，RSS_z 就是 RSS。

[3] 参看 Bound，Jaeger 和 Baker (1995)，以及 Stock，Wright 和 Yogo (2002)。

没有提供充分的信息。

为了理解经验研究者面临的这种陷阱，考察下面这个简单例子。你拥有含有两个内生回归元与两个排除工具的模型。其中一个排除工具和两个内生回归元都高度相关，而另一个排除工具只是噪声。该模型本质上是**识别不足**的。拥有一个有效工具却存在两个内生回归元。两个第一阶段回归的邦德（Bound）、耶格（Jaeger）和贝克（Baker）F 统计量及偏 R^2 没有揭示这种弱点。实际上，F 统计量将是统计显著的，若没有深入研究，你可能不会认识到该模型不能以此种形式估计。为了处理工具不相关问题，需要更为相关的工具，或者必须从模型中去掉一个内生回归元。邦德、耶格和贝克提出的统计量在仅有一个内生回归元的条件下能诊断工具相关性。当运用多重内生回归元时，就需要其他统计量。

Shea（1997）曾经提出这类统计量：偏 R^2 考虑了工具之间的内相关。[1] 对于含有一个内生回归元的模型，R^2 与偏 R^2 测量是等价的。谢伊（Shea）的偏 R^2 统计量分布没有推导出来，但可以像任何 R^2 一样解释它。作为一种经验法则，当由估计方程得出标准偏 R^2 为大值（Bound, Jaeger, and Baker, 1995），而其谢伊 R^2 测量值为小值时，应该得出结论：工具缺乏充足的相关性来解释所有内生回归元。这样模型基本上是识别不足的。邦德、耶格和贝克测量以及谢伊偏 R^2 统计量，通过 ivreg2 命令的 first 或 ffirst 选项提供。

Anderson（1984）提出了工具相关问题的更一般方法，尔后 Hall, Rudebusch 和 Wilcox（1996）对此进行了深入讨论。[2] 安德森方法考察 **X** 与 **Z** 矩阵的**典型相关**。这些测量 r_i, $i=1, 2, \cdots, k$ 表示 **X** 的 k 列线性组合和 **Z** 的 l 列线性组合之间相关。[3] 从数值观点来看，如果一个通过工具变量估计的方程是可识别的，那么典型相关的所有 k 一定显著异于 0。安德森（Anderson）的似然比检验具有零假设，即最小典型相关为 0，同时假

---

[1] 依据 Godfrey（1999）阐述的简化形式，很容易计算谢伊的偏 R^2 统计量，即证明内生回归元 i 的谢伊的统计量可以表示成 $R_p^2 = (v_{i,i,\text{OLS}})/(v_{i,i,\text{IV}})\{(1-R_{\text{IV}}^2)/(1-R_{\text{OLS}}^2)\}$，其中 $v_{i,i}$ 表示系数的估计渐近方差。

[2] Hall, Rudebusch 和 Wilcox（1996）指出，该检验与 Cragg 和 Donald（1993）提出的最小特征值检验有紧密关系。使用 ivreg2 的 first 或 ffirst 选项可以显示这个检验；参看下述例子。

[3] 可将典型相关平方计算成 $(\mathbf{X}'\mathbf{X})^{-1}(\mathbf{X}'\mathbf{Z})(\mathbf{Z}'\mathbf{Z})^{-1}(\mathbf{Z}'\mathbf{X})$ 的特征值；参看 Hall, Rudebusch 和 Wilcox（1996, 287）。

定回归元服从多元正态分布。在零假设下,该检验统计量服从自由度为 $(l-k+1)$ 的 χ^2 分布,因此恰好识别方程也可以计算它。若不能拒绝零假设,则表示估计方程的识别有问题。安德森统计量通过 ivreg2 标准输出显示。

遵从 Hall 和 Peixe (2000) 的线索,**X** 与 **Z** 之间典型相关也可能用于检验工具集合**冗余**。在满足 $l \geqslant k$ 过度识别的背景下,当某些工具冗余时,估计大样本效率不能通过包括它们而得以改进。检验统计量是基于典型相关的似然比统计,无论有无要检验的工具。在零假设——设定工具为多余的条件下,此统计量服从 χ^2 分布,其自由度等于内生回归元个数乘以要检验的工具的个数。像安德森检验一样,冗余检验假定回归元服从多元正态分布。这个检验可用带有 redundant( ) 选项的 ivreg2 命令来执行。

这里仅用 age 与 mrt 作为工具的工资对数方程变形阐明弱工具问题。具体操作如下:

```
. ivreg2 lw s expr tenure rns smsa _I* (iq = age mrt), ffirst redundant(mrt)
Summary results for first-stage regressions

                       Shea
Variable     | Partial R2   |   Partial R2    F(  2,   744)    P-value
iq           |   0.0073     |     0.0073         2.72           0.0665
Underidentification tests:
                                                 Chi-sq(2)       P-value
Anderson canon. corr. likelihood ratio stat.       5.52           0.0632
Cragg-Donald N*minEval stat.                       5.54           0.0626
Ho: matrix of reduced form coefficients has rank=K-1 (underidentified)
Ha: matrix has rank>=K (identified)
Weak identification statistics:
Cragg-Donald (N-L)*minEval/L2 F-stat          2.72
Anderson-Rubin test of joint significance of
 endogenous regressors B1 in main equation, Ho:B1=0
   F(2,744)=       43.83     P-val=0.0000
   Chi-sq(2)=      89.31     P-val=0.0000
Number of observations    N    =     758
Number of regressors      K    =      13
Number of instruments     L    =      14
Number of excluded instruments L2 =       2
Instrumental variables (2SLS) regression

                                              Number of obs =       758
                                              F( 12,   745) =      3.95
                                              Prob > F      =    0.0000
Total (centered) SS     =   139.2861498       Centered R2   =   -6.4195
Total (uncentered) SS   =   24652.24662       Uncentered R2 =    0.9581
Residual SS             =   1033.432656       Root MSE      =     1.168
```

lw	Coef.	Std. Err.	z	P>|z|	[95% Conf. Interval]	
iq	-.0948902	.0433073	-2.19	0.028	-.1797708	-.0100095
s	.3397121	.125526	2.71	0.007	.0936856	.5857386
expr	-.006604	.028572	-0.23	0.817	-.062604	.0493961
tenure	.0848854	.0327558	2.59	0.010	.0206852	.1490856
rns	-.3769393	.1584438	-2.38	0.017	-.6874834	-.0663952
smsa	.2181191	.1022612	2.13	0.033	.0176908	.4185474
_Iyear_67	.0077748	.1733579	0.04	0.964	-.3320005	.3475501
_Iyear_68	.0377993	.1617101	0.23	0.815	-.2791466	.3547452
_Iyear_69	.3347027	.1666592	2.01	0.045	.0080568	.6613487
_Iyear_70	.6286425	.2486186	2.53	0.011	.141359	1.115926
_Iyear_71	.4446099	.182733	2.43	0.015	.0864599	.8027599
_Iyear_73	.439027	.1542401	2.85	0.004	.136722	.7413321
_cons	10.55096	2.821406	3.74	0.000	5.02111	16.08082

```
Anderson canon. corr. LR statistic (identification/IV relevance test):   5.522
                                                  Chi-sq(2) P-val =    0.0632
-redundant- option:
LR IV redundancy test (redundancy of specified instruments):             0.002
                                                  Chi-sq(1) P-val =    0.9685
Instruments tested:    mrt

Sargan statistic (overidentification test of all instruments):           1.393
                                                  Chi-sq(1) P-val =    0.2379

Instrumented:          iq
Included instruments:  s expr tenure rns smsa _Iyear_67 _Iyear_68 _Iyear_69
                       _Iyear_70 _Iyear_71 _Iyear_73
Excluded instruments:  age mrt
```

在第一阶段回归结果中,这个方程的谢伊偏 R^2 统计量是极小的,而且克拉格-唐纳德(Cragg-Donald)统计量轻微地拒绝了识别不足。安德森典型相关统计量在 5% 的水平上,没有拒绝其零假设,表明尽管拥有比系数更多的工具,但工具可能不足以识别方程。redundant(mrt) 选项显示 mrt 没有给识别方程提供信息。这个方程可能仅是恰好识别的。

排除工具解释力很小的结果是估计 IV 系数的偏倚增大(Hahn and Hausman,2002b),同时大样本近似有限样本分布变得更糟。假如第一阶段回归的工具解释力为 0,则模型相对于内生变量而言实际上是不可识别的。此处,IV 估计量大样本偏倚与 OLS 估计量一样,IV 变成非一致的,运用工具并没有得到什么益处(Hahn and Hausman,2002b)。令人惊奇的是,如 Staiger 和 Stock(1997)以及其他学者所证明的,即使第一阶段检验在传统水平(5%或1%)上是显著的,研究者运用大样本也会产生弱工具。一个经验法则是,对于一个内生回归元,F 统计量小于 10 是关注的原因(Staiger and Stock,1997,557)。IV 估计量的大样本偏倚数量随着工具数目增加而增加。考虑到这些,当面对弱工具问题时,一个建议是选择简约的工具。更深入的讨论，参看 Staiger 和 Stock (1997)；Hahn 和 Hausman (2002a, b)；Stock，Wright 和 Yogo (2002)；Chao 和 Swanson (2005) 以及参考文献。

8.11 IV 估计中德宾-吴-豪斯曼检验的内生性

有理由质疑 4.2 节所述的许多回归模型零条件均值假设的失效。出于一致性，转向 IV 或有效 GMM 估计时必须要权衡不可避免的效率损失。正如 Wooldridge (2006, 516) 指出的, "当 x 与 u 不相关时，执行 IV 估计存在很大的成本：IV 估计量的渐近方差总是较大，有时甚至会比 OLS 估计量的渐近方差还要大。" 如果 OLS 估计量是有偏的且非一致的，那么这种效率损失是值得付出的代价。对 OLS 的适用性与使用 IV 或 GMM 方法的必要性进行检验是极为有用的。[①] 该检验的直觉性也可能表达成有许多正交性条件可以运用。全部或部分包含在内的内生回归元可以被适当地处理为外生的吗？如果是这样，这些约束就能被添加到矩条件当中，并且可能获得更有效的估计。

一些计量经济学教科书在德宾-吴-豪斯曼（DWH）检验背景下讨论 OLS 与 IV 问题。这些检验既用 OLS 又用 IV 方法拟合模型，然后比较得到的系数向量。在豪斯曼形式检验中，两个系数向量间的差由精度矩阵所测度的二次形式产生了一个检验统计量，其零假设为 OLS 估计量是一致的且完全有效的。

用 $\hat{\boldsymbol{\beta}}_c$ 表示在零假设和备择假设下都是一致的估计量，而用 $\hat{\boldsymbol{\beta}}_e$ 表示在零假设下完全有效，但如果零假设不为真则非一致的估计量。Hausman (1978) 设定的检验采用如下二次形式

$$H = (\hat{\boldsymbol{\beta}}_c - \hat{\boldsymbol{\beta}}_e)' \mathbf{D}^- (\hat{\boldsymbol{\beta}}_c - \hat{\boldsymbol{\beta}}_e)$$

其中

$$\mathbf{D} = \mathrm{Var}[\hat{\boldsymbol{\beta}}_c] - \mathrm{Var}[\hat{\boldsymbol{\beta}}_e]$$

[①] 如同 Baum, Schaffer 和 Stillman (2003, 11) 所讨论的，GMM 可能具有很差的小样本性质。如果不能证明零条件均值假设为错误的，那么尤其在小样本情况下，就应该使用线性回归，而不是 IV 或 GMM。

Var[$\hat{\boldsymbol{\beta}}$] 表示 $\boldsymbol{\beta}$ 的渐近方差的一致估计值,"¯"符号表示广义逆。

在 IV 回归中,内生性检验的豪斯曼统计量是通过令 OLS 为有效估计量 $\hat{\boldsymbol{\beta}}_e$,令 IV 为非有效但一致估计量 $\hat{\boldsymbol{\beta}}_c$ 而形成的。该检验统计量服从 χ^2 分布,自由度 k_1 为对内生性要检验的回归元数目。最好不要将检验解释成回归元本身的内生性或外生性的检验,而是对同一个方程使用不同估计方法的检验。在 OLS 是合适估计方法的零假设条件下,转向使用 IV 方法只会损失效率。点估计在性质上应该不受影响。

对于满足条件同方差性的标准 IV 情况,Stata 有多种方式执行 DWH 内生性检验。在 Stata 中,有三种等价方法可以获得 DWH 统计量,它们分别是:

1. 对模型使用 IV 进行效率略低但一致的拟合估计,具体实施用 estimates store iv 命令(其中 iv 是使用者选择的名称,该名称和该估计集合紧密相关;参看 4.4 节对存储估计值的讨论)。然后,使用 regress(或只有回归元子集要进行内生性检验时,使用 ivreg)拟合完全有效的模型,具体使用如下命令:
   hausman iv ., constant sigmamore ①
2. 使用 ivreg2 并且在 orthog( ) 选项中设定要检验的回归。
3. 对模型利用 ivreg 进行效率略低但一致的拟合估计,然后用 ivendog 执行内生性检验。ivendog 命令将自变量取为 *varlist*,*varlist* 是由要检验内生性的回归元子集构成的。如果 *varlist* 是空的,那么内生回归元的全部集合都要进行检验。

最后两个方法比第一种方法更方便,因为后两个检验都能用一个步骤完成。此外,hausman 命令经常生成负的 χ^2 统计量,致使检验不可行。Stata 文件将这一结果表述成小样本问题,其中系数向量之差的方差在有限样本中不必是正定的。② 不同的命令执行不同的检验形式,然而,渐近等价的检验也能导致有限样本的不一致推断。

下面阐明对工资方程使用 hausman 命令的详细情况,具体操作如下:

---

① 对于差分矩阵的秩,应该忽视由 hausman 命令产生的注释。像 sigmamore 选项文件指示的那样,这是将线性回归和 IV 估计进行内生性检验的正常设置。

② hausman 命令表明,广义豪斯曼检验可使用 suest 执行。然而,这个命令并不支持 ivreg 估计量。

```
. quietly ivreg2 lw s expr tenure rns smsa _I* (iq=med kww), small
. estimates store iv
. quietly regress lw s expr tenure rns smsa _I* iq
. hausman iv ., constant sigmamore
```

Note: the rank of the differenced variance matrix (1) does not equal the number
of coefficients being tested (13); be sure this is what you expect, or
there may be problems computing the test. Examine the output of your
estimators for anything unexpected and possibly consider scaling your
variables so that the coefficients are on a similar scale.

	———— Coefficients ————			
	(b)	(B)	(b-B)	sqrt(diag(V_b-V_B))
	iv	.	Difference	S.E.
iq	.0243202	.0027121	.021608	.0046882
s	.0004625	.0619548	-.0614923	.0133417
expr	.039129	.0308395	.0082896	.0017985
tenure	.0327048	.0421631	-.0094582	.0020521
rns	-.0341617	-.0962935	.0621318	.0134804
smsa	.1140326	.1328993	-.0188667	.0040934
_Iyear_67	-.0679321	-.0542095	-.0137226	.0029773
_Iyear_68	.0900522	.0805808	.0094714	.002055
_Iyear_69	.1794505	.2075915	-.028141	.0061056
_Iyear_70	.1395755	.2282237	-.0886482	.0192335
_Iyear_71	.1735613	.2226915	-.0491302	.0106595
_Iyear_73	.2971599	.3228747	-.0257148	.0055792
_cons	2.837153	4.235357	-1.398204	.3033612

```
                        b = consistent under Ho and Ha; obtained from ivreg2
        B = inconsistent under Ha, efficient under Ho; obtained from regress
    Test:  Ho:  difference in coefficients not systematic
               chi2(1) = (b-B)'[(V_b-V_B)^(-1)](b-B)
                       =     21.24
               Prob>chi2 =    0.0000
               (V_b-V_B is not positive definite)
```

这里将比较限制在点估计和内生回归元 iq 的估计标准误差上；hausman 检验统计量拒绝此变量的外生性。而且，该命令警告计算正定协方差矩阵有诸多困难。大的 χ^2 值表明，使用 regress 对方程进行估计产生了非一致结果。

现在，我们阐述第二种方法，利用 ivreg2 与 orthog( ) 选项。应该注意到括号内列表的特有语法，没有任何变量被识别为内生的。这个自变量（以及等式符号）仍然需要向 Stata 发出信号：med kww 在无约束方程中被认为是工具，其中 iq 被认为是内生的。此语句使 ivreg2 命令执行运用线性回归的报告估计，并认为备选模型是 IV。[①] 具体操作如下：

[①] 我使用 small 选项，确保 χ^2 统计量在第二种及第三种方法中取值相同。

```
. ivreg2 lw s expr tenure rns smsa _I* iq (=med kww), orthog(iq) small
Ordinary Least Squares (OLS) regression
```

```
                                          Number of obs  =       758
                                          F( 12,   745) =     46.86
                                          Prob > F       =    0.0000
Total (centered) SS     =    139.2861498  Centered R2    =    0.4301
Total (uncentered) SS   =    24652.24662  Uncentered R2  =    0.9968
Residual SS             =    79.37338879  Root MSE       =     .3264
```

lw	Coef.	Std. Err.	t	P>|t|	[95% Conf. Interval]	
s	.0619548	.0072786	8.51	0.000	.0476658	.0762438
expr	.0308395	.0065101	4.74	0.000	.0180592	.0436198
tenure	.0421631	.0074812	5.64	0.000	.0274763	.0568498
rns	-.0962935	.0275467	-3.50	0.001	-.1503719	-.0422151
smsa	.1328993	.0265758	5.00	0.000	.0807268	.1850717
_Iyear_67	-.0542095	.0478522	-1.13	0.258	-.1481506	.0397317
_Iyear_68	.0805808	.0448951	1.79	0.073	-.0075551	.1687168
_Iyear_69	.2075915	.0438605	4.73	0.000	.1214867	.2936963
_Iyear_70	.2282237	.0487994	4.68	0.000	.132423	.3240245
_Iyear_71	.2226915	.0430952	5.17	0.000	.1380889	.307294
_Iyear_73	.3228747	.0406574	7.94	0.000	.2430579	.4026915
iq	.0027121	.0010314	2.63	0.009	.0006873	.0047369
_cons	4.235357	.1133489	37.37	0.000	4.012836	4.457878

```
Sargan statistic (Lagrange multiplier test of excluded instruments):    22.659
                                                  Chi-sq(2) P-val =     0.0000
-orthog- option:
Sargan statistic (eqn. excluding suspect orthogonality conditions):      1.045
                                                  Chi-sq(1) P-val =     0.3067
C statistic (exogeneity/orthogonality of suspect instruments):          21.614
                                                  Chi-sq(1) P-val =     0.0000
Instruments tested:   iq

Included instruments: s expr tenure rns smsa _Iyear_67 _Iyear_68 _Iyear_69
                      _Iyear_70 _Iyear_71 _Iyear_73 iq
Excluded instruments: med kww
```

第二种方法源自 ivendog 的 C 检验在性质上和 hausman 检验一致。现在，阐述使用 ivendog 的第三种方法：

```
. quietly ivreg lw s expr tenure rns smsa _I* (iq=med kww)
. ivendog
Tests of endogeneity of: iq
H0: Regressor is exogenous
    Wu-Hausman F test:              21.83742  F(1,744)     P-value = 0.00000
    Durbin-Wu-Hausman chi-sq test:  21.61394  Chi-sq(1)    P-value = 0.00000
```

该检验统计量与上面 C 统计量给出的结果一样。三种检验形式都认为，运用线性回归估计该方程得到了非一致结果。回归元 iq 在拟合模型中被认为是内生的。

习 题

1. 根据 8.3 节讨论的线索，用 8.6 节的格里利谢斯数据，以手工方式估计两阶段最小二乘法。然后，将残差及 s^2 和对同一方程使用 ivreg 计算的结果加以比较。

2. 当我们阐述稳健性线性回归估计时，估计系数及描述统计量都未改动，仅有 VCE 受到影响。将 8.6 节的估计与 8.7.3 小节的估计进行比较。为什么系数估计值与描述统计量如 R-squared 与 Root MSE 不同呢？

3. 用格里利谢斯数据，估计方程

```
. ivreg2 lw s expr rns smsa (iq = med kww age mrt) if year == 67, gmm
```

对于这些估计，你能得出什么结论呢？增加 cluster(age) 选项，重新估计方程。通过年龄划分聚类的理由是什么？对这种形式的方程以及不带聚类的方程进行计算。这样做又会产生什么问题呢？

4. 根据 8.7.5 小节讨论的线索，重新拟合如下菲利普斯曲线模型：(a) 不带 gmm 选项的；(b) 不带 gmm 及 robust 选项的。和正文中展示的 GMM HAC 估计相比，这些估计值——对应于 2SLS-HAC 与 2SLS-AC——如何？

5. 重新拟合菲利普斯曲线，将 unem 滞后 1 期、2 期及 3 期作为失业率的工具。你会发现什么呢？

6. 菲利普斯曲线需要 IV 估计量吗？或者线性回归能得出一致估计吗？利用 ivreg2 的 orthog( ) 选项重新拟合 8.7.5 小节的模型，以决定采用 DWH 框架条件下的线性回归是否令人满意。

7. 菲利普斯曲线在时间维度上显示出异方差性了吗？重新拟合不带 robust 选项的 8.7.5 小节的模型，然后使用 ivhettest 选项检验这个假设。

8.A 附录：省略变量偏倚

如果零条件均值假设式（4.2）被违背了，那么 OLS 估计量不能得出一致估计。这里通过考察 5.2 节已经讨论的省略变量问题（不可观测的但有关的省略解释因素）来阐明另一种解释。考虑高中平均学习能力测验（SAT）得分（sat）[①]、学生人均消费（spend）、每个学区的贫困率（poverty）之间的关系：

$$\text{sat} = \beta_1 + \beta_2 \text{expend} + \beta_3 \text{poverty} + u_i \tag{8.12}$$

由于在学区层面上不能获得贫困率，所以就无法估计这个方程。然而，贫困率因素在学业成就中发挥重要作用，它代表着学生家庭环境的质量。假如有可获得的**代表变量**，则用它替代 poverty，例如学区收入中位数。这个策略是否可行，取决于代理变量与不可观测的 poverty 的相关程度。若没有代理变量可以使用，则忽略 poverty，估计如下方程：

$$\log(\text{sat}_i) = \beta_1 + \beta_2 \text{expend}_i + v_i$$

此方程的扰动过程 v_i 由 ($\beta_3 \text{poverty}_i + u_i$) 组成。当 expend 和 poverty 相关时——它们可能是相关的——回归将会得出 β_1 与 β_2 的有偏且非一致估计，原因在于零条件均值假设被违背了。

为推导出此方程的一致估计，我们必须寻找 8.2 节讨论的 IV。许多潜在变量与影响 SAT 成绩（包括 poverty）的不可观测因素不相关，同时和 expend 高度相关。[②] 什么可以作为 expend 的合适工具呢？或许，我们能测度每个学区的师生比（stratio）。这个测量可能与地区消费有（负相关）关系。假如州教育政策要求师生比限定在某界限内，stratio 应该和地区贫穷率不相关。

8.B 附录：测量误差

我们已经在 5.3 节引入了测量误差的概念，现在讨论这样做的后果。测量误差可能出现在响应变量当中。比如说，真实关系解释 y^*，但我们观测到 $y = y^* + \varepsilon$，其中 ε 表示零均值误差过程。于是，ε 变成回归误差项的成分，从而使估计方程的拟合变得更糟。我们假定 ε 并不是系统的，因为它和自变量 x 不相关。测量误差并不引发实质危害，在没有引入偏倚的条件

[①] SAT 是美国高中生为上大学而参加的最普遍的标准化测验。

[②] 我们不探求 poverty 的代表变量。如果我们拥有好的 poverty_i 的代表变量，那么它不会产生令人满意的工具变量。与 poverty_i 相关意味着与综合误差过程 v_i 相关。

下，它在点估计或区间估计方面仅仅使模型变弱。[①]

另外，回归元测量误差是一个更严重的问题。比如说，真实模型为

$$y=\beta_1+\beta_2 x_2^*+u$$

不过，x_2^* 是不可观测的，我们观测到 $x_2=x_2^*+\varepsilon_2$。假定 $E[\varepsilon_2]=0$。我们对 ε_2 与 x_2^* 之间的关系应作出什么假设呢？首先，我们假定 ε_2 与观测测量值 x_2 不相关，也就是较大的 x_2 值并不会系统地引起测量值出现较大或较小误差，这可写成 $\text{Cov}[\varepsilon_2,x_2]=0$。但是如果这样，那么有 $\text{Cov}[\varepsilon_2,x_2^*]\neq 0$，也就是，测量误差必须和真实解释变量 x_2^* 相关。于是，可将估计方程以下述方式写出，即用可观测 x_2 代替 x_2^*，

$$y=\beta_1+\beta_2 x_2+(u-\beta_2\varepsilon_2) \tag{8.13}$$

由于不论 u 还是 ε_2 都具有零均值，由假设知，它们和 x_2 不相关，测量误差的存在仅会使误差增大。给定 u 与 ε 之间的零相关，则 $\text{Var}[u-\beta_2\varepsilon_2]=\sigma_u^2+\beta_2^2\sigma_{\varepsilon_2}^2$。$x_2^*$ 的测量误差并没有损害 y 对 x_2 的回归，和响应变量测量误差一样，它只是使误差方差增大。

然而，这并不是应用计量经济学中通常考虑的**变量误差**的情况。更合理的是，假定测量误差与真实解释变量是不相关的，即 $\text{Cov}[\varepsilon_2,x_2^*]=0$。例如，我们可假定报告收入和实际收入之间的差距不是实际收入的函数。如果这样，由构造可知，$\text{Cov}[\varepsilon_2,x_2]=\text{Cov}[\varepsilon_2,(x_2^*+\varepsilon_2)]\neq 0$，式 (8.13) 的回归在解释变量与综合误差项之间具有非零相关。此结果违背了式 (4.2) 的零条件均值假设。$\text{Cov}[x_2,u-\beta_2\varepsilon_2]=-\beta_2\text{Cov}[\varepsilon_2,x_2]=-\beta_2\sigma_{\varepsilon_2}^2\neq 0$，使 y 对 x_2 的 OLS 回归成为有偏且非一致的。在一个解释变量带有测量误差的简单情况下，可以确定偏倚的性质，因为 $\hat{\beta}_2$ 一致地估计出

$$\hat{\beta}_2=\beta_2+\frac{\text{Cov}[x_2,u-\beta_2\varepsilon_2]}{\text{Var}[x_2]}$$

$$=\beta_2\left(\frac{\sigma_{x_2}^2}{\sigma_{x_2}^2+\sigma_{\varepsilon_2}^2}\right)$$

该表达式显示，OLS 点估计将**衰减**（即使在大样本条件下，偏倚趋于 0），因为平方量的括号表达式一定是小数。在没有测量误差的条件下，$\sigma_{\varepsilon_2}^2\to 0$，OLS 系数变为一致且无偏的。由于 $\sigma_{\varepsilon_2}^2$ 相对于（正确测量的）解释变量的

---

① 如果 y 中的测量误差数量和 x 的一个或多个回归相关，那么点估计将是有偏的。

方差增大，所以 OLS 估计更不可靠，收缩于 0。

我们得出如下结论：在多元回归方程里，回归元之一存在测量误差，若测量误差和（正确测量的）解释变量不相关，则不仅对含有测量误差的回归元系数，而且对全部回归元来说，OLS 估计值都是有偏的且非一致的。我们不能预测多重回归元的偏倚方向。在现实中，经济模型拥有不止一个回归元，因而模型可能受测量误差支配。在家庭调查中，不论是报告收入还是报告财富都可能被错误测量。由于测量误差违背了零条件均值假设，其意义和联立性偏倚或省略变量偏倚相同，所以我们能类似地处理。

8.B.1 含误差变量问题

我们可以使用 IV 估计量研究 8.B 节讨论的含误差变量模型。为了处理一个或多个回归元的测量误差，我们必须对错误测量的变量 x 设置一个满足通常假设的工具。该工具必须和扰动过程 u 不相关，但必须和错误测量的 x 高度相关。若我们能找到 x 的第二个测量值——即使是有测量误差倾向的——则可用它作为工具，因为它可能与 x 更相关。假如它是由独立测量过程生成的，那么它和最初的测量误差不相关。例如，从询问每个家庭可支配收入、消费以及储蓄的家族调查中获取数据。被调查者对上一年储蓄的回答可能被误测，原因在于和收入相比，更难追踪到储蓄。可以对家族在各类消费上的支出进行同样的估计。不过，使用收入及消费数据，可推导出储蓄的第二个（误测）估计值，以此作为工具，能缓解直接估计引起的测量误差问题。

第 9 章
面板数据模型

面板数据集对同样的经济单元具有多重观测值。例如，对于同样的家族或公司，可以有不同时间的多重观测值。在面板数据中，每一个元素都有两个下标，一个是组标识符 i，另一个是组内指标，在计量经济学中用 t 表示，因为 t 通常表示时间。

已知面板数据，我们可以由最一般的线性表达式定义多种模型

$$y_{it} = \sum_{k=1}^{k} x_{kit}\beta_{kit} + \varepsilon_{it}, \quad i=1,\cdots,N, \ t=1,\cdots,T \tag{9.1}$$

其中 N 表示个体数目，T 表示时期个数。

在 9.1 节至 9.3 节，我们阐述了针对"大 N 小 T"面板数据设计的方法，其中存在众多个体且仅有少数几个时期。这些方法使用大量个体来建立大样本近似。小 T 对要估计的内容施加了某些限制。

假定存在**平衡**面板数据，其中 N 个个体中每一个都存在 T 个观测值。由于此模型包括 $k \times N \times T$ 个回归系数，所以用 $N \times T$ 个观测值并不能估

计这么多系数。我们可以忽略面板数据特性,并应用混合普通最小二乘法,即假定 $\beta=\beta_j$ ($\forall j, i, t$),只是这种模型存在过度约束,同时有复杂误差过程(比如不同面板单元有异方差性,面板单元内存在序列相关等等)。因而,通常认为不能用混合 OLS 求解实际问题。

一组面板数据估计量考虑如下情况:不同面板单元(可能随时间变化)存在异质性,但将异质性限于截距关系项上。我们将在下一节讨论这些方法,也就是**固定效应**以及**随机效应**模型。它们都对上述模型施加约束 $\beta_{jit}=\beta$ ($\forall i, t, j>1$),由此仅允许常数随 i 而变动。

我们可以把这些估计方法推广到研究内生回归元上。接下来的一节讨论适合内生回归元的几种 IV 估计量。然后,讨论动态面板数据(DPD)估计量,当回归元集合包括滞后因变量时,就适合运用这种估计量。DPD 估计量可用于"大 N 小 T"面板数据,比如几百个公司中每一个都有少数几年的年度数据。

9.4 节探讨应用于"小 N 大 T"面板数据的似不相关回归(SUR)估计量,也就是存在少数个体且有众多时期的数据,如观测美国最大的 10 家制造业公司的财务变量在最近 40 个季度的数据。

本章最后一节重新研究移动窗口估计的概念,阐明如何计算每一个面板单元的移动窗口回归。

9.1 FE 模型与 RE 模型

对式(9.1)表述的结构加以限制,以考虑单元之间的异质性,但不具备该方程表示的完全通用性(和不可行性)。特别地,不论斜率系数随单元变化还是随时间变化,我们都将其限定为一个常值,同时考虑随单元或时间而变化的截距系数。对于已知观测值,截距随单元变化的情况导致了如下结构:

$$y_{it}=\mathbf{x}_{it}\boldsymbol{\beta}_k+\mathbf{z}_i\boldsymbol{\delta}+u_i+\varepsilon_{it} \tag{9.2}$$

其中 $\mathbf{x}_{it}$ 表示既随个体变化又随时间变化的 $1\times k$ 变量向量,$\boldsymbol{\beta}$ 表示 $\mathbf{x}$ 的 $k\times 1$ 系数向量,$\mathbf{z}_i$ 表示只随个体变化而不随时间变化的 $1\times p$ 变量向量,$\boldsymbol{\delta}$ 表示 $\mathbf{z}$ 的 $p\times 1$ 系数向量,u_i 表示个体层面效应,ε_{it} 表示扰动项。

u_i 与 $\mathbf{x}_{it}$ 中的回归元及 $\mathbf{z}_i$ 可能是相关的,也可能是不相关的。(总是假定 u_i 和 ε_{it} 不相关。)

假如 u_i 与回归元不相关,则称这种模型为随机效应(RE)模型,倘若

u_i 与回归元相关，则称其为固定效应（FE）模型。术语 RE 的起源非常清楚：当 u_i 与模型其他因素都不相关时，个体层面效应直接参数化为可加随机扰动。有时，$u_i+\varepsilon_{it}$ 之和被称为综合误差项（composite-error term），这种模型有时被称为误差成分模型（error-components model）。术语 FE 的起源则更难以解释。当 u_i 与模型的某些回归元相关时，一种估计策略是把它当成参数或 FE。但是，每一个个体都包含一个参数是行不通的，因为这样会表明在大 N，即大样本近似中有无限多个参数。解决办法是通过仍能识别某些关注系数的变换将 u_i 从估计问题中去掉。

RE 估计量用 u_i 与回归元不相关的假设以识别 β 与 δ 系数。在去掉 u_i 的过程中，FE 估计量损失了识别 δ 系数的能力。运用 FE 估计量的另一个成本是，所有推断都是以样本中的 u_i 为前提条件的。与之相比，使用 RE 估计量的推断与得出 RE 的总体有关。

类似地，我们可以将时变截距项处理成 FE（产生额外系数）或综合误差项的成分。这里，关注单向 FE 与 RE 模型，即在"大 N 小 T"背景下仅仅考虑个体截距，这是微观经济研究中最为普遍的情况。①

9.1.1 单向 FE 模型

FE 模型适度放松了下面的假设：回归函数随时间以及空间变化保持恒定。单向 FE 模型允许每个横截面单元有自己的常数项，而对斜率估计值（β）在不同单元上要加以约束，对于 σ_ε^2 也一样。这种估计量通常被称为最小二乘虚拟变量（least-squares dummy variable，LSDV）模型，因为它等价于包含 $N-1$ 个虚拟变量的 y 对 $\mathbf{x}$ 的 OLS 回归（包括单位向量）。不过，最小二乘虚拟变量这一名称颇有问题，因为它意味着估计量中有无限多个参数。一种更好地理解 FE 估计量的方法是：明白从式（9.2）两边减去面板层面平均值，就能从模型中去掉 FE。设 $\bar{y}_i=(1/T)\sum_{t=1}^T y_{it}$，$\bar{\mathbf{x}}_i=(1/T)\sum_{t=1}^T \mathbf{x}_{it}$ 以及 $\bar{\varepsilon}_i=(1/T)\sum_{t=1}^T \varepsilon_{it}$。同时注意，$\mathbf{z}_i$ 与 u_i 均为面板层面平均值。式（9.2）经过简单代数计算，得到

$$y_{it}-\bar{y}_i=(\mathbf{x}_{it}-\bar{\mathbf{x}}_i)\beta+(\mathbf{z}_i-\mathbf{z}_i)\delta+u_i-u_i+\varepsilon_{it}-\bar{\varepsilon}_i$$

得出

$$\tilde{y}_{it}=(\tilde{\mathbf{x}}_{it})\beta+\tilde{\varepsilon}_{it} \tag{9.3}$$

式（9.3）意味着对组内变换数据进行 OLS 估计将产生 β 的一致估计

---

① Stata 的 xt 命令集合从多方面扩展了这些面板数据模型。详细内容参看 [XT] **xt**。

量。我们将此估计量称为 $\hat{\boldsymbol{\beta}}_{FE}$。另外，由式（9.3）可以证明，去掉 u_i 也就剔除了 $\boldsymbol{\delta}$。$\hat{\boldsymbol{\beta}}_{FE}$ 的 VCE 大样本估计量刚好是 VCE 的标准 OLS 估计量，这里自由度要用如下组内变换加以调整

$$s^2 \left(\sum_{i=1}^{N} \sum_{t=1}^{T} \tilde{\mathbf{x}}_{it} \tilde{\mathbf{x}}'_{it} \right)^{-1}$$

其中 $s^2 = \{1/(NT-N-k-1)\} \sum_{i=1}^{N} \sum_{t=1}^{T} \hat{\tilde{\epsilon}}_{it}^2$，$\hat{\tilde{\epsilon}}_{it}$ 是 $\tilde{y}_{it}$ 对 $\tilde{\mathbf{x}}_{it}$ 的 OLS 回归残差。

只有位于个体均值附近的个体 y **值显著地和位于个体均值向量 x 附近的 x 相关时，这一模型才有解释力**。因此，称其为**组内估计量**（within estimator），因为它取决于**组内单元的变异**。例如，如果某些个体有极高的 y 值与相当大的 $\mathbf{x}$ 值，它便不会起作用，因为只有组内变异才表现出解释力。① 很明显，此结果意味着每个单元不随时间而变化的任何特征都不能被包括在模型中，比如，个体的性别或公司三位数字 SIC（行业）代码。特定单元截距项吸收了 y 与 $\mathbf{x}$ 的所有异质性，这里 y 与 $\mathbf{x}$ 的全部异质性是单元恒等式的函数，而且对每一个单元来说，随时间变化保持不变的任何变量和单元指标变量为完全共线的。

我们使用 Stata 的 xtreg 命令，用 fe（FE）选项来拟合单向个体 FE 模型。此命令具有类似于 regress 的语法，即

xtreg *depvar* [*indepvars*], fe [*options*]

如同标准回归一样，选项包括 robust 与 cluster( )。输出命令显示 σ_u^2 的估计值（记为 sigma_u），σ_ϵ^2 的估计值（记为 sigma_e），以及 Stata 称为 rho 的内容：u_i 引起的方差变化部分。Stata 拟合了如下模型：将式（9.2）的 u_i 当成某个常值项的偏差，显示为 _cons。u_i 与拟合值之间的经验相关被显示为 corr(u_i, Xb)。只要每个单元至少存在 2 个观测值，FE 估计量就不需要平衡面板数据。②

我们想要检验特定个体 u_i 的异质性是否为必需的：不同单元的截距项可以辨别吗？xtreg, fe 提供了对不同单元来说常数项均相等的零假设的 F 检验。拒绝该检验表明，混合 OLS 会产生非一致估计。而且，单向 FE 模型假定误差对不同面板单元不是同时期相关的。De Hoyos 和 Sarafidis（2006）已经阐述了同时期相关的某些新检验，他们的命令 xtscd 可以从

---

① 横截面数据 OLS 没有试图"解释" y 的均值，而只解释其在均值附近的变化，这里的情况是类似于上述理念的面板情况。

② 估计此模型的另一个命令是 areg，它给出了一些 xtreg 无法提供的选项。但在 Stata 9 或更高版本中，areg 则没有优势。

ssc 上获得。同样地，违背不同面板单元 ε_{it} 同质性的假定，也就是如 6.2.2 小节所讨论的分组异质性形式，可通过 LM 统计量（Greene, 2003, 328）进行检验，像作者的 xttest3 程序一样，这也可从 ssc 上获得（Baum, 2001）。xttest3 程序针对非平衡面板数据。

下面的例子使用 1982—1988 年美国 48 个州交通致死率的州层面数据（每 10 万人死亡数）。我们将致死率建模成几个公共因素的函数：啤酒税 beertax；酒精消费的测量 spircons；以及两个经济因素：州失业率 unrate 和州人均收入 perincK，以千美元计算。数据集 traffic.dta 的变量描述统计量由下面的命令给出。

```
. use http://www.stata-press.com/data/imeus/traffic, clear
. xtsum fatal beertax spircons unrate perincK state year
Variable            Mean      Std. Dev.      Min         Max     Observations

fatal    overall  2.040444    .5701938     .82121      4.21784    N =     336
         between              .5461407    1.110077     3.653197   n =      48
         within               .1794253    1.45556      2.962664   T =       7

beertax  overall  .513256     .4778442    .0433109    2.720764    N =     336
         between              .4789513    .0481679    2.440507    n =      48
         within               .0552203    .1415352    .7935126    T =       7

spircons overall  1.75369     .6835745     .79         4.9        N =     336
         between              .6734649    .8614286    4.388572    n =      48
         within               .147792     1.255119    2.265119    T =       7

unrate   overall  7.346726    2.533405     2.4        18          N =     336
         between              1.953377     4.1        13.2        n =      48
         within               1.634257    4.046726    12.14673    T =       7

perincK  overall  13.88018    2.253046    9.513762    22.19345    N =     336
         between              2.122712    9.95087     19.51582    n =      48
         within               .8068546    11.43261    16.55782    T =       7

state    overall  30.1875     15.30985     1          56          N =     336
         between              15.44883     1          56          n =      48
         within               0           30.1875     30.1875     T =       7

year     overall  1985        2.002983    1982        1988        N =     336
         between              0           1985        1985        n =      48
         within               2.002983    1982        1988        T =       7
```

面板标识符 state 以及时间变量 year 的结果，都说明了由 xtsum 提供额外信息的重要性。由建立模型知，面板标识符 state 在组内面板没有变动，也就是它为时不变的。xtsum 告诉了我们组内标准差为 0 这一事实。组内标准差为 0 的任何变量都会被从 FE 模型中去掉。而组内标准差很小的变量系数没有被很好地识别。上面的输出表明，beertax 的系数和其他变量相比，没有被较好地识别。类似地，由建立模型知，year 的组间标准差为 0。

单向 FE 模型的结果如下：

```
. xtreg fatal beertax spircons unrate perincK, fe
Fixed-effects (within) regression          Number of obs      =       336
Group variable (i): state                  Number of groups   =        48

R-sq:   within  = 0.3526                   Obs per group: min =         7
        between = 0.1146                                  avg =       7.0
        overall = 0.0863                                  max =         7

                                           F(4,284)           =     38.68
corr(u_i, Xb)  = -0.8804                   Prob > F           =    0.0000

------------------------------------------------------------------------------
       fatal |      Coef.   Std. Err.      t    P>|t|     [95% Conf. Interval]
-------------+----------------------------------------------------------------
     beertax |  -.4840728   .1625106    -2.98   0.003    -.8039508   -.1641948
    spircons |   .8169652   .0792118    10.31   0.000     .6610484    .9728819
      unrate |  -.0290499   .0090274    -3.22   0.001    -.0468191   -.0112808
     perincK |   .1047103   .0205986     5.08   0.000     .064165    .1452555
       _cons |  -.383783    .4201781    -0.91   0.362    -1.210841    .4432754
-------------+----------------------------------------------------------------
     sigma_u |  1.1181913
     sigma_e |   .15678965
         rho |   .98071823   (fraction of variance due to u_i)
------------------------------------------------------------------------------
F test that all u_i=0:      F(47, 284) =    59.77           Prob > F = 0.0000
```

所有解释因素都高度显著，失业率对致死率有负面影响（或许因为失业者的收入有限，因而驾车里程少），而对收入有正面影响（如同人们预期的，汽车是一般商品）。rho 的估计值表明，几乎所有的 fatal 变化都和致死率的州际差异有关。回归之后的 F 检验表明，存在显著的个体（州层面）影响，这显示混合 OLS 可能不合适。

9.1.2 时间效应与双向 FE 模型

Stata 缺少自动执行拟合双向 FE 模型的命令。如果有理由保证时期数很小，那么我们可以通过创建时间指示变量集合，并且只在回归中留下一个时间指标变量对双向 FE 模型进行拟合。① 指示变量的所有系数都为 0 的联合检验就是时间 FE 的显著性检验。个体 FE 模型要求回归元在单元内随时间变化，而时间 FE（用时间指示变量执行）则要求回归元在每个时期内随单元变化。利用个体或公司微观数据估计方程，意味着含有时间 FE 的模型不能包括诸如 GDP 增长率或价格通货膨胀这样的宏观因素，原因

---

① 在平衡面板条件下，Hsiao（1986）提出一种涉及 "双去均值"（double demeaning）的代数解，可以用于对没有指示变量 i 与 t 的双向 FE 模型进行估计。

在于那些因素并不随个体不同而变化。xtsum 可用于检测组间标准差大于 0 的情况。

我们可以将时间效应添加到前面的例子中来考察双向 FE 模型。可使用 tabulate 命令的 generate( ) 选项生成时间效应，然后通过从其他指示变量中减去被排除类的指示变量，变换成中心化指示变量（如 7.1.1 小节所讨论的）。这种变换将时间效应变换成偏离样本的条件均值的变化而不是被排除类的偏差（1988）。

```
. quietly tabulate year, generate(yr)
. local j 0
. forvalues i=82/87 {
  2.        local ++j
  3.        rename yr`j' yr`i'
  4.        quietly replace yr`i' = yr`i' - yr7
  5.      }
. drop yr7
. xtreg fatal beertax spircons unrate perincK yr*, fe
```

Fixed-effects (within) regression				Number of obs	=	336
Group variable (i): state				Number of groups	=	48
R-sq: within = 0.4528				Obs per group: min =		7
between = 0.1090				avg =		7.0
overall = 0.0770				max =		7
				F(10,278)	=	23.00
corr(u_i, Xb) = -0.8728				Prob > F	=	0.0000

fatal	Coef.	Std. Err.	t	P>|t|	[95% Conf. Interval]	
beertax	-.4347195	.1539564	-2.82	0.005	-.7377878	-.1316511
spircons	.805857	.1126425	7.15	0.000	.5841163	1.027598
unrate	-.0549084	.0103418	-5.31	0.000	-.0752666	-.0345502
perincK	.0882636	.0199988	4.41	0.000	.0488953	.1276319
yr82	.1004321	.0355629	2.82	0.005	.0304253	.170439
yr83	.0470609	.0321574	1.46	0.144	-.0162421	.1103638
yr84	-.0645507	.0224667	-2.87	0.004	-.1087771	-.0203243
yr85	-.0993055	.0198667	-5.00	0.000	-.1384139	-.0601971
yr86	.0496288	.0232525	2.13	0.034	.0038554	.0954021
yr87	.0003593	.0289315	0.01	0.990	-.0565933	.0573119
_cons	.0286246	.4183346	0.07	0.945	-.7948812	.8521305

sigma_u	1.0987683		
sigma_e	.14570531		
rho	.98271904	(fraction of variance due to u_i)	

F test that all u_i=0:   F(47, 278) =   64.52   Prob > F = 0.0000

```
. test yr82 yr83 yr84 yr85 yr86 yr87
 ( 1)  yr82 = 0
 ( 2)  yr83 = 0
 ( 3)  yr84 = 0
 ( 4)  yr85 = 0
 ( 5)  yr86 = 0
 ( 6)  yr87 = 0
       F(  6,   278) =    8.48
             Prob > F =    0.0000
```

单向 FE 检验模型包含的四个数量因素，其符号与显著性在双向 FE 模型中仍然保留。时间效应是联合显著的，这表明它们应被包含在正常设定模型中。除此之外，此模型在性质上类似于前面的模型，许多变化可以由个体 FE 模型解释。

9.1.3 组间估计量

面板数据集的另一种估计量是**组间估计量**（between estimator），其中将 y 的组均值对 $\mathbf{x}$ 的组均值进行回归，此回归存在 N 个观测值。这种估计量忽略了 y 的所有被组内估计量考察的特定个体变异，而用个体均值行为代替它的每一个观测值。组间估计量是下述模型的 $\boldsymbol{\beta}$ 与 $\boldsymbol{\delta}$ 的 OLS 估计量：

$$\bar{y}_i = \bar{\mathbf{x}}_i \boldsymbol{\beta} + \bar{\mathbf{z}}_i \boldsymbol{\delta} + u_i + \bar{\varepsilon}_i \tag{9.4}$$

方程（9.4）表明，如果 u_i 与模型的任意回归元相关，那么零条件均值假设不再成立，组间估计量将产生非一致结果。

虽然这个估计量没有得到广泛运用，但它有时可应用于如下情况，即每个个体的时间序列被认为不太准确，或者假定它们包括了随机偏离长时期均值。倘若假定这种不准确随时间变化为 0 均值，则对此类测量误差可通过对不同时间数据求平均值，而且每个单元仅保留一个观测值来解决。使用 Stata 的 collapse 命令直接执行上述求解过程，会产生一个具有上述特性的数据集（参看 3.3 节）。不过，不必建立该数据集来使用组间估计量，因为带有 be（between）选项的 xtreg 命令会执行它。运用组间估计量要求 $N>k$。任何对不同个体都为常值的宏观因素都不能包括在组间估计量中，因为它的平均值不会随个体而变化。

可以证明，混合 OLS 估计量是组内估计量与组间估计量的矩阵加权平均值，其权数由两个估计量的相对精度定义。就面板数据而言，可以识别关注的变异来源是否为个体变异围绕其均值变化或均值自身的变化。组内估计量只考虑前者，而组间估计量则只考虑后者。

为了说明我们为什么要考虑面板数据中的全部信息，就要用组间估计量重新拟合第一个模型（包含年份 FE 的第二个模型不合适，因为组间估计量不适用时间维度）。有意思的是，在单向与双向模型里起重要作用的两个因素，即 beertax 与 unrate，在组（州）均值的回归中不起显著作

用。具体操作如下:

```
. xtreg fatal beertax spircons unrate perincK, be

Between regression (regression on group means)    Number of obs    =    336
Group variable (i): state                         Number of groups =     48

R-sq:   within  = 0.0479                          Obs per group: min =      7
        between = 0.4565                                         avg =    7.0
        overall = 0.2583                                         max =      7

                                                  F(4,43)          =   9.03
sd(u_i + avg(e_i.))=  .4209489                    Prob > F         = 0.0000

       fatal |     Coef.   Std. Err.      t    P>|t|     [95% Conf. Interval]
     beertax |  .0740362   .1456333     0.51   0.614    -.2196614    .3677338
    spircons |  .2997517   .1128135     2.66   0.011     .0722417    .5272618
      unrate |  .0322333    .038005     0.85   0.401    -.0444111    .1088776
     perincK | -.1841747   .0422241    -4.36   0.000    -.2693277   -.0990218
       _cons |  3.796343   .7502025     5.06   0.000     2.283415    5.309271
```

9.1.4 单向 RE 模型

与其将特定个体截距当作那个单元的 FE,不如用 RE 模型将个体效应设定成和回归元不相关的随机抽取,而总扰动项为

$$y_{it} = \mathbf{x}_{it}\boldsymbol{\beta} + \mathbf{z}_i\boldsymbol{\delta} + (u_i + \varepsilon_{it}) \tag{9.5}$$

其中 $(u_i+\varepsilon_{it})$ 表示综合误差项,u_i 表示个体效应。该模型的关键性假设为,u_i 与回归元 $\mathbf{x}_{it}$ 及 $\mathbf{z}_i$ 均不相关。这个正交性假设意味着,通过 OLS 及组间估计量可以得到一致估计参数,但这两个估计量都不是有效的。RE 估计量利用 u_i 与回归元不相关的假设,构造更有效的估计量。如果回归元和 u_i 相关,那么回归元便和综合误差项相关,从而 RE 估计量是非一致的。

为了大大减少待估参数的数量,RE 模型使用 u_i 与回归元之间的正交性条件。在有成千上万个个体的大型调查中,RE 模型有 $k+p$ 个系数及两个方差参数,而 FE 模型有 $k-1+N$ 个系数及一个方差参数。RE 模型的时不变变量系数是可识别的。由于 RE 模型识别了刻画个体水平异质性的总体参数,所以由它进行推断和个体的基本总体有关。与之相比,由于 FE 模型不能估计刻画个体水平异质性的参数,所以由 FE 模型进行推断是以大样本 FE 为条件的。因此,RE 模型更有效,并且容许更大范围的统计推断。u_i 与回归元不相关的关键性假设能够而且应该加以检验。

为了建立式(9.5)的单向 RE 模型,假定不论 u 还是 ε 都是零均值过

程，与回归元不相关；u 与 ε 都是同方差的，并且它们互不相关；对不同个体或不同时间来说，不存在相关。就面板数据第 i 个单元的 T 个观测值而言，综合误差项过程

$$\eta_{it}=u_i+\varepsilon_{it}$$

产生了带有条件方差的**误差成分模型**

$$E[\eta_{it}^2|\mathbf{x}^*]=\sigma_u^2+\sigma_\varepsilon^2$$

以及单元内的条件协方差

$$E[\eta_{it}\eta_{is}|\mathbf{x}^*]=\sigma_u^2,\quad t\neq s$$

于是，T 个误差的协方差矩阵可写成

$$\mathbf{\Sigma}=\sigma_\varepsilon^2 \mathbf{I}_T+\sigma_u^2 \iota_T \iota_T'$$

由于观测值 i 与 j 不相关，所以不同样本的 η 的全部协方差矩阵关于 $\mathbf{\Sigma}$ 是分块对角的，即 $\mathbf{\Sigma}: \mathbf{\Omega}=\mathbf{I}_n \otimes \mathbf{\Sigma}$。①②

此模型斜率参数的 GLS 估计量是

$$\begin{aligned}\hat{\boldsymbol{\beta}}_{\mathrm{RE}} &= (\mathbf{X}^{*'}\mathbf{\Omega}^{-1}\mathbf{X}^*)^{-1}(\mathbf{X}^{*'}\mathbf{\Omega}^{-1}\mathbf{y}) \\ &= \Big(\sum_i \mathbf{X}_i^{*'}\mathbf{\Sigma}^{-1}\mathbf{X}_i^*\Big)^{-1}\Big(\sum_i \mathbf{X}_i^{*'}\mathbf{\Sigma}^{-1}\mathbf{y}_i\Big)\end{aligned}$$

为计算这个估计量，要求 $\mathbf{\Omega}^{-1/2}=(\mathbf{I}_n\otimes\mathbf{\Sigma})^{-1/2}$，其中

$$\mathbf{\Sigma}^{-1/2}=\sigma_\varepsilon^{-1}(\mathbf{I}-T^{-1}\theta\iota_T\iota_T')$$

$$\theta=1-\frac{\sigma_\varepsilon}{\sqrt{\sigma_\varepsilon^2+T\sigma_u^2}}$$

由 $\mathbf{\Sigma}^{-1/2}$ 定义的**拟去均值**（quasidemeaning）变换是 $\sigma_\varepsilon^{-1}(y_{it}-\theta\bar{y}_i)$，也就是，不用每一个值都减去 y 的全部个体均值，而是应该减去像 θ 定义的那种均值的一部分。当 $\theta=1$ 时，拟去均值变换简化为组内变换。如同混合 OLS 一样，GLS 的 RE 估计量是组内和组间估计量的加权矩阵的平均值，但我们用到了基于下式的最优加权

---

① 算子 $\otimes$ 表示两个矩阵的克罗内克乘积。对于任何矩阵 $\mathbf{A}_{K\times L}$，$\mathbf{B}_{M\times N}$，$\mathbf{A}\otimes\mathbf{B}=\mathbf{C}_{KM\times LN}$。为了构建乘积矩阵，$\mathbf{A}$ 的每个元素都数乘以整个矩阵 $\mathbf{B}$。参看 Greene（2003，824-825）。

② 这里给出平衡面板的表达式。非平衡面板情况只是代数运算更加复杂而已。

$$\lambda = \frac{\sigma_\varepsilon^2}{\sigma_\varepsilon^2 + T\sigma_u^2} = (1-\theta)^2$$

其中 λ 表示附属于组间估计量协方差矩阵的权数。就 λ 不同于 1 的程度而言，混合 OLS 将是非有效的，原因在于它把太大的权数施加到组间单元变异上，将其全部归因于 **x** 上的变异，而不是将部分变异分摊到不同单元 ε_i 之差上。

当 $\sigma_u^2 = 0$ 时，设 $\lambda = 1$ ($\theta = 0$) 是合适的，即如果不存在 RE，那么混合 OLS 模型是最优的。当 $\theta = 1$，$\lambda = 0$ 时，FE 估计量是合适的。就 λ 异于 0 的程度而言，FE 估计量将是非有效的，因为它将零权数应用于组间估计量。GLS 的 RE 估计量将单位区间上的最优 λ 用于组间估计量，而 FE 估计量则任意施加 $\lambda = 0$。只有 ε 的变异和 u 的变异相比是微不足道的时候，这种做法才适合。

为得到模型的 FGLS 估计量，需要一致估计 σ_ε^2 与 σ_u^2。由于 FE 模型是一致的，其残差可以估计 σ_ε^2。同理，混合 OLS 模型的残差能用于生成 ($\sigma_\varepsilon^2 + \sigma_u^2$) 的一致估计值。运用这两个估计量可以估计 θ，并对 GLS 模型的数据进行变换。① 因为 GLS 模型使用了拟去均值变换，所以它包含了时不变变量（诸如性别或种族）。

在 Stata 中，使用带有 re(RE) 选项的命令 xtreg 可执行 FGLS 估计量。此命令将显示 σ_u^2，σ_ε^2 的估计值以及被 Stata 称为 rho 的系数：全部方差的一部分归因于 ε_i。Breusch 和 Pagan (1980) 发展了 $\sigma_u^2 = 0$ 的拉格朗日乘子检验，这可以在 RE 估计后由命令 xttest0 计算（详细内容参看 [XT] **xtreg**）。

我们也能使用完全极大似然方法估计 RE 模型的参数。键入 xtreg, mle 就可得出该估计量。运用极大似然估计时，继续假定回归元与 u 不相关，添加了 u 与 ε 都为正态的假设。这个估计量将得到 $\sigma_u^2 = 0$ 的似然比检验，它对应于 GLS 估计量运用的布鲁施-帕甘检验。

为阐明单向 RE 估计量，并执行正交性假设的检验，在该假设下 RE 是合适的且更受欢迎，就要估计相对应于上述 FE 模型的 RE 模型参数。具体操作如下：

---

① 一个可能的复杂性：如一般定义，在有限样本中，上述两个估计量不一定对 σ_ε^2 产生正估计量。这里使用未经过自由度修正的方差估计结果，此方差估计仍是一致的。

```
. xtreg fatal beertax spircons unrate perincK, re

Random-effects GLS regression                    Number of obs      =        336
Group variable (i): state                        Number of groups   =         48
R-sq:  within  = 0.2263                          Obs per group: min =          7
       between = 0.0123                                         avg =        7.0
       overall = 0.0042                                         max =          7
Random effects u_i ~ Gaussian                    Wald chi2(4)       =      49.90
corr(u_i, X)       = 0 (assumed)                 Prob > chi2        =     0.0000

------------------------------------------------------------------------------
       fatal |      Coef.   Std. Err.      z    P>|z|     [95% Conf. Interval]
-------------+----------------------------------------------------------------
     beertax |   .0442768   .1204613     0.37   0.713    -.191823    .2803765
    spircons |   .3024711   .0642954     4.70   0.000    .1764546    .4284877
      unrate |  -.0491381   .0098197    -5.00   0.000   -.0683843   -.0298919
     perincK |  -.0110727   .0194746    -0.57   0.570   -.0492423    .0270968
       _cons |   2.001973   .3811247     5.25   0.000    1.254983    2.748964
-------------+----------------------------------------------------------------
     sigma_u |  .41675665
     sigma_e |  .15678965
         rho |  .87601197   (fraction of variance due to u_i)
------------------------------------------------------------------------------
```

与全部 4 个参数都显著的 FE 模型相比，beertax 与 perincK 变量对致死率没有显著影响。后者的变量系数改变了符号。

9.1.5 检验 RE 的合适性

我们使用豪斯曼检验（在 8.11 节已阐述），对 RE 估计量施加的额外正交性条件是有效的零假设进行检验。如果回归元与 u_i 相关，那么 FE 估计量就是一致的，但 RE 估计量却不是一致的。假如回归元与 u_i 不相关，则 FE 估计量仍是一致的，不过是非有效的，而 RE 估计量是一致且有效的。因而，我们可以在豪斯曼检验框架下考察这两种供选择的估计量，拟合两个模型，然后在概率意义上比较两者的共同系数估计值。倘若不论 FE 还是 RE 模型均生成了斜率参数的一致点估计，则它们并不会有什么显著的不同。当违背了正交性假设时，一致 RE 估计值会显著地不同于 FE 估计值。

为了执行豪斯曼检验，首先键入 estimates store *set* 来拟合每一个模型，然后在每一个估计后，存储其结果。（*set* 定义了估计集合：比如对于 FE 模型，*set* 可以是 fix。）随后，键入 hausman *setconsist seteff*，执行豪斯曼检验，其中 *setconsist* 指 FE 估计的名称（在零假设与备择假设下均为一致的），而 *seteff* 指 RE 估计的名称，它仅在零假设下是一致且有效的。该检验使用两个估计协方差矩阵之差（不保证是正定的）作为 FE 与 RE

斜率系数向量之差的权数。

我们运用机动车辆致死率方程的两种形式来阐明豪斯曼检验，具体操作如下：

```
. quietly xtreg fatal beertax spircons unrate perincK, fe
. estimates store fix
. quietly xtreg fatal beertax spircons unrate perincK, re
. estimates store ran
. hausman fix ran
```

	——— Coefficients ———			
	(b)	(B)	(b-B)	sqrt(diag(V_b-V_B))
	fix	ran	Difference	S.E.
beertax	-.4840728	.0442768	-.5283495	.1090815
spircons	.8169652	.3024711	.514494	.0462668
unrate	-.0290499	-.0491381	.0200882	.
perincK	.1047103	-.0110727	.115783	.0067112

```
                b = consistent under Ho and Ha; obtained from xtreg
         B = inconsistent under Ha, efficient under Ho; obtained from xtreg
    Test:  Ho:  difference in coefficients not systematic
                chi2(4) = (b-B)'[(V_b-V_B)^(-1)](b-B)
                        =   130.93
                Prob>chi2 =   0.0000
                (V_b-V_B is not positive definite)
```

从 RE 估计量产生的不同点估计值可知，豪斯曼检验的零假设（即 RE 估计量是一致的）被完全拒绝了。州层面个体效应似乎与回归元相关。[①]

9.1.6 单向 FE 模型与 RE 模型的预测

xtreg 之后，predict 命令可用于生成各种各样的序列。默认结果是 xb，即模型的线性预测。Stata 将特定单元效应（无论是固定的还是随机的）规范化为与截距项 _cons 的偏离，因此，xb 预测忽略了个体效应。通过设定 xbu 选项，可生成包括 RE 或 FE 的预测值；运用 u 选项预测个体效应本身[②]；而运用 e 选项可以预测 ε_{it} 误差成分（或实际残差）。刚才这三种预测值仅在 FE 或 RE 模型的样本内可用，而在默认情况下，线性预测 xb 与"组合残差"（ue 选项）也能计算样本外的数据，正如使用 regress 预测一样。

[①] Stata 显示，估计的 VCE 之差不是正定的。
[②] 在 $N \to \infty$ 且 T 固定的条件下，u_i 的估计值不是一致的。

9.2 面板数据的 IV 模型

豪斯曼检验表明,不能认为 RE 的 u_i 与个体水平误差正交,那么可以使用 IV 估计量生成时不变变量系数的一致估计值。豪斯曼-泰勒估计量 (Hausman and Taylor, 1981) 假定,$\mathbf{x}_{it}$ 与 $\mathbf{z}_i$ 中的某些回归元和 u 相关,但它们都与 ε 不相关。这种估计量在 Stata 中由 xthtaylor 执行。这一方法通过将式 (9.2) 写成下式的形式开始

$$y_{it} = \mathbf{x}_{1,it}\boldsymbol{\beta}_1 + \mathbf{x}_{2,it}\boldsymbol{\beta}_2 + \mathbf{z}_{1,i}\boldsymbol{\delta}_1 + \mathbf{z}_{2,i}\boldsymbol{\delta}_2 + u_i + \varepsilon_{it}$$

其中 $\mathbf{x}$ 变量是时变的,$\mathbf{z}$ 变量是时不变的,带有下标"1"的变量表示外生的,带有下标"2"的变量表示与 u_i 相关。若要识别参数,则需要 k_1 ($\mathbf{x}_{1,it}$ 变量数目)至少和 l_2 ($\mathbf{z}_{2,i}$ 变量数目)一样多。利用豪斯曼-泰勒估计量设法规避如下问题:$\mathbf{x}_{2,it}$ 与 $\mathbf{z}_{2,i}$ 变量和 u_i 相关,但它要求我们寻找和个体水平效应不相关的变量。

Stata 也提供了 FE 模型与 RE 模型的 IV 估计量,其中某些 $\mathbf{x}_{it}$ 与 $\mathbf{z}_i$ 变量和扰动项 ε_{it} 相关。就支撑豪斯曼-泰勒估计量的回归元和综合误差项的任何可疑相关性质而言,这些是不同的假设。xtivreg 命令给出了面板数据背景下 FE、RE、组间效应以及一阶差分 IV 估计量。

9.3 动态面板数据模型

在**动态面板数据**(dynamic panel-data, DPD)模型背景下,单向 FE 模型会产生一系列严重困难,它包含一个滞后因变量(可能还有其他回归元),尤其是在"小 T 大 N"条件下。正如 Nickell(1981)证明的,由于组内变换 N,滞后因变量和误差项相关,所以产生了这个问题。Nickell (1981) 已经证明,该相关性引起了滞后因变量系数估计值的大样本偏倚,而这并不能通过增大 N 即个体单元数目得以减轻。在最简单的纯 AR(1) 模型不含额外回归元的设置条件下:

$$y_{it} = \beta + \rho y_{i,t-1} + u_i + \varepsilon_{it}$$
$$y_{it} - \bar{y}_{ix} = \rho(y_{i,t-1} - \overline{L.y_i}) + (\varepsilon_{it} - \varepsilon_{i.})$$

由定义知，$\overline{L.y_i}$ 和 $(\varepsilon_{it}-\varepsilon_i)$ 相关。尼克尔（Nickell）已经证明，当 $N\to\infty$ 时，$\hat\rho$ 的非一致性是 $1/T$ 阶的，这在"小 T"背景下是相当大的。当 $\rho>0$ 时，偏倚恒为负，因而 y 的持久性将被低估。对于适当大的 T 来说，当 $N\to\infty$ 时，$(\hat\rho-\rho)$ 的极限将近似为 $-(1+\rho)/(T-1)$，这是一个相当大的量。当 $T=10$ 且 $\rho=0.5$ 时，偏倚将为 -0.167，或为实际值的 $1/3$ 左右。包含更多回归元并不能剔除此类偏倚。如果回归元在一定程度上和滞后因变量相关，那么其系数可能存在严重偏倚。这种偏倚不是由误差过程 ε 的自相关产生的，即使误差过程是独立同分布的也会产生。若误差过程是自相关的，鉴于在该背景下推导 AR 参数一致估计值的困难，问题会更为严重。同样的问题也影响着单向 RE 模型。由假设知，u_i 误差成分进入 y_{it} 的每一个值，因此滞后因变量和综合误差过程不是独立的。

解决这个问题的方法是对原始模型取一阶差分。考察包括一个滞后因变量与回归元 **x** 的模型：

$$y_{it}=\beta_1+\rho y_{i,t-1}+\mathbf{x}_{it}\boldsymbol{\beta}_2+u_i+\varepsilon_{it}$$

一阶差分变换既去掉常数项也去掉个体效应：

$$\Delta y_{it}=\rho\Delta y_{i,t-1}+\Delta\mathbf{x}_{it}\boldsymbol{\beta}_2+\Delta\varepsilon_{it}$$

差分滞后因变量和扰动过程［现在是一阶移动平均过程，或 MA(1)］之间仍存在相关：前者包含 $y_{i,t-1}$，后者包含 $\varepsilon_{i,t-1}$。可是，当去掉个体 FE 后，就可以直接使用 IV 估计量。利用 y 的二阶滞后项与三阶滞后项，或为差分形式或为各阶滞后，可以构建滞后因变量的工具。当 ε 是独立同分布的，y 的这些滞后将和滞后因变量（及其差分）高度相关，但和综合误差过程不相关。① 即使我们认为 ε 可能服从 AR(1) 过程，但仍然遵从下面这种策略，即"后退"一个时期，并利用 y 的三阶与四阶滞后项（假如每个单元的时间序列足够长，可以这样做）。

Arellano 和 Bond（1991）的 DPD 方法建立在下面概念的基础上，即前面提及的 IV 方法没有利用样本中的所有可利用信息。在 GMM 背景下，若要这样做，则可以建立 DPD 模型的更有效估计。可以认为，阿雷拉诺-邦德（Arellano-Bond）估计量是由 `xtivreg, fd` 执行的安德森-萧政（Anderson-Hsiao）估计量的推广形式。阿雷拉诺和邦德已经证明，安德森-

---

① 这些工具变量的功能强弱取决于 ρ 的真实值。参看 Arellano 和 Bover（1995）以及 Blundell 和 Bond（1998）。

萧政估计量虽然是一致的，但当考虑所有潜在正交性条件时便会失效。考察如下方程

$$y_{it} = \mathbf{x}_{it}\boldsymbol{\beta}_1 + \mathbf{w}_{it}\boldsymbol{\beta}_2 + v_{it}$$
$$v_{it} = u_i + \varepsilon_{it}$$

其中 $\mathbf{x}_{it}$ 包括严格外生回归元，$\mathbf{w}_{it}$ 表示先定回归元（可能包括 y 的滞后项）与内生回归元，这些均可能与 u_i 相关，这里 u_i 为不可观测个体效应。对方程进行一阶差分，去掉 u_i 及有关的省略变量偏倚。阿雷拉诺-邦德估计量首先将模型设定成方程组（每个时期一个方程），然后对每个不同的方程应用工具（比如，在后面时期可以利用工具的更多滞后值）。工具包括内生变量的适度滞后阶数（这些内生变量滞后项以不同形式进入方程）、严格外生回归元以及其他设定的项。这种估计量很容易产生大量工具，因为如先验于 $(\tau-2)$ 的时期 τ 全部滞后可单独被认为是工具。当 T 为非平凡的时，需要使用对工具的最大滞后阶数加以限制的选项，防止工具数量太大。在 Stata 中，用 xtabond（参看 [XT] **xtabond**）执行这种估计量。

阿雷拉诺-邦德 DPD 估计量的潜在弱点，已经由 Arellano 和 Bover（1995）以及 Blundell 和 Bond（1998）后来的研究所揭示。尤其是，如果变量接近随机游走，那么滞后项时常表现为一阶差分变量的较差工具。他们对该估计量进行了修正，包括滞后项与滞后差分。初始估计量通常被称为差分 GMM，而推广的估计量则普遍被称为系统 GMM。系统 GMM 估计量的成本包括生成过程初始条件的一系列额外限制。

不论差分 GMM，还是系统 GMM 都有一步与两步变形。可以证明，差分 GMM 标准误差的两步估计存在严重的向下偏倚。为了评估假设检验的两步估计精度，我们应该对这些标准误差应用"温德迈杰（Windmeijer）有限样本修正"（Windmeijer，2005）。Bond（2002）对 DPD 估计量给出了优秀的指南。

前面所述的全部特性均从戴维·鲁德曼（David Roodman）对官方 Stata 估计量的修改版本中获得。他的版本，xtabond2，给出的语法比官方 Stata 的 xtabond 更为灵活。后者不允许对工具集合有相同设定，甚至也不提供系统 GMM 方法或温德迈杰对两步估计的标准误差修正。另外，Stata 的 xtabond 具有较简单的语法且速度较快，因而人们可能更愿意运用它。

为了阐明 DPD 估计量的使用，我们首先将 fatal 的模型设定成取决于先前年份的数值（L.fatal）、州的 spircons 以及时间趋势（year）。然后，用 gmm 选项给出模型的工具集合，并将 year 列为 iv 工具。我们设定两步阿雷拉诺-邦德估计量，运用温德迈杰修正。noleveleq 选项规定初始阿雷拉诺-邦德估计量是差分形式的。[①] 具体操作如下：

```
. use http://www.stata-press.com/data/imeus/traffic, clear
. tsset
    panel variable:  state, 1 to 56
    time variable:   year, 1982 to 1988
. xtabond2 fatal L.fatal spircons year,
> gmmstyle(beertax spircons unrate perincK)
> ivstyle(year) twostep robust noleveleq
Favoring space over speed. To switch, type or click on mata: mata set matafavor
> speed.
Warning: Number of instruments may be large relative to number of observations.
Suggested rule of thumb: keep number of instruments <= number of groups.
Arellano-Bond dynamic panel-data estimation, two-step difference GMM results

Group variable: state                       Number of obs      =      240
Time variable : year                        Number of groups   =       48
Number of instruments = 48                  Obs per group: min =        5
Wald chi2(3)   =    51.90                                  avg =     5.00
Prob > chi2    =    0.000                                  max =        5
```

	Coef.	Corrected Std. Err.	z	P>|z|	[95% Conf. Interval]	
fatal						
L1.	.3205569	.071963	4.45	0.000	.1795121	.4616018
spircons	.2924675	.1655214	1.77	0.077	-.0319485	.6168834
year	.0340283	.0118935	2.86	0.004	.0107175	.0573391

```
Hansen test of overid. restrictions: chi2(82) =   47.26   Prob > chi2 =  0.999
Arellano-Bond test for AR(1) in first differences: z =  -3.17  Pr > z =  0.002
Arellano-Bond test for AR(2) in first differences: z =   1.24  Pr > z =  0.216
```

这个模型在 spircons 与致死率动态联系方面勉强成功。过度识别约束的汉森检验令人满意，这是关于 AR(2) 误差的检验。我们预测，阿雷拉诺-邦德模型拒绝 AR(1) 误差检验。

为了比较差分 GMM 与系统 GMM 方法，我们使用省略 noleveleq 选项的后者估计量，具体操作如下：

[①] 差分 GMM 模型的待估计参数不包含常数项，因为它被差分过程处理掉了。

```
. xtabond2 fatal L.fatal spircons year,
> gmmstyle(beertax spircons unrate perincK) ivstyle(year) twostep robust
Favoring space over speed. To switch, type or click on mata: mata set matafavor
> speed.
Warning: Number of instruments may be large relative to number of observations.
Suggested rule of thumb: keep number of instruments <= number of groups.
Arellano-Bond dynamic panel-data estimation, two-step system GMM results

Group variable: state                              Number of obs      =       288
Time variable : year                               Number of groups   =        48
Number of instruments = 48                         Obs per group: min =         6
Wald chi2(3)  =    1336.50                                        avg =      6.00
Prob > chi2   =     0.000                                         max =         6

                         Corrected
              Coef.      Std. Err.       z      P>|z|    [95% Conf. Interval]

   fatal
     L1.    .8670531     .0272624      31.80    0.000    .8136198    .9204865
 spircons  -.0333786     .0166285      -2.01    0.045   -.0659697   -.0007874
    year    .0135718     .0051791       2.62    0.009    .0034209    .0237226
   _cons  -26.62532     10.27954       -2.59    0.010   -46.77285   -6.477799

Hansen test of overid. restrictions: chi2(110) =   44.26    Prob > chi2 =  1.000
Arellano-Bond test for AR(1) in first differences: z =   -3.71  Pr > z =  0.000
Arellano-Bond test for AR(2) in first differences: z =    1.77  Pr > z =  0.077
```

虽然从该估计量得到的其他描述测量都可以接受，但 spircons 稍微显著的负系数对此设定产生了质疑。

9.4 似不相关回归模型

我们经常要对几个不同单元的类似设定进行估计，如每个行业的生产函数或成本函数。如果已知单元的待估方程满足零条件均值假设（4.2），那么可以独立地估计每一个方程。然而，我们可能想要联合估计方程：首先，允许施加交叉方程约束或检验。其次，提高效率，因为我们认为不同方程的误差项是**同期相关的**。通常称这种方程为**似不相关回归**（seemingly unrelated regressions，SURs）。Zellner（1962）提出了此类问题的估计量：SUR 估计量。和 FE 及 RE 估计量不同的是，SUR 估计量建立在"大 T 小 N"数据集合的大样本性质基础上，其中 $T\to\infty$，因此，可以认为它是一种多元时间序列估计量，而 FE 及 RE 估计量的大样本正确性建立在"小 T 大 N"数据集合上，其中 $N\to\infty$。

SUR 模型的第 i 个方程为

$$y_i = \mathbf{x}_i \boldsymbol{\beta}_i + \varepsilon_i, \quad i=1, \cdots, N$$

其中 y_i 表示第 i 个方程的因变量，$\mathbf{x}_i$ 表示第 i 个方程回归元的观测值的 $T \times k_i$ 矩阵。假定扰动过程 $\boldsymbol{\varepsilon} = (\varepsilon_1', \varepsilon_2', \cdots, \varepsilon_N')$ 具有零期望值，和 $NT \times NT$ 的协方差矩阵 $\boldsymbol{\Omega}$。我们只考察如下情况：每一个方程存在 T 个观测值，尽管能用非平衡面板数据拟合模型。每个方程除了常数项外，可以具有不同的回归元集合，在不同 $\mathbf{x}_i$ 中可以没有共同变量。运用 SUR 要求每个单元的观测值个数 T 大于单元个数 N，以使 $\boldsymbol{\Omega}$ 为满秩且可逆的。假如不满足这个约束，则不能使用 SUR。在实际应用中，为使大样本近似起良好作用，T 应该远大于 N。

假定 $E[\varepsilon_{it}\varepsilon_{js}] = \sigma_{ij}$，$t=s$，其他部分为 0，这意味着要考虑不同方程误差项为同期相关的，但假定在其他点（被包含在一个单元之内：被假定为独立的）上是不相关的。因而，对于任意两个误差向量

$$E[\varepsilon_i \varepsilon_j'] = \sigma_{ij} \mathbf{I}_T$$
$$\boldsymbol{\Omega} = \boldsymbol{\Sigma} \otimes \mathbf{I}_T$$

其中 $\boldsymbol{\Sigma}$ 表示 N 个误差向量的 $N \times N$ 协方差矩阵，$\otimes$ 表示克罗内克矩阵乘积。

这个问题的有效估计量是 GLS，其中可将 $\mathbf{y}$ 写成 y_i 向量的叠放集合，而将 $\mathbf{X}$ 写成 $\mathbf{X}_i$ 的分块对角矩阵。由于 GLS 估计量为

$$\hat{\boldsymbol{\beta}}_{\mathrm{GLS}} = (\mathbf{X}'\boldsymbol{\Omega}^{-1}\mathbf{X})(\mathbf{X}'\boldsymbol{\Omega}^{-1}\mathbf{y})$$

并且

$$\boldsymbol{\Omega}^{-1} = \boldsymbol{\Sigma}^{-1} \otimes \mathbf{I}$$

可以将（不可行）GLS 估计量写成

$$\hat{\boldsymbol{\beta}}_{\mathrm{GLS}} = \{\mathbf{X}'(\boldsymbol{\Sigma}^{-1}\otimes\mathbf{I})\mathbf{X}\}^{-1}\{\mathbf{X}'(\boldsymbol{\Sigma}^{-1}\otimes\mathbf{I})\mathbf{y}\}$$

若要扩展说明，则 $\mathbf{X}_i'\mathbf{X}_j$ 矩阵的每个分块均由 σ_{ij}^{-1} 标量加权。$\hat{\boldsymbol{\beta}}_{\mathrm{GLS}}$ 的大样本 VCE 为表达式的第一项。

该估计量何时会对逐一方程 OLS 提供效率改进？首先，如果 σ_{ij}，$i \neq j$ 确实为 0，那么便没有任何改进。其次，若 $\mathbf{X}_i$ 矩阵对不同方程都是一样的——不仅有相同的变量名称，而且包含相同的数值——则 GLS 对逐一方程 OLS 是一样的，没有任何改进。除这两种情况以外，效率改进取决于残差的不同方程同期相关的数量大小。相关值愈高，则效率改进就愈大。此外，当 $\mathbf{X}_i$ 矩阵的列在不同方程间高度相关时，效率改进便较小。

可行 SUR 估计量需要 **Σ** 的一致估计值，即方程扰动过程的同期 $N\times N$ 协方差矩阵。我们运用逐一方程 OLS 的残差可估计代表性元素 σ_{ij}，即 ε_i 和 ε_j 之间的同期相关，也就是

$$s_{ij} = \frac{e_i' e_j}{T}$$

假定每个单元方程都是用 T 个观测值加以估计的。[1] 我们运用这些估计值建立"泽尔纳步骤"，经过分块矩阵代数运算，证明克罗内克积可以用 $\hat{\boldsymbol{\beta}}_{GLS}$ 表达式中分块积的形式写出。此估计量是可迭代的。GLS 估计会产生新的残差集合，可用于第二次泽尔纳步骤，等等。这样迭代将使 GLS 估计等价于方程组的极大似然估计。

在 Stata 中，SUR 估计量由 sureg 命令获得，参看 [R] **sureg**。SUR 能应用于宽格式面板数据模型。[2] 和混合 OLS 甚至 FE 相比，SUR 是一个更具吸引力的估计量，因为 SUR 允许每个单元拥有自己的系数向量。[3] 不仅常数项在单元间不同，而且斜率参数及 σ_ε^2 也会在单元间各不一样。与之相比，在混合 OLS、FE 或 RE 估计量中，斜率与方差参数在不同单元中被约束成相同的。我们能使用标准 F 检验，将无约束 SUR 结果和存在线性约束比如交叉方程限制下所产生的结果比较（参看 [R] **constraint**）。交叉方程约束对应于特定回归元效应对每个面板单元相同的约束。我们使用 isure 选项来迭代如上所述的估计。

由 Breusch 和 Pagan (1980) 提出的 **Σ** 对角性检验，可以检验运用 SUR 是否会得到显著的效率改进。[4] 在对角性零假设下（在不同方程误差间的零同期协方差），他们的 LM 检验对残差向量 **i** 与 **j** 的平方相关求和。一旦对 corr 选项进行设定，就可以用 sureg 命令执行该检验。

我们把 SUR 应用于美国五个行业（SIC 编码 32—35）1958—1996 年的去趋势年度产出及投入要素价格数据，该数据以宽格式存储。[5] 价格序列的描述性统计量在下面给出。具体操作如下：

---

[1] 可对分母自由度进行修正，这取决于大样本性质，不过这样做没有得到理论支持。
[2] 在面板数据中，更为普遍的数据是以长格式形式设置的，不过 reshape 命令（参看 [D] **reshape**）通常采用宽格式数据；参看 3.8 节。
[3] 参看 [XT] **xtgls**，这里对一个面板数据模型施加共同系数向量的 SUR 估计量。
[4] 该检验不应和作者在 6.2.1 小节阐述的异方差性检验相混淆。
[5] 价格序列已按三次多项式的时间趋势进行了去趋势处理。

```
. use http://www.stata-press.com/data/imeus/4klem_wide_defl, clear
(35KLEM: Jorgensen industry sector data)
. tsset
      time variable: year, 1958 to 1996

. summarize *d year, sep(5)
```

Variable	Obs	Mean	Std. Dev.	Min	Max
pi32d	39	.611359	.02581	.566742	.6751782
pk32d	39	.7335128	.0587348	.5981754	.840534
pl32d	39	.5444872	.0198763	.4976022	.5784216
pe32d	39	.6592308	.0786871	.4531953	.7390293
pm32d	39	.5499744	.0166443	.5171617	.5823871
pi33d	39	.4948205	.0149315	.4624915	.5163859
pk33d	39	.5190769	.035114	.4277323	.5760419
pl33d	39	.5200256	.0424153	.4325826	.6127931
pe33d	39	.5706154	.093766	.4387668	.8175654
pm33d	39	.5192564	.0151137	.4870717	.5421571
pi34d	39	.5013333	.0178689	.4659021	.5258276
pk34d	39	.5157692	.0558735	.377311	.6376742
pl34d	39	.5073077	.0169301	.468933	.5492905
pe34d	39	.5774359	.0974223	.4349643	.8020797
pm34d	39	.5440256	.0180344	.5070866	.5773573
pi35d	39	.5159487	.0168748	.4821945	.5484785
pk35d	39	.7182051	.1315394	.423117	1.061852
pl35d	39	.4984872	.0216141	.4493805	.5516838
pe35d	39	.5629231	.0865252	.4476493	.7584586
pm35d	39	.5684615	.0234541	.5317762	.6334837
year	39	1977	11.40175	1958	1996

将每个行业的产出价格对其滞后值和四个投入要素：资本（k）、劳动力（l）、能源（e）以及原材料（m）的价格进行回归。sureg 命令要求对括号中的每个方程加以设定。我们通过在行业编码上使用 forvalues 循环来设定方程。具体操作如下：

```
. forvalues i=32/35 {
  2.       local eqn "`eqn' (pi`i'd L.pi`i'd pk`i'd pl`i'd pe`i'd pm`i'd) "
  3. }
. sureg `eqn', corr
Seemingly unrelated regression
```

Equation	Obs	Parms	RMSE	"R-sq"	chi2	P
pi32d	38	5	.0098142	0.8492	219.14	0.0000
pi33d	38	5	.0027985	0.9615	1043.58	0.0000
pi34d	38	5	.0030355	0.9677	1182.37	0.0000
pi35d	38	5	.0092102	0.6751	78.10	0.0000

```
              |      Coef.   Std. Err.      z    P>|z|     [95% Conf. Interval]
pi32d         |
       pi32d  |
         L1.  |  -.0053176   .1623386   -0.03   0.974    -.3234953    .3128602
       pk32d  |  -.0188711   .0344315   -0.55   0.584    -.0863556    .0486133
       pl32d  |  -.5575705   .1166238   -4.78   0.000    -.786149    -.328992
       pe32d  |   .0402698   .0592351    0.68   0.497    -.0758289    .1563684
       pm32d  |   1.587711   .3252302    4.88   0.000     .9502717    2.225151
       _cons  |   .0362004   .1104716    0.33   0.743    -.1803199    .2527208
pi33d         |
       pi33d  |
         L1.  |   .1627936   .0495681    3.28   0.001     .065642     .2599453
       pk33d  |  -.0199381   .0250173   -0.80   0.425    -.0689712    .0290949
       pl33d  |  -.0655277   .0225466   -2.91   0.004    -.1097181   -.0213372
       pe33d  |  -.0657604   .008287    -7.94   0.000    -.0820027   -.0495181
       pm33d  |   1.133285   .084572    13.40   0.000     .9675273    1.299043
       _cons  |  -.0923547   .0185494   -4.98   0.000    -.1287109   -.0559985
pi34d         |
       pi34d  |
         L1.  |   .3146301   .0462574    6.80   0.000     .2239673    .405293
       pk34d  |   .0137423   .009935     1.38   0.167    -.0057298    .0332145
       pl34d  |   .0513415   .0373337    1.38   0.169    -.0218312    .1245142
       pe34d  |  -.0483202   .0115829   -4.17   0.000    -.0710222   -.0256182
       pm34d  |   .8680835   .0783476   11.08   0.000     .7145251    1.021642
       _cons  |  -.1338766   .0241593   -5.54   0.000    -.1812279   -.0865252
pi35d         |
       pi35d  |
         L1.  |   .2084134   .1231019    1.69   0.090    -.0328619    .4496887
       pk35d  |  -.0499452   .0125305   -3.99   0.000    -.0745046   -.0253858
       pl35d  |   .0129142   .0847428    0.15   0.879    -.1531786    .179007
       pe35d  |   .1071003   .0641549    1.67   0.095    -.018641     .2328415
       pm35d  |   .0619171   .2051799    0.30   0.763    -.3402282    .4640624
       _cons  |   .3427017   .1482904    2.31   0.021     .0520579    .6333454

Correlation matrix of residuals:
         pi32d    pi33d    pi34d    pi35d
pi32d   1.0000
pi33d  -0.3909   1.0000
pi34d  -0.2311   0.2225   1.0000
pi35d  -0.1614  -0.1419   0.1238   1.0000

Breusch-Pagan test of independence: chi2(6) =    12.057, Pr = 0.0607
```

总产出表明，每个方程可以解释行业产出价格的几乎全部变异。corr 选项显示了残差的估计 VCE，同时检验了残差向量的独立性。相当大的相关性（不论是正的还是负的）出现在相关矩阵中，而且布鲁施-帕甘检验在 10% 的水平上拒绝了这些残差序列的独立性。

在 sureg 框架下，将多重假设合并为一个括号表达式，运用 test 能检验交叉方程约束。我们考察下面的零假设：每个行业的能源价格指数系数均相等。具体操作如下：

```
. test ([pi32d]pe32d = [pi33d]pe33d) ([pi32d]pe32d = [pi34d]pe34d)
>       ([pi32d]pe32d = [pi35d]pe35d)
 ( 1)   [pi32d]pe32d - [pi33d]pe33d = 0
 ( 2)   [pi32d]pe32d - [pi34d]pe34d = 0
 ( 3)   [pi32d]pe32d - [pi35d]pe35d = 0
            chi2(  3) =    11.38
          Prob > chi2 =    0.0098
```

联合检验明确地拒绝了相等约束。为了说明用 sureg 进行约束估计，我们施加了一个限制，即能源价格指数的系数在不同行业之间相同。该检验涉及定义系数向量上的三个约束。施加约束不能改进每个方程的拟合，但可以证明数据是否接受了约束。具体操作如下：

```
. constraint define 1 [pi32d]pe32d = [pi33d]pe33d
. constraint define 2 [pi32d]pe32d = [pi34d]pe34d
. constraint define 3 [pi32d]pe32d = [pi35d]pe35d
. sureg 'eqn', notable c(1 2 3)
Seemingly unrelated regression
Constraints:
 ( 1)   [pi32d]pe32d - [pi33d]pe33d = 0
 ( 2)   [pi32d]pe32d - [pi34d]pe34d = 0
 ( 3)   [pi32d]pe32d - [pi35d]pe35d = 0
```

Equation	Obs	Parms	RMSE	"R-sq"	chi2	P
pi32d	38	5	.0098793	0.8472	236.78	0.0000
pi33d	38	5	.0029664	0.9567	719.32	0.0000
pi34d	38	5	.0030594	0.9672	1212.12	0.0000
pi35d	38	5	.0101484	0.6055	110.37	0.0000

这三个约束大大增加了每个方程的 RMSE（或 Root MSE）值，正如我们从 test 命令结果中预料的那样。

9.4.1 带有相同回归元的 SUR

上面讨论的第二种情况时常在经济理论和金融理论中出现，在此情况下 SUR 产生同样的点估计与区间估计，从数值形式上看，这和回归的情形一样。例如，每种商品的需求应取决于价格和收入集合，或者特定类别资产的投资组合份额应取决于每种资产的收益与总财富。出于有效性，没有理由使用除 OLS 之外的任何方法。然而，SUR 估计通常用于此类情况，因为它允许我们检验交叉约束或适当运用那些约束进行估计。

如果将 SUR 应用于带有汇总约束的方程组上，诸如成本份额的**完整集合**或投资组合份额方程，SUR 估计量则会失效，原因在于误差协方差矩阵是奇异的。该主张不仅对不可观测误差成立，而且对最小二乘残差也成立。经过一些代数运算可以证明，假如存在汇总交叉方程约束，例如如果 y_i 变量集合是投资组合份额或需求的完整集合，则 OLS 残差在方程中的和为 0，由**构造**知，其经验协方差矩阵是奇异的。

我们仍然希望使用系统估计来施加经济理论产生的交叉方程约束。不过，我们可以省略一个方程，然后用 SUR 估计 $N-1$ 个方程。第 N 个方程的参数（比如点及区间形式）可从前面 $N-1$ 个估计中经过代数运算得到。FGLS 估计值对于哪一个方程被省略了非常敏感，但迭代 SUR 会恢复该问题的极大似然估计量的不变性。更详细的内容参看 Greene（2003，362-369）。Poi（2002）说明了如何拟合奇异非线性方程组。

9.5 移动窗口回归估计

如同（3.5.3 小节讨论的）mvsumm 与 mvcorr 一样，我们想要在面板内容背景下计算移动窗口回归估计。像 mvsumm 一样，用 Stata 的 statsby 命令可计算非重叠子样本回归估计。可是，该命令不能处理重叠子样本，原因在于 by-分组可能有相同的观测值。计算移动窗口回归估计的功能，可以从作者的 rollreg 程序获得，该程序可从 ssc 下载。

就移动窗口回归程序而言，应该如何设计窗口呢？一种浅显的方案是模仿 mvsumm，然后考虑固定宽度的窗口，该窗口要穿过样本，每次一个时期：使用 move(#) 选项。① 在其他应用中，可能想要"扩展窗口"，即从前 τ 个时期开始，计算考察 $1\cdots(\tau+1)$，$1\cdots(\tau+2)$ 等观测值的一系列估计。这种窗口对应于经济行为在某个时点上可用信息集合的观念（并且对应于用于生成 DPD 模型的工具的方案；参看 [XT] **xtabond**）。rollreg 通过它的 add(τ) 选项也提供了该功能。为了完整起见，该程序还提供 drop(τ) 选项，该选项执行了这样一个窗口：起初执行最后 τ 个时期，然后将窗口扩展到样本的开始时期。此类移动窗口估计有助于我们确定过去信息在生成事前预测的有用性，在计算中或多或少使用这些信息。当执行 rollreg 时，必须使用这三种选项之一。

---

① 可以想象，12 个月的窗口要优于季度末的月份窗口，但这可通过忽略 rollreg 的中间窗口估计来实现。

移动窗口回归将产生对应于每个估计时期的一系列结果。Stata 程序能以矩阵列存储那些结果序列（或许将它们表现为表格形式更容易）或把它们作为当前数据集合的额外变量（或许用 tsline 命令更容易将它们包括在计算或图形表示中）。总的说来，后者更易于操作，通过 stub(*string*) 选项用 rollreg 执行，这设定了新变量应该以 *string* 开始命名。

当 if *exp* 或 in *range* 限定词应用于面板中的时间序列时，rollreg 的全部特性［包括用 graph( ) 选项的内建图形］都可以用面板数据实现。然而，滚动回归要运用全部面板数据才有其用途。例如，金融学研究者可能想要计算面板中每个公司的 "CAPM beta"，需要使用观测值的移动窗口，模拟投资者在每一个时点上使用的信息集合。因此，rollreg 可以被设计成用下面的面板执行，即滚动回归的相同序列应用于计算面板内每个时间序列。[①] 在这种情况下，不能得到程序的图示结果。当面板包含多重时间序列时，虽然 rollreg 不会直接创建图表，但运用此程序留下的结果很容易创建图表。例如，

```
. use http://www.stata-press.com/data/imeus/invest2, clear
. keep if company<5
(20 observations deleted)
. tsset company time
       panel variable:  company, 1 to 4
        time variable:  time, 1 to 20
. rollreg market L(0/1).invest time, move(8) stub(mktM)
. local dv 'r(depvar)'
. local rl 'r(reglist)'
. local stub 'r(stub)'
. local wantcoef invest
. local m "'r(rolloption)'('r(rollobs)')"
. generate fullsample = .
(80 missing values generated)
. forvalues i = 1/4 {
  2.      qui regress 'dv' 'rl' if company=='i'
  3.      qui replace fullsample = _b['wantcoef'] if company=='i' & time > 8
  4. }
. label var 'stub'_'wantcoef' "moving beta"
. xtline 'stub'_'wantcoef', saving("'wantcoef'.gph",replace)
> byopts(title(Moving coefficient of market on invest)
> subtitle("Full-sample coefficient displayed") yrescale legend(off))
> addplot(line fullsample time if fullsample < .)
(file invest.gph saved)
```

---

① 我感谢托德·普罗诺（Todd Prono），是他建议将此特征加入程序中。

这里使用了 8 年的移动窗口来生成回归模型的估计，在该模型中公司市场价值对当前投资支出、滞后一期投资支出和时间趋势进行回归。每个公司当前投资支出系数的轨迹已由图 9-1 画出。

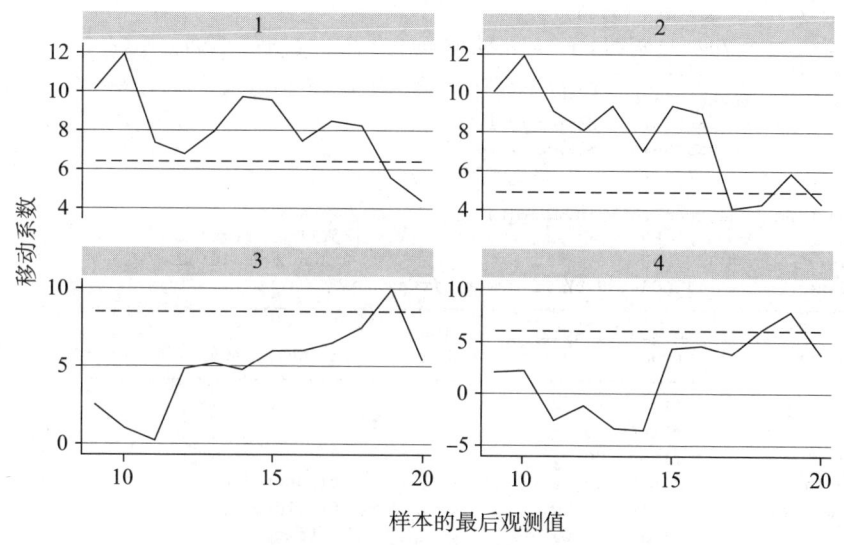

投资市场变动系数
显示的全样本系数

图 9-1 移动窗口回归估计

公司 1 与公司 2 显示出非常相似的轨迹，公司 3 与公司 4 也是这样；而第二组图明显地不同于第一组图。对系数估计时间稳定性的清晰理解或许更容易从图形上获得。尽管该图形并没有展示出来，但 rollreg 也能产生系数标准误差序列，由此可以计算置信区间、方程的 Root MSE 及其 R^2。

或者可以使用 Stata 的 rolling 前缀设定每个公司都执行移动窗口回归。[①] 下面将估计系数（_b）保存在新数据集合中，为了进一步分析或创建图表，可以将初始数据集合与新数据集合合并。具体操作如下：

---

① 通过将 rolling 前缀分别作为 recursive 和 rrecursive 的选项，可对 rollreg 的 add 和 drop 选项加以利用。

```
. use http://www.stata-press.com/data/imeus/invest2, clear
. keep if company<5
(20 observations deleted)
. tsset company time
     panel variable:  company, 1 to 4
      time variable:  time, 1 to 20
. rolling _b, window(8) saving(roll_invest, replace) nodots:
> regress market L(0/1).invest time
file roll_invest.dta saved
. use http://www.stata-press.com/data/imeus/roll_invest, clear
(rolling: regress)
. tsset company start
     panel variable:  company, 1 to 4
      time variable:  start, 1 to 13
. describe
Contains data from roll_invest.dta
  obs:            52                            rolling: regress
 vars:             7                            9 Jun 2006 14:08
 size:         1,664 (99.8% of memory free)

              storage  display    value
variable name   type   format     label       variable label

company         float  %9.0g
start           float  %9.0g
end             float  %9.0g
_b_invest       float  %9.0g                  _b[invest]
_stat_2         float  %9.0g                  _b[L.invest]
_b_time         float  %9.0g                  _b[time]
_b_cons         float  %9.0g                  _b[_cons]

Sorted by:  company  start
```

运用下面的命令对每个公司的 invest 移动系数估计创建图表：

```
. label var _b_invest "moving beta"
. xtline _b_invest, byopts(title(Moving coefficient of market on invest))
```

这里用到了 rolling 产生的 roll_invest 数据集。

习 题

1. cigconsump 数据集包括 48 个州 1985—1995 年的年度数据。请拟合香烟需求（packc）的 FE 模型，作为价格（avgprs）与人均收入（incpc）的函数。预期符号是什么呢？估计会支持预期符号吗？如果不支持，那么怎样解释估计系数呢？你能拒绝需求的混合 OLS 模型吗？

2. 保存 FE 模型的估计值，然后用 RE 重新拟合此模型。这些估计值比较起来如何？豪斯曼检验会认同 RE 成为更合适的估计量吗？

3. 运用 lpackpc，lavgprs 以及 lincpc 重新拟合常值弹性形式的 FE 模型。将此结果和原来变量的结果进行比较，结果怎样？这种形式的模型更符合经济理论吗？

4. 将常值弹性形式的模型重新拟合成一种动态模型，包括 L.packpc 作为回归元。把 lpackpc 作为 GMM 的工具，year，L.avgprs 作为 IV 的工具，使用 xtabond2 的两步稳健 DPD 估计量。该结果支持模型的动态公式吗？和静态形式相比，这个模型更符合经济理论吗？对于过度识别约束及二阶序列相关检验来说，它令人满意吗？

5. cigconsumpNE 数据集包括新英格兰地区六个州宽格式的如下信息：需求对数、价格以及人均收入变量。使用该数据集，将六个州的常值弹性形式模型拟合成带 sureg 的似不相关回归模型。不同方程的残差间存在有意义的相关吗？不同州的结果有何不同呢？

第10章
离散变量和受限因变量模型

这一章研究离散及受限因变量的模型。离散因变量源自离散选择模型，其中个体要从有限或可数个不同结果中进行选择，以及从记录发生次数的计算过程中选取。**受限因变量**（limited dependent variables，LDV）有一个约束范围，比如非个体经营者的工资或薪水收入，其数值从 0 到记录的最高水平。[①] 离散和受限因变量不能运用线性回归建模。为了拟合这些模型，需要做更多的计算工作，而且更难以给出解释。

本章讨论二值选择模型，这可通过二项 logit 或二项 probit 方法拟合。下一节研究它们的推广形式，即有序 logit 或有序 probit，其响应是有序尺度的一系列值。然后，我们阐述适用于截尾和删失数据及其推广形式的样

---

① 大多数调查"顶端编码"的某种响应，例如收入，指大于或等于 x 值的所有响应都被编码成 x 值。

本选择模型。本章最后一节考察二变量 probit 与带选择的 probit。①

10.1 二项 logit 与二项 probit 模型

在布尔响应变量模型或**二值选择**模型中，对于特定问题正确或错误的回答，响应变量被编码成 1 或 0：

- 你观看 2004 年世界棒球赛的第七场比赛了吗？
- 你对 2004 年美国总统选举的结果感到满意吗？
- 你在 2005 年会购买一台新轿车吗？

对于这些现象，我们都能研究其行为模型，包括会影响调查者回答此类问题的多个解释因素（不应该将它们称为回归元）。不过，我们很容易揭示下面**线性概率模型**的缺点，

$$r_i = \mathbf{x}_i \boldsymbol{\beta}_i + u_i \tag{10.1}$$

其中在 r 中设置布尔响应变量，并将它对 $\mathbf{x}$ 变量集合进行回归。我们拥有 r 的全部观测值，这里 r 要么为 0 要么为 1，可以认为它们是对所提问题回答"是"的事后概率。但是，线性回归模型的预测却是无界的，使用 regress 拟合模型（10.1）可能产生负值预测以及大于 1 的预测，这两种预测情形都不能作为考察的概率。由于响应变量是有界的，取值被限制在 $\{0,1\}$，所以该模型应该得出个体 i 选择回答"是"而非"不是"的预测**概率**。在这样的框架下，当 $\beta_j > 0$ 时，x_j 值大的个体更可能回答"是"，但这样做的概率必须符合上界。例如，如果个体可支配收入越高，其决定购买新轿车的可能性越大，样本就必须包括富人，得出其购买新轿车的预测概率不大于 1。同理，穷人的预测概率必须以 0 为界限。

虽然可用 OLS 拟合式（10.1），但该模型所产生的点预测可能在单位区间外。可以任意地将点预测限制为 0 或 1，不过这样线性概率模型将存在另一些问题：误差项不能满足同方差性假设。对于给定的 $\mathbf{x}$ 值集合，扰动仅仅存在两种可能值，即 $-\mathbf{x}\boldsymbol{\beta}$ 与 $(1-\mathbf{x}\boldsymbol{\beta})$：扰动服从二项分布。已知二项分布的性质，以 $\mathbf{x}$ 为条件的扰动过程方差是

---

① 我们没有讨论"计数数据"模型，这种模型的响应变量是某个事件发生的计数。就这些数据而言，标准线性回归不是合适的方法，原因在于它没有考虑数据（以及模型预测）只能取非负整数值的约束。Stata 为计数数据建模提供了综合工具，包括**泊松回归及其推广形式如负二项回归**，分别参看 [R] **poisson** 和 [R] **nbreg**。Stata 出版社的"出版者图标"指泊松模型。

$$\text{Var}[u|\mathbf{x}] = \mathbf{x}\boldsymbol{\beta}(1-\mathbf{x}\boldsymbol{\beta})$$

对于任意 $\mathbf{x}$ 值来说，没有什么限制能保证这个值是正的。因此，我们不能使用带有二值响应变量的回归，而必须采用不同的策略。在探索该种策略之前，我们从经济观点考察模型的另一种表述。

10.1.1 潜变量方法

对于这种计量经济模型，使用潜变量是一种十分有用的方法。将模型（10.1）表述成

$$y_i^* = \mathbf{x}_i\boldsymbol{\beta}_i + u_i \tag{10.2}$$

其中 y^* 表示不可观测量，可以认为它是个体 i 采取特定行为方式（比如购买一部新轿车）的净收益。我们观测不到其净收益，但可以观测到个体采用下面决策规则的结果：

$$\begin{aligned} y_i = 0, & \quad \text{当 } y_i^* < 0 \text{ 时} \\ y_i = 1, & \quad \text{当 } y_i^* \geq 0 \text{ 时} \end{aligned} \tag{10.3}$$

也就是，我们观测到个体在 2005 年做出购买（$y=1$）或不购买（$y=0$）新轿车的决策。将 y^* 称为**潜变量**（latent variable），它与因素 $\mathbf{x}$ 集合及扰动过程 u 有线性关系。

在潜变量模型中，对个体做出每一种选择的概率进行建模。利用式（10.2）与式（10.3），得出

$$\begin{aligned} &\Pr(y^* > 0|\mathbf{x}) = \\ \Pr(u > -\mathbf{x}\boldsymbol{\beta}|\mathbf{x}) &= \\ &\Pr(u < \mathbf{x}\boldsymbol{\beta}|\mathbf{x}) = \\ &\Pr(y=1|\mathbf{x}) = \Psi(y_i^*) \end{aligned} \tag{10.4}$$

其中 $\Psi(\cdot)$ 表示累积分布函数（CDF）。

运用极大似然法，可以估计二值选择模型的参数。[①] 就每一个观测值而言，将以 $\mathbf{x}$ 为条件的观测 y 的概率写成

$$\Pr(y|\mathbf{x}) = \{\Psi(\mathbf{x}_i\boldsymbol{\beta})\}^{y_i}\{1-\Psi(\mathbf{x}_i\boldsymbol{\beta})\}^{1-y_i}, \quad y_i=0,1 \tag{10.5}$$

[①] 关于极大似然估计的讨论，参看 Greene（2003，chap. 17）以及 Gould, Pitblado 和 Sribney（2006）。

观测值 i 的对数似然可写成

$$l_i(\boldsymbol{\beta}) = y_i \log\{\Psi(\mathbf{x}_i\boldsymbol{\beta})\} + (1-y_i)\log\{1-\Psi(\mathbf{x}_i\boldsymbol{\beta})\}$$

而且样本的对数似然是 $L(\boldsymbol{\beta}) = \sum_{i=1}^{N} l_i(\boldsymbol{\beta})$，它对 $\boldsymbol{\beta}$ 的 k 个元素从数值上求极大值。

二值选择模型的两个普遍形式是**二项 probit** 与**二项 logit** 模型。对于 probit 模型，$\Psi(\cdot)$ 是正态分布函数的 CDF [即 Stata 的 normal( ) 函数]。

对于 logit 模型，$\Psi(\cdot)$ 是逻辑斯谛（logistic）分布的 CDF[1]：

$$\Pr(y=1|\mathbf{x}) = \frac{\exp(\mathbf{x}\boldsymbol{\beta})}{1+\exp(\mathbf{x}\boldsymbol{\beta})}$$

正态分布与逻辑斯谛分布的 CDF 是类似的。在潜变量模型中，我们必须假定扰动过程具有已知方差 σ_u^2。和线性回归问题不同，我们没有充足的数据信息来估计它的数量。由于可以用任何正数 σ 除以式（10.2），而不改变估计问题，所以 σ 是不可识别的。对于 probit 模型，将 σ 设置为 1；而对于 logit 模型，将 σ 设置为 $\pi/\sqrt{3}$。

逻辑斯谛分布具有较厚的尾部，看起来像自由度为 7 的学生 t 分布。[2] 如果 y_i 样本值分布不是太极端，那么这两种模型会产生类似的结果。然而，当样本中 $y_i=1$ 的比例（或 $y_i=0$ 的比例）极小时，样本对 CDF 选择就特别敏感。这两种情况都不服从二值选择模型。假如用 y_i 对异常事件建模，则（无论如何都不会发生的）"朴素模型"难以取胜。对于那种似乎无所不在的事件来说也是如此：朴素模型（预测所有人在某一时间吃过糖）是精准的。

我们使用 Stata 命令 probit 与 logit 拟合这些二值选择模型。这两个命令都假定响应变量编码成 0 表示负的结果，而正的非缺失值对应于正的结果（即我在 2005 年购买了一辆新轿车）。尽管变量被编码为 {0，1} 是普遍情况，但这两个命令却并不要求必须这样做。

10.1.2 边际效应与预测

对受限因变量进行研究的一个主要挑战是，解释因素对关注结果的边际效应十分复杂，其产生根源是关系的非线性。在式（10.4）中，潜测量

---

[1] 逻辑斯谛分布的概率密度函数，即需要计算的边际效应，是 $\psi(z) = \exp(z)/\{1+\exp(z)\}^2$。
[2] 在这种背景下，可能使用其他分布包括非对称分布。例如，Stata 的 cloglog 命令（参看 [R] **cloglog**）拟合互补的双对数模型 $\Pr(y=1 | x) = 1 - \exp\{\exp(-\mathbf{x}\boldsymbol{\beta})\}$。

被 $\Psi(y_i^*)$ 转换成 $y_i=1$ 的概率。虽然式（10.2）是 $\boldsymbol{\beta}$ 参数的线性关系，但式（10.4）却不是。因此，尽管 x_j 对 y_i^* 有线性效应，它对 $y=1$ 的概率不会有线性效应：

$$\frac{\partial \Pr(y=1|\mathbf{x})}{\partial x_j}=\frac{\partial \Pr(y=1|\mathbf{x})}{\partial \mathbf{x}\boldsymbol{\beta}} \cdot \frac{\partial \mathbf{x}\boldsymbol{\beta}}{\partial x_j}=\Psi'(\mathbf{x}\boldsymbol{\beta}) \cdot \beta_j=\psi(\mathbf{x}\boldsymbol{\beta}) \cdot \beta_j$$

(10.6)

运用链式法则，x_j 增大对概率的影响是下面两个因素的乘积：一个是 x_j 对潜变量的影响，另一个是 CDF 在 y_i^* 处的导数。后面一项 $\psi(\cdot)$ 表示分布的概率密度函数。

在线性回归模型里，β_j 系数测算了边际效应 $\partial y/\partial x_j$，而且在不同样本中，该效应不变。在二值结果模型里，x_j 因素的变化并没有使 $\Pr(y=1|\mathbf{x})$ 产生连续变动，因为 $\Psi()$ 是 $\mathbf{x}$ 的非线性函数。如上所述，二值结果模型使用 $\Psi()$ 的原因之一是，确保预测概率位于区间 [0, 1] 内。$\Psi()$ 的这种有界性质意味着，当 x_j 绝对值变大时，边际效应必趋于 0。选择光滑分布函数，如正态分布与逻辑斯谛分布，意味着边际效应随每个 x_j 变动而连续变化。

二项 probit 模型

Stata 的 probit 命令报告系数的极大似然估计。而且，我们可以使用 dprobit 显示边际效应 $\partial \Pr(y=1|\mathbf{x})/\partial x_j$，也就是 x_j 变动无穷小的效应。[①] 我们能遵从 dprobit 命令，使用不带自变量的 probit，以这种格式"重新展示" probit 的结果。使用 probit 命令并不会影响估计系数的 z 统计量或 p 值。因为该模型是非线性的，所以由 dprobit 所报告的 dF/dx 将会随解释变量的样本空间而变化。在默认情况下，边际效应在多变量均值点处计算，但在其他点处的值经由 at( ) 选项算出。

运用 probit 或 logit 命令拟合模型之后，就可使用 mfx 计算边际效应。跟随 mfx 的 probit 估计算出了 dF/dx 值（等于由 dprobit 命令得出的值）。使用 mfx 的 at( ) 选项能计算样本空间特殊点上的效应。如同 4.7 节所讨论的，mfx 也可以计算弹性及半弹性。

在默认情况下，通过 dprobit 或 mfx 而获得的 dF/dx 效应是关于平均个体的边际效应。有人提出，人们应倾向于计算**平均边际效应**，也就是，每个个体边际效应的平均值。在平均值 $\mathbf{x}$ 处算出的边际效应不同于在个

---

① 由于指示变量不支持无穷小变化，因而当指示变量从 0 变到 1 的时候，在默认情况下此类变量计算的是概率的离散变化。

体 x_i 处算出的边际效应的平均值。当前，实际应用越来越趋向于考察计算样本中每一个体的边际效应分布。Stata 没有这样的功能，但由 Bartus（2005）编写的有用程序 margeff 将此功能添加到 probit，logit 以及本章所讨论的其他几个 Stata 命令上（尽管不是 dprobit）。它的 dummies( ) 选项表明存在明确的解释变量。假如解释变量为整数变量，则应该使用 count 选项。

在拟合 probit 模型之后，使用带默认选项 p 的 predict 命令可计算正结果的预测概率。一旦设定了 xb 选项，则可计算 y_i^* 的预测值。

下面的例子运用了 womenwk 数据集的修改形式，该数据集包含 2 000 名妇女的信息，其中 657 名没有被记录为有工资收入者。对于未工作的人，将指示变量 work 设为 0，对于有正工资的人，将指示变量设为 1。具体操作如下：

```
. use http://www.stata-press.com/data/imeus/womenwk, clear
. summarize work age married children education
```

Variable	Obs	Mean	Std. Dev.	Min	Max
work	2000	.6715	.4697852	0	1
age	2000	36.208	8.28656	20	59
married	2000	.6705	.4701492	0	1
children	2000	1.6445	1.398963	0	5
education	2000	13.084	3.045912	10	20

我们根据妇女年龄、婚姻状况、子女数量以及受教育水平拟合下面决定工作的 probit 模型。[①]

```
. probit work age married children education, nolog
```

Probit regression

Number of obs	=	2000
LR chi2(4)	=	478.32
Prob > chi2	=	0.0000
Pseudo R2	=	0.1889

Log likelihood = -1027.0616

work	Coef.	Std. Err.	z	P>|z|	[95% Conf. Interval]	
age	.0347211	.0042293	8.21	0.000	.0264318	.0430105
married	.4308575	.074208	5.81	0.000	.2854125	.5763025
children	.4473249	.0287417	15.56	0.000	.3909922	.5036576
education	.0583645	.0109742	5.32	0.000	.0368555	.0798735
_cons	-2.467365	.1925635	-12.81	0.000	-2.844782	-2.089948

令人惊奇的是，家庭里子女越多，妇女工作的可能性越大。mfx 能够计算多变量均值点处的边际效应，或者我们可以利用 dprobit 估计来生成

---

① nolog 选项禁止用于迭代 log。

它们。具体操作如下:

```
. mfx compute
Marginal effects after probit
     y  = Pr(work) (predict)
        = .71835948
```

variable	dy/dx	Std. Err.	z	P>|z|	[95% C.I.]	X
age	.011721	.00142	8.25	0.000	.008935 .014507	36.208
married*	.150478	.02641	5.70	0.000	.098716 .20224	.6705
children	.1510059	.00922	16.38	0.000	.132939 .169073	1.6445
educat~n	.0197024	.0037	5.32	0.000	.012442 .026963	13.084

(*) dy/dx is for discrete change of dummy variable from 0 to 1

边际效应意味着,已婚妇女具有较高概率(15%)参加工作,而从平均值 36.2 岁开始,年龄的边际变化会导致参加工作的概率有 1% 的增长。巴特斯(Bartus)的 margeff 程序能够计算平均边际效应,其中每一个都略微小于 mfx 在样本均值点处算出的值。具体操作如下:

```
. margeff, dummies(married) count
Average marginal effects on Prob(work==1) after probit
Variables treated as counts:          age children education
```

work	Coef.	Std. Err.	z	P>|z|	[95% Conf. Interval]	
age	.0100178	.0011512	8.70	0.000	.0077615	.0122742
married	.1292759	.0225035	5.74	0.000	.0851698	.173382
children	.1181349	.0057959	20.38	0.000	.106775	.1294947
education	.0167698	.0030558	5.49	0.000	.0107806	.0227591

二项 logit 模型与分组 logit 模型

当逻辑斯谛 CDF 用于式(10.5)时,以 x 为条件的 $y=1$ 概率是 $\pi_i = \exp(\mathbf{x}_i\boldsymbol{\beta})/\{1+\exp(\mathbf{x}_i\boldsymbol{\beta})\}$。和正态分布的 CDF 不同,这个函数缺少闭形式的逆,对此函数求逆,得到

$$\log\left(\frac{\pi_i}{1-\pi_i}\right) = \mathbf{x}_i\boldsymbol{\beta}$$

将此表达式称为 π_i 的 logit,它是**优势比对数**的缩写形式。**优势比**(odds ratio)依据 $y=1$ 的优势重新表述了概率。它不适用于 $y_i=0$ 或 $y_i=1$ 的微观数据,但它被较好地定义为此类微观数据的平均值。例如,在 2004 年美国总统选举时,据美国有线电视新闻网报道,马萨诸塞州给约翰·克里(John Kerry)投票的事后概率为 0.62,其 $\log\{0.62/(1-0.62)\}$ 的

logit 为 0.489 5。选举乔治·W. 布什（George W. Bush）的概率是 0.37，其 logit 为 $-0.532\ 2$。比如说，我们拥有全部 50 个州的这种数据。对 voteKerry 与 voteBush 概率应用线性回归是不合适的，正像对个体选民的 voteKerry 与 voteBush 指示变量实施回归不合适一样。针对州层面的数据模型，一种方法是使用 glogit（分组 logit）得到加权最小二乘法估计。另一种方法是，使用 blogit 得到分组（或"分块"）数据模型的极大似然估计，或者对分组数据使用等价命令 gprobit 与 bprobit 来拟合 probit 模型。

假如我们拥有选民偏好被记录为指示变量的微观数据，例如若某人投票给约翰·克里，则 voteKerry = 1，投给乔治·W. 布什，则 voteBush = 1，结果会怎样呢？不用 probit 模型拟合响应变量，而是使用 logit 命令用 logit 模型进行拟合。此命令将得出像 probit 产生的那些系数一样的系数，该系数表示 $\mathbf{x}_j$ 变动对潜变量 y^* 的效应；参看式 (10.6)。正如 dprobit 一样，我们可以使用 logistic 计算系数，该系数根据与解释因素有关的优势比来表示解释变量的效应。对此模型进行代数运算可以知道，优势比仅仅是对由 logit 所估计的第 j 个系数求 $\exp(\hat{\boldsymbol{\beta}}_j)$，而且可能需要在 logit 命令中设定 or 选项。**逻辑斯谛回归**和二项 logit 模型密切相关，并且不是可替代 logit 的计量经济方法。关于 logistic 的文件表明，通过调用 logit 可以完成计算任务。

和 probit 一样，在默认情况下，在 logit 之后 predict 就可计算正结果的概率。mfx 得出每个 x 变动无穷小时正结果概率的边际效应，在默认情况下是在多变量均值点处计算。同样地，我们可计算弹性和半弹性。在 logit 或 logistic 之后，使用巴特斯的 margeff 程序计算样本观测值的平均边际效应。

10.1.3 评估设定与拟合优度

我们既能使用二项 logit 估计量，又能使用二项 probit 估计量，因此想要知道该选择哪一个。支撑这些模型的 CDF 在尾部相异甚大，对 $\mathbf{x}\boldsymbol{\beta}$ 的非极值会产生类似的预测概率。由于这两种估计量的似然函数为非嵌套的，所以没有明显方法可检验一个相比于另一个的优劣。[1] 源自同样模型的 probit 与 logit 的系数估计值各不相同,原因在于它们都是 (β/σ_u) 的估计。虽然标准正态分布方差是 1,但逻辑斯谛分布的方差是 $\pi^2/3$,导致报告的 logit 系数大了约 $\pi/\sqrt{3}=1.814$。然而,我们经常想要知道这些模型产生的边际效应而不是它们的估计系数。使用 mfx 或巴特斯的 margeff 程序可得到边际效应的数量,对于两种估计量来说,其结果可能类似。

我们使用 logit 拟合妇女工作概率的同一模型,具体操作如下:

```
. logit work age married children education, nolog

Logistic regression                               Number of obs   =      2000
                                                  LR chi2(4)      =    476.62
                                                  Prob > chi2     =    0.0000
Log likelihood = -1027.9144                       Pseudo R2       =    0.1882
```

work	Coef.	Std. Err.	z	P>|z|	[95% Conf. Interval]	
age	.0579303	.007221	8.02	0.000	.0437774	.0720833
married	.7417775	.1264704	5.87	0.000	.4939001	.9896549
children	.7644882	.0515287	14.84	0.000	.6634938	.8654827
education	.0982513	.0186522	5.27	0.000	.0616936	.1348089
_cons	-4.159247	.3320397	-12.53	0.000	-4.810033	-3.508462

虽然 logit 系数大小和 probit 相应形式的系数大小相比,差异甚大,但在多变量均值点处的边际效应却类似于用 probit 计算出的值。具体操作如下:

```
. mfx compute

Marginal effects after logit
     y  = Pr(work) (predict)
        = .72678588
```

variable	dy/dx	Std. Err.	z	P>|z|	[95% C.I.]		X
age	.0115031	.00142	8.08	0.000	.008713	.014293	36.208
married*	.1545671	.02703	5.72	0.000	.101592	.207542	.6705
children	.151803	.00938	16.19	0.000	.133425	.170181	1.6445
educat~n	.0195096	.0037	5.27	0.000	.01226	.02676	13.084

(*) dy/dx is for discrete change of dummy variable from 0 to 1

我们通过在 children = 0 处计算估计 logit 函数,来阐明 at( ) 选项。在 x 空间里,对于无子女的妇女来说,每个边际效应在该点的数量会增大,多受一年教育的效应增大 5% (即 0.0241 对 0.0195)。

---

[1] 人们提出了类似于 4.5.5 小节所述的戴维森和麦金农的 J 检验方法,不过,已经证明该方法功效较低。

```
. mfx compute, at(children=0)
warning: no value assigned in at() for variables age married education;
    means used for age married education
Marginal effects after logit
      y  = Pr(work) (predict)
         = .43074191
```

variable	dy/dx	Std. Err.	z	P>|z|	[95% C.I.]		X
age	.0142047	.00178	7.97	0.000	.01071	.0177	36.208
married*	.1762562	.02825	6.24	0.000	.120897	.231615	.6705
children	.1874551	.01115	16.82	0.000	.165609	.209301	0
educat~n	.0240915	.00458	5.26	0.000	.015115	.033068	13.084

(*) dy/dx is for discrete change of dummy variable from 0 to 1

和回归的情况一样，用 test 命令对子集模型设定的合适性进行检验。排除一个或多个解释变量的检验统计量被报告为 χ^2 统计量而不是 F 统计量，原因在于极大似然估计量的沃尔德检验服从大样本 χ^2 分布。我们可以像 regress 那样应用其他的估计后命令，即用 test 或 lincom 检验线性表达式，而用 testnl 或 nlcom 检验非线性表达式。

我们怎样判定用 probit 或 logit 拟合二值选择模型的适当性呢？正如"方差分析 F"针对**零模型**的回归设定进行检验一样（其中所有回归元都被省略），我们会考虑二值选择设定为 $\Pr(y=1)=\bar{y}$ 的零模型。由于指示变量的均值是关于 1 的样本比例，因而可将它看成 $y=1$ 无条件概率。[1] 将零模型与考虑解释因素 **x** 的模型生成的条件概率进行对比。由于零模型的似然函数不论在 probit 情况下还是在 logit 情况下都很容易计算，故两者都会产生似然比检验[2]〔LR chi2($k-1$)〕，其中（$k-1$）表示模型（假定存在常值项）的解释因素数量。如上所述，当 $\bar{y}$ 非常接近 0 或 1 时，很难拒绝零模型。

虽然似然比检验提供了拒绝零模型与拟合模型的统计基础，但线性回归不存在类似于 R^2 的拟合优度测量。不论是这两个命令还是由极大似然法估计的全部命令，Stata 都会产生 pseudo R2 测量；参看〔R〕**maximize**。设 L_1 为拟合模型的对数似然值，如收敛之后的估计输出所示。设 L_0 为排除了所有解释变量的零模型对数似然值。尽管该数量并没有显示出来，但

---

[1] 例如，在只有常数的概率模型中，估计常数时运用 invnormal（y）命令。
[2] 我在 4.5 节介绍了似然比检验的概念。对于更多信息，参看 Greene（2003，chap.17）。

在估计之后作为 e(ll_0) 可以获得。LR chi2($k-1$) 似然比检验仅仅是 $2(L_1-L_0)$，在解释因素联合无信息的零假设下，它服从大样本 $\chi^2(k-1)$ 分布。

如果我们重排对数似然值，那么可将 pseudo R2 定义成 $(1-L_1/L_0)$，它像回归 R^2 一样位于 [0,1] 上，0 表明解释变量未能增大似然值，1 表明模型完全预测了每一个观测值。我们不能将这种伪 R^2 解释为由 x 解释 y 变化的比例，如同对线性回归所做的那样，但在其他方面它确实像 R^2 测量。① 把更多解释因素加入模型并不总会产生完美预测，这一点与线性回归一样。实际上，完美预测可能不经意地发生，因为一个或多个解释因素和响应变量完全相关。有关 probit 与 logit 的 Stata 使用说明讨论了这一问题，Stata 会对此进行检测及报告。

人们已经提出了建立在二值选择模型预测基础上的几种测量，不过所有方法都有各自的弱点，尤其是样本存在 0 或 1 的比例较高时。estat gof 与 estat clas 能计算大多数这些测量。就包含常值项而言，和回归一样，二项 logit 模型将产生 $\bar{y}=\bar{y}$；源于模型的预测概率平均值等于样本比例 $\bar{y}$，但无法保证结果位于二项 probit 模型之内。

10.2 有序 logit 模型与有序 probit 模型

第 7 章已经讨论了和**序数因变量**有关的问题，序数因变量表示响应的一种排序，而不是基数测量，比如对李克特量表编码的表述。由于此类有序响应的值是任意的，无论是作为回归元，还是作为响应变量，都不应像测度基数意义那样测度序数变量，并将其投入回归。如果想要将序数变量建模成一系列解释因素的函数，那么要使用二值选择框架的推广形式，即**有序 probit** 或**有序 logit** 估计方法。

在二值选择模型的潜变量方法中，当 $y_i^* > 0$ 时，我们观测到 $y_i=1$。有序选择模型则将此概念推广到多个门限观念上。例如，记录在李克特五级量表上的有序变量在潜变量上有四个门限。当 $y^* \leq \kappa_1$ 时，观测到 $y=1$；

---

① Stata 使用说明将这种测量归功于 Judge 等（1985），但其他文献则将它描述成 McFadden（1974）的似然比指标。

当 $\kappa_1 < y^* \leqslant \kappa_2$ 时，观测到 $y=2$；当 $\kappa_2 < y^* \leqslant \kappa_3$ 时，观测到 $y=3$，等等，其中 κ 值表示门限。在某种意义上，这是一种非精确测量；不能直接观测到 y^*，仅能观测到其落入的范围。非精确测量适用于多种形式的微观数据，这些数据出于隐私或概括报告的目的要加以分类。或者观测选择仅仅揭示个体的相对偏好。

待估参数是对应于解释因素 x 的一系列系数 β，还有些 β 对应于 I 个选项的一系列（$I-1$）个门限值 κ。Stata 用 oprobit 与 ologit 执行这些估计量时，响应变量的真实值不相关。取值越大，结果越高。如果存在 I 个可能结果（比如李克特五级量表），那么要定义一系列门限系数或**割点** $\{\kappa_1, \kappa_2, \cdots, \kappa_{I-1}\}$，其中 $\kappa_0 = -\infty$，$\kappa_I = \infty$。关于第 j 个观测值的模型定义为

$$\Pr(y_j = i) = \Pr(\kappa_{i-1} < \mathbf{x}_j \boldsymbol{\beta} + u_j < \kappa_i)$$

其中个体 j 选择结果 i 的概率取决于乘积 $\mathbf{x}_j\boldsymbol{\beta}$ 落入割点（$i-1$）与 i 之间的结果。这是二值选择模型的两种结果的直接推广，该模型在 0 点有一个门限。如同二项 probit 模型，假定有序 probit 误差服从正态分布，其方差为 1（或者有序 logit 服从逻辑斯谛分布，方差为 $\pi^2/3$）。

对于有序 probit（或 logit）模型预测来说，预测更为复杂，原因在于 I 个可能预测概率对应于响应变量的 I 个可能值。predict 的默认选项是计算预测概率。当 I 个新变量名称由命令给出时，它们将包括 $i=1$ 的概率、$i=2$ 的概率，等等。

和相应的二项形式相比，有序 probit（或 logit）模型的边际效应计算也更为复杂，这是因为 $\mathbf{x}_j$ 的无穷小变化不仅将改变当前单元（cell）（比如 $\kappa_2 < \hat{y}^* \leqslant \kappa_3$）内的概率，也更可能促使个体穿过门限进入邻近类别。因而，当我们对样本中的不同点上每个类别的概率进行预测时（例如，一个家庭有三个孩子而不是两个孩子），可以发现概率是变化的，较大的家庭更可能选择第 j 个响应，而不选择第 $j-1$ 个响应。使用 margeff，可以计算平均边际效应。

我们运用公司债券评级模型来阐述有序 probit 与有序 logit 方法。数据集包括了 98 家美国公司的债券评级及财务特征信息，其中债券评级为 AAA（优秀）至 C（差）。支持评级的整数编码随公司评级质量提高而增大，响应变量增大表明公司债券吸引投资的机会更大。将评级变量（rating83c）编码为 2~5，5 对应于最高质量（AAA）债券，而 2 对应于质量最差的债券。rating83c 的列表显示，四个评级类别包括了类似的公司数量。我们将 1983 年债券评级建模成公司 1983 年收入资产比（ia83：大致地讲，就是资产收益）与该比值 1982—1983 年的变动（dia）。收入资产比被表述成百分比，其大致围绕 10% 波动。具体操作如下：

```
. use http://www.stata-press.com/data/imeus/panel84extract, clear
. summarize rating83c ia83 dia
```

Variable	Obs	Mean	Std. Dev.	Min	Max
rating83c	98	3.479592	1.17736	2	5
ia83	98	10.11473	7.441946	-13.08016	30.74564
dia	98	.7075242	4.711211	-10.79014	20.05367

```
. tabulate rating83c
```

Bond rating, 1983	Freq.	Percent	Cum.
BA_B_C	26	26.53	26.53
BAA	28	28.57	55.10
AA_A	15	15.31	70.41
AAA	29	29.59	100.00
Total	98	100.00	

我们用 ologit 拟合模型，此模型预测在数量上类似 oprobit：

```
. ologit rating83c ia83 dia, nolog
```

Ordered logistic regression

Number of obs = 98
LR chi2(2) = 11.54
Prob > chi2 = 0.0031
Log likelihood = -127.27146
Pseudo R2 = 0.0434

rating83c	Coef.	Std. Err.	z	P>|z|	[95% Conf. Interval]
ia83	.0939166	.0296196	3.17	0.002	.0358633 .1519699
dia	-.0866925	.0449789	-1.93	0.054	-.1748496 .0014646
/cut1	-.1853053	.3571432			-.8852931 .5146825
/cut2	1.185726	.3882098			.4248489 1.946603
/cut3	1.908412	.4164895			1.092108 2.724717

ia83 对债券评级具有显著的正效应，但令人惊讶的是，比值变动（dia）具有负效应。模型辅助参数 _cut1 到 _cut3 揭示了评级类别的门限值。

在 ologit 估计后，我们使用 predict 命令分别计算达到每一个评级的预测概率。然后，查看最可能评级为 AAA（质量极好）和 BA_B_C（质量较差）的公司。第 31 家公司有 75% 的预测概率评级为 AAA，而第 67 家公司有 72% 的预测概率评级为 BA 或更低等级。前者概率与公司评级相一致，后者实际上为错误分类。不过，许多因素都会影响债券评级，公司规模及净收入变化相结合产生了低水平的预测。

```
. predict spBA_B_C spBAA spAA_A spAAA
(option pr assumed; predicted probabilities)
. summarize spAAA, mean
. list sp* rating83c if spAAA==r(max)
```

	spBA_B_C	spBAA	spAA_A	spAAA	rati~83c
31.	.0388714	.0985567	.1096733	.7528986	AAA

```
. summarize spBA_B_C, mean
. list sp* rating83c if spBA_B_C==r(max)
```

	spBA_B_C	spBAA	spAA_A	spAAA	rati~83c
67.	.7158453	.1926148	.0449056	.0466343	AAA

经济研究也使用刻画无序离散选项或**多项式**模型的响应变量。关于用 Stata 如何拟合并解释无序离散选择模型的讨论，参看 Long 和 Freese (2006)。

10.3 截尾回归与 tobit 模型

现在，我们讨论如下情况：响应变量不是二值变量或不必为整数，但有范围限制。这种情况有点难以处理，因为对受限因变量（LDV）的范围约束可能并不明显。我们必须完全理解数据生成的背景，而且必须识别其约束。用 OLS 对受限因变量建模并不恰当。

10.3.1 截尾

某些受限因变量是由截尾过程产生的。**截尾样本**是从总体的某个子集抽取的，从而样本只包括特定值。不论响应变量还是解释变量，我们都缺乏观测值。比如，我们可能拥有获得高中毕业证书、有某个大学就读经历，或者取得一个或多个学位的个体样本。此样本通过采访那些完成高中学业的人员获得。相对于总体而言，这是一个截尾样本，原因在于样本排除了未完成高中学业的所有个体。被排除的个体不可能具有样本中个体的特征。例如，我们认为辍学者的收入平均值或中位数比大学生的低很多。

对随机变量分布进行截尾，其结果显而易见。截尾随机变量的期望值或均值远离截尾点，并且其方差减小了。就受教育水平的样本而言，其描述统计量应该清晰可见：把最低受教育年限设为12，当样本包括高中辍学者时，则平均受教育水平高于12，而方差变小。对于由截尾样本定义的子总体，我们没有被排除的个体特征的信息。例如，我们不知道少数族裔高中辍学者的比例是否大于少数族裔在人口中的比例。

如果不对非随机地从总体中排除的那些个体加以修正，就不能用源自这种截尾总体的样本来推断关于总体的信息。尽管我们似乎能使用这些截尾数据推断子总体，但不能那样做。利用子总体进行回归估计，得到的系数是偏向于0或**衰减**的，而且 σ_u^2 估计值是向下偏倚的。假如研究截尾正态分布，其中 $y_i = \mathbf{x}_i \boldsymbol{\beta} + u_i$ 只有在大于 τ 时，才会被观测到，可以定义

$$\alpha_i = \frac{\tau - \mathbf{x}_i \boldsymbol{\beta}}{\sigma_u}$$

$$\lambda(\alpha_i) = \frac{\phi(\alpha_i)}{\{1 - \Phi(\alpha_i)\}}$$

其中 σ_u 表示未截尾分布 u 的标准误差，$\phi(\cdot)$ 表示正态密度函数，$\Phi(\cdot)$ 表示正态CDF。将表达式 $\lambda(\alpha_i)$ 称为**逆米尔斯比**（inverse Mills ratio, IMR）。

对正态分布随机变量进行标准计算，可以证明，

$$E[y_i | y_i > \tau, \mathbf{x}_i] = \mathbf{x}_i \boldsymbol{\beta} + \sigma_u \lambda(\alpha_i) + u_i \tag{10.7}$$

上面的方程表明了 y 对 $\mathbf{x}$ 的简单OLS回归，因去掉 $\lambda(\alpha_i)$ 项而遭到损害。该回归是错误设定，错误设定的效应因观测值不同而不同，具有异方差误差（其方差取决于 $\mathbf{x}_i$）。为了处理这些问题，我们引入了作为添加回归元的逆米尔斯比，因而可以运用截尾样本对有关子总体做出一致推断。

如果我们能判断如下假设——总体回归误差服从正态分布，那么可用

Stata 命令 truncreg 估计截尾样本的方程。① 在正态假设下，可以用截尾回归模型对总体做出推断。truncreg 选项 ll(#) 表示小于或等于 # 的响应变量之值被截尾。我们有一个大学生样本，其中小于 12 年的 yearsEduc 变量被截尾。上述截尾可通过选项 ul(#) 处理；例如，我们可能拥有个体收入最高为 200 000 美元的样本。可以通过组合选项设定上下截尾。在下面的例子中，考虑源自 laborsub 数据集的已婚妇女样本，其工作时长 (whrs) 就在 0 以下截尾。其他关注变量包括学龄前儿童数 (kl6)、学龄儿童数 (k618)、年龄 (wa) 以及受教育年限 (we)。具体操作如下：

```
. use http://www.stata-press.com/data/imeus/laborsub, clear
. summarize whrs kl6 k618 wa we

    Variable |     Obs         Mean    Std. Dev.       Min        Max
    ---------+-----------------------------------------------------
        whrs |     250       799.84     915.6035         0       4950
         kl6 |     250         .236     .5112234         0          3
        k618 |     250        1.364     1.370774         0          8
          wa |     250        42.92     8.426483        30         60
          we |     250       12.352     2.164912         5         17
```

为阐明忽略截尾的后果，用 OLS 拟合工作时长模型，仅仅包括工作女性。

```
. regress whrs kl6 k618 wa we if whrs>0

      Source |       SS       df       MS              Number of obs =     150
    ---------+------------------------------           F(  4,   145) =    2.80
       Model |  7326995.15     4    1831748.79          Prob > F      =  0.0281
    Residual |  94793104.2   145    653745.546          R-squared     =  0.0717
    ---------+------------------------------           Adj R-squared =  0.0461
       Total |   102120099   149    685369.794          Root MSE      =  808.55

        whrs |      Coef.   Std. Err.       t    P>|t|     [95% Conf. Interval]
    ---------+--------------------------------------------------------------
         kl6 |  -421.4822   167.9734    -2.51   0.013    -753.4748   -89.48953
        k618 |  -104.4571   54.18616    -1.93   0.056    -211.5538    2.639668
          wa | -4.784917   9.690502    -0.49   0.622    -23.9378     14.36797
          we |   9.353195   31.23793     0.30   0.765    -52.38731    71.0937
       _cons |   1629.817   615.1301     2.65   0.009     414.0371    2845.597
```

现在，用 truncreg 重新拟合，考察 250 个观测值中 100 个具有 0 记录的 whrs：

---

① 关于含有正态误差的截尾回归模型的详细内容，可参看 Greene (2003, 756-761)。

```
. truncreg whrs kl6 k618 wa we, ll(0) nolog
(note: 100 obs. truncated)
Truncated regression
Limit:   lower =        0                  Number of obs =     150
         upper =     +inf                  Wald chi2(4)  =   10.05
Log likelihood = -1200.9157                Prob > chi2   =  0.0395
```

whrs	Coef.	Std. Err.	z	P>|z|	[95% Conf. Interval]	
eq1						
kl6	-803.0042	321.3614	-2.50	0.012	-1432.861	-173.1474
k618	-172.875	88.72898	-1.95	0.051	-346.7806	1.030578
wa	-8.821123	14.36848	-0.61	0.539	-36.98283	19.34059
we	16.52873	46.50375	0.36	0.722	-74.61695	107.6744
_cons	1586.26	912.355	1.74	0.082	-201.9233	3374.442
sigma						
_cons	983.7262	94.44303	10.42	0.000	798.6213	1168.831

从 regress 得到的衰减估计系数，不超过从 truncreg 得到的相应系数的一半。当和 OLS 回归 Root MSE 相比较时，截尾回归中的参数 sigma _cons 相当大，这反映出截尾样本向下偏倚。我们可以使用源自 truncreg 的系数估计及边际效应，对这个总体进行推断，然而不论什么目的，都不应该使用错误设定的回归模型的结果。

10.3.2 删失

删失是另一种限制因变量范围的普遍机制。当某个变量超过**删失点**时，就将响应变量设置为任意值，这时便出现了删失。在截尾情况下，当个体 y_i 位于截尾区域时，我们既不能观测到因变量，也不能观测到解释变量。相反，当数据被删失时，我们不能观测到 y_i 超过删失点的个体的因变量之值，但能观测到解释变量的值。删失的一个普遍例子是"上端编码"，即当某个变量取 x 值或大于 x 值时，就对其编码为 x。例如，许多住户调查上端编码报告收入为 150 000 美元或 200 000 美元。

文献中讨论了如何解释看起来是删失情况的受限因变量。正如 Wooldridge（2002）指出的，删失是关于怎样报告数据的问题，而不是数据如何生成的问题。例如，在前面上端编码的例子里，如果调查管理者决定不对数据进行上端编码，那么就没有删失。相反，某些受限因变量是由选择问题的**角点解**（corner solution）所致。比如，个体在给定年份对新轿车的支付费用额可能为零或为正。Wooldridge（2002）已经证明，这种受限因变量是角点解而不是删失变量。他还说明了角点解模型关注的目标不同于删失模型关注的目标。幸运的是，不论删失求解还是角点求解的动因都导致了同样的极大似然估计量。而且，使用同样的 Stata 估计后的工具可以解释删失与角点解模型的结果。

Tobin（1958）第一个提出，将删失问题在 0 点的求解作为**删失回归模型**，该模型就是著名的"托宾 probit"或 tobit 模型。① 运用潜变量将此模型表述成

$$y_i^* = \mathbf{x}_i\boldsymbol{\beta} + u_i$$
$$y_i = \begin{cases} 0, & \text{当 } y_i^* \leqslant 0 \text{ 时} \\ y_i^*, & \text{当 } y_i^* > 0 \text{ 时} \end{cases} \tag{10.8}$$

其中 y_i 包括表示未购买者的零或者表示在去年购买汽车的人支付的正美元数额。此模型将二项 probit 的 $y_i = 0$ 与 $y_i > 0$ 的区别和 $E[y_i | y_i > 1, \mathbf{x}_i]$ 回归模型结合起来。当然，我们能合并 y_i 上的所有正观测值，并将其处理成二项 probit（或 logit）估计问题，但是这样做会丢失购买者支付的美元数额的信息。同理，如果抛弃 $y_i = 0$ 观测值，那么该模型就变成了截尾分布，留下各种问题需要处理。② 为了正确考虑 y_i 的所有信息，必须用 tobit 估计方法拟合此模型，它运用极大似然法将 probit 与对数似然函数的回归部分结合起来。可以将已知观测值的对数似然表述成

$$l_i(\boldsymbol{\beta}, \sigma_u) = I(y_i = 0) \log \left\{ 1 - \Phi\left(\frac{\mathbf{x}_i\boldsymbol{\beta}}{\sigma_u}\right) \right\}$$
$$+ I(y_i > 0) \left\{ \log \phi\left(\frac{y_i - \mathbf{x}_i\boldsymbol{\beta}}{\sigma_u}\right) - \frac{1}{2} \log\left(\frac{\sigma_u^2}{u}\right) \right\}$$

其中当自变量为正时，$I(\cdot) = 1$，否则 $I(\cdot) = 0$。对样本 l_i 求和，就可以将似然函数写成观测值 $y_i = 0$ 的 probit 似然与观测值 $y_i > 0$ 的回归似然之和的形式。

我们用门限而不是 0 来定义 tobit 模型。对于 y 尺度上的任意一点，都

---

① "删失回归"现在更广泛用于 tobit 模型的推广形式，删失值可以随观测值不同而变化。参看 [R] **cnreg**。

② 相对于 tobit 系数来说，运用正 y 观测值估计的回归系数将是衰减的，偏向于 0 的程度随样本中"受限观测值"比例而增大。

可以用 ll(#) 选项从下面设定**左删失**。类似地，标准 tobit 公式可利用 ul(#) 选项设定上端限制来使用上门限（从上面删失或**右删失**）。Stata 的 tobit 命令同样支持双限制 tobit 模型，其中观测值可通过设定 ll(#) 和 ul(#) 完成左删失及右删失。

即使只有一个删失点，运用 tobit 模型进行预测也是极为复杂的，因为如同用 predict 计算 xb 一样，我们想要在回归中计算（以 x 为条件的）y 落入特定区间内（可能是开区间、以左边或右边为端点）的预测概率。[①] 可以用 pr(a, b) 选项完成前面的计算，其中自变量 a, b 设定了区间限；缺失值编码（·）是（正负）无穷的意思。而 predict 的另一个选项为 e(a, b)，用于计算 $E[\mathbf{x}\hat{\boldsymbol{\beta}}+u_i|a<\mathbf{x}\hat{\boldsymbol{\beta}}+u_i<b]$。最后，ystar($a$, b) 选项计算式 (10.8) 的预测，即考虑了门限的删失预测。

tobit 模型的边际效应同样极为复杂。估计系数指 x_j 对 y^* 变化的边际效应，y^* 为不可观测潜变量，估计系数可表示为

$$\frac{\partial E[y^*|\mathbf{x}]}{\partial x_j}=\beta_j$$

不过，那种信息很少使用。可观测 y 的效应是

$$\frac{\partial E[y|\mathbf{x}]}{\partial x_j}=\beta_j\times\Pr(a<y_i^*<b)$$

其中对 predict 来说，a, b 的定义如上所示。例如，对于 0 点的左删失而言，$a=0$，$b=+\infty$。由于这一概率至多为 1（并且随删失观测值的比例增大而减小），所以 x_j 的边际效应从报告系数衰减到 0。正系数的解释变量增大意味着左删失个体不太可能被删失掉。非零的预测概率将增大。对于未删失个体来说，x_j 增大意味着 $E[y|y>0]$ 也会增大。因此，降低抵押贷款利率可能促使更多的人成为购房者（因为在较低的抵押贷款利率下，一定的收入使更多的人能够获得贷款），同时允许预审合格的购买者购买更贵的住房。边际效应便获得了那些效应的组合。由于最近取得资格的购房者将购买最便宜的住房，所以较低的利率对购买住房的平均价格有两种效应。我们认为，它会使平均交易价格上升，但由于衰减，其数量小于模型的回归函数成分所代表的数值。使用 mfx 可计算边际效应，或用巴特斯

[①] 更详细的内容，参看 Greene (2003，764-773)。

的 margeff 计算平均边际效应。

我们回到用 womenwk 数据集阐明二项 probit 与 logit 的例子上。我们生成工作妇女的 wage 对数（lw），对工作妇女，设 lwf 等于 lw；对未工作妇女，设 lwf 等于 0。[①] 首先，忽略响应变量的删失特性，用 OLS 拟合该模型。具体操作如下：

```
. use http://www.stata-press.com/data/imeus/womenwk, clear
. regress lwf age married children education
```

Source	SS	df	MS		Number of obs	=	2000
					F(4, 1995)	=	134.21
Model	937.873188	4	234.468297		Prob > F	=	0.0000
Residual	3485.34135	1995	1.74703827		R-squared	=	0.2120
					Adj R-squared	=	0.2105
Total	4423.21454	1999	2.21271363		Root MSE	=	1.3218

lwf	Coef.	Std. Err.	t	P>|t|	[95% Conf. Interval]	
age	.0363624	.003862	9.42	0.000	.0287885	.0439362
married	.3188214	.0690834	4.62	0.000	.1833381	.4543046
children	.3305009	.0213143	15.51	0.000	.2887004	.3723015
education	.0843345	.0102295	8.24	0.000	.0642729	.1043961
_cons	-1.077738	.1703218	-6.33	0.000	-1.411765	-.7437105

重新将模型拟合成 tobit，并指出 lwf 在 0 点是左删失的，这里用到 ll( ) 选项，得到如下结果：

```
. tobit lwf age married children education, ll(0)
```

Tobit regression

		Number of obs	=	2000
		LR chi2(4)	=	461.85
		Prob > chi2	=	0.0000
Log likelihood = -3349.9685		Pseudo R2	=	0.0645

lwf	Coef.	Std. Err.	t	P>|t|	[95% Conf. Interval]	
age	.052157	.0057457	9.08	0.000	.0408888	.0634252
married	.4841801	.1035188	4.68	0.000	.2811639	.6871964
children	.4860021	.0317054	15.33	0.000	.4238229	.5481812
education	.1149492	.0150913	7.62	0.000	.0853529	.1445454
_cons	-2.807696	.2632565	-10.67	0.000	-3.323982	-2.291409
/sigma	1.872811	.040014			1.794337	1.951285

```
Obs. summary:        657   left-censored observations at lwf<=0
                    1343   uncensored observations
                       0   right-censored observations
```

[①] 假如数据中记录的工资小于 1 美元，则这种变量的设置可能存在问题，但在这些数据中最小工资记录为 5.88 美元。

lwf 的 tobit 估计表明，年龄、婚姻状况、子女数量以及受教育年限都具有正的显著效应。我们认为，这几个因素都会增大妇女工作的概率，同时提高以就业状况为条件的工资水平。遵从 tobit 估计，我们首先运用 predict 的 pr(a,b) 选项得到每个解释变量对个体有正的对数工资 log(wage) 的概率的边际效应。

```
. mfx compute, predict(pr(0,.))
Marginal effects after tobit
      y  = Pr(lwf>0) (predict, pr(0,.))
         =  .81920975
```

variable	dy/dx	Std. Err.	z	P>|z|	[95% C.I.]	X
age	.0073278	.00083	8.84	0.000	.005703 .008952	36.208
married*	.0706994	.01576	4.48	0.000	.039803 .101596	.6705
children	.0682813	.00479	14.26	0.000	.058899 .077663	1.6445
educat~n	.0161499	.00216	7.48	0.000	.011918 .020382	13.084

(*) dy/dx is for discrete change of dummy variable from 0 to 1

然后，已知个体没有被删失（也就是正在工作），计算每个解释变量对期望对数工资的边际效应。和运用 regress 命令得出的估计系数不同，这些效应都刚好考虑了响应变量的删失特性。

```
. mfx compute, predict(e(0,.))
Marginal effects after tobit
      y  = E(lwf|lwf>0) (predict, e(0,.))
         =  2.3102021
```

variable	dy/dx	Std. Err.	z	P>|z|	[95% C.I.]	X
age	.0314922	.00347	9.08	0.000	.024695 .03829	36.208
married*	.2861047	.05982	4.78	0.000	.168855 .403354	.6705
children	.2934463	.01908	15.38	0.000	.256041 .330852	1.6445
educat~n	.0694059	.00912	7.61	0.000	.051531 .087281	13.084

(*) dy/dx is for discrete change of dummy variable from 0 to 1

由于 tobit 模型具有 probit 成分，所以其结果对同方差性假设敏感。虽然使用 vce 选项可以计算自助法（bootstrap）或刀切法（jackknife）标准误差，但 Stata 的 tobit 命令不能使用稳健标准误差。tobit 模型施加了下面的约束，即因素 x 的同一个集合既决定观测是否为删失的（比如，个体是否购买小轿车），又决定非删失观测值（购买小轿车的支出是多少）。此外，边际效应被限制成模型的两部分符号相同。tobit 模型的推广形式被称为 Heckit 模型（以 James Heckman 命名），Heckit 模型对这种约束加以放松，并允许不同因素进入模型的两个部分。我们可以用 Stata 的命令拟合这种广义 tobit 模型，本章下一节将阐述这些内容。

10.4 偶然截尾与样本选择模型

对于截尾来说,样本是从总体的一个子集抽取的,不包含总体中任何其他子集的因变量与自变量的观测值。例如,截尾样本可能只包含带有永久邮寄地址的个体,而排除无家可归的个体。就**偶然截尾**(incidental truncation)而言,样本代表总体,但因变量的观测值根据以下规划截尾:该规则的误差与关注方程的误差相关。我们无法观测到 y,这是因为某个其他变量生成了一个**选择指示变量** s。

为了理解样本选择问题,考察下面的总体模型,该模型中 y 与一系列解释变量 $\mathbf{x}$ 之间的关系能够写成含有可加误差 u 的线性模型。假定该误差满足式(4.2)零条件均值假设。现在,考察只能观测到以 y_i 为条件的某些观测值(不管什么原因),同时当我们既能观测到 y_i 又能观测到 $\mathbf{x}_i$ 时,指示变量 $s_i=1$,否则 $s_i=0$。如果只对全部样本的观测值执行回归

$$y_i = \mathbf{x}_i\boldsymbol{\beta} + u_i \tag{10.9}$$

那么带有 y_i 缺失值的那些观测值(或 $\mathbf{x}_i$ 的任何元素)就能从分析中省略。我们可以重新将这个回归写成

$$s_i y_i = s_i \mathbf{x}_i \boldsymbol{\beta} + s_i u_i \tag{10.10}$$

式(10.10)的 OLS 估计量 $\hat{\boldsymbol{\beta}}$ 得到的估计值与式(10.9)得到的估计值一样。当误差项 $s_i u_i$ 具有零均值且与 x_i 的每一个元素都不相关时,估计量将是无偏的且一致的。对总体来说,因为 $s^2 = s$,这些条件可写成

$$E[su] = 0$$
$$E[(s\mathbf{x})(su)] = E[(s\mathbf{x}u)] = 0$$

此条件不同于标准回归方程(没有选择)的条件,其中根据零条件均值假设只需 $E[\mathbf{x}u] = 0$。存在选择时,误差过程 u 必须与 $s\mathbf{x}$ 不相关。

考察样本选择指示变量 s_i 的来源。如果指示变量仅仅是解释变量的函数,那么我们就有**外生样本选择**。当解释变量 $\mathbf{x}$ 与 u 不相关,且 s 是 $\mathbf{x}$ 的函数时,s 也与 u 不相关,其乘积 $s\mathbf{x}$ 也与 u 不相关。对子集执行 OLS 回归得到无偏的且一致的估计。例如,假如性别是解释变量之一,就能轻易地分别估计对男性及女性的回归。我们基于可观测特征选取了子样本,比如,s_i 是女性观测值集合。

我们还可以考察随机子样本的选择。如果我们的整个样本是从总体得到的随机样本，用 Stata 的 sample 命令抽取 10%、20% 或 50% 子样本，只要整个样本得到的估计值是一致的，从子样本得出的估计值就是一致的。在此情况下，s_i 是随机设置的。

倘若依据某个规则对 s_i 加以设置，比如 $y_i \leqslant c$ 时 $s_i = 1$，如同 10.3.1 小节一样，OLS 估计则是有偏的且非一致的。我们将规则重新写成 $u_i \leqslant (c - x_i\beta)$ 时 $s_i = 1$，很明显，s_i 一定与 u 相关。如上所述，必须使用截尾回归模型来推导一致估计。

偶然截尾指我们观测到 y_i 不是基于它的值而是基于另一个变量的观测结果。例如，当个体参与劳动力市场时，我们才能观测到每小时工资。可以想象拟合二项 probit 或 logit 模型，以此预测个体的参与概率。在这种情况下，基于支撑如下决策的因素令 s_i 为 0 或 1，

$$y_i = \mathbf{x}_i \boldsymbol{\beta} + u \tag{10.11}$$

$$s_i = I(\mathbf{z}_i \gamma + v \geqslant 0) \tag{10.12}$$

其中我们假定解释变量 $\mathbf{x}$ 满足零条件均值假设 $E[\mathbf{x}u] = 0$。当参数为真时 $I(\cdot)$ 函数等于 1，否则等于 0。如果 $s_i = 1$，那么观测到 y_i。选择函数包括一系列解释因素 $\mathbf{z}$，它们一定是 $\mathbf{x}$ 的超集。为了识别模型，$\mathbf{z}$ 包括全部 $\mathbf{x}$ 但必定也包括了没有出现在 $\mathbf{x}$ 中的更多因素。[①]假定选择方程的误差项 v 具有零条件均值：$E[\mathbf{z}v] = 0$，这意味着 $E[\mathbf{x}v] = 0$。我们假定 v 服从标准正态分布。

当 u 与 v 之间存在非零相关性时，就出现了偶然截尾。如果这两个过程都服从正态分布，具有零均值，那么条件期望 $E[u|v] = \rho v$，其中 ρ 表示 u 与 v 的相关系数。由式 (10.11) 可知

$$E[y|\mathbf{z}, v] = \mathbf{x}\boldsymbol{\beta} + \rho v \tag{10.13}$$

虽然我们不能观测到 v，但由式 (10.12) 可知，s 与 v 有关。于是，方程 (10.13) 变成

$$E[y|\mathbf{z}, s] = \mathbf{x}\boldsymbol{\beta} + \rho E[v|\mathbf{z}, s]$$

对于 $s_i = 1$ 的可观测情况，条件期望 $E[v|\mathbf{z}, s]$ 就是 λ，即 10.3.1 小节所定义的 IMR。因此，我们必须用该项扩展式 (10.11)

[①] 正如 Wooldridge（2006）所讨论的，当 $\mathbf{z}$ 包含的变量与 $\mathbf{x}$ 一样时，参数从理论上看是可识别的，但通常识别太弱而无法在实践上应用。

$$E[y|\mathbf{z}, s=1] = \mathbf{x}\boldsymbol{\beta} + \rho\lambda(\mathbf{z}\boldsymbol{\gamma}) \tag{10.14}$$

当 $\rho \neq 0$ 时，偶然截尾样本进行的 OLS 估计不能一致估计 β，除非包括 IMR 项。反之，当 $\rho=0$ 时，OLS 回归就产生了一致估计。

IMR 项包含了未知总体参数 γ，这可以通过二项 probit 模型利用整个样本拟合得到

$$\Pr(s=1|\mathbf{z}) = \Phi(\mathbf{z}\boldsymbol{\gamma})$$

使用 γ 的估计值，对于那些观测到 y_i 的每一个观测值（$s_i=1$）来说，可以先计算 IMR 项，然后拟合模型（10.14）。这种两步方法是基于 Heckman（1976）提出的，经常被称为 Heckit 模型。不过，我们使用完全极大似然方法联立估计 $\boldsymbol{\beta}$，γ 以及 ρ。

在这种背景下，赫克曼（Heckman）选择模型是由下述想法推导出来的，即对个体来说，某些 $\mathbf{z}$ 因素不同于 $\mathbf{x}$ 因素。例如，在工资方程中，家庭中学龄前儿童数量可能影响妇女是否参与劳动力市场，但该变量却不包括在工资决定方程中：它出现在 $\mathbf{z}$ 中却没有出现在 $\mathbf{x}$ 中。我们能使用此类因素来识别模型。另外一些因素可能出现在两个方程中。妇女受教育水平与劳动力经验年限都可能影响她是否决定参与劳动力市场，还有她挣得的均衡工资。Stata 的 heckman 命令用下述语法拟合 Heckit 模型的完全极大似然形式：

heckman *depvar* [*indepvars*] [*if*] [*in*], select(*varlist2*)

其中 *indepvars* 设定 x 中的回归元，*varlist2* 设定了 Z 因素列表，这些因素将观测值确定为可观测的。和运用 tobit 不同的是，这里 depvar 在删失观测值的门限值处进行记录，没有被选取的那些观测值应将 depvar 编码为缺失（·）。[①] 该模型利用整个样本拟合并给出重要相关 ρ 的估计，并对 $\rho=0$ 假设进行检验。如果拒绝该假设，可观测的 *depvar* 对 *indepvars* 的回归将产生 β 的非一致估计。[②]

如果设定 twostep 选项，那么 heckman 命令也能得到选择模型**两步**估计量（Heckman, 1979）。这个模型在本质上是回归式（10.7），即在第一步将 IMR 估计成二项 probit（10.12）的预测值，然后将其用作第二步的

[①] heckman 的另一种语法考虑第二种因变量：显示 *depvar* 的哪些观测值是可观测的指示变量。

[②] 结果得到了 /athrho，即 ρ 的反双曲正切。为了强化约束 $-1<\rho<1$，该参数进入对数似然函数中。通过逆变换，可以推导出 ρ 的点估计和区间估计。

回归元。IMR 的显著系数记为 lambda，这表明必须使用选择模型避免非一致性。twostep 方法在复杂选择模型中可能更可取，因为与在默认情况下用于 heckman 的完全极大似然法相比，该方法在计算上并不烦琐。①

下面的例子重新研究用于阐明 tobit 的 womenwk 数据集。为了在 heckman 中运用这些数据，对于工作妇女将 lw 定义为工资对数 log(wage)，而对于未工作妇女则定义为缺失值。我们假定婚姻状况影响选择（在劳动力市场中妇女是否为可观测的），但该变量没有进入工资对数方程。不论是工资对数方程还是选择方程，全部因素都是显著的。运用选择模型，可放宽如下假设：决定参与的因素和工资因素是一样的且具有同样的符号。子女数量增多的效应加大了选择（参与）的概率，但减少了以参与为条件的预期工资。针对 $\rho=0$ 的似然比检验拒绝其零假设，因此对没有考虑选择的工资对数方程估计，得到了非一致结果。具体操作如下：

```
. heckman lw education age children,
> select(age married children education) nolog
Heckman selection model                         Number of obs    =      2000
(regression model with sample selection)        Censored obs     =       657
                                                Uncensored obs   =      1343

                                                Wald chi2(3)     =    454.78
Log likelihood = -1052.857                      Prob > chi2      =    0.0000
```

	Coef.	Std. Err.	z	P>|z|	[95% Conf. Interval]
lw						
education	.0397189	.0024525	16.20	0.000	.0349121	.0445256
age	.0075872	.0009748	7.78	0.000	.0056767	.0094977
children	-.0180477	.0064544	-2.80	0.005	-.0306981	-.0053973
_cons	2.305499	.0653024	35.30	0.000	2.177509	2.43349
select						
age	.0350233	.0042344	8.27	0.000	.0267241	.0433225
married	.4547724	.0735876	6.18	0.000	.3105434	.5990014
children	.4538372	.0288398	15.74	0.000	.3973122	.5103621
education	.0565136	.0110025	5.14	0.000	.0349492	.0780781
_cons	-2.478055	.1927823	-12.85	0.000	-2.855901	-2.100208
/athrho	.3377674	.1152251	2.93	0.003	.1119304	.5636045
/lnsigma	-1.375543	.0246873	-55.72	0.000	-1.423929	-1.327156
rho	.3254828	.1030183			.1114653	.5106469
sigma	.2527024	.0062385			.2407662	.2652304
lambda	.0822503	.0273475			.0286501	.1358505

```
LR test of indep. eqns. (rho = 0):   chi2(1) =     5.53   Prob > chi2 = 0.0187
```

---

① 关于两步法与极大似然方法的更详细内容，参看 Wooldridge (2002, 560–566)。

我们也可以使用 heckman 两步方法，该方法运用来自选择 probit 方程的 IMR。

```
. heckman lw education age children,
> select(age married children education) twostep
Heckman selection model -- two-step estimates      Number of obs   =     2000
(regression model with sample selection)           Censored obs    =      657
                                                   Uncensored obs  =     1343

                                                   Wald chi2(6)    =   737.21
                                                   Prob > chi2     =   0.0000
```

	Coef.	Std. Err.	z	P>|z|	[95% Conf. Interval]	
lw						
education	.0427067	.003106	13.75	0.000	.0366191	.0487944
age	.009322	.0014343	6.50	0.000	.0065108	.0121333
children	-.0019549	.0115202	-0.17	0.865	-.0245341	.0206242
_cons	2.124787	.1249789	17.00	0.000	1.879833	2.369741
select						
age	.0347211	.0042293	8.21	0.000	.0264318	.0430105
married	.4308575	.074208	5.81	0.000	.2854125	.5763025
children	.4473249	.0287417	15.56	0.000	.3909922	.5036576
education	.0583645	.0109742	5.32	0.000	.0368555	.0798735
_cons	-2.467365	.1925635	-12.81	0.000	-2.844782	-2.089948
mills						
lambda	.1822815	.0638285	2.86	0.004	.05718	.307383
rho	0.66698					
sigma	.27329216					
lambda	.18228151	.0638285				

虽然它也给出了选择模型参数的一致估计，但可以看到工资对数方程的定性差异，子女数量在这种模型形式中不显著。如果极大似然公式在计算上行得通，那么它仍引人注目，尤其是因为它能产生选择模型 ρ 与 σ 参数的区间估计。

10.5 二变量 probit 与带选择的 probit 模型

受限因变量框架的另一个例子是二变量 probit 模型，其中方程扰动的相关性起着重要作用。就最简单的形式而言，模型可以写成

$$y_1^* = \mathbf{x}_1\boldsymbol{\beta}_1 + u_1$$

$$y_2^* = \mathbf{x}_2\boldsymbol{\beta}_2 + u_2 \tag{10.15}$$

$$\begin{bmatrix} u_1 \\ u_2 \end{bmatrix} \sim N \left\{ \begin{bmatrix} 0 \\ 0 \end{bmatrix}, \begin{bmatrix} 1 & \rho \\ \rho & 1 \end{bmatrix} \right\}$$

对应于两个潜变量 y_1^*、y_2^* 的可观测部分是 y_1、y_2。当 y_1、y_2 各自的潜变量为正时，y_1、y_2 可被观测为 1，否则为 0。

这种模型的一种表述类似于 9.4 节曾阐述过的 SUR 模型，称为**似不相关二变量 probit 模型**，用 biprobit 执行。正如回归背景一样，我们能把两个 probit 方程认为是一个方程组，当 $\rho \neq 0$ 时联立估计它们，不过这样做并不会影响单个 probit 方程估计的一致性。

然而，考察二变量 probit 模型的一种普遍公式，因为该形式类似于前面所述的选择模型。考察两阶段过程，其中第二个方程是以第一个方程的结果为条件来观测的。例如，被诊断有血液循环疾病的某些病人要接受多个搭桥手术（$y_1 = 1$）。我们记录每一位病人在手术 1 年内是否死亡（$y_2 = 1$）。y_2 变量只针对术后的病人。我们没有选择其他治疗形式的病人的死亡率记录。在这种背景下，第二个方程依赖于第一个方程，这就是**偏可观测性**（partial observability），而当 $\rho \neq 0$ 时，为了获得一致估计，必须考虑两个方程的因素。误差相关性可能是因为促使医生建议做搭桥手术的非预期健康问题会反复出现，进而导致病人死亡。

举另一个例子，考察银行决定对小企业提供信贷。提供贷款的决定可以看成 $y_1 = 1$。以银行提供信贷为条件，贷款人在下一年度将拖欠或不拖欠贷款，拖欠贷款记录为 $y_2 = 1$。那些被拒绝的贷款人不会被观测到拖欠贷款，因为他们在第一阶段没有接受贷款。阻碍提供贷款决定的干扰因素很可能与影响拖欠可能性的干扰因素相关（此处为负相关）。

Stata 用 biprobit 命令可以拟合这两种二变量 probit 模型。似不相关二变量 probit 模型允许 $\mathbf{x}_1 \neq \mathbf{x}_2$，但这里考察的另一种可供选择的形式仅允许一个 varlist 因素进入两个方程。在医学例子里，varlist 可能包括病人的身体质量指数（肥胖测量）、酒精指标、吸烟以及年龄——所有这些因素都会影响治疗建议和 1 年内生存率。使用 partial 选项，我们设定用 Poirier（1981）的偏可观测性模型进行拟合。

10.5.1　带选择的二项 probit 模型

和具有偏可观测性的二变量 probit 模型紧密联系的是**带选择的二项 probit** 模型。这个公式由 Van de Ven 和 Van Pragg（1981）首先提出，它与式（10.15）的基本设置相同：潜变量 y_1^* 取决于因素 $\mathbf{x}$，当 $y_1^* > 0$ 时，二值结果为 $y_1 = 1$。不过，只有当

$$y_{2j} = (\mathbf{x}_2 \gamma + u_{2j} > 0)$$

也就是，当选择方程产生的值为 1 时，才能观测到 y_{1j}。在上述例子中，此结果可以看成用 y_2 表示病人是否做搭桥手术。对于接受手术治疗的那些病人，我们才能观测到接下来一年的健康结果。正如式（10.15）一样，在两个方程误差之间存在潜在相关性（ρ）。假如相关性非零，则 y_1 方程的估计值是有偏的，除非考虑到选择因素。这里建议只关注接受手术的病人（$y_2 = 1$），如果选择过程是非随机的，那么研究对生存有贡献的因素是不合适的。在医学例子里，选择可能是非随机的，因为患有不严重的血液循环疾病的病人不太可能接受心脏手术。

在第二个例子中，我们考察小企业贷款者获得贷款的可能性，以及成功贷款者是否拖欠贷款。只有他们经银行审批接受贷款（$y_2 = 1$），我们才能观测到拖欠。贷款者以接受贷款为条件，将贷款者的履行义务情况记为 y_1。假如只关注贷款接受者及他们是否拖欠贷款，则忽略了选择问题。管理良好的银行不会在贷款申请者中间进行随机选取。不论确定因素还是随机因素都会影响银行提供信贷，这点可能与贷款人的后继业绩相关。和具有偏可观测性的二变量 probit 不同，带样本选择的 probit 明确地考察 $\mathbf{x}_1 \neq \mathbf{x}_2$。为了识别模型，影响提供信贷的因素与影响贷款人业绩的因素必须不同。Stata 的 `heckprob` 命令具有类似于 `heckman` 的语法，用 x_1 中的 *indepvars* 因素与 `select`(*varlist2*) 选项设定引致选择结果的解释因素。

我们运用美国波士顿联邦储备银行 HMDA 数据集（Munnell, et al.,

1996)① 阐述此模型的一种形式，该数据集曾用于著名的银行住房抵押贷款种族歧视研究。此数据集的子集有 2 380 个贷款申请者，如 approve 显示，其中 88% 获得批准。对于获得批准的 2 095 份贷款，我们可以观测到它们在二级市场上是被房利美（Fannie Mae，FNMA）还是房地美（Freddie Mac，FHLMC）（准政府抵押贷款金融机构）所购买。变量 fanfred 表明，33% 的贷款（698）被销售给房利美或房地美。我们试图解释某些贷款在二次市场是否有足够的吸引力，可以作为以下因素的函数被转售：贷款额（loanamt）、普查地段闲置房产平均水平以上指示变量（vacancy）、普查地段收入中位数平均水平以上指示变量（med_income）、住宅评估价值（appr_value）。只有贷款发生时，二级市场的活动才是可观测的。选择方程把黑人申请者指示变量、申请者收入，以及申请者的收入负债率（debt_inc_r）作为放款审批的预测式。具体操作如下：

```
. use http://www.stata-press.com/data/imeus/hmda, clear
. replace fanfred = . if deny
(285 real changes made, 285 to missing)
. rename s6 loanamt
. rename vr vacancy
. rename mi med_income
. rename s50 appr_value
. rename s17 appl_income
. replace appl_income = appl_income/1000
(2379 real changes made)
. rename s46 debt_inc_r
. summarize approve fanfred loanamt vacancy med_income appr_value
> black appl_income debt_inc_r, sep(0)
```

Variable	Obs	Mean	Std. Dev.	Min	Max
approve	2380	.8802521	.3247347	0	1
fanfred	2095	.3331742	.4714608	0	1
loanamt	2380	139.1353	83.42097	2	980
vacancy	2380	.4365546	.4960626	0	1
med_income	2380	.8294118	.3762278	0	1
appr_value	2380	198.5426	152.9863	25	4316
black	2380	.142437	.3495712	0	1
appl_income	2380	13.9406	116.9485	0	999.9994
debt_inc_r	2380	33.08136	10.72573	0	300

用 heckprob 拟合该模型，具体操作如下：

---

① 根据修订的 1975 年《住房抵押贷款披露法》（Home Mortgage Disclosure Act），受该法监管的机构必须报告如下信息：每一笔抵押贷款申请的产权处置、购买，以及申请者或抵押者的种族、收入、性别资料。

```
. heckprob fanfred loanamt vacancy med_income appr_value,
> select(approve= black appl_income debt_inc_r) nolog
Probit model with sample selection              Number of obs    =     2380
                                                Censored obs     =      285
                                                Uncensored obs   =     2095

                                                Wald chi2(4)     =    80.69
Log likelihood = -2063.066                      Prob > chi2      =   0.0000
```

	Coef.	Std. Err.	z	P>|z|	[95% Conf.	Interval]
fanfred						
loanamt	-.0026434	.0008029	-3.29	0.001	-.0042169	-.0010698
vacancy	-.2163306	.0609798	-3.55	0.000	-.3358488	-.0968124
med_income	.2671338	.0893349	2.99	0.003	.0920407	.4422269
appr_value	-.0014358	.0005099	-2.82	0.005	-.0024351	-.0004364
_cons	.1684829	.1182054	1.43	0.154	-.0631954	.4001612
approve						
black	-.7343534	.081858	-8.97	0.000	-.8947921	-.5739147
appl_income	-.0006596	.000236	-2.80	0.005	-.0011221	-.0001971
debt_inc_r	-.0262367	.0036441	-7.20	0.000	-.033379	-.0190944
_cons	2.236424	.1319309	16.95	0.000	1.977844	2.495004
/athrho	-.6006626	.271254	-2.21	0.027	-1.132311	-.0690146
rho	-.5375209	.1928809			-.8118086	-.0689052

```
LR test of indep. eqns. (rho = 0):   chi2(1) =     4.99   Prob > chi2 = 0.0255
```

模型是成功的，它表明二级市场销售更可能发生在较小价值的贷款（或资产）上。概率受到附近闲置资产的负面影响，和附近较高收入的正面影响。在选择方程中，研究者最初发现种族对放款审批具有强烈影响，这点由 black 系数的符号及显著性证实。尽管收入负债比为负，但申请者收入对审批概率具有（非预期的）负面影响。独立方程的似然比检验从结论上拒绝了零假设，该假设在两个方程误差之间的估计 rho 为 -0.54，这表明忽略选择进入审批状态，会导致 fanfred 方程的单变量 probit 方程估计值是有偏的且非一致的。

习　题

1. 在 10.3.1 小节，我们运用包含 250 名已婚妇女数据的 laborsub 样本（其中 150 名妇女有工作），估计了 OLS 回归以及截尾回归。此数据集可被看成是删失的，因为我们有未工作妇女的全部特征信息，请用 tobit 重新拟合该模型，并将结果与用 OLS 估计的结果进行比较。

2. 在 10.3.2 小节，考虑到 1/3 的样本记录的 0 工资，我们用 womenwk 拟合工资对数数据的 tobit 模型。创建如下工资变量：每小时工资大于 25.00 美元的设为 25，而缺失 wage 设为 0。生成变换工资对数数据，并将模型拟合成双限制 tobit。tobit 系数及其边际效应与 10.3.2 小节所述的系数有何不同？

3. 利用数据集 http://www.stata-press.com/data/r9/school.dta 来拟合 private（学生是否在私立学校注册）与 vote（父母是否投票支持公立学校基金）的二变量 probit 模型。将第一个响应变量建模成取决于 years 与 logptax（税收负担），并将第二个响应变量估计成取决于那些因素及 loginc。这些方程是成功的吗？ρ 的估计值与相关沃尔德检验告诉了你什么呢？

4. 利用 10.5.1 小节的 HMDA 数据集，用放款审批（approve=1）的可供选择设定模型进行试验。比如，贷款额或贷款额和资产估值之比应该进入放款审批方程吗？用修改后的放款审批方程检验另一种 heckprob 模型。

附录 A
Stata 数据导入

本附录讨论经济和金融数据导入或管理时可能遇到的问题。我们可以从网页下载数据资源，得到电子表格形式的数据，或从其他统计软件包将数据导入 Stata。下面用两节阐述这些内容。

A.1 从 ASCII 文本和电子表格文件导入数据

在应用 Stata 做计量经济分析之前，许多研究者在将外部数据转换成 Stata 可用数据的过程中会遇到许多难题。这些问题可能是极为平常的（例如，一个文本文件数据集可能将缺失值编码为 99），也可能是极具挑战性的（例如，一个文本文件数据集格式可能是**分层**格式，有主记录和详细记录）。对于管理外部数据并将其转换成 Stata 可用形式，这里不可能将所有方法都列出来，但可以运用几项规则：

- 熟悉各种各样的 Stata 输入数据命令。每一个命令都有各自的用途，"不要用螺丝刀去钉钉子"，如果工具运用正确，数据处理起来会更简单。参看 [U] **21 Inputting data**，这一内容值得仔细研读。
- 需要操作一个文本文件时，使用文本编辑器，而不是用文字处理软件或电子表格。
- 尽早将数据输入 Stata，并用记录详细的 do 文件执行所有操作，比如编辑或重复利用。这里不讨论输入命令或数据编辑器，它允许以交互式方式或者多种复制粘贴策略输入数据，包括电子表格和 Stata 的同步使用。此策略不可重现，应尽量避免。
- 用良好的文档记录数据输入的多个步骤和操作程序。如果需要重复或审核数据操作过程，就会后悔没有对研究进行正确记录。
- 如果研究的是除长方形数据数组外的任何数据，要用到 append，merge 或 reshape 命令。回顾第 3 章的内容，可以理解这几个命令的功能。

A.1.1 处理文本文件

文本文件经常被描述成 ASCII 文件，在经济研究中，这种文件是最广泛运用的原始数据源文件。文本文件存在许多扩展名：将它们记为 .raw (Stata 支持的形式)、.txt、.csv 或 .asc。文本文件就只是文本。像 Microsoft Word 之类的文字处理程序是一种不适合处理文本文件的工具，原因在于文本文件具有独特的二进制格式，通常使用如比例间距这类特性，而此特性会导致列不对齐。

每一种操作系统都支持大量的文本编辑器，其中有许多都是免费的。对于 Stata 用户感兴趣的文本编辑器，考克斯给出了一个极为有用的概述，可以从 ssc 文档以 texteditors 程序包的形式获得。一个好的文本编辑器是不受 Stata 的 ado 文件编辑器或一些操作系统的内置程序储存限制的，在对大型数据文件进行上下滚动处理时，这种好的文本编辑器的速度要大大快于文字处理器。许多文本编辑器可对 Stata 命令着色，使这些命令适用于 Stata 程序开发。文本编辑器也适用于处理大型微观调查数据，并提供机器可读的代码簿，此类代码簿通常有许多兆字节。运用稳健的文本编辑器在代码簿中搜寻特定关键字是有效的。

自由格式与固定格式

文本文件可以是**自由格式**或**固定格式**。在一个自由格式文件里，每条记录都有多个字段，并以**分隔符**分开。一个纯数值文件(numeric file)*或一个带有如美国州编码等简单字符串变量的文件可以用**空格分隔符**；也就是，记录中的连续字段是由一个或多个空格进行分隔的：

```
AK 12.34  0.09   262000
AL 9.02 0.075 378000
AZ 102.4  0.1  545250
```

文件的列不需要对齐。可使用 Stata 的 `infile` 命令从文本文件（在默认情况下，扩展名为.raw）中读取这些数据，此命令对变量命名（而且如有必要，定义数据类型），具体操作如下：

```
. clear
. infile str2 state members prop potential using appA_1
(3 observations read)
. list

     state   members   prop   potent~l
1.      AK     12.34    .09     262000
2.      AL      9.02   .075     378000
3.      AZ     102.4     .1     545250
```

必须指出，第一个变量是最大长度为两个字符的字符串变量（str2），否则每条记录会产生一个错误，即 state 不能以数值形式被读取。甚至也可以有一个包含不同长度记录的字符串变量：

```
. clear
. infile str2 state members prop potential str20 state_name key using appA_2
(3 observations read)
. list

     state   members   prop   potent~l   state_~e   key
1.      AK     12.34    .09     262000     Alaska     1
2.      AL      9.02   .075     378000    Alabama     2
3.      AZ     102.4     .1     545250    Arizona     3
```

然而，只要命中新罕布什尔州，这个方案就会失败。Stata 将州名称中的空格认定为分隔符。如果我们在一个以空格为分隔符的文件中使用字符串及嵌入空格，就必须对变量名进行限定（通常，在文本文件中用引号来限定），具体操作如下：

---

* 又称为数字文件。——译者注

```
. clear
. type appA_3.raw
AK 12.34  0.09   262000 Alaska 1
AL 9.02 0.075 378000 Alabama 2
AZ 102.4  0.1   545250 Arizona 3
NH 14.9  0.02   212000 "New Hampshire" 4

. infile str2 state members prop potential str20 state_name key using appA_3
(4 observations read)
. list
```

	state	members	prop	potent~l	state_name	key
1.	AK	12.34	.09	262000	Alaska	1
2.	AL	9.02	.075	378000	Alabama	2
3.	AZ	102.4	.1	545250	Arizona	3
4.	NH	14.9	.02	212000	New Hampshire	4

因此，如果文本文件是以空格分隔的，并有嵌入空格的字符串变量，我们需要做什么呢？一般地说，没有自动转换方式可以解决该问题。例如，利用文本编辑器可将多个空格变为一个空格，然后将每个独立空格变为一个制表符，但这样做并没有解决问题，因为此过程会在"New"和"Hampshire"中间产生一个制表符。

假如从可选择下载格式的网页下载数据，则应选择**制表分隔符**而不是**空格分隔符**。其他选项，如逗号分隔文本或**逗号分隔符**（.csv），运用起来都有困难。考察（没有引号的）字段内容，例如"College Station, TX"、"J. Arthur Jones, Jr."、"F. Lee Bailey, Esq."或"Ronald Anderson, S. J."。如果每个城市名称后都有一个逗号，就不会出现问题，因为城市和州可以被读取为独立变量；但是如果书写中没有逗号（例如，"Brighton MA"），那么便产生了前面提及的问题。在任何情况下，在解析嵌入逗号的文件名的正确性时会出现一些问题，但用制表分隔符文本则可避免大多数这类问题。

insheet 命令

为了读取制表分隔符文本文件，应使用 insheet 命令，而不是 infile 命令。尽管它的名称如此，insheet 不能读取二进制电子表格文件（例如,.xls），但可读取制表分隔符的（或逗号分隔符的）文本文件，无论它是否为用电子表格程序创建的。例如，大多数数据库程序都有一个选项，产生制表分隔符或逗号分隔符的输出文件，并且网页下载的许多数据集都是这些格式。

只要目标 Stata 数据集观测值所在的记录是以制表符或逗号分隔的，使用 insheet 命令就非常方便。Stata 会自动尝试确定分隔符（但是 tab 与

comma 选项均可以利用），或通过 delimiter(*char*) 选项将任意 ASCII 字符设定为分隔符。例如，欧洲一些数据库输出文件以分号（;）为分隔符，因为欧洲标准数值格式以逗号为十进制分隔符。假如 .raw 文件的第一行包含有效的 Stata 变量名称，就使用这些名称。如果从电子表格抽取数据，这些数据就有上述格式。为使用上面的样本数据集，并保留制表分隔符以及变量名的标题记录，可以键入：

```
. clear
. insheet using appA_4
(6 vars, 4 obs)
. list

     state   members   prop   potent~l    state_name   key
1.     AK     12.34    .09     262000         Alaska     1
2.     AL      9.02    .075    378000        Alabama     2
3.     AZ    102.4     .1      545250        Arizona     3
4.     NH     14.9     .02     212000  New Hampshire     4
```

制表分隔符数据不再出现嵌入空格或逗号的问题。文件第一行就定义了变量名称。

需要特别注意的是数据输入命令产生的警告或错误的信息。如果知道文本文件有多少观测值，就可以直接核对 Stata 报告的数量是否正确。否则，可使用 summarize 命令查看观测值的个数、每个数值标量的最小值以及最大值是否合理。如果特定变量取值不合理，那么可以发现数据输入错误，这通常意味着此记录的一个或多个字段被忽略了，并导致了错误信息。例如，在特定记录中忽略一个数值字段会将一个相邻字符串字段移入此变量。然后，Stata 会抱怨它不能将此字符串读取为数字。以制表符或逗号为分隔符的格式具有一个明显优势，即缺失值可以被编码为两个连续的分隔符。正如第 2 章所讨论的，可使用 assert 确定数据取值的合理性，这是非常有用的优点。

人们可以使用带有 if *exp* 以及 in *range* 限定词的 infile 命令，可选择性输入数据，但不能使用 insheet 命令实现上述过程。例如，对于大型文本文件数据集，使用 in 1/1000 只读取前 1 000 个观测值，并证实输入过程是正确的。使用 if gender == "M"，只读取男性观测值；使用 if uniform( ) <= 0.15 从输入数据中抽取 15% 的样本。不能对 insheet 使用这些限定词，除非此文本文件数据集是庞大的且计算机运行速度很慢，总是可以读取完整数据集，然后应用 keep 或 drop 条件来模仿 infile 的运用。

A.1.2 访问电子表格存储的数据

在前文中已经说过，我们不能通过复制并粘贴将数据从其他应用程序中直接转移到 Stata，因为不能重复此过程。例如，我们不能保证被选择的是电子表格中第一行或第一列和最后一行或最后一列，并复制到粘贴板上，而不对数据造成影响。如果数据是在电子表格中，复制电子表格中合适比例的数据并将其粘贴到一个空白表格中（在 Excel 里，使用 Paste Special 确保只存储数值）。如果继续增加 Stata 变量名称，应留出第一行空白以便后来进行填充。保存该表，然后用 Text Only—Tab delimited 作为一个新文件名。利用文件扩展名.raw 可将此文件直接读入 Stata。

不论 Excel 还是 Stata 都将日期数据读取为从任意起始点开始的连续正数。当 Stata 将日期读取为一个 Stata 日期变量时，它们的格式必须是 4 位数年份带有分隔符的形式（例如，12/6/2004 或 6-Dec-2004）。在 Stata 读取数据之前，在电子表格程序中进行这些改变更容易。Excel 的 Macintosh OS X 系统用户应注意，Excel 的默认值是 1904 日期系统。如果在 Windows 系统下用 Excel 生成电子表格，那么用上述方法创建一个带有所需数据的新表格，日期就减少了 4 年，这是 Macintosh 的 Excel 和 Windows 默认的 Excel 之间的区别。* 在将文件保存为文本之前，取消选中参数 Use 1904 Date System。

A.1.3 固定格式的数据文件

许多文本文件数据都由**固定格式**的记录组成，它们遵从严格的分栏格式，在数据集合中变量会在每条记录的具体位置出现。这样数据集可以使用**代码簿**来定义变量名称、数据类型、在记录中的位置以及其他可能的信息，诸如缺失值、取值标签或正数变量的频率。① 下面是用于研究"1988 年西班牙老年人全国调查"的代码簿的一部分，可从校际政治和社会研究

---

* Microsoft Excel for the Macintosh 和 Excel for Windows 都支持两种日期系统：1900 和 1904 日期系统。可是，Microsoft Excel for Windows 默认的日期系统是 1900 日期系统。Microsoft Excel for the Macintosh 默认的日期系统是 1904 日期系统。当从另一个平台打开文档时，日期系统会自动转换。使用 Excel for Windows 打开一个之前使用 Excel for the Macintosh 创建的文档，则"1904 日期系统"复选框会自动选中。——译者注

① 基于 Stata 数据集并使用 codebook 命令，Stata 本身可以产生一个代码簿。

联盟数据档案中获得。①

```
VAR 0001        ICPSR STUDY NUMBER-9289      NO MISSING DATA CODES
                REF 0001        LOC   1 WIDTH 4          DK    1 COL  3- 6
VAR 0002        ICPSR EDITION NUMBER-2       NO MISSING DATA CODES
                REF 0002        LOC   5 WIDTH 1          DK    1 COL  7
VAR 0003        ICPSR PART NUMBER-001        NO MISSING DATA CODES
                REF 0003        LOC   6 WIDTH 3          DK    1 COL  8-10
VAR 0004        ICPSR ID                     NO MISSING DATA CODES
                REF 0004        LOC   9 WIDTH 4          DK    1 COL 11-14
VAR 0005        ORIGINAL ID                  NO MISSING DATA CODES
                REF 0005        LOC  13 WIDTH 4          DK    1 COL 15-18
VAR 0006        PROXY                        NO MISSING DATA CODES
                REF 0006        LOC  17 WIDTH 1          DK    1 COL 19
VAR 0007        TIME BEGUN-HOUR                          MD=99
                REF 0007        LOC  18 WIDTH 2          DK    1 COL 20-21
VAR 0008        TIME BEGUN-MINUTE                        MD=99
                REF 0008        LOC  20 WIDTH 2          DK    1 COL 22-23
VAR 0009        TIME BEGUN-AM/PM                         MD=9
                REF 0009        LOC  22 WIDTH 1          DK    1 COL 24
VAR 0010        AGE                          NO MISSING DATA CODES
                REF 0010        LOC  23 WIDTH 3          DK    1 COL 25-27
VAR 0011        HISPANIC GROUP               NO MISSING DATA CODES
                REF 0011        LOC  26 WIDTH 1          DK    1 COL 28
VAR 0012        HISPANIC GROUP-OTHER                     MD=99
                REF 0012        LOC  27 WIDTH 2          DK    1 COL 29-30
VAR 0013        MARITAL STATUS               NO MISSING DATA CODES
                REF 0013        LOC  29 WIDTH 1          DK    1 COL 31

        Q.A3.  ARE YOU NOW MARRIED, WIDOWED, DIVORCED, SEPARATED, OR
               HAVE YOU NEVER MARRIED?
               ------------------------------------------------------------
               1083  1.  MARRIED
                815  2.  WIDOWED
                160  3.  DIVORCED
                 99  4.  SEPARATED
                 14  5.  NOT MARRIED, LIVING WITH PARTNER
                128  6.  NEVER MARRIED

VAR 0014        MARITAL STATUS-YEARS              MD=97 OR GE 98
                REF 0014        LOC  30 WIDTH 2          DK    1 COL 32-33
VAR 0015        RESIDENCE TYPE                           MD=7
                REF 0015        LOC  32 WIDTH 1          DK    1 COL 34
VAR 0016        RESIDENCE TYPE-OTHER                     MD=GE 99
                REF 0016        LOC  33 WIDTH 2          DK    1 COL 35-36
VAR 0017        OWN/RENT                                 MD=7
                REF 0017        LOC  35 WIDTH 1          DK    1 COL 37
VAR 0018        OWN/RENT-OTHER                           MD=99
                REF 0018        LOC  36 WIDTH 2          DK    1 COL 38-39
VAR 0019        LIVE ALONE                   NO MISSING DATA CODES
                REF 0019        LOC  38 WIDTH 1          DK    1 COL 40
VAR 0020        HOW LONG LIVE ALONE               MD=7 OR GE 8
                REF 0020        LOC  39 WIDTH 1          DK    1 COL 41
VAR 0021        PREFER LIVE ALONE                 MD=7 OR GE 8
                REF 0021        LOC  40 WIDTH 1          DK    1 COL 42
```

① 研究编号:9289,http://webapp.icpsr.umich.edu/cocoon/ICPSR-STUDY/09289.xml。

代码簿规定了变量的开始列（LOC）以及总列数（WIDTH）。[①]在代码簿的上述部分，只出现整数类型的变量。每个变量的缺失数据（MD）编码也是被指定的。上述列表提供的代码簿包含变量13、婚姻状况、引用调查者提出的问题、6个可能的响应代码及其每个回答的频率等细节。

在固定格式数据文件中，不需要分开字段：例如，在上述例子中，变量0019、0020、0021单独一列的字段被存储为3个连续整数。我们必须告诉Stata将这些数字解释成独立的变量，可用**数据字典**完成：一个独立扩展名为.dct的Stata文件，通过设定必要信息读取固定格式数据文件。代码簿信息可以被逐行翻译成Stata数据字典。Stata的数据字典并不需要包罗万象。人们可能不需要读取原始数据文件的某些变量，因此基本上可以忽略这些列。当使用Stata标准版本且其变量上限为2 047个时，这种选择数据的能力就特别重要。许多研究数据集的变量都多于2 000个。如果仅规定在研究中关心的变量子集，那么就可以利用Stata标准版本读取上述文本文件。

Stata支持两种不同的数据字典格式。就 infix 而言，较简单的格式只需要有每个变量的开始列和终止列以及所需变量的类型信息。举例来说，我们利用 [D] **infix（fixed format）** 中关于数据字典的描述，设定所需信息，将此代码簿字段的子集读入Stata变量中：

```
. clear
. infix using 09289-infix
infix dictionary using 09289-0001-Data.raw {
* dictionary to read extract of ICPSR study 9289
    int v1      1-4
    int v2      5
    int v3      6-8
    int v4      9-12
    int v5      13-16
    int v6      17
    int v7      18-19
    int v8      20-21
    int v9      22
    int v10     23-25
    int v11     26
    int v12     27-28
    int v13     29
    int v14     30-31
    int v15     32
    int v16     33-34
    int v17     35
    int v18     36-37
    int v19     38
    int v20     39
    int v21     40
}
(2299 observations read)
```

[①] 不需考虑COL字段。

我们选择对 infile 的固定格式形式建立字典文件。这是一个功能更强大的命令，原因在于它允许我们附上变量标签并设定取值标签。但是，不能设定字段的列范围，而是根据该变量的 %infmt，必须说明其从哪列开始以及字段宽度。如果代码簿如上所述，就可获得字段宽度。也可以依据字段的开始列数和终止列数计算字段宽度。我们不仅要规定哪些是字符串变量，而且要给出数据的存储类型。变量存储类型会因 %infmt 不同而不同。如果知道其他数据要使用 10 字符字段，那么可能会将一个 6 字符编码读入 10 字符的字段。具体操作如下：

```
. clear
. infile using 09289-0001-Data
infile dictionary using 09289-0001-Data.raw {
_lines(1)
_line(1)
_column(1)     int    V1            %4f    "ICPSR STUDY NUMBER-9289"
_column(5)     int    V2    :V2     %1f    "ICPSR EDITION NUMBER-2"
_column(6)     int    V3            %3f    "ICPSR PART NUMBER-001"
_column(9)     int    V4            %4f    "ICPSR ID"
_column(13)    int    V5            %4f    "ORIGINAL ID"
_column(17)    int    V6    :V6     %1f    "PROXY"
_column(18)    int    V7    :V7     %2f    "TIME BEGUN-HOUR"
_column(20)    int    V8    :V8     %2f    "TIME BEGUN-MINUTE"
_column(22)    int    V9    :V9     %1f    "TIME BEGUN-AM-PM"
_column(23)    int    V10   :V10    %3f    "AGE"
_column(26)    int    V11   :V11    %1f    "HISPANIC GROUP"
_column(27)    int    V12   :V12    %2f    "HISPANIC GROUP-OTHER"
_column(29)    int    V13   :V13    %1f    "MARITAL STATUS"
_column(30)    int    V14   :V14    %2f    "MARITAL STATUS-YEARS"
_column(32)    int    V15   :V15    %1f    "RESIDENCE TYPE"
_column(33)    int    V16   :V16    %2f    "RESIDENCE TYPE-OTHER"
_column(35)    int    V17   :V17    %1f    "OWN-RENT"
_column(36)    int    V18   :V18    %2f    "OWN-RENT-OTHER"
_column(38)    int    V19   :V19    %1f    "LIVE ALONE"
_column(39)    int    V20   :V20    %1f    "HOW LONG LIVE ALONE"
_column(40)    int    V21   :V21    %1f    "PREFER LIVE ALONE"
}
(2299 observations read)
```

当字典的字段不是相邻的时候，我们可使用命令 _column( )。事实上，由于不需要以升序读取列，因此可以随意输入记录。但在输入数据之后，使用命令 order 得到同样的结果。我们用命令 infile，对每一个变量定义变量标签和取值标签。在上述两个例子中，字典文件规定了数据文件名称不能和字典文件名称相同。例如，highway.dct 被读取为 highway.raw，如果是这样，就不需要规定后一个文件名称。当需要用同一字典读取不止一个 .raw 文件时，可通过改变 .dct 文件的规定名称来实现。在输入数据之后，用命令 describe 描述其内容：

```
. describe
Contains data
  obs:              2,299
  vars:                21
  size:           105,754 (98.9% of memory free)
```

variable name	storage type	display format	value label	variable label
V1	int	%8.0g		ICPSR STUDY NUMBER-9289
V2	int	%8.0g	V2	ICPSR EDITION NUMBER-2
V3	int	%8.0g		ICPSR PART NUMBER-001
V4	int	%8.0g		ICPSR ID
V5	int	%8.0g		ORIGINAL ID
V6	int	%8.0g	V6	PROXY
V7	int	%8.0g	V7	TIME BEGUN-HOUR
V8	int	%8.0g	V8	TIME BEGUN-MINUTE
V9	int	%8.0g	V9	TIME BEGUN-AM-PM
V10	int	%8.0g	V10	AGE
V11	int	%8.0g	V11	HISPANIC GROUP
V12	int	%8.0g	V12	HISPANIC GROUP-OTHER
V13	int	%8.0g	V13	MARITAL STATUS
V14	int	%8.0g	V14	MARITAL STATUS-YEARS
V15	int	%8.0g	V15	RESIDENCE TYPE
V16	int	%8.0g	V16	RESIDENCE TYPE-OTHER
V17	int	%8.0g	V17	OWN-RENT
V18	int	%8.0g	V18	OWN-RENT-OTHER
V19	int	%8.0g	V19	LIVE ALONE
V20	int	%8.0g	V20	HOW LONG LIVE ALONE
V21	int	%8.0g	V21	PREFER LIVE ALONE

```
Sorted by:
     Note: dataset has changed since last saved
```

字典显示，取值标签是与变量有关的，但没有对那些标签进行定义。使用下述命令，可创建这些标签。

```
. label define V13 1 "MARRIED" 2 "WIDOWED" 3 "DIVORCED" 4 "SEPARATED"
> 5 "NOT MAR COHABITG" 6 "NEVER MARRIED"
```

在研究一个大型调查数据集，并且其变量是实数或浮点取值，例如以美元和美分计价的工资率或百分比形式的利率如 6.125% 时，更精巧的 infile 数据字典格式的另一个优势就体现出来了。为了节约空间，文本文件的小数点被清除，代码簿显示该字段包含了多少个小数位数。我们以整数形式读取这些数据，并在 Stata 中完成合适的分隔，但更简单的处理方案是将信息构建到数据字典中。通过规定一个变量的 %$infmt$ 为，例如 %6.2f，则 1234 的值可被读取为每小时工资为 12.34 美元。

Stata 数据字典语法可以处理许多复杂文本数据集，包括每个观测值有多个记录的数据集，或需要忽略标题记录的数据集。更详细的内容，参看

[D] **infile（fixed format）**。

A.2 从其他软件文件导入数据

前一节已经讨论了如何将外部数据文件引入 Stata。一般地说，外部数据都是以统计软件包或应用形式存在的。例如，许多经济和金融数据提供者提供 SAS 格式的数据，而社会经济数据集则是以 SPSS 格式定义的。处理这些软件包格式最便宜且最方便的方法是使用 Circle Systems 的产品 Stat/Transfer，可以从 StataCorp 购买。

如果没有 Stat/Transfer，就需要复制其他的统计软件包，并了解如何将此数据集转换成 ASCII 格式。①不过，这是一种相当烦琐的解决方法，因为如 SAS 和 SPSS 等（与 Stata 类似的）软件包有各自的缺失数据格式、取值标签、数据类型等。虽然我们可以将原始数据转换成 ASCII 格式，但 Stata 将不得不重新创建数据的这些属性。对于一个含有几百个（或几千个）变量的大型调查数据集，用上述处理方法是相当麻烦的。像 Stat/Transfer 这样的转换工具可执行所有的内部整理工作，在 Stata 格式文件中对数据赋予任何属性（扩展的缺失值编码、取值标签等）。当然，软件包之间的映射并不总是一一对应的。在 Stata 中，一个值标签可以独立存在，并且可以被附加到任何变量或变量集合中，然而在其他软件包中，一个变量通常具有一种属性，且只能在类似变量间复制。

Stata 与 SAS 和 SPSS 的一个区别是，Stata 数据类型灵活多变。它类似于 C 语言，其中核心编码可以被编写，Stata 除提供字符串类型 str1-str244 之外，还提供五种数值数据类型（参看 [D] **data types**）：整数类型 byte, int 和 long，以及浮点类型 float 和 double。其他大多数软件包基本不支持如此多的数据类型，通常将所有的数值数据存储为一种数据类型，例如，"原始数据具有多种类型，但 SAS 将问题简化了。SAS 只有两种数据类型：数值类型和字符类型"（Delwiche and Slaughter, 1998, 4）。这种简化的代价很高，因为指示变量仅需要一个字节存储空间，而一个双精度浮点变量需要 8 个字节来容纳最多 15 位的小数位数精度。Stata 可根据变量内容设定数据类型，从而在这些变量读入或写入磁盘时，节省磁盘

---

① 如果 SAS 数据集是 SAS Transport（.xpt）格式，那么可以用 Stata 的 fdause 命令读取它。

空间及运行时间。我们可以利用 Stat/Transfer 在转换过程中优化目标 Stata 格式文件，或利用 Stata 命令 compress 自行完成上述优化。无论如何，应该经常进行这种优化，因为它可以压缩文件大小，从而需要更少的计算机内存。

Stat/Transfer 可以在 SAS 或 SPSS 格式的大型文件进行格式转换时创建一个子集。前文曾提及从文本文件中仅读取特定变量的可能性，以避免 Stata 标准版本中的 2 047 个变量上限。我们可以使用 Stat/Transfer 将 SAS 格式的大型调查数据文件转换成 Stata 格式，不过如果文件变量个数多于 2 047 个，就必须将目标文件设定为一个 Stata/SE 文件。如果没有 Stata/SE，就不得不使用 Stat/Transfer 读取希望保留的一系列变量（或要清除变量的列表），该过程会快速产生一个子集文件。因为 Stat/Transfer 可以对变量名称创建机器可读的列表，可以编辑此列表保留或清除列表。

虽然我曾提及 SAS 和 SPSS，但 Stat/Transfer 可对许多其他软件包支持的格式进行转换，包括 GAUSS，Excel 和 MATLAB 等；详细内容参看 http://stattransfer.com。Stat/Transfer 可以在 Windows，Mac OS X 以及 Unix 中运用。

为了在支持结构化查询语言（SQL）的数据库间进行数据转换，Stata 可对支持**开放数据库互连**（open data base connectivity, ODBC）的数据库执行 ODBC 操作（详细内容参看 [D] **odbc**）。大多数 SQL 数据库和非 SQL 数据结构，比如 Excel 和 Microsoft Access 都支持 ODBC，因此可以使用 ODBC 处理外部数据。在运行 Stata 的计算机系统中，必须配备 ODBC 驱动程序。在 Windows 系统中，Microsoft Office 在默认情况下安装 Excel 和 Microsoft Access，但就 Mac OS X 或 Linux 系统而言，可能需要购买第三方驱动程序，以使用特定数据资料。[①] 如果用户拥有数据库连接技术，Stata 的 odbc 是一种功能齐全的处理手段，可以查询外部数据库，并在那些数据库中插入或更新记录。

---

① 除 Linux 系统外，其他 Unix 系统的 Stata 的 odbc 命令目前不可用。

附录 B
Stata 编程基础

本附录讨论 Stata 编程的一些重要方面。正如 3.9.1 小节所讨论的，我们可以将 Stata 的任何一组命令写入文本文件或 do 文件，然后使用 Stata 的 do 命令（或 do 文件编辑器）执行。最后两节讨论 Stata **程序**，这些程序是可以在 Stata 语言中创建新命令的独立程序。程序可以被包含在一个文本文件中，并被称为自动执行文件或 ado 文件，用 ado 文件名称就可调用其所定义的程序。此附录大部分内容阐述人们在运用 do 文件时如何应用 Stata 编程工具。如同 3.9.1 小节讨论的，通常使用 Stata 的 do 文件能简化重复工作，减少重新键入量，使工作更有效率。

为了增强对 Stata 编程的认识，用户应该备有一份《Stata 编程参考手册》，因为有关 do 文件解释的许多重要命令都能在这本手册中找到。该手册也记录了编写 ado 文件的更高级命令。用户也可以参加 Stata 编程方面的网络课程，提高编程技术，精通编程技巧。如果加入 Statalist 论坛，即便是一个被动的读者,也能在列表问答交流中,获得解决问题的实用提示。① 用户也可以仔细分析 Stata 代码。80% 以上的 Stata 官方命令都是以 Stata 编程语言编写的,事实上用户编写的所有程序都可从 SSC 文档获得。② 虽然人们可能对自己编写 ado 文件的兴趣不大,但通读 Stata 代码并在自己的 do 文件中借鉴其中的技巧将会受用无穷。Stata 的官方 ado 文件是由专家编写和测试的,并反映了 Stata 编程在构建时的最佳实践。由于 Stata 编程语言不断发展变化,因而 Stata 的一些官方程序可能仍是旧程序。

用户可以用命令 findfile,找出计算机上任何 Stata 的 ado 文件的位置。③ 使用命令 viewsource④ 检验 ado 文件,也可以用命令 ssc type 检查从 SSC 文档得到的 ado 文件。

可以用丹·布兰切特(Dan Blanchette)提供的、由用户编写的 adoedit 程序,在 do 文件编辑器中编辑小于 32KB 的 ado 文件。可用外部文本编辑器来编辑 ado 文件,因为 ado 文件被认为是一个文本文件。⑤ 不要修改 Stata 官方 ado 文件,也不要将自己的文件置于官方 ado 目录下!Stata 用户经常在复制的官方或用户编写的程序名称中添加 2。倘若我们想要创建自己的 summarize 命令,则将 summarize.ado 另存为 summarize2.ado,并保存到 ado 路径的另一个目录下。然后,编辑该文件,并将 program define 行变为 program define summarize2,……。用这种方法,可对 summarize 和修改后的 summarize2 程序产生的结果进行比较,并且不改动 Stata 的任何官方内容。

---

① 参看 http://www.stata.com/statalist/。
② 但并非完全如此:在 Stata 8.1 中,用户可用插件编写 C 语言代码,以提高计算效率。同样地,Stata 9 的一些程序目前是以 Mata 代码编写的,从而无须获得源代码。未来使用 Mata 的可能性要高于使用 C 语言插件的可能性。
③ 在 Stata 9 之前,可以用命令 which 完成该任务。which 的扩展形式可从 ssc:托马斯·斯泰肯(Thomas Steichen)的 witch 中获得。
④ 在 Stata 9 之前,作者的 adotype 程序可从 ssc 获得,用该程序可完成这项任务。
⑤ 参看 ssc describe texteditors。

B.1 局部宏和全局宏

如果你熟悉较简单的编程语言如 FORTRAN，C 或 Pascal，那么可以发现对不同对象来说，Stata 术语有些令人困惑。在那些语言里，可以用语句如 x = 2 指代**变量**。虽然用户不得不在使用之前对 x 进行说明（比如是 integer 或 float），但那些语言变量的含义是对变量整体进行描述，并赋予其一个值：数值或字符串。与之相比，Stata 变量指代数据矩阵的一列，该矩阵包含了 maxobs 值，每个观测值对应一个。

因此，在 Stata 命令语言中，什么对应于 FORTRAN 或 C 语言的变量呢？就是下面将讨论的 Stata 的**宏**或**标量**。[①] 不过，这种对应不是一一对应，因为 Stata 的宏可能含有多个元素。事实上，一个宏可能含有字母和数字的任何组合，而且 Stata 所有版本的宏可容纳 8 000 多个字符。事实上，Stata 的宏是一个既含名称又含取值情况的别名。当解引用其名称时，就返回其值。在任何时候，用户都可以进行该操作。或者，宏的值也可由其他命令修改。下面是第一个概念的例子：

```
. local country US UK DE FR
. local ctycode 111 112 136 134
. display "`country'"
US UK DE FR
. display "`ctycode'"
111 112 136 134
```

用于定义宏的 Stata 命令是 local（参看 [P] macro）。一个宏可能是局部的，也可能是全局的，这从其名称定义可以一目了然。**局部宏**（local macro）可创建于 do 文件或 ado 文件，当 do 文件正常或非正常终止时就会消失。**全局宏**（global macro）会在 Stata 程序或交互对话期间持续存在。存在充分的理由运用全局宏，不过像任何全局定义一样，全局宏也可能产生一些不良后果，因此我们在后面多数例子里将讨论局部宏。

第一个 local 命令将宏命名为 country，然后定义其取值是一列由四个两字母国家名称缩写组成的编码。下面的 local 语句对宏 ctycode 进行

[①] 在 8.0 版本中，Stata 的标量完全是数值类型的，如命令 scalar 所描述。在 2004 年 7 月的更新版本中，添加了标量存储字符串的功能。

了定义。为了操作时使用宏的取值，必须引用其解。'macroname'指代名为 macroname 的宏的取值。宏名称由单引号（`）与（'）的中间部分给出。使用宏时，多数错误是由于没有遵守规定。为了解引用宏，正确使用标点符号至关重要。就本例子的 display 语句而言，我们必须用双引号标注被解引用的宏，因为 display 要求用双引号标注字符串参数或标量表达式如 display log(14) 的取值。

在上述两种情况中，local 语句不用等号（=）。用户可以在宏名称后使用等号，但除非有要求，否则不要这样做。等号会导致对表达式其他部分进行计算，而并非仅作为宏的名称。这种行为是令人头疼的普遍原因，用户会抱怨："当我有 8 个回归因子时，do 文件可以运行，但有 9 个回归因子时，do 文件就不能运行了。"用等号定义宏导致 Stata 用一个数值表达式或字符串表示命令的其他部分。刻画字符串变量内容的字符串不能超过 244 个字符。① 在对 local mybadstring = "This is an example of a string that will not all end up in the macro that it was intended to populate, which clearly, definitively, and unambiguously indicates that writing short, concise strings is a definite advantage to people who use macros in Stata" 求值时，需要用引号，Stata 在第 244 个字符处截取字符串 mybadstring，而不报错或提示。

当我们必须计算宏的值时，需要在 local 语句中加入等号。在下面的例子中，将宏用作计数器没有出现我们期望的情况：

```
. local count 0
. local country US UK DE FR
. foreach c of local country {
  2.    local count `count' + 1
  3.    display "Country `count' : `c'"
  4. }
Country 0 + 1 : US
Country 0 + 1 + 1 : UK
Country 0 + 1 + 1 + 1 : DE
Country 0 + 1 + 1 + 1 + 1 : FR
```

我们必须使用等号求值而不是**并置**（concatenation）*，具体操作如下：

```
. local count 0
. local country US UK DE FR
```

---

① 在 9.1 版本以前，Stata 小型版和 Stata 标准版对字符串的要求是字符数量不超过 80 个。
* 并置是计算机专业术语。——译者注

```
. foreach c of local country {
  2.    local count = 'count' + 1
  3.    display "Country 'count': 'c'"
  4. }
Country 1 : US
Country 2 : UK
Country 3 : DE
Country 4 : FR
```

在修正的例子中，local 命令使用了两次宏的名称：一次是在没有标点符号的情况下定义其名称，另一次则是在等号右边通过 'count' 解引用而得到当前值。理解为何如此编写语句至关重要。我们在第一个例子中重新定义宏，而在第二个例子中则参考其当前值。

在其他情况下，我们想要在一个循环中建立宏，反复重新定义其取值，因此应避免等号：

```
. local count 0
. local country US UK DE FR
. foreach c of local country {
  2.    local count = 'count' + 1
  3.    local newlist "'newlist' 'count' 'c'"
  4. }
. display "'newlist'"
 1 US 2 UK 3 DE 4 FR
```

语句 local *newlist* 是不正常的，因为它将局部宏 *newlist* 定义为包含其当前内容、空格、计数值、空格以及 c 值的字符串。foreach 语句将局部宏 c 用每个双字母国家编码加以定义。在第一轮循环中，*newlist* 并不存在，我们如何指代其当前值？毫无疑问，Stata 每个宏都有一个空值，除非它被赋予非空值。因此，第一次循环其取值被赋予了字符串 " 1 US "，第二次循环后将字符串 " 2 UK " 排在上次得到的结果之后，等等。在此例子中，使用等号的 local *newlist* 语句在 244 个字符处截取 *newlist*。这种截取没有影响到程序运行，不过假如所列国家更多或拼写的是国家名称，则会造成严重后果。

从上述例子可以发现 Stata 宏对构建列表或计数器和循环索引是非常有用的，而且它们对 Stata 的 do 文件与 ado 文件以及 Stata 所有命令返回值所起的作用更大，关于这一点，已在 4.3.6 小节提到。宏是 Stata 语言的一个重要成分，可以避免重复运行命令以及重复键入计算结果。例如，由 local country US UK DE FR 定义的宏可以用于创建一组具有内容和标签的特定国家图表：

```
. local country US UK DE FR
. foreach c of local country {
  2.         tsline gdp if cty == "'c'", title("GDP for 'c'")
  3. }
```

或用每一个国家的面板数据创建图表:

```
. local country US UK DE FR
. foreach c of local country {
  2.         tsline gdp if cty == "'c'", title("GDP for 'c'")
>               nodraw name('c', replace)
  3. }
. graph combine 'country', ti("Gross Domestic Product, 1971Q1 – 1995Q4")
```

利用宏编写 do 文件更加容易,因为只需修改局部宏的内容就能改动文件。为了对另一组国家创建上述图表,只需修改一个命令:代码列表。因而,用户可以编写一般性 do 文件,并且容易重复使用或改写这组 Stata 命令用于完成类似任务。

B.1.1 全局宏

全局宏和局部宏的不同之处在于它们的创建方式(全局宏使用 global 语句)以及它们的参考含义。当解引用全局宏内容时,获得全局宏 george 的值为 $george,即在 george 前加上美元符号,而不是像局部宏那样用引号括起来。通常全局宏用于将项目参数保存到程序当中,如包含要嵌入程序所创建的所有文件名中的今天日期的字符串,或访问数据集和 do 文件默认目录的名称。

除非用户确实需要全局宏(带有**全局范围**的符号),否则应使用局部宏。当全局符号是用 do 文件 A 定义的时候,再运行 Stata 的 do 文件 G 或 H,会发现它们的运行并不如预期的那样,原因在于现在它们获得了全局符号的值。这种问题很难排错。Fortran 和 C 程序的编程者曾被劝告"保留局部定义,除非它们必须在程序之外出现。"对于 Stata 编程者来说,这也是很好的建议。

B.1.2 扩展宏函数与列表函数

Stata 具有各种功能的函数库可以应用于宏:**扩展函数**(参看 help extended_fcn 或 [P] **macro**)。运用这些函数,很容易对宏的内容进行检索

和操作。例如，

```
. local country US UK DE FR
. local wds: word count 'country'
. display "There are 'wds' countries:"
There are 4 countries:
. forvalues i = 1/'wds' {
  2.         local wd: word'i'of 'country'
  3.         display "country 'i' is 'wd'"
  4. }
Country 1 is US
Country 2 is UK
Country 3 is DE
Country 4 is FR
```

这里使用了扩展函数 word count 与 word #，这两个函数都是对字符串操作的。我们没有将宏的值（'country'）用双引号括起来，否则它会被看作一个单词。① 这个 do 文件可对 local country 中国家列表的任何定义运行，不需要单独定义 count 变量。

许多宏的扩展函数（help extended_fcn）可以执行有用的任务，例如提取变量的变量标签或取值标签，或者确定数据类型，并显示格式；提取 Stata 矩阵的行或列名称；在特定目录中创建和特定模式（pattern）*相匹配的文件列表（比如 *.dta）。subinstr 函数使用起来非常方便，它允许替换宏的一个特定模式，此模式可以是首次出现的，也可以是经常出现的。

可以用其他函数对局部宏的列表进行操作；参看 help macrolists 或 [P] macro lists。运用这些函数可以识别列表的唯一元素或复制条目；将列表分类；把列表和布尔运算符如"与"（&）或者"或"（|）相结合。列表函数可以把与一个列表相同的内容从另一个列表中去掉，识别列表 A 中的元素没有在列表 B 出现的部分。人们可以检验列表的相同性，即定义为在相同次序列表中包含了同样的元素；也可以检验弱等价性，不考虑同样元素的次序问题，而仅关注相同程度。而 list *macrolist_directive*（posof）用于确定列表是否存在特定项，如果存在，指出其所在的列表位置。对这些问题的精彩讨论，可在 Cox（2003）中找到。

---

① 在本书正文里，"单词"指以空格分隔的字符串。
* 又称为结构。——译者注

B.2 标　量

宏与Stata**标量**的区别不是数值内容，因为不论宏还是标量都可以包含字符串。但是，字符串标量的长度不得长于字符串变量的长度（244个字节，参看help limits），在大多情况下，宏的长度是不受限制的。[①] 通常，Stata标量用于数值内容。当一个数值量存于宏中，必须将其从内部（二进制）形式转换成可印刷形式。该转换具有非常高的精度，可是如果数值量不是整数，就引发了某种额外工作。将计算结果（例如，变量均值或标准差）以标量存入，就不需要将Stata的完整数值精度的取值和其结果进行转换。标量在存储数值结果方面更有用，但对Stata包含相同数值maxobs复制的变量而言，标量在存储此变量取值方面略逊一筹。大多数Stata统计与估计命令都将各种数值结果作为标量。在Stata命令中可调用名称来访问标量：

```
. scalar root2 = sqrt(2.0)
. generate double rootGDP = gdp*root2
```

宏与标量的区别在于它们被调用的方式不同。宏必须被解引用以指代其值，而标量仅被命名。[②] 然而，标量可以仅在表达式中出现，其中可以出现Stata变量或数值表达式。例如，不能指定标量作为 in range 限定词的一部分，因为不能提取其取值。标量可在 if exp 限定词中使用，因为它包含了数值表达式。

Stata标量对复杂do文件非常有用。通过在程序开头定义标量，并设定其适用于整个代码，就会将此程序参数化。这样做可以避免在程序语句中改变各种常数。可能经常需要对不同类别的问题重复进行一项复杂的数据转换任务，例如，要对18～24岁的个体进行研究，而不是25～39岁的个体进行研究。do文件可以包含对最小和最大年龄进行界定的限定词，倘若在程序开始时将这些年龄限定为标量，do文件就变得更容易修改和保存。

[①] 事实上，Stata标准版本的宏被限制为67 784个字符，但Stata/SE的宏长度可以多于100万个字符。

[②] 如果标量名称和变量名称相同，Stata也可以对此标量进行操作。Stata不会出现混乱，但是应避免用相同名称定义标量与变量。

B.3 循环结构

Stata 最大的优点是，不需要使用许多重复语句就可以编写多功能的 Stata 程序。Stata 的许多命令促成了这种灵活性。正如 2.2.8 小节讨论的，使用带有 by 前缀的 egen 可避免许多直截了当的语句，比如 compute mean of age for race == 1 或 compute mean of age for race == 2。在《Stata 编程参考手册》里面有两个最有用的命令：forvalues 与 foreach。这些多功能工具完全可以取代 Stata 的其他循环机制。用户可以使用 while 建立一个循环，但必须以局部宏形式提供一个计数器。for 命令现在已经过时了，手册不再描述它。在循环结构中，for 命令只允许被使用一次（多重命令需要复杂语法），而且不可能表达嵌套循环。

与之相比，命令 forvalues 与 foreach 的语法类似于 C 语言以及其他现代编程语言。命令之后是一个左括号（{），接着是一个或多个命令行、结束线及一个右括号（}）。在 Stata 8 和 Stata 9 版本中，用户需要将括号与循环本身分开，可以按照意愿在循环中放置许多命令。可创建如下所示的简单数值循环：

```
. forvalues i = 1/4 {
  2.        generate double lngdp`i' = log(gdp`i')
  3.        summarize lngdp`i'
  4. }
```

Variable	Obs	Mean	Std. Dev.	Min	Max
lngdp1	400	7.931661	.59451	5.794211	8.768936
Variable	Obs	Mean	Std. Dev.	Min	Max
lngdp2	400	7.942132	.5828793	4.892062	8.760156
Variable	Obs	Mean	Std. Dev.	Min	Max
lngdp3	400	7.987095	.537941	6.327221	8.736859
Variable	Obs	Mean	Std. Dev.	Min	Max
lngdp4	400	7.886774	.5983831	5.665983	8.729272

这里局部宏 i 被定义为循环索引。在等式符号后面，我们给出如下 i 的 range 值，即 i 取值为 Stata 的 *numlist*。范围可以是简单的 1/4；或 10(5)50，即从 10 到 50 每隔 5 个数取一个值；或 100(−10)20，即从 100 到 20 每隔 10 个数取一个值。也可以使用其他语法。详细内容参看 [P] **forvalues**。

下面的例子提供了 forvalues 的一个最重要的应用：对变量进行循环，

其中变量已被命名，该名称包含整数成分，因而不需要将语句分隔以转换每一个变量。整数成分不必以后缀形式出现。用户可对名称为 ctyNgdp 的变量建立循环。或者，比如说我们具有包含多于一个整数成分的变量名称：

```
. forvalues y = 1995(2)1999 {
2.        forvalues i = 1/4 {
3.            summarize gdp`i'_`y'
4.        }
5. }
```

Variable	Obs	Mean	Std. Dev.	Min	Max
gdp1_1995	400	3226.703	1532.497	328.393	6431.328
Variable	Obs	Mean	Std. Dev.	Min	Max
gdp2_1995	400	3242.162	1525.788	133.2281	6375.105
Variable	Obs	Mean	Std. Dev.	Min	Max
gdp3_1995	400	3328.577	1457.716	559.5993	6228.302
Variable	Obs	Mean	Std. Dev.	Min	Max
gdp4_1995	400	3093.778	1490.646	288.8719	6181.229
Variable	Obs	Mean	Std. Dev.	Min	Max
gdp1_1997	400	3597.038	1686.571	438.5756	7083.191
Variable	Obs	Mean	Std. Dev.	Min	Max
gdp2_1997	400	3616.478	1677.353	153.0657	7053.826
Variable	Obs	Mean	Std. Dev.	Min	Max
gdp3_1997	400	3710.242	1603.25	667.2679	6948.194
Variable	Obs	Mean	Std. Dev.	Min	Max
gdp4_1997	400	3454.322	1639.356	348.2078	6825.981
Variable	Obs	Mean	Std. Dev.	Min	Max
gdp1_1999	400	3388.038	1609.122	344.8127	6752.894
Variable	Obs	Mean	Std. Dev.	Min	Max
gdp2_1999	400	3404.27	1602.077	139.8895	6693.86
Variable	Obs	Mean	Std. Dev.	Min	Max
gdp3_1999	400	3495.006	1530.602	587.5793	6539.717
Variable	Obs	Mean	Std. Dev.	Min	Max
gdp4_1999	400	3248.467	1565.178	303.3155	6490.291

由此可知，嵌套循环由两个 forvalues 语句构成。

B.3.1 foreach

foreach 命令和 forvalues 一样有用，在创建有效 do 文件时甚至更有用。此命令与 Stata 的一些最普通结构比如宏、变量序列及数值序列相互作用。与 forvalues 类似，局部宏被定义为循环索引。除使用一组数值进行循环之外，foreach 也可以通过局部（或全局）宏的元素、变量序列的变量名称或数值序列的元素进行循环。列表还可以是命令行的任意**元素列表**，也可以是有效变量名称的一个新序列，该变量没有出现在数据集中。

这种语法可以使 foreach 更加灵活地用于任意项集合，而忽视其形式。前面的许多例子使用 foreach 和定义列表的局部宏元素。我们用来自 lifeexp《图表参考手册》(*Graphics Reference Manual*) 数据集的 *varlist* 阐明其应用。计算描述统计量，以及它与 popgrowth 的相关性，对 popgrowth 与变量序列的每个变量画出散点图：

```
. foreach v of varlist lexp-safewater {
  2.         summarize 'v'
  3.         correlate popgrowth 'v'
  4.         scatter popgrowth 'v'
  5. }
```

Variable	Obs	Mean	Std. Dev.	Min	Max
lexp	68	72.27941	4.715315	54	79

(obs=68)

	popgro~h	lexp
popgrowth	1.0000	
lexp	-0.4360	1.0000

Variable	Obs	Mean	Std. Dev.	Min	Max
gnppc	63	8674.857	10634.68	370	39980

(obs=63)

	popgro~h	gnppc
popgrowth	1.0000	
gnppc	-0.3580	1.0000

Variable	Obs	Mean	Std. Dev.	Min	Max
safewater	40	76.1	17.89112	28	100

(obs=40)

	popgro~h	safewa~r
popgrowth	1.0000	
safewater	-0.4280	1.0000

下面的例子则自动创建一个 recode 语句。虽然得到的语句只是四个元素的输出结果，但可以想象拥有 180 个国家代码的情况！local ++i 是对循环内增加计数变量的一种简写。[①]

```
. local ctycode 111 112 136 134
. local i 0
. foreach c of local ctycode {
  2.          local ++i
  3.          local rc "`rc' (`i'=`c')"
  4. }
. display "`rc'"
 (1=111) (2=112) (3=136) (4=134)
. recode cc `rc', gen(newcc)
(400 differences between cc and newcc)
. tabulate newcc
```

RECODE of cc	Freq.	Percent	Cum.
111	100	25.00	25.00
112	100	25.00	50.00
134	100	25.00	75.00
136	100	25.00	100.00
Total	400	100.00	

用户也可以在 foreach 语句中使用嵌套循环。在嵌套循环结构中，可以将 foreach 和 forvalues 结合运用，比如下面的例子：

```
. local country US UK DE FR
. local yrlist 1995 1999
. forvalues i = 1/4 {
  2.          local cname: word `i' of `country'
  3.          foreach y of local yrlist {
  4.                  rename gdp`i'_`y' gdp`cname'_`y'
  5.          }
  6. }
. summ gdpUS*
```

Variable	Obs	Mean	Std. Dev.	Min	Max
gdpUS_1995	400	3226.703	1532.497	328.393	6431.328
gdpUS_1999	400	3388.038	1609.122	344.8127	6752.894

一种好的做法是，不论空格还是制表符都要用首行缩排，以便将循环体语句对齐，如这里显示的那样。只要按要求运用括号，Stata 并不介意，但合

[①] 严谨的 Stata 编程者应避免编写类似 local rc "`rc'(`=`++i''=`c')" 的命令行。

理运用括号可使 do 文件读起来更容易且更易于修改。

总之，foreach 与 forvalues 语句是 do 文件编程者的基本工具。每当我们在 Stata 的 do 文件中发现有大量重复语句时，就知道这可能是编程者并不理解如何将这些循环程序之一用于编程和程序维护，使其更简单。对于循环命令的精彩讨论，参看 Cox（2002a）。

B.4 矩　阵

Stata 总是提供功能齐全的矩阵语言，对实数矩阵进行大量的矩阵运算，参看 [P] **matrix**。Stata 9 版本也提供专用矩阵语言 Mata，它在 Stata 内独立环境下运行。此附录后面将讨论 Mata。首先，讨论如何在 Stata 中用 matrix 命令执行传统矩阵计算。

运用 Stata 的传统 matrix 命令时，矩阵大小受到限制。在 Stata 标准版本中，矩阵的行数和列数都不能超过 800。[①] 因而，用传统 matrix 命令处理矩阵任务较烦琐。例如，mkmat（参看 [P] **matrix mkmat**）可以基于变量的 *varlist* 创建一个 Stata 矩阵，但在 Stata 标准版本中观测值个数不能超过 800 个。假如不打算使用 Mata，需要注意两点。第一，Stata 有特定算子如 matrix accum，对任意个数的观测值计算矩阵的叉积。无论 N 是多少，一个包含 10 000 个观测值、5 个变量（包括常数）的回归可用 5×5 矩阵叉乘积完成。对此命令稍加变化，例如 matrix glsaccum，matrix vecaccum 以及 matrix opaccum，可完成其他有用操作。在此情况下，矩阵维数是不受限制的。命令 matrix accum 和矩阵函数 corr( ) 也可以对数据创建相关矩阵。例如，mat accum C = *varlist*, dev nocons 会计算一个相关矩阵，mat Corr = corr(C) 可将其转换为一个相关矩阵。命令 correlate 会显示一个相关矩阵，但不能用于保存相关矩阵的元素。

第二，对复杂矩阵表达式进行操作时，暴力方法是不可取的。例如，（9.4 节讨论的）SUR 估计量在教科书里作为 GLS 估计量，并且包含大型

[①] 对 Stata/SE 来说，限制数相对较大，大型矩阵将占用更多的计算机内存。对此，Mata 提供了一种更有效的解决方法。

对角块矩阵 X 以及维数庞大的大型 Ω 矩阵。依据分块矩阵的代数算法，执行 SUR 的统计软件包将此表达式表述成许多项的乘积，方程组的每个方程都有一个因子。在该表达式中，每一项的回归方程都不能多于一个。大型矩阵运算可以被简化为一个对独立方程建立的循环。虽然可以将教科书或期刊的矩阵表达式复制粘贴到代码上，但该方法并不总是可行的——无论在 Stata 传统矩阵语言或 Mata，还是其他任何矩阵语言中——因为计算机可用内存是有限的。对一个复杂矩阵表达式执行操作时，要花费时间将问题简化为可操作的规模。

如果用户不想自己编程（ado 文件），也不想学习如何使用 Mata，Stata 矩阵有助于保存结果，并且可作为一种管理信息的方法。Stata 的许多统计命令以及所有估计命令都在幕后创建了一个或多个矩阵。正如 4.3.6 小节讨论的，和 Stata 其他估计命令一样，regress 创建了估计系数的 ($1 \times k$) 行向量矩阵 e(b) 以及系数估计方差协方差 ($k \times k$ 对称矩阵) 矩阵 e(V)。用户可以用 matrix list 命令检查那些矩阵，或在 do 文件中用 matrix 语句复制它们。命令 matrix beta＝e(b) 在程序中创建了一个矩阵 beta，作为最后的估计命令得到的系数向量的备份。

访问矩阵元素需用方括号。由于没有向量数据类型，Stata 的所有矩阵都有两个下标，在访问矩阵元素时，必须包含这两个下标。用户可以在一个表达式中规定行范围或列范围：具体内容参看 [P] **matrix**。Stata 传统矩阵是独特的，因为矩阵元素既可由其行和列的编号（从 1 而不是 0 开始）寻址，又可由其行和列的名称寻址。命令 mat vv = v["gdp2", "gdp3"] 用一个 1×1 矩阵表示 gdp2 与 gdp3 的回归系数的估计协方差。

Stata 矩阵有助于计算机操作，例如计算表格中的累积结果。tabstat 命令可对一些 by-分组集合创建描述统计量。同样地，可使用 statsmat (Cox and Baum，从 ssc 中获得) 对一组变量或 by-分组的一个变量创建描述统计量的矩阵。可用鲍姆和德阿译维多 (de Azevedo) 的 outtable 创建 LATEX 表。可用迈克尔·布莱斯尼克 (Michael Blasnik) 的 mat2txt 创建一个制表符定界输出。可用 matrix rownames, matrix colnames 以及许多宏扩展函数（B.1.2 小节已经作了阐述）改变 Stata 矩阵的行标签和列标签，从而控制表格输出的行列标题。Stata 的传统 matrix 算子可将许多小矩阵汇总成一个矩阵。例如，在一个多国数据集中，用户可以对每个国家创建一个矩阵。总之，审慎地使用 Stata 的传统 matrix 命令会减轻许多繁重的计算机内部处理任务，不需重新键入就可以轻松完成表格内容更新。

B.5 return 与 ereturn

Stata 的每一个命令都报告其结果，有时这是**不需要的**，例如一个非零返回代码伴随着一个错误信息（help_rc），但通常是无声的。用 Stata 命令保存结果极为有用。使用已存储结果可大大简化对 Stata 的操作，因为用户可以运用前面计算的结果、标题、图标签甚至条件语句的结果来创建 do 文件。

Stata 的每一个命令都属于某一个类别——r 类、e 类或不太普通的 s 类。这些类别既可应用于已有（例如 summarize）的命令上，又可应用于 ado 文件语言执行的 80% Stata 官方命令上。[①] e 类命令是估计命令，为调用程序和其他信息返回 e(b) 和 e(V)，e(b) 和 e(v) 分别是估计参数向量及其方差协方差矩阵（参看 help ereturn）。几乎所有其他的 Stata 官方命令都是 r 类命令，r 类命令返回调用程序的**结果**（help return）。下面，我们首先阐述简单的 r 类命令。

事实上，Stata 的每一个命令都会将一些项置于返回序列（return list）[*]，包括我们以为不会产生结果的那些命令，这些项完全可由相同名称的命令显示出来。[②] 例如，考察 describe 命令：

---

① 如果这种差异引起你的兴趣，那么 findfile 将报告一个命令是已有（例如 C 程序或 Mata 代码）的，或者是位于你硬盘某个特定 ado 文件内的。

* 这里将 return list 翻译成返回序列。实际上，list 在计算机语言方面的含义较多，有表、列表、目录、序列、数据清单等。由于原书中 return list 也是一个命令，因此有时依据原文含义而没有翻译。——译者注

② generate 和 egen 是两个明显的例外。

```
. use http://www.stata-press.com/data/imeus/abdata, clear
. describe

Contains data from http://www.stata-press.com/data/r9/abdata.dta
  obs:         1,031
 vars:            30                              3 Mar 2005 01:13
 size:       105,162 (98.9% of memory free)

              storage  display     value
variable name   type    format     label       variable label
---------------------------------------------------------------------
c1             str9     %9s
ind            float    %9.0g
year           float    %9.0g
emp            float    %9.0g
wage           float    %9.0g
cap            float    %9.0g
indoutpt       float    %9.0g
n              float    %9.0g
w              float    %9.0g
k              float    %9.0g
ys             float    %9.0g
rec            float    %9.0g
yearm1         float    %9.0g
id             float    %9.0g
nL1            float    %9.0g
nL2            float    %9.0g
wL1            float    %9.0g
kL1            float    %9.0g
kL2            float    %9.0g
ysL1           float    %9.0g
ysL2           float    %9.0g
yr1976         byte     %8.0g                  year==   1976.0000
yr1977         byte     %8.0g                  year==   1977.0000
yr1978         byte     %8.0g                  year==   1978.0000
yr1979         byte     %8.0g                  year==   1979.0000
yr1980         byte     %8.0g                  year==   1980.0000
yr1981         byte     %8.0g                  year==   1981.0000
yr1982         byte     %8.0g                  year==   1982.0000
yr1983         byte     %8.0g                  year==   1983.0000
yr1984         byte     %8.0g                  year==   1984.0000
---------------------------------------------------------------------
Sorted by: id  year

. return list

scalars:
          r(changed) = 0
         r(widthmax) = 9148
           r(k_max) = 2048
           r(N_max) = 89028
            r(width) = 98
                r(k) = 30
                r(N) = 1031

. local sb: sortedby
. display "dataset sorted by : `sb'"
dataset sorted by : id year
```

describe 命令的返回序列包括了标量,附录 B.2 对此给出了阐述。r(N) 和 r(k) 提供了内存数据集观测值的数量以及变量的个数。r(changed) 是一个指示变量,当数据集有变化时,它取值为 1。我们也在这里说明,如何利用 B.1.2 小节讨论的扩展宏函数检索数据集**排序次序**(sort order)的信息。在不显示返回序列的情况下,返回序列定义的任何标量都可用于接下来的语句。后面的 r 类命令将用返回值来代替返回序列的内容,假如想要使用这些项,可将其保存在局部宏或被命名的标量中。对于更具应用性的例子,考察 summarize 命令:

```
. summarize emp, detail

                             emp
-------------------------------------------------------------
      Percentiles      Smallest
 1%         .142           .104
 5%         .431           .122
10%         .665           .123       Obs                1031
25%        1.18            .125       Sum of Wgt.        1031

50%        2.287                      Mean           7.891677
                        Largest       Std. Dev.      15.93492
75%        7.036         101.04
90%       17.919        103.129       Variance       253.9217
95%       32.4          106.565       Skewness       3.922732
99%       89.2          108.562       Kurtosis       19.46982

. return list

scalars:
                  r(N) =  1031
              r(sum_w) =  1031
               r(mean) =  7.891677013539667
                r(Var) =  253.9217371514514
                 r(sd) =  15.93492193741317
           r(skewness) =  3.922731923543387
           r(kurtosis) =  19.46982480250623
                r(sum) =  8136.319000959396
                r(min) =  .1040000021457672
                r(max) =  108.5619964599609
                r(p1) =  .1420000046491623
                r(p5) =  .4309999942779541
                r(p10) =  .6650000214576721
                r(p25) =  1.179999947547913
                r(p50) =  2.286999940872192
                r(p75) =  7.035999774932861
                r(p90) =  17.91900062561035
                r(p95) =  32.40000152587891
                r(p99) =  89.19999694824219

. scalar iqr = r(p75) - r(p25)

. display "IQR = " iqr
IQR = 5.8559998

. scalar semean = r(sd)/sqrt(r(N))

. display "Mean = " r(mean) " S.E. = " semean
Mean = 7.891677 S.E. = .49627295
```

运行 summarize 命令之后，detail 选项显示了可用结果的全部范围——均以标量形式存在。我们以标量形式计算概括变量的**四分位差**（interquartile range，IQR）及其均值的标准误差，并显示其数量。通常需要知道变量均值来进行更多计算，但又不想显示 summarize 的结果。这时 summarize 中的 meanonly 选项就阻止了对序列方差或标准差的计算和输出。标量 r(N)、r(mean)、r(min) 以及 r(max) 仍是可以利用的。

当研究时间序列或面板数据时，通常需要了解数据是否已经由 tsset 处理，如果是，还要了解哪些变量用作日期变量，以及哪些是面板变量（如果有定义的话）。例如，

```
. use http://www.stata-press.com/data/imeus/abdata, clear
. tsset
      panel variable:  id, 1 to 140
       time variable:  year, 1976 to 1984
. return list
scalars:
              r(tmax) =  1984
              r(tmin) =  1976
              r(imax) =  140
              r(imin) =  1
macros:
          r(panelvar) : "id"
          r(timevar) : "year"
            r(unit1) : "."
            r(tsfmt) : "%9.0g"
           r(tmaxs) : "1984"
           r(tmins) : "1976"
```

这里，返回标量包括面板数据集第一个和最后一个时期（1976年和1984年）以及由 r(panelvar) 命名的变量 id 的范围。宏也包含时间序列形式的时期变量r(timevar)及其范围，其形式很容易被控制，例如图的标题。

许多统计命令是 r 类的，因为它们并不用于拟合模型。无论命令的 *varlist*：中变量的个数有多少，以及最后一个变量与倒数第二个变量之间的相关性有多大，命令 correlate 将计算相关系数的估计值。[①] ttest 命令也是 r 类的，因此为检索它计算的量，可以访问其返回序列。具体操作如下：

---

① 如果需要将相关性的完整集合用于未来研究，先使用 mat Corr = corr(C)，然后使用 mat accum C = *varlist* dev nocons。

```
. generate lowind = (ind<6)
. ttest emp, by(lowind)
Two-sample t test with equal variances

   Group |     Obs        Mean    Std. Err.   Std. Dev.   [95% Conf. Interval]
       0 |     434    8.955942    .9540405    19.87521    7.080816    10.83107
       1 |     597     7.11799    .5019414    12.26423    6.132201    8.103779
combined |    1031    7.891677     .496273    15.93492    6.917856    8.865498
    diff |             1.837952    1.004043               -.1322525    3.808157

    diff = mean(0) - mean(1)                                      t =   1.8306
Ho: diff = 0                                  degrees of freedom =     1029

    Ha: diff < 0              Ha: diff != 0              Ha: diff > 0
 Pr(T < t) = 0.9663      Pr(|T| > |t|) = 0.0675       Pr(T > t) = 0.0337

. return list
scalars:
                  r(sd) =  15.93492193741317
                r(sd_2) =  12.26422618476487
                r(sd_1) =  19.87520847697869
                  r(se) =  1.004042693732077
                 r(p_u) =  .0337282628926395
                 r(p_l) =  .9662717371073605
                   r(p) =  .0674565257852791
                   r(t) =  1.83055206312211
                r(df_t) =  1029
                r(mu_2) =  7.117989959978378
                 r(N_2) =  597
                r(mu_1) =  8.955942384452314
                 r(N_1) =  434
```

返回序列除了包含由 r(N_1) + r(N_2) 计算的观测值总数、分组均值的标准误差以及置信区间的界限外，还包含 ttest 的每一个显示值的标量。

B.5.1 ereturn list

任何 e 类（估计）命令后面都提供了更多信息，如同 ereturn list 所展示的。大多数的 e 类命令返回 Stata 的四种类型对象 (object)[*]：标量，例如对估计过程概述的 e(N)；宏，例如提供响应变量的名称信息 e(depvar) 及使用的估计量 e(model)；前面阐述的矩阵 e(b) 和 e(V)；以及 Stata 的**函数** e(sample)，当每一个观测值都被包含在估计样本中时，该函数值为 1，否则为 0。例如，考虑一个简单回归：

---

[*] 又可译为目标，这里依据上下文含义，将它译为对象。——译者注

```
. regress emp wage cap

      Source |       SS       df       MS              Number of obs =    1031
-------------+------------------------------           F(  2,  1028) = 1160.71
       Model |  181268.08        2     90634.04        Prob > F      =  0.0000
    Residual |  80271.3092    1028    78.0849311       R-squared     =  0.6931
-------------+------------------------------           Adj R-squared =  0.6925
       Total |  261539.389    1030    253.921737       Root MSE      =  8.8366

------------------------------------------------------------------------------
         emp |      Coef.   Std. Err.      t    P>|t|     [95% Conf. Interval]
-------------+----------------------------------------------------------------
        wage |  -.3238453   .0487472    -6.64   0.000    -.4195008   -.2281899
         cap |   2.104883   .0440642    47.77   0.000     2.018417    2.191349
       _cons |   10.35982   1.202309     8.62   0.000     8.000557    12.71908
------------------------------------------------------------------------------

. ereturn list
scalars:
              e(N) = 1031
           e(df_m) = 2
           e(df_r) = 1028
              e(F) = 1160.711019312048
             e(r2) = .6930813769821942
           e(rmse) = 8.836567837477737
            e(mss) = 181268.0800475577
            e(rss) = 80271.30921843699
           e(r2_a) = .6924842590385798
             e(ll) = -3707.867843699609
           e(ll_0) = -4316.762338658647

macros:
            e(title) : "Linear regression"
           e(depvar) : "emp"
              e(cmd) : "regress"
       e(properties) : "b V"
          e(predict) : "regres_p"
            e(model) : "ols"
        e(estat_cmd) : "regress_estat"

matrices:
               e(b) :  1 x 3
               e(V) :  3 x 3

functions:
             e(sample)

. local regressors: colnames e(b)
. display "Regressors: `regressors'"
Regressors: wage cap _cons
```

列表中有两个特别有用的标量 e(df_m) 和 e(df_r)：它们分别表示**模型**和**残差**的自由度，对应于 e(F) 表达式分子与分母的自由度。用 e(rmse) 可检索方程的 Root MSE。打印输出时没有出现以下两个标量：e(ll) 和 e(ll_0)，它们分别表示拟合模型和零模型估计的似然函数。[①] 尽管响应变量的名称可以用于宏 e(depvar) 中，但回归元名称不在这里显示。正如例子所示，

[①] 对于带有常数项的 OLS 回归，零模型由方差分析 F 来定义：所有斜率系数都被设定为 0 的截距模型。

它们由矩阵 e(b) 检索。由于估计参数被返回一个 $1\times k$ 的行向量中，故变量名称是该矩阵的列名称。

许多 Stata 官方命令以及用户编写的程序都使用 ereturn list 提供的信息。如同 5.2.7 小节所述，estat ovtest（参看 [R] **regress postestimation**）这类命令在 regress 之后如何计算必需的数量呢？通过 e 类命令，它能从留下的结果，如 e 类标量、宏、矩阵或函数检索到全部有关信息，即回归元的名称、自变量以及基于 e(sample) 的所有 if exp 或 in $range$ 条件的净效应。如果使用 ereturn list 寻找 e 类命令留下的每一个量名称，并且在 e 类命令之后立刻在局部宏或标量中存储所需结果，那么编写的任何 do 文件都能执行同样的任务。正如前面提及的，将标量保存为标量有助于保留全部精确度。用户不应该将标量存储到 Stata 变量中，除非有恰当的理由这样做。

e 类命令可在 4.3.6 小节阐述的一系列 estimates 命令之后运用。正如 4.4 节阐明的，估计值可被存储在集合中、被操作并以表格形式进行组合。大多数估计命令都可在 estat 命令后面出现，以创建估计后统计量。例如，estat vce 将显示估计参数的方差协方差矩阵 [e(V)]，其格式具有灵活性。estat ic 命令计算了赤池信息准则（AIC）和施瓦茨（Schwarz）的贝叶斯信息准则（BIC）。每个估计命令都记录那些可能用于估计之后的命令。例如，[R] **regress postestimation** 描述的命令可在 regress 之后出现。这些命令一部分是 estat 类型的，而另一些则是标准的估计后命令，例如 predict，test 以及 mfx。

B.6 程序与语法语句

本节讨论一项更繁重任务的基础知识：编写自己的 ado 文件或 Stata 命令。前面例子中的 do 文件结构和 ado 文件之间存在差异，也就是如果已经编写了 myprog.do，那么需要用 Stata 命令 do myprog 运行它。可是，倘若已经编写了 myrealprog.ado，那么只要新命令在 ado 路径有定义，就可以用 Stata 命令 myrealprog 运行它。

此外，还有更深层的差异。ado 文件程序以 $varlist$ 形式，if exp 或 in $range$ 条件，或选项来接收参数。然而，不必超出上述 do 文件的例子来定义一个新 Stata 命令。我们知道，summarize 命令不计算均值的标准误差。

我们需要几个变量的该量，尽管用现有命令采用其他方法也可以计算，但我们编写一个程序来完成计算。这里用 do 文件定义程序。实际上，可将程序放入其文件 semean.ado，具体操作如下：

```
. capture program drop semean
. *! semean  v1.0.1  CFBaum  04aug2005
. program define semean, rclass
  1.       version 9.0
  2.       syntax varlist(max=1 numeric)
  3.       quietly summarize 'varlist'
  4.       scalar semean = r(sd)/sqrt(r(N))
  5.       display _n "Mean of 'varlist' = " r(mean) " S.E. = " semean
  6.       return scalar semean = semean
  7.       return scalar mean = r(mean)
  8.       return local var 'varlist'
  9. end
. use http://www.stata-press.com/data/imeus/abdata, clear
. semean emp
Mean of emp = 7.891677 S.E. = .49627295
. return list
scalars:
            r(mean) =  7.891677013539667
          r(semean) =   .4962729540865196
macros:
             r(var) : "emp"
```

我们以命令 capture program drop *progname* 开始研究。一旦程序载入 Stata 内存，在会话期间它通常一直保留。由于在程序运行时要反复定义程序，因此我们想要确定是否执行最新程序。接下来评注行以*!（希腊文称为 *star-bang*）开始，这是一个特殊评注，显示 file 命令的内容。用一系列数字、作者名以及日期记录 ado 文件是一种好方法。

program 语句识别程序名称为 semean。我们已经核查了 semean 不是 Stata 已存在的命令名称。由于 findit semean 确定没有以该名称出现的程序，该名称没有被 Stata 官方命令所用，也没有被《Stata 技术通讯》或《Stata 期刊》中的程序或者任何 ssc 程序所用。我们将程序定义为 rclass。除非一个程序被定义为 rclass 或 eclass，否则它不能计算结果。下面的 version 行表明，ado 文件需要在 Stata 9 版本中运行，同时确保在 Stata 10 或 Stata 11 运行时该程序也遵守 Stata 9 的语法。

接下来的 syntax 行，可使 Stata 程序解析命令行，并从所用程序中提取所需的程序变量。在这个简单的例子中，只使用 syntax 的一个元素：指定程序具有最多包含一个数字元素的强制 *varlist*。Stata 强化执行以下约束：名称出现在命令行上，引用现有的数值变量。后面的几行是对前面 do

文件例子中将均值的标准误差计算为标量 semean 的重复。接下来的行用 return 将两个标量（semean 与 mean）和一个宏（变量名称）置于返回数组。

这样做确实好，但为了有用，统计命令应该接受 if *exp* 和 in *range* 限定词。我们也能将此程序作为计算器来使用，而不打印输出结果。我们能无声调用它，但阻止输出的选项非常有用。将这些有用的特征加入程序中不需要太多工作。if *exp* 和 in *range* 限定词的定义及程序选项都运用 syntax 语句处理。在改进的程序中，[if] 与 [in] 表示这些限定词每一个都可使用。syntax 的方括号 [ ] 表示命令的选项成分。[, noPRInt] 说明命令有一个"noprint"选项，而且这确实是可选的（可以在 Stata 命令中定义不可选择项或需要选择项）。下面是修改程序：

```
. capture program drop semean
. *! semean   v1.0.2   CFBaum   04aug2005
. program define semean, rclass
  1.         version 9.0
  2.         syntax varlist(max=1 numeric) [if] [in] [, noPRInt]
  3.         marksample touse
  4.         quietly summarize 'varlist' if 'touse'
  5.         scalar semean = r(sd)/sqrt(r(N))
  6.         if ("`print'" != "noprint") {
  7.                 display _n "Mean of 'varlist' = " r(mean)
>               " S.E. = " semean
  8.         }
  9.         return scalar semean = semean
 10.         return scalar mean = r(mean)
 11.         return scalar N = r(N)
 12.         return local var 'varlist'
 13. end
```

由于使用 if *exp* 或 in *range* 限定词可对一部分样本进行分析，用 r(N) 表示计算时所用的样本大小。倘若命令行给出 if *exp* 或 in *range* 限定词，则用 marksample touse 操作。该命令对参与指示变量 touse 计算的观测值进行标注，对于令人满意的观测值，则设为 1。变量 touse 是一个 *tempvar* 或临时变量，像局部宏一样，在 ado 文件结束时消失。我们可以用 tempvar 命令明确创建这些临时变量。当程序需用一个变量时，运用 tempvar 可避免名称与数据集内容冲突。由于变量是临时的，当它被提及时，以局部宏 'touse' 形式出现，这是其自身（任意）名称的别名。我们必须将 if 'touse' 添加到程序的每一个语句中，该程序以输入 *varlist* 开始运作。这里只需修改 summarize 语句。

我们用 abdata 数据集执行修改程序：

```
. semean emp
Mean of emp = 7.891677 S.E. = .49627295
. return list
scalars:
                  r(N) =    1031
               r(mean) =    7.891677013539667
             r(semean) =    .4962729540865196
macros:
                r(var) : "emp"
. semean emp if year < 1982, noprint
. return list
scalars:
                  r(N) =    778
               r(mean) =    8.579679950573757
             r(semean) =    .6023535944792725
macros:
                r(var) : "emp"
```

这里 if exp 限定词发挥作用,并且可以用 noprint 阻止打印输出。

该程序的其他两个特点也非常有用。首先,我们希望它是 *byable*,可以与 by *varlist*: 前缀一起运用。由于该程序没有创建新的变量,所以我们将 byable(recall) 添加到 program 语句(详细内容参看 [P] **byable**)。其次,我们希望在程序中使用时间序列算子 (L., D., F.)。将 ts 说明符添加到 varlist 来实现此功能。改进程序为

```
. capture program drop semean
. *! semean   v1.0.3   CFBaum   04aug2005
. program define semean, rclass byable(recall) sortpreserve
    1.           version 9.0
    2.           syntax varlist(max=1 ts numeric) [if] [in] [, noPRInt]
    3.           marksample touse
    4.           quietly summarize 'varlist' if 'touse'
    5.           scalar semean = r(sd)/sqrt(r(N))
    6.           if ("'print'" != "noprint") {
    7.                   display _n "Mean of 'varlist' = " r(mean)
>                   " S.E. = " semean
    8.           }
    9.           return scalar semean = semean
   10.           return scalar mean = r(mean)
   11.           return scalar N = r(N)
   12.           return local var 'varlist'
   13. end
```

我们试用程序的 byable 新特点,首先用 if exp 计算一年的结果,然后查看在 by *varlist*: 控制下是否出现相同结果:

```
. semean D.emp
Mean of D.emp = -.30018408 S.E. = .0677383
. semean emp if year == 1982
Mean of emp = 6.9304857 S.E. = 1.2245105
. by year, sort: semean emp

-> year = 1976
Mean of emp = 9.8449251 S.E. = 2.1021706

-> year = 1977
Mean of emp = 8.5351159 S.E. = 1.393463

-> year = 1978
Mean of emp = 8.6443428 S.E. = 1.3930028

-> year = 1979
Mean of emp = 8.7162357 S.E. = 1.4311206

-> year = 1980
Mean of emp = 8.5576715 S.E. = 1.4611882

-> year = 1981
Mean of emp = 7.7214 S.E. = 1.3467025

-> year = 1982
Mean of emp = 6.9304857 S.E. = 1.2245105

-> year = 1983
Mean of emp = 5.2992564 S.E. = 1.3286027

-> year = 1984
Mean of emp = 2.2205143 S.E. = .48380791
```

最后，出于教学目的，说明如何对程序添加有意思的功能，即在不创建该变量的情况下，对 *varlist* 变换进行操作的能力。[①] 使用 tempvar 语句指派一个临时变量 target，这相当于缺少 function( ) 参数下的 *varlist* 或规定 function( ) 时 *varlist* 的函数。局部宏 tgt 被用来保存 target 命令的内容，也被用于显示关注变量以及计算局部宏 r(var)。我们将 if 'touse' 限定词置于 generate 语句中，并对该语句的结果使用 capture 命令，以发现任何错误。例如，用户可能设定一个未被定义的函数。_rc（返回代码）会检验一个非零值，它能发现 generate 命令中的错误。改进程序读入：

[①] 此任务模仿 Stata 的时间序列算子的特性，可以用它规定 D.emp 而不需要明确地在数据集中创建该变量。

```
. capture program drop semean
. *! semean   v1.1.0  CFBaum   04aug2005
. program define semean, rclass byable(recall) sortpreserve
  1.     version 9.0
  2.     syntax varlist(max=1 ts numeric) [if] [in]
>                [, noPRInt FUNCtion(string)]
  3.     marksample touse
  4.     tempvar target
  5.     if "`function'" == "" {
  6.             local tgt "`varlist'"
  7.     }
  8.     else {
  9.             local tgt "`function'(`varlist')"
 10.     }
 11.     capture tsset
 12.     capture generate double `target' = `tgt' if `touse'
 13.     if _rc > 0 {
 14.             display as err "Error: bad function `tgt'"
 15.             error 198
 16.     }
 17.     quietly summarize `target'
 18.     scalar semean = r(sd)/sqrt(r(N))
 19.     if ("`print'" != "noprint") {
 20.             display _n "Mean of `tgt' = " r(mean)
>               " S.E. = " semean
 21.     }
 22.     return scalar semean = semean
 23.     return scalar mean = r(mean)
 24.     return scalar N = r(N)
 25.     return local var `tgt'
 26. end
```

正如下面例子说明的，当应用能简化样本量的转换时，程序能够正常运行。D.emp 的对数仅对雇佣的正变化有定义，在此样本中 140 个公司中的大多数在 1982 年都减少了雇佣。

```
. semean emp
Mean of emp = 7.891677 S.E. = .49627295
. semean emp, func(sqrt)
Mean of sqrt(emp) = 2.1652401 S.E. = .05576835
. semean emp if year==1982, func(log)
Mean of log(emp) = .92474464 S.E. = .11333991
. return list
scalars:
                  r(N) =   140
               r(mean) =   .9247446421128256
             r(semean) =   .1133399069800714
macros:
                r(var) : "log(emp)"
. semean D.emp if year==1982, func(log)
Mean of log(D.emp) = -2.7743942 S.E. = .39944652
```

```
. return list
scalars:
                  r(N) =  22
               r(mean) = -2.774394169773632
             r(semean) =  .3994465211383764
macros:
                r(var) : "log(D.emp)"
```

该程序可以在模拟 Stata 官方命令的许多特点的同时保持简洁。我们只触及了 ado 文件功能的表层。例如，用户编写的许多程序能创建新变量或基于选项取值执行计算，该过程可以有默认值。用户编写的程序也可用于定义添加的 egen 函数。它们的名称（及所在的文件）以 _g 开头：即 _gfoo.ado 将对 egen 定义函数 foo( )。

虽然 Stata 的许多用户不需要编写 ado 文件程序也可能熟悉程序及其功能，但是另一些用户发现，他们要持续不断地快速重写代码并尽可能做最少的变动来完成今天的工作，并用这种方法完成明天的类似任务。在顿悟之后，博学的 Stata 用户将认识到，通过学习如何编写自己的 ado 文件，不管这些程序是否有通用性或是否和其他 Stata 用户分享，都能在短期提高生产力。正如前面所建议的，想要成为编程者应该研究 StataCorp 的网络课程，正式学习这些技能。

B.7　用 Mata 函数编写 Stata 程序

最后一节简要介绍 Stata 9 版本增加的 Mata 矩阵编程语言。[1] 正如 Mata 在线程序说明书所示，我们可以在一个完全交互模式下使用 Mata，就像其他矩阵语言比如 GAUSS、MATLAB 或 Ox 一样。然而，对经济学家来说，Mata 的最大优点是它可以使 Stata 程序提速，利用其执行**编译代码**的能力而非 ado 文件的**解释性**命令。执行 do 文件命令与执行 ado 文件同样命令的计算速度没有差异。不过，Mata 可以编译函数，即执行一次任务，而得到的字节码将执行多次，且速度快于解释性语言的同样命令。两个被广泛使用的 SSC 程序是由 Stata 用户编写的，分别是勒文（Leuven）和夏内西（Sianesi）

---

[1] 如果对使用 Mata 感兴趣，应关注《Stata 期刊》从第 5 卷第 3 期开始的威廉·古尔德（William Gould）的"Mata Matters"专题。

用于**倾向得分匹配**（propensity score matching）[①] 的 psmatch2 命令与鲁德曼用于扩展阿雷拉诺-邦德估计的 xtabond2 命令[②]，这两个程序已被其作者重新编写并充分利用了 Mata 的效率和速度。

鉴于许多常见的计量经济程序是以矩阵符号缩写简化的，Mata 可以使用于 Stata 编写的程序更容易。由其他语言（例如 Fortran，C 或前面提及的任何矩阵语言之一）编写的代码很容易被转换为 Mata（Gould，2005）。一系列 Mata 函数包括线性代数函数的标准集合（比如 LAPACK 和 EISPACK），以及其他程序环境下可以利用的所有矩阵处理能力。

Mata 不会使以 ado 文件保存的 Stata 程序过时。大多数新特征都被引入 Stata，其中 ado 文件程序用作一个或多个 Mata 函数的**包装**，因而用户根据需要使用 ado 文件与 Mata 的任何一种语言都能做到极致。syntax 语句的高水平解析函数，为运用简洁用户界面创建 Stata 命令、错误检验等提供了重要工具。一旦用 ado 文件代码设定了任务，就可以传递给 Mata 进行快速的处理。正如我们所看到的，Mata 既可访问 Stata 变量、宏以及标量，又可将结果存入那些对象。

现在，我们构建 Mata 函数，用于解决由一个 Statalist 创建者提出的数据转换问题。[③] 这个用户有一组变量，每个变量包含 N 个观测值，他想要在同一个数据集里创建一组新变量。每个新变量的观测值都是两个连续观测值的平均值。因而，x 的观测值 1 与观测值 2 的平均值成为新变量观测值 1，观测值 3 与观测值 4 的平均值成为新变量观测值 2，等等。假如此类变换可以完成，并且不再用原来的数据，则一种方法是在定义一个指示变量用于识别子群之后，使用 collapse 语句。另一种方法是，用函数 egen group() 创建平均值，但会将其与偶数的观测值对齐，并穿插着缺失值。

与之相比，我们创建的 Mata 函数会按原先指定的形式执行该任务。由于这种特定工具有使用约束，所以为解决更一般的问题，就要对函数进行设计。当我们研究时间序列数据时，经常希望对某一变量的 p 个连续值建立平均值，作为连续观测值。我们想要将国民收入的季度数据与此季度的平均通胀率、每月报告通胀率并置。同理，我们想要将月度数据转换为年度格式，将季度数据转换为年度格式，或将每天的商业数据转换为周度数

[①] 参看 http://ideas.repec.org/c/boc/bocode/s432001.html。

[②] 参看 http://ideas.repec.org/c/boc/bocode/s435901.html。

[③] 参看 http://www.hsph.harvard.edu/cgi-bin/lwgate/STATALIST/archives/statalist.0507/Subject/article-296.html。

据。一般地说，上述任务都类似于在 Statalist 中发布的特殊问题。①

为了满足这种需求，我们编写名为 averageper( ) 的 Mata 函数，它有三个**参数**：Stata 变量名称、求平均值的连续时期数（p）以及一个名称为 touse 的变量。正如 B.6 节所述，touse 结构允许指定对哪一个观测值进行计算，这与 if *exp* 和 in *range* 条件表述类似。下面是 averageper( ) 函数：

```
. * define the Mata averageper function
. mata:
------------------------------------------------- mata (type end to exit) -------
:               void averageper(string scalar vname, real scalar per, string scalar t
> ouse)
>               {
> // define objects used in function
>               string scalar vnew
>               real scalar divisor
>               real scalar resindex
>               real matrix v1
>               real matrix v3
> // construct the new variable name from original name and per
>               vnew = vname + "A" + strofreal(per)
> // access the Stata variable, honoring any if or in conditions
>               v1=st_data(.,vname,touse)
> // verify that per is appropriate
>               if (per<=0 | per > rows(v1)) {
>                       _error("per must be > 0 and < nobs.")
>               }
> // verify that nobs is a multiple of per
>               if (mod(rows(v1),per) != 0) {
>                       _error("nobs must be a multiple of per.")
>               }
> // reshape the column vector into nobs/per rows and per columns
> // postmultiply by a per-element row vector with values 1/per
>               divisor = 1/per
>               v3 = colshape(v1',per) * J(per,1,divisor)
> // add the new variable to the current Stata data set
>               resindex = st_addvar("float",vnew)
> // store the calculated values in the new Stata variable
>               st_store((1,rows(v3)),resindex,v3)
>               }
: end
```

mata：命令调用 Mata，允许我们给出 Mata 命令。在函数定义之后，我们宣称函数内部使用的几个对象是局部的。这些宣称并不是必须的，但是个好主意。首先从传递给程序的 vname 中创建一个新变量名称，其中包含 A 和并置的 per 值。因而，如果我们规定 per 值为 3，用其指定变量

---

① 对 Stata 官方数据频率来说（参看 2.2.5 小节），该问题已由作者的 tscollap 程序解决（Baum, 2000）。不过，该程序（类似于 collapse）破坏了原始高频数据，需要另外的 merge 步骤模拟后续 Mata 程序。

price，那么新变量名称（vnew）就是priceA3。

然后，使用Mata的st_data( )函数得到该Stata变量，将其值复制粘贴到Mata的矩阵v1中。Mata也提供一个st_view( )函数，它允许我们对变量创建一个视图，或对Stata变量创建一个子集。在该函数中，必须使用st_data( )。此函数会服从所有被保存在touse中的if exp 和in $range$ 条件。

后面n行对各种误差进行检验。per是小于1还是大于N？该函数也会核对N（即v1观测值的个数）是否为per的偶数倍。如果这些条件中有任何一个不满足，函数就会失效。

在这些检查之后，我们开始核心计算。解决问题的办法是重塑。我们可对N元列向量重塑，将其改为vname，而vname被复制粘贴到矩阵v3，该矩阵由q行与per列组成。$q=N/\text{per}$表示平均观测值的个数，由计算得到。用per列向量ι右乘矩阵v3的转置，对每一个观测值求per值之和。此平均值是1/per乘以该向量。因而，将列向量的元素定义为divisor = 1/per。得到的列向量v3是长度为q的平均序列。

举例来说，设x表示含N个元素的Stata变量。每一个元素成为重塑矩阵的一列：

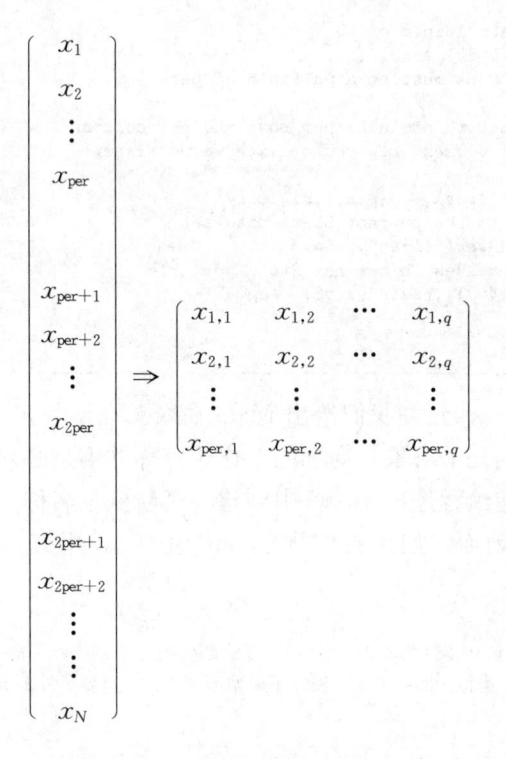

$$\begin{pmatrix} x_1 \\ x_2 \\ \vdots \\ x_{\text{per}} \\ \\ x_{\text{per}+1} \\ x_{\text{per}+2} \\ \vdots \\ x_{2\text{per}} \\ \\ x_{2\text{per}+1} \\ x_{2\text{per}+2} \\ \vdots \\ x_N \end{pmatrix} \Rightarrow \begin{pmatrix} x_{1,1} & x_{1,2} & \cdots & x_{1,q} \\ x_{2,1} & x_{2,2} & \cdots & x_{2,q} \\ \vdots & \vdots & & \vdots \\ x_{\text{per},1} & x_{\text{per},2} & \cdots & x_{\text{per},q} \end{pmatrix}$$

然后，转置重塑矩阵，用 per 元素列向量右乘，从而构建 per 时期的平均值：

$$\begin{pmatrix} x_{1,1} & x_{2,1} & \cdots & x_{\text{per},1} \\ x_{1,2} & x_{2,2} & \cdots & x_{\text{per},2} \\ \vdots & \vdots & & \vdots \\ x_{1,q} & x_{2,q} & \cdots & x_{\text{per},q} \end{pmatrix} \begin{pmatrix} \frac{1}{\text{per}} \\ \frac{1}{\text{per}} \\ \vdots \\ \frac{1}{\text{per}} \end{pmatrix} = \begin{pmatrix} x_1^* \\ x_2^* \\ \vdots \\ x_q^* \end{pmatrix}$$

列向量 x^* 在 Mata 函数中标记为 v3，它是初始 Stata 变量的每个 per 元素的平均值。

最后，我们试图运用 st_addvar( )，将类型为 float 的变量 vnew 加入 Stata 的数据集。如果该变量名称已存在，那么尝试就会失败。假如这样做顺利，则可用函数 st_store( ) 将 v3 的 q 个元素保存为新变量的取值，而将其他元素定义为缺失。然后，可用 end 命令退出 Mata，回到 Stata。

Stata 会对此 Mata 代码给予解释，并标注任何语法错误。倘若没有语法错误，则可**编译**此函数，将其以目标代码形式保存。当调用 Mata 函数时，Stata 关注该函数的目标代码 ado 路径，即 averageper.mo。命令 mata mosave 创建（或修订）目标文件：

```
. // save the compiled averageper function
. mata: mata mosave averageper(), replace
(file averageper.mo created)
```

既然已完成 Mata 函数，就可以编写 ado 文件包装程序。严格地讲，此项工作并不是必要的；可以从 Stata 直接调用 Mata 函数，例如 mata: averageper (...)。不过，我们想要充分利用 syntax 以及 B.6 节所述的 ado 文件语言的其他特征。在 Stata 中定义命令 averageper 的程序非常简单。设定必须提供一个数值 varname，以及所需的 per( ) 选项，此选项必为整数。运用 marksample 处理 if exp 和 in $range$ 条件。Mata 函数所需的三个变量都通过了：varlist 与 touse 都是字符串，per 是一个数值。

```
. * define the Stata averageper wrapper command
. *! averageper 1.0.0   05aug2005 CFBaum
. program averageper, rclass
   1.         version 9
   2.         syntax varlist(max=1 numeric) [if] [in], per(integer)
   3. // honor if and in conditions if provided
.           marksample touse
   4. // pass the variable name, per, and touse to the Mata function
.           mata: averageper("`varlist'",`per',"`touse'")
   5. end
```

或者，我们也可将 Mata 函数置于 ado 文件中，而不是将其保存到一个独立的.mata 文件中，并创建.mo 目标文件。假如它在 ado 文件中，在 Stata 会话首次调用 ado 文件 averageper 时，Mata 代码便被编译。随后，调用该 ado 文件就不需编译 Mata 函数。对 Statalist 的一种争论[①]认为，如果 Mata 函数少于 2 000 行代码，则可将其加入 ado 文件。不过，如果 Mata 函数会被许多不同的 ado 文件调用，那么最好是将代码保存到.mo 目标文件中，而不是复制 Mata 代码。

现在，要检验命令 averageper。使用《Stata 时间序列参考手册》(*Stata Time-Series Reference Manual*) 数据集 urates，它包含了美国多个州失业率的月度数据。对变量 tenn（田纳西州的失业率）执行 averageper，并分别用 per(3) 与 per(12) 计算季度平均与年度平均。

```
. use http://www.stata-press.com/data/imeus/urates, clear
. tsset
        time variable:  t, 1978m1 to 2003m12
. describe tenn

              storage  display     value
variable name type     format      label      variable label
-------------------------------------------------------------
tenn          float    %9.0g

. averageper tenn, per(3)  // calculate quarterly averages
. averageper tenn, per(12) // calculate annual averages
. summarize tenn*

    Variable |   Obs       Mean    Std. Dev.       Min        Max
-------------+--------------------------------------------------------
        tenn |   312   6.339744    2.075308        3.7       12.8
       tennA3 |   104   6.339744    2.078555   3.766667   12.56667
      tennA12 |    26   6.339744    2.078075   3.908333   11.83333
```

命令 summarize 表明，原始数据和两个新序列具有同样的均值，且它们必须有同样的均值。为了显示新变量如何出现在 Stata 的数据矩阵中，用命令 tsmktim（Baum and Wiggins, 2000）构建两个日期变量，列出田纳西州数据的前 12 个观测值。可以证明，程序计算出了正确的季度和年度平均值。

---

① 参看 http://www.hsph.harvard.edu/cgi-bin/lwgate/STATALIST/archives/statalist.0508/date/article-358.html。

```
. tsmktim quarter, start(1978q1)   // create quarterly calendar var
    time variable:  quarter, 1978q1 to 2055q4
. tsmktim year, start(1978)        // create annual calendar var
    time variable:  year, 1978 to 2289
. list t tenn quarter tennA3 year tennA12 in 1/12, sep(3)
```

	t	tenn	quarter	tennA3	year	tennA12
1.	1978m1	5.9	1978q1	5.966667	1978	5.8
2.	1978m2	5.9	1978q2	5.766667	1979	5.791667
3.	1978m3	6.1	1978q3	5.733333	1980	7.3
4.	1978m4	5.9	1978q4	5.733333	1981	9.083333
5.	1978m5	5.8	1979q1	5.733333	1982	11.83333
6.	1978m6	5.6	1979q2	5.7	1983	11.45833
7.	1978m7	5.7	1979q3	5.733333	1984	8.55
8.	1978m8	5.7	1979q4	6	1985	7.983334
9.	1978m9	5.8	1980q1	6.166667	1986	8.041667
10.	1978m10	5.9	1980q2	7.066667	1987	6.591667
11.	1978m11	5.7	1980q3	8	1988	5.775
12.	1978m12	5.6	1980q4	7.966667	1989	5.108333

最后，回到初始 Statalist 的问题：如何对整组变量进行转换？我们不是对 averageper 进行推广来处理多个变量，而是对这些变量执行 foreach 循环：

```
. foreach v of varlist tenn-arkansas {
  2.         averageper 'v', per(3)
  3. }
. summarize illinois*
```

Variable	Obs	Mean	Std. Dev.	Min	Max
illinois	312	6.865064	1.965563	4.1	12.9
illinoisA3	104	6.865064	1.964652	4.2	12.76667

尽管我们可以对该程序做更多改进，但其运行还是有效率的。对 Mata 编程的简短介绍应提供如下观念，即将这种多功能矩阵语言加入 Stata，使 Stata 功能强大。假如用户想要编写 Mata 函数，就应该备有一份《Mata 参考手册》(*Mata Reference Manual*)。

参考文献

Akaike, H. 1974. A new look at statistical model identification. *IEEE Transactions on Automatic Control* 19:716-722.

Anderson, T. W. 1984. *Introduction to Multivariate Statistical Analysis*. New York: Wiley.

Arellano, M., and S. Bond. 1991. Some tests of specification in panel data: Monte Carlo evidence and an application to employment equations. *Review of Economic Studies* 58:277-297.

Arellano, M., and O. Bover. 1995. Another look at the instrumental variables estimation of error components models. *Journal of Econometrics* 68:29-52.

Bai, J., and P. Perron. 2003. Computation and analysis of multiple structural change models. *Journal of Applied Econometrics* 18:1-22.

Baltagi, B. H. 2001. *Econometric Analysis of Panel Data*. 2nd ed. New York: Wiley.

Bartus, T. 2005. Estimation of marginal effects using margeff. *Stata Journal* 5:309–329.

Basmann, R. 1960. On finite sample distributions of generalized classical linear identifiability test statistics. *Journal of the American Statistical Association* 55:650–659.

Baum, C. F. 2000. sts17: Compacting time series data. *Stata Technical Bulletin* 57:44–46. Reprinted in *Stata Technical Bulletin Reprints*, vol. 10, pp. 369–370. College Station, TX: Stata Press.

——2001. Residual diagnostics for cross-section time series regression models. *Stata Journal* 1:101–104.

——2005. Stata: The language of choice for time series analysis? *Stata Journal* 5:46–63.

Baum, C. F., N. J. Cox, and V. Wiggins. 2000. sg137: Tests for heteroskedasticity in regression error distribution. *Stata Technical Bulletin* 55:15–17. Reprinted in *Stata Technical Bulletin Reprints*, vol. 10, pp. 147–149. College Station, TX: Stata Press.

Baum, C. F., M. E. Schaffer, and S. Stillman. 2003. Instrumental variables and GMM: Estimation and testing. *Stata Journal* 3:1–31.

——2005. Software update: st0030_2. Instrumental variables and GMM: Estimation and testing. *Stata Journal* 5:607.

Baum, C. F., and V. Wiggins. 2000. dm81: Utility for time series data. *Stata Technical Bulletin* 57:2–4. Reprinted in *Stata Technical Bulletin Reprints*, vol. 10, pp. 29–30. College Station, TX: Stata Press.

Belsley, D. A. 1991. *Conditioning Diagnostics: Collinearity and Weak Data in Regression*. New York: Wiley.

Belsley, D. A., E. Kuh, and R. E. Welsch. 1980. *Regression Diagnostics: Identifying Influential Data and Sources of Collinearity*. New York: Wiley.

Blackburn, M., and D. Neumark. 1992. Unobserved ability, efficiency wages, and interindustry wage differentials. *Quarterly Journal of Economics* 107:1421–1436.

Blundell, R., and S. Bond. 1998. Initial conditions and moment restrictions in dynamic panel data models. *Journal of Econometrics* 87:115–143.

Bond, S. 2002. Dynamic panel data models: a guide to microdata methods and practice. Technical Report CWP09/02, Centre for Microdata Methods and Practice, Institute for Fiscal Studies.

Bound, J., D. A. Jaeger, and R. Baker. 1995. Problems with instrumental variables estimation when the correlation between the instruments and the endogenous explanatory variable is weak. *Journal of the American Statistical Association* 90: 443–450.

Box, G. E. P., and D. A. Pierce. 1970. Distribution of residual autocorrelations in autoregressive-integrated moving average time series models. *Journal of the American Statistical Association* 65: 1509–1526.

Breusch, T. S., and A. R. Pagan. 1979. A simple test for heteroskedasticity and random coefficient variation. *Econometrica* 47: 1287–1294.

——. 1980. The Lagrange Multiplier test and its applications to model specification in econometrics. *Review of Economic Studies* 47: 239–253.

Brown, M., and A. Forsythe. 1992. Robust test for the equality of variances. *Journal of the American Statistical Association* 69: 364–367.

Chao, J. C., and N. R. Swanson. 2005. Consistent estimation with a large number of weak instruments. *Econometrica* 73: 1673–1692.

Cochrane, D., and G. H. Orcutt. 1949. Application of least-squares regression to relationships containing autocorrelated error terms. *Journal of the American Statistical Association* 44: 32–61.

Cook, R. D., and S. Weisberg. 1983. Diagnostics for heteroscedasticity in regression. *Biometrika* 70: 1–10.

——. 1994. *An Introduction to Regression Graphics*. New York: Wiley.

Cox, D. R. 1961. Tests of separate families of hypotheses. In *Proceedings of the Fourth Berkeley Symposium on Mathematical Statistics and Probability*, vol. 1. Berkeley, CA: University of California Press.

——. 1962. Further results on tests of separate families of hypotheses. *Journal of the Royal Statistical Society*, Series B 24: 406–424.

Cox, N. J. 1999. dm70: Extensions to generate, extended. *Stata Technical Bulletin* 50: 9–17. Reprinted in *Stata Technical Bulletin Reprints*, vol. 9, pp. 34–45. College Station, TX: Stata Press.

——. 2000. dm70. 1: Extensions to generate, extended: corrections. *Stata Technical Bulletin* 57:2. Reprinted in *Stata Technical Bulletin Reprints*, vol. 10, p. 9. College Station, TX: Stata Press.

——. 2002a. Speaking Stata: How to face lists with fortitude. *Stata Journal* 2:202–222.

——. 2002b. Speaking Stata: On numbers and strings. *Stata Journal* 2: 314–329.

——. 2003. Speaking Stata: Problems with lists. *Stata Journal* 3:185–202.

Cox, N. J., and J. Weesie. 2001. dm88: Renaming variables, multiply and systematically. *Stata Technical Bulletin* 60:4–6. Reprinted in *Stata Technical Bulletin Reprints*, vol. 10, pp. 41–44. College Station, TX: Stata Press.

——. 2005. Software update: dm88_1: Renaming variables, multiply and systematically. *Stata Journal* 5:607.

Cragg, J. G., and S. G. Donald. 1993. Testing identifiability and specification in instrumental variables models. *Econometric Theory* 9:222–240.

Cumby, R. E., J. Huizinga, and M. Obstfeld. 1983. Two-step two-stage least squares estimation in models with rational expectations. *Journal of Econometrics* 21:333–355.

Davidson, R., and J. MacKinnon. 1981. Several tests for model specification in tile presence of alternative hypotheses. *Econometrica* 49:781–793.

Davidson, R., and J. G. MacKinnon. 1993. *Estimation and Inference in Econometrics*. 2nd ed. New York: Oxford University Press.

——. 2004. *Econometric Theory and Methods*. New York: Oxford University Press.

De Hoyos, R. E., and V. Sarafidis. 2006. XTCSD: Stata module to test for cross-sectional dependence in panel data models. http://www.econ.cam.ac.uk/phd/red29/research.htm.

Delwiche, L. D., and S. J. Slaughter. 1998. *The Little SAS Book*. 2nd ed. Cary, NC: SAS Institute.

Durbin, J. 1970. Testing for serial correlation in least squares regression when some of the regressors are lagged dependent variables. *Econometrica* 38:410–421.

Durbin, J., and G. Watson. 1950. Testing for serial correlation in least squares regression I. *Biometrika* 37:409–428.

Eichenbaum, M. S., L. P. Hansen, and K. J. Singleton. 1988. A time series analysis of representative agent models of consumption and leisure. *Quarterly Journal of Economics* 103:51–78.

Godfrey, L. G. 1978. Testing for multiplicative heteroskedasticity. *Journal of Econometrics* 8:227–236.

———. 1988. *Misspecification Tests in Econometrics: The Lagrange Multiplier Principle and Other Approaches.* Cambridge: Cambridge University Press.

———. 1999. Instrument relevance in multivariate linear models. *Review of Economics and Statistics* 81:550–552.

Gould, W. 2005. Mata Matters: Translating Fortran. *Stata Journal* 5:421–441.

Gould, W., J. Pitblado, and W. Sribney. 2006. *Maximum Likelihood Estimation with Stata.* 3rd ed. College Station, TX: Stata Press.

Greene, W. H. 2000. *Econometric Analysis.* 4th ed. Upper Saddle River, NJ: Prentice-Hall.

———. 2003. *Econometric Analysis.* 5th ed. Upper Saddle River, NJ: Prentice-Hall.

Griliches, Z. 1976. Wages of very young men. *Journal of Political Economy* 84:S69–S85.

Hahn, J., and J. Hausman. 2002a. A new specification test for the validity of instrumental variables. *Econometrica* 70:163–189.

———. 2002b. Notes on bias in estimators for simultaneous equation models. *Economics Letters* 75:237–241.

Hall, A. R., and F. P. M. Peixe. 2000. A consistent method for the selection of relevant instruments. In *Contributed Papers, Econometric Society World Congress 2000.* http://econpapers.repec.org/paper/ecmwc2000/0790.htm: EconPapers.

Hall, A. R., G. D. Rudebusch, and D. W. Wilcox. 1996. Judging instrument relevance in instrumental variables estimation. *International Economic Review* 37:283–298.

Hansen, L. 1982. Large sample properties of generalized method of moments estimators. *Econometrica* 50:1029 – 1054.

Hardle, W. 1990. *Applied Nonparametric Regression*. Cambridge: Cambridge University Press.

Hausman, J. 1978. Specification tests in econometrics. *Econometrica* 46:1251 – 1271.

Hausman, J. A., and W. E. Taylor. 1981. Panel data and unobservable individual effects. *Econometrica* 49:1377 – 1398.

Hayashi, F. 2000. *Econometrics*. Princeton, NJ: Princeton University Press.

Heckman, J. 1976. The common structure of statistical models of truncation, sample selection, and limited dependent variables and a simple estimator for such models. *Annals of Economic and Social Measurement* 5: 475 – 492.

———. 1979. Sample selection bias as a specification error. *Econometrica* 47:153 – 161.

Hildreth, C., and J. Y. Lu. 1960. Demand relations with autocorrelated disturbances. Technical Report 276, Michigan State University Agricultural Experiment Station Technical Bulletin.

Hill, R. C., and L. C. Adkins. 2003. Collinearity. In *A Companion to Theoretical Econometrics*, ed. B. H. Baltagi. Malden, MA: Blackwell Publishing.

Hsiao, C. 1986. *Analysis of Panel Data*. New York: Cambridge University Press.

Huber, P. J. 1967. The behavior of maximum likelihood estimates under non-standard conditions. In *Proceedings of the Fifth Berkeley Symposium in Mathematical Statistics and Probability*, vol. 1, 221 – 233. Berkeley, CA: University of California Press.

Jann, B. 2005. Making regression tables from stored estimates. *Stata Journal* 5:288 – 308.

Johnston, J., and J. DiNardo. 1997. *Econometric Methods*. 4th ed. New York: McGraw-Hill.

Judge, G. G., R. C. Hill, W. E. Griffiths, H. Lütkepohl, and T. C. Lee.

1985. *The Theory and Practice of Econometrics.* 2nd ed. New York: Wiley.

Koenker, R. 1981. A note on Studentizing a test for heteroskedasticity. *Journal of Econometrics* 17:107–112.

Levene, H. 1960. Robust tests for equality of variances. In *Contributions to Probability and Statistics*, ed. I. Olkin, 278–292. Palo Alto, CA: Stanford University Press.

Ljung, G. M., and G. E. P. Box. 1979. On a measure of lack of fit in time series models. *Biometrika* 65:297–303.

Long, J. S., and J. Freese. 2006. *Regression Models for Categorical and Limited Dependent Variables using Stata.* 2nd ed. College Station, TX: Stata Press.

McFadden, D. 1974. The measurement of urban travel demand. *Journal of Public Economics* 3:303–328.

Mitchell, M. 2004. *A Visual Guide to Stata Graphics.* College Station, TX: Stata Press.

Munnell, A. H., G. Tootell, L. Browne, and J. McEneaney. 1996. Mortgage lending in Boston: Interpreting HMDA Data. *American Economic Review* 86:25–53.

Newey, W. K., and K. D. West. 1987. A simple, positive semi-definite, heteroskedasticity and autocorrelation consistent covariance matrix. *Econometrica* 55:703–708.

Nickell, S. 1981. Biases in dynamic models with fixed effects. *Econometrica* 49:1417–1426.

Pagan, A. R., and D. Hall. 1983. Diagnostic tests as residual analysis. *Econometric Reviews* 2:159–218.

Pesaran, M. 1974. On the general problem of model selection. *Review of Economic Studies* 41:153–171.

Pesaran, M., and A. Deaton. 1978. Testing non-nested nonlinear regression models. *Econometrica* 46:677–694.

Poi, B. P. 2002. From the help desk: Demand system estimation. *Stata Journal* 2:403–410.

Poirier, D. 1981. Partial observability in bivariate probit models. *Journal of Econometrics* 12:209–217.

Prais, S. J., and C. B. Winsten. 1954. Trend estimators and serial correlation. Technical Report 383, Cowles Commission Discussion Paper Series.

Ruud, P. A. 2000. *An Introduction to Classical Econometric Theory.* Oxford: Oxford University Press.

Sargan, J. 1958. The estimation of economic relationships using instrumental variables. *Econometrica* 26: 393 – 415.

Schwarz, G. 1978. Estimating the dimension of a model. *Annals of Statistics* 6: 461 – 464.

Shea, J. 1997. Instrument relevance in multivariate linear models: A simple measure. *Review of Economics and Statistics* 79: 348 – 352.

Staiger, D., and J. H. Stock. 1997. Instrumental variables regression with weak instruments. *Econometrica* 65: 557 – 586.

Stock, J., and M. Watson. 2006. *Introduction to Econometrics.* 2nd ed. Reading, MA: Addison-Wesley.

Stock, J. H., J. H. Wright, and M. Yogo. 2002. A survey of weak instruments and weak identification in generalized method of moments. *Journal of Business and Economic Statistics* 20: 518 – 529.

Tobin, J. 1958. Estimation of relationships for limited dependent variables. *Econometrica* 26: 24 – 36.

Van de Ven, W., and B. M. S. Van Pragg. 1981. The demand for deductibles in private health insurance: A probit model with sample selection. *Journal of Econometrics* 17: 229 – 252.

Welsch, R., and E. Kuh. 1977. Linear regression diagnostics. Technical Report 923 – 977, Sloan School of Management, MIT.

White, H. 1980. A heteroskedasticity - consistent covariance matrix estimator and a direct test, for heteroskedasticity. *Econometrica* 48: 817 – 838.

——. 1982. Instrumental variables regression with independent observations. *Econometrica* 50: 483 – 499.

Windmeijer, F. 2005. A finite sample correction for the variance of linear efficient two-step GMM estimators. *Journal of Econometrics* 126: 25 – 51.

Wooldridge, J. M. 2002. *Econometric Analysis of Cross Section and Panel Data.* Cambridge, MA: MIT Press.

———. 2006. *Introductory Econometrics: A Modern Approach*. 3rd ed. New York: Thomson.

Zellner, A. 1962. An efficient method of estimating seemingly unrelated regressions and tests of aggregation bias. *Journal of the American Statistical Association* 57:500–509.

致 谢

在写作本书期间,我曾得到许多学者的支持和帮助。StataCorp 的比尔·古尔德(Bill Gould)、戴维·德鲁克(David Drukker)以及文斯·威金斯(Vince Wiggins)认为经济和金融领域迫切需要这样一本书。在此过程中,戴维·德鲁克、文斯·威金斯、盖布·瓦戈纳(Gabe Waggoner)和布赖恩·波伊(Brian Poi)都提出了极有价值的编辑评论。我的众多 Stata 编程同人,像考克斯、谢弗、斯蒂尔曼和威金斯贡献颇大,还有 Stata 用户社区的其他成员通过他们的程序、建议以及 Statalist 询问也做出了贡献。查克·查克拉博蒂(Chuck Chakraborty)博士帮助咨询社区来确定有意思的议题。佩蒂亚·佩特洛娃(Petia Petrova)博士对部分手稿内容给出了富有思想的评论。

在波士顿学院,我必须感谢纳德齐达·卡拉姆切娃(Nadezhda Karamcheva)在辅助研究方面富有才华地创建了案例数据集,以及研究服务组的同人在使用统计软件时进行的多次有益交谈。我衷心感谢艺术和科学学院的学术副主席约翰·纽豪瑟(John Neuhauser)和院长约瑟夫·奎因（Joseph Quinn），他们批准我把此项目作为 2004 年秋季休假学期的工作。

为了适应本科生和研究生水平的计量经济学教学，我对本书来自讲义的某些内容做了改动。我要感谢波士顿学院的多届学生，他们促使我不断为讲义内容更清晰、更简洁而工作，并激励我去理解理论和应用计量经济学中那些最艰深难懂的知识。

最后，但同样重要的是，特别感谢我妻子葆拉·阿诺德（Paula Arnold）宽宏仁慈、日复一日地忍受本人的暴躁性格，在写作期间始终不渝地给予我支持和鼓励（并不时纠正个别语法错误）。

克里斯托弗·F. 鲍姆

An Introduction to Modern Econometrics Using Stata
by Christopher F. Baum
Copyright © 2006 by StataCorp LLC
Work is copyright of Stata Press, a division of StataCorp LLC. This translation is published with the permission of Stata Press. Stata is a registered trademark of Stata LLC 4905 Lakeway Drive, College Station, TX 778452, USA.
Simplified Chinese translation © 2023 by China Renmin University Press. All rights reserved.

图书在版编目（CIP）数据

用 Stata 学计量经济学 /（美）克里斯托弗·F. 鲍姆著；王忠玉译. -- 北京：中国人民大学出版社，2023.10
ISBN 978-7-300-32094-6

Ⅰ.①用… Ⅱ.①克…②王… Ⅲ.①计量经济学-应用软件 Ⅳ.①F224.0-39

中国国家版本馆 CIP 数据核字（2023）第 162488 号

用 Stata 学计量经济学
[美] 克里斯托弗·F. 鲍姆/著
王忠玉/译
Yong Stata Xue Jiliang Jingjixue

出版发行	中国人民大学出版社				
社　址	北京中关村大街 31 号		邮政编码	100080	
电　话	010-62511242（总编室）		010-62511770（质管部）		
	010-82501766（邮购部）		010-62514148（门市部）		
	010-62515195（发行公司）		010-62515275（盗版举报）		
网　址	http://www.crup.com.cn				
经　销	新华书店				
印　刷	北京宏伟双华印刷有限公司				
开　本	720 mm×1000 mm　1/16		版　次	2023 年 10 月第 1 版	
印　张	23 插页 2		印　次	2023 年 10 月第 1 次印刷	
字　数	384 000		定　价	82.00 元	

版权所有　侵权必究　印装差错　负责调换